국어 수업을 위한
언어 탐구와 인식

LANGUAGE EXPLORATION AND AWARENESS :
A Resource Book for Teachers by Larry Andrews

Copyright ⓒ 2006 by Lawrence Erlbaum Associates, Inc.
All rights reserved. Authorized translation from English language edition published
by Lawrence Erlbaum Associates, Inc., part of Taylor & Francis Group LLC.
This Korean edition was published by Pagijong Press in 2008 by arrangement
with Lawrence Erlbaum Associates, Inc., part of Taylor & Francis Group, LLC.
through KCC(Korea Copyright Center Inc.), Seoul.

이 책의 한국어 판 저작권은 (주)한국저작권센터(KCC)를 통한
저작권자와의 독점계약으로 박이정에 있습니다.
저작권법에 의해 한국 내에서 보호를 받는 저작물이므로
무단전재와 복제를 금합니다.

국어 수업을 위한
언어 탐구와 인식
LANGUAGE EXPLORATION and AWARENESS

이관규
신호철
오현진
백혜선
장봉기
옮김

도서출판 박이정

국어 수업을 위한
언어 탐구와 인식

초판 인쇄 2008년 9월 19일
초판 발행 2008년 9월 30일

옮긴이 이관규 · 신호철 · 오현진 · 백혜선 · 장봉기
펴낸이 박찬익
편집책임 이영희
책임편집 이기남

펴낸곳 도서출판 박이정
주소 서울시 동대문구 용두동 129-162
전화 02)922-1192~3
전송 02)928-4683
홈페이지 www.pjbook.com
이메일 pijbook@naver.com
온라인 국민 729-21-0137-159
등록 1991년 3월 12일 제1-1182호

ISBN 978-89-7878-999-8 (93700)

* 책값은 뒤표지에 있습니다.

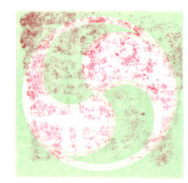

옮긴이 서문

국어 수업을 위한
언어 탐구와 인식

국어의 탐구와 인식을 위해서

문법 연구가 맞나
국어 연구가 맞나?

문법 연구는 언어학적 접근이고
국어 연구는 국어적 접근이다.

국어 교육에서는
국어 자체를 다루고 국어 사용 양상을 다룬다.

국어를 잘 안다는 것은
국어를 잘 사용하기 위한 전제가 된다.

"언어 탐구와 인식"이라는 원래의 책 제목을
"국어 수업을 위한 언어 탐구와 인식"이라는 제목으로 바꿨다.

국어 수업에서는
국어를 탐구하고 인식하는 것이 필요하다.

문법 수업과 국어 수업은 어떤 관계가 있을까?
문법 수업은 국어 수업의 일부이며 국어 수업을 잘 하는 기초이다.

좋은 국어 수업을 위해서
국어 자체를 알아야 한다는 소박한 생각이 책 제목에 스며들어 있다.

문법 연구를 탐구하고 인식하는 것이 아니라
국어 자체에 대해서 탐구하고 인식하는 본보기를 이 책에서 볼 수 있다.

우리가 생각하는 문법 수업은 바로 이러한 국어 수업이다.
올바른 국어 수업을 위해서 이 역서는 길라잡이 역할을 해 줄 수 있다.

2008. 9. 1
옮긴이들을 대표하여
이관규 적음

저자 서문

국어 수업을 위한
언어 탐구와 인식

    이 책을 통하여 필자는 일종의 유익한 여행을 즐길 수 있었다. 내가 예비 교사와 현직 교사들에게 언어 수업을 할 때 이미 시작되었던 이 여행은 처음에는 결코 쉽지 않았다. 왜냐하면 당시에는 유용하고 적절한 교재가 없었기 때문이다. 교사들이 특별히 요구하는 내용을 담고 있지 않은 언어 과목 교재라 할지라도 그것을 사용할 수밖에 없었다. 그래서 우리는 그 교재가 수업 시간에 적용될 수 있도록 만들었다. 그러나 나는 교사들을 위한 특별한 언어 과목 교재가 있다면, 학생들에게 보다 더 좋은 수업을 제공할 수 있을 것이라고 생각한다.

    내가 안식년 기간 동안 런던대학교 교육연구소의 초빙교수로 있을 때, 단지 주석 수준이었던 이전의 생각들을 정리할 수 있는 시간을 가질 수 있었다. 언어 학습에 깊은 관심을 가지고 있었던 세계적인 석학들인 동료 학자들은 내가 생각을 정리하고 조직화하는 데 도움을 주었다. 세미나, 학술대회, 미팅, 대화, 그리고 계속된 독서와 연구 등으로 언어 탐구라고 하는 언어 학습의 기준에 접근할 수 있도록 자극을 받고 용기를 얻을 수 있었다.

    런던대학교에서의 임기가 끝나갈 무렵, 보다 체계적인 방법으로 나의 생각을 조직화하기 시작하여, 이 책의 3장 내용을 집필하기 시작하였다. 나의 연구와 집필이 계속되어 집으로 돌아갈 때가 되었을 무렵, 나의 생각은 더욱 정리되고 조직화되었고, 이러한 생각들이 이 책에 반영되기 시작하였다. 여러분들은 지금 그 책의 제3판을 읽고 있는 것이다.

이 여행의 시작부터 나는 몇 가지 목표를 달성하려고 하였다. 첫째, 언어에 대한 나의 열정과 우리 자신과 세계를 정의하고 이해할 수 있는 다양한 방법을 제공하고, 인생에서의 밝은 휴식 기간에 감사드리며, 필요할 때 위로와 지지를 해 줄 수 있다. 두 번째는 언어 학습의 대안적인 접근 방법을 제공한다. 그 대안적인 접근 방법 중 하나가 부분에 대한 명칭에 의지하지 않는 것이다. 즉, 문장 속의 모든 단어들에 품사 이름을 붙이는 방법이나, 또는 학생들이 금주에 배울 철자나 실제로 사람들이 의사소통 목적으로는 사용하지 않는 이상적인 문장이나 대표적인 '올바른 영어'를 쓰는 것을 배울 때 필요한 25개 단어로 선정된 - 누군가, 어디에서, 어떤 방법으로 선정된 것인지 모르는 - 25개 철자의 단어를 암기하는 것을 지양하고자 한다.

셋째, 나는 언어 과목의 교육과정에서 언어에 대한 관점을 확장하려고 하였다. 종종 언어 교육과정이 너무 제한되어 있어서 실체가 없는 목표 - 표준 영어 문법 - 가 되기도 하였다. 독자들이 이 책을 읽고 이해하게 되었을 때, '표준'이란 용어의 개념을 정확하게 정의하기가 얼마나 어려운지를 이해하기 바란다. 심지어 언어의 서로 다른 양상들이 자주 무시되어 왔다. 학생들은 의미론, 방언학, 사전편찬학, 사회언어학 등에 대하여 생각할 수 있는 기회가 거의 없었다. 이것들은 언어와 의사소통의 대표적이고 중요한 주제이기 때문에 이를 대하여 배우지 않는다면 학생들에게는 큰 손실일 것이다.

제1판에서 몇 개의 가능성이 발견되었는데, 미국의 여러 대학 과목에서 이를 수용하였다. 편집자인 나오미 실버만(Naomi Silverman)은 나에게 제2판을 준비하라고 격려하였다. 나는 다른 대학의 여러 학생들과 교수들에게서 칭찬의 전자우편과 전화를 받았고, 나의 책은 대학 수준의 여러 다른 교재에서 인용되고, 또 나는 특강에 초청되기도 하였다. 여러 해가 지나 이 책의 출판기념회가 성대히 열렸다. 나는 지금 이 책이 제3판까지 출판되어 매우 기쁘다.

제3판에서 새로운 내용

이 책 3판의 제1장에서는 아동낙제방지법과 주 단위 성취기준에 대하여 논의하였다. 제2장과 제3장에서는 영어 교육과정과 이상적인 교육과정의 구현 방법과의 불균형에 대하여 기술하였다. 제4장에서는 인간의 의사소통의 기본적인 특성에 대하여 새로운 논의를 하였다. 제5장에서는 신어(新語)의 생성 방법과 9/11과 같은 사건들을 통해 새로운 표현을 만드는 데 필요한 방법에 대하여 기술하였다. 제6장은 영어 사용과 영어 용법을 구별하고, 표준 영어와 표준 미국 영어(SAE)가 여러 기준에 직면해 있다는 것을 반영함으로써 전통 문법에 대한 논의의 토대를 마련했다.

제7장은 전자우편까지 관심이 확대된 사회적 담화 규칙과 전자우편이 어떻게 문어 담화에 영향을 미치는가에 대한 논평이다. 제8장에서는 방언에 대하여 논의하였는데, 표준 미국 영어의 테두리 안에 있는 방언들 사이의 상호 이해가능성(mutual intelligibility)과 변이, 그리고 표준 미국 영어와 영국식 영어 사이의 중요한 차이점 등에 대하여 설명을 하고 있다. 즉, 현재의 새로운 사건과 경험이 단어에 새로운 의미를 어떻게 부여할 수 있는지 보여줄 것이다.(예) 반란군(rebel), 반정부 운동가(insurgent), 테러리스트(terrorists))

제10장은 편협한 언어에 대하여 논평하고, 또 단어와 개념이 어떻게 민족과 세계의 혼합된 정치 속에 적용되는가에 대한 새로운 논의를 포함하고 있는 유일한 장이다. 제11장은 영어를 새로운 언어로 배우는 학습자들이 사용할 수 있는 성공적인 전략에 몇 가지 제안을 제시한다.

마지막으로 제4장에서 제11장까지 2부의 모든 장들에는 학생들과 함께 수업 시간에 사용할 수 있도록 예비 교사와 현직 교사들이 작성한 탐구 활동이나 수업 활동이 포함되어 있다.

이 책의 특징

각 장의 시작부에 있는 "이 장을 읽기 전에"라는 특별한 도입 단락을 발견할 것이다. 한 주제에 대한 새로운 정보를 읽기 전에 그 주제에 관해 이미 알고 있는 것을 활성화하고 강조한다면, 우리의 이해력을 훨씬 더 확장할 수 있다는 것을 인지 과학 분야에서 배웠다. 도입 단락 속의 질문에 대하여 생각해 본다면 그 장을 이해하는 데 도움을 얻을 것이다. 다른 사람들과 그 질문에 대하여 토론한다면 더욱 더 그 장에 대한 이해를 할 수 있다.

각 장에 있는 "생각해 보기"는 그 장에서 제시하는 주제나 개념을 적용하고 확장할 수 있는 방법에 관하여 추천해 줄 수 있는 활동들이다.

각 장의 끝 부분에 나오는 "다시 보기"는 두 가지의 다른 형식으로 제시되고 있다. 첫째 형식은 3단계의 읽기 지도를 통하여 내용 문식성을 학습할 수 있도록 하는 것이다. 이러한 읽기 후 진술은 그 장의 문자 언어에 대하여 이해하고 있는 것과 연결해 줄 것이고, 교재에서 진술하고 있는 것에 관하여 중요한 추론에 도달할 수 있도록 해 줄 것이며, 이미 알고 있는 지식과 교재 속에서의 정보와 연결해 줄 것이다. 둘째 형식(제3장, 제11장)은 읽기 후 지도법인 '질문-대답-관계(Q-A-R)'의 3단계 지도로서 동일한 인지적 관계를 만들어주는 대안적인 방법을 제공한다.

이 책에는 전문 용어나 그 정의에 대한 주석이 없다는 것에 주목하게 될 것이다. 그와 반대로, 전문 용어를 사용할 때에는 굵은 글자체로 표시하였고, 앞뒤 문맥에 의해서 정의되어 있다. 이것이 사람들이 언어를 배우는 가장 일반적인 방법이고, 그래서 나는 이 전략을 여기에서 반복적으로 사용하고 있다.

제3판은 누구를 위한 것인가?

앞에서 언급하였던 것처럼, 이 책의 제1판과 제2판에서 여러 가능성을 발견하였다.

첫째, 나는 이 책을 특히 영어 과목 예비 교사와 현직 교사들을 위하여 집필하였다. 대부분의 대학생 과목에서는 문학, 작문, 언어 교수법을 학습하기 위한 한 가지(또는 그 이상) 교재를 사용하고 있지만, 더 이상 단순한 선집(選集) 형태의 교재는 사용하지 않는다. 이 책은 언어-교수법에 관한 교재이다.

여러 대학에서 3·4학년 학생들과 대학원 석사 과정 학생들을 위해서 영어 교수법을 위한 특별한 과목을 개설하고 있다. 이 교재는 그러한 과목을 위한 것이다. 또한 이 책은 언어에 대한 개론서로 사용될 수도 있고, 언어학 과목의 개론서로도 사용될 수 있다. 특히, 이러한 과목들은 사회문화적 관점에서의 언어 학습을 강조하고 있다.

또한 사회언어학적 관점에서 보면 이 교재는 ELL 교사들에게 강한 관심을 불러일으킬 것이다. 비록 몇몇 대학에서 이 교재가 ELL 교사 인증 프로그램에서 사용되고 있다고 할지라도, 그것보다 더 적합한 교재를 추천하고 싶다. 내가 2001년에 집필한 『L2 교사를 위한 언어학』(*Linguistics for L2 Teacher*)이란 책이다.

본 교재의 부제목은 "교사를 위한 지침서"인데, 이것은 현재 교실에 있는 교사들을 위해 의도했다는 것을 나타낸다. 나는 이 책이 교실에 있는 언어 과목 담당 교사들의 책상 위 어느 한 곳에 있을 것이라 생각한다.

아직도 서점의 가장자리 한 쪽 구석에 있을 탁상용 사전이나 대학생용 사전이 이 책의 활동들을 수행하면서 필요하게 될 것이다. 대부분의 서점에는 몇몇 유용한 사전이 있다. 슈퍼마켓과 할인점에서 팔리고 있는 작은 염가 보급판 사전들은 단어의 역사, 철자 변이, 발음의 변이 등 전문 교육자나 학생들에게 도움이 될 만한 많은 정보를 빠뜨리고 있다.

웹사이트에 관한 단어

제3판의 또 다른 새로운 특징은 이 교재 내의 몇몇 장에서 발견되는데,

웹사이트를 참조하면 더욱 유용하다는 점이다. 나와 학생들은 웹사이트를 사용하였는데, 거기에서 많은 유용한 것을 발견하였다. 그러나 주의할 것은 웹사이트가 여러 가지 이유로 왔다 갔다하는 경향이 있다는 점이다. 어떤 웹사이트는 지속되지 않고, 어떤 웹사이트는 닫아 버리고, 또 어떤 웹사이트는 갑자기 없어져 버린다. 실제로, 나의 친구이자 동료인 데이비드 브룩스(David W. Brooks) 교수는 어떤 웹사이트는 검색 횟수가 많든 적든 상관 없이 시간이 지나면 웹사이트 관리를 하지 않아 웹사이트가 엉망이 되는 것을 발견하였다. 내가 언급한 웹사이트들이 유용하길 바란다.

감사의 글

나는 선천적인 재능을 가진 일부 학생들과 함께 할 수 있어서 상당히 운이 좋았다. 수업 시간에 그들의 질문, 관찰, 모범적인 노력을 통하여, 언어를 사용하면서 진정으로 알고 있다고 생각하였던 언어의 다양한 양상들을 이해하는 데에 도움을 받을 수 있었다. 그래서 나는 그들이 나에게 주었던 도움에 대하여 감사의 뜻을 전하고 싶다.

제1판, 제2판과 마찬가지로, 이 책을 집필하는 데 많은 예비 교사와 현직 교사에게 도움을 받았다. 그들이 준비해 왔던 수업 아이디어를 통해 도움을 받았는데, 이는 4장에서 11장에 걸쳐 끝부분에 나타난다. 이 책이 더욱 유용한 책이 될 수 있도록 도와준 아래의 교사들에게 사의를 표하고자 한다.

쉘비 아버그(Shelby Aaberg), 로렐 바레트(Laurel Barrett), 조안 베리(JoAnn Barry), 제니퍼 베커(Jennifer Becker), 데브라 번디(Debra Bundy), 샐리 버트(Sally Burt), 소니아 크리스찬슨(Sonia Christiansen), 팀 코니글리오(Tim Coniglio), 앤 카우저(Ann Cowser), 린 다니엘슨(Lynne Danielsen), 마이클 디트리센(Michele Diedrichsen), 조안 도일(Joan Doyle), 에린 에간(Erin Egan), 린다 엔크(Linda Enck), 짐 필드(Jim Fields), 아미 핀레이(Amy Finlay), 캐롤 플로스(Carol Floth), 파멜라 게논(Pamela Gannon), 엘리자베

스 질리스(Elizabeth Gillis), 쉐리 그로스(Sheri Gross), 미하일 헤이더스카(Michelle Hayduska), 로리 호콤(Laurie Hokom), 요한 요르겐슨(Joan Jorgensen), 마릴리 케이브스(Marilee Kabes), 조디 놀(Jodi Knoll), 쉘리 크롭(Shelly Kropp), 엘리자베스 리키(Elizabeth Lickei), 제시카 맥앤드류(Jessica McAndrew), 프랭크 매카힐(Frank McCahill), 신디 마이어(Sindy Meyer), 켈리 마이어(Kelly Meyer), 아미 몰리안(Amy Moylan), 주디 오버트(Judi Obert), 폴 오비스(Paul Prvis), 아미 포인덱스터(Amy Poindexter), 비벌리 레드와인(Beverly Redwine), 스티브 라이터(Steve Reiter), 로릴린 레닝스(Lorilyn Rennings), 벨라 링켄버그(Verla Ringenberg), 쉐리 로저스(Sheri Rogers), 다나 쉐퍼(Dana Schaefer), 존 스크레타(John Skretta), 리타 라이온 스미스(Rota Lyon Smith), 아미 스티거(Amy Steager), 애이프릴 스토커(April Stocker), 제라드 셔터(Jared Sutter), 에밀리 투렉(Emily Turek), 루이스 위트모어(Louis Whitmore), 비벌리 빌헬름(Beverly Wilhelm), 에밀리 라신(Emily Wlaschin), 켈리 우드(Kelly Wood), 세론 요더(Sharon Yoder).

　이 책을 담당한 로렌스 엘바움(Lawrence Erlbaum Associates)의 편집자 나오미 실버만(Naomi Silverman)은 13년 동안 나의 편집자이자 코치 역할을 하였다. 그녀는 출판 전문직으로 빛을 발하고 있다. 여러 해 동안 그녀의 지혜와 안내에 대하여 또한 감사의 마음을 전한다. 또한 엘바움의 편집 차장인 에리카 키카(Erica Kica)에게도 너무나 감사드린다. 에리카는 숙련된 매니저로 능률적이고 빠른 일처리를 보여주었다.

　또한 이 책을 추천해 주신, 앨링턴에 있는 텍사스 대학교의 낸시 해더웨이(Nancy L. Hadaway) 교수, 곤자가 대학교의 메리 지노트(Mary Jeanot) 교수, 코네티컷대학교의 테리 오스본(Terry A. Osborn) 교수에게도 감사의 뜻을 전한다.

　나의 딸 윈(Wyn)과 샐리(Sally), 그리고 아내 루시(Ruthie)의 지속적인 지지와 격려에 대하여도 진심으로 감사의 마음을 전한다.

일러두기

국어 수업을 위한
언어 탐구와 인식

　1993년 롱맨 출판사에서 이 책의 초판이 출간된 이후, 미국은 학교와 국가 차원에서 큰 변화를 겪었다.

　총체적 언어 운동이 불신되고, 보다 더 균형적인 문식성 관점의 독서/언어 과목 프로그램으로 대체되었다. K-12 주 교육 위원회는 학생들의 학업 성취기준을 제정하였는데, 만약 그 기준에 도달하지 못할 경우 학교는 제재를 받게 된다. 워싱턴 DC에서 더욱 편파적이고 극심할 정도로 인색한 정치적 이야기가 오고 가게 되었다. 9/11 사건은 우리는 전혀 영향을 받지 않을 것이라는 안일한 생각의 취약성을 드러내 준 계기였다. 그래서 미국은 한쪽에서는 지지를 받고, 또 다른 쪽에서는 비난을 받는 전쟁에 참여하게 되어, 민족의 분리를 더욱 심화시키고, 정치적 논쟁을 더욱 가중시켰다.

　사회학적으로, 미국 내에서 두 번째로 많은 인종 그룹이었던 아프리카계-미국인들은 미국에 도착한 피난민들과 이주민들이었던 히스패닉 인들에게 그 자리를 내주었다. 사회 구조가 변화된 것이다.

　지역, 주, 국가 수준에서 이러한 큰 변화가 생긴다면, 언어를 이해해야 할 필요성이 발생하는 반면에, 사회 속에서 언어가 어떻게 작용하는가에 대한 필요성과 중요성은 거의 요구되지 않는다는 것이 나의 신념이다.

　미국 내 학교에서 전통적인 문법 교수를 해야 한다는 역사적인 망상은 언어의 다른 양상들에 대한 관심보다도 우선시 되었었다. 문법과 용법에 대한 관심은 명백하게도 K-12 언어 과목 교육과정의 일부분이지만, 단지 한 부분인 것이다. 그래서 이 교재의 제1판에서는 영어 학습에 대하여 좀 더 균형 잡힌 연구 방법을 추천하였고, 제3판이 시작될 때 더욱 열정적으로 그 제안을 반복하였다.

영어 교육과정은 문법과 용법에 대한 전통적인 관심에서 벗어날 필요가 있다. 일반 의미론, 지역 방언과 사회 방언, 사회 언어 규칙, 습관, 언어와 문화와 같은 것들 사이의 관계에 유사한 관심을 가짐으로 해서 이러한 집중 현상에 대하여 균형을 잡아야 할 것이다. 영어의 이러한 양상은 언어에 대한 의미 해석을 문법과 용법으로 돌리는 과정 속에서 중요한 역할을 한다.

더욱 균형 잡힌 영어 교육과정은 학교, 학생, 교사들에게 또한 개별적으로도 중요하다. "나의 언어를 제한하는 것은 나의 우주를 제한하는 것이다."라는 루트비히 비트겐스타인의 말을 상기해 보자. 우리 학생들은 자신들이 개념화할 수 있는 가장 넓은 우주를 가질 자격이 있다. 우리가 더욱 더 균형 잡힌 언어 교육 과정을 학생들에게 제공할 때, 소통적인 언어는 단지 고정된 규칙 형식에 매어 있는 것이 아니라 인간의 선택에서 기인한다는 것이 증명된다. 따라서 우리 학생들도 보다 큰 자신들만의 우주 속에서 자신들의 방식으로 잘 살아가게 될 것이다. 이 책은 그 목표에 기여하고 있다. 내가 이 책을 쓸 때 즐거웠던 만큼 독자 여러분들도 이 책을 즐거워하면서 읽었으면 하는 바람이다.

차 례

국어 수업을 위한
언어 탐구와 인식

- 옮긴이 서문 • 5
- 저자 서문 • 7
- 일러두기 • 14

제1부   언어 탐구와 인식 : 이론적 근거 • 17
     제 1 장   언어 탐구와 인식 : 그것은 무엇인가? ·················· 19
     제 2 장   언어 탐구와 인식 : 왜 필요한가? ······················· 44
     제 3 장   언어 탐구와 인식 : 세 가지 전제조건 ················· 73

제2부   언어 탐구와 인식 : 구성 요소 • 103
     제 4 장   의사소통과 언어의 특성 ································ 105
     제 5 장   단어와 사전 편찬 ·· 141
     제 6 장   문법, 철자, 좋은 영어 ·································· 185
     제 7 장   일상적 담화와 사회적 관습 ··························· 235
     제 8 장   지역적, 사회적, 역사적 변이 ·························· 282
     제 9 장   의미와 일반 의미론 ····································· 347
     제10장   편협하고 차별적인 언어 ······························· 394
     제11장   누군가 영어를 하지 못할 때 ·························· 434

- 참고문헌 • 460

제**1**부

언어 탐구와 인식 : 이론적 근거

제 1 장

언어 탐구와 인식 : 그것은 무엇인가?

언어 학습은 모든 문을 열어 준다.
— Crystal, D. 『영어 용법에 관심을 두는 사람이 있는가?』
(*Who Cares About English Usage*?)

이 장을 읽기 전에

여러분의 장기 기억으로부터 어린 시절 영어 수업 시간에 자주 했던 반복 학습, 연습 문제, 학습지 등을 떠올려 보자. 한 문장 안에 있는 단어 하나하나의 품사가 무엇인지 질문을 받은 적이 있는가? 주어 밑에는 한 줄, 서술어 밑에는 두 줄을 그어 본 적이 있는가? 현수 분사[1]를 분리해 보라는 문제를 받아본 적이 있는가? 서술형 주격, 서술형 형용사, 직접 목적어 또는 간접 목적어 등과 같은 특정 요소가 포함된 문장을 쓰는 숙제를 해본 적이 있는가? 여러분은 이러한 활동의 목적이 무엇이었다고 생각하는가?

1.1. 들어가기

언어는 분명 우리에게 중요하다. Cummins, J.(2003 : 1)에서 관찰했듯이,

---

[1] 역주 : 현수 분사(懸垂分詞, dangling particles)는 영어의 주절에서 독립 분리되어 부사적으로 사용되는 분사를 말하며 독립부사의 한 종류이다. "Calling up him yesterday, he was not at home."에서와 같이 분사의 의미상 주어가 주절의 주어와 일치하지 않음에도 불구하고 생략되어 있는 분사이다.

우리는 언어를 통하여 세계를 이해하려 한다. 우리는 언어를 통하여 생각이나 감정을 표현한다. 언어는 우리를 맺어주기도 하고, 분리시키기도 한다. 언어는 서로 다른 문화, 지역, 세계관 사이의 소통의 어려움을 연결하는 다리 역할을 하는 포괄적인 활동이지만, 외국인을 혐오하는 사람들이나 인종차별주의자, 성차별주의자들과 같은 용어를 사용함으로써 다른 사람들을 배제하는 배타적인 활동이기도 하다.

우리의 삶과 언어는 대단히 복잡하게 연관되어 있기 때문에, 언어가 없는 인간의 일상이란 상상하기 조차 힘들다. Pinker, S.(1994 : 1)에서는 세계 어디에서든지 둘 이상의 사람들이 함께 있을 때, 그들은 곧 **대화**(talking)를 시작할 것이라고 지적했다. 심지어 대화할 상대가 없을 때에도 우리는 종종 자기 자신에게, 애완동물에게, 심지어 집에 있는 식물들에게 이야기하지 않는가! 여러분의 모든 인간관계와 상호작용을 생각해 보자. 예를 들어, 경쟁에서는 행동이 빠르다고 항상 이기는 것이 아니라, 특정한 말(*the verbal*)로 이기는 경우가 더 많다.

또한 학교에서 다른 과목보다 언어 과목을 더 많이 가르치는 것에서도 알 수 있듯이, 언어는 교육사회학적 이유에서도 중요하다. 미국의 교실에서 학습자들은 매년 영어를 공부하여 그들의 언어 능력을 증진시킬 것이다. 그 결과로서, 학습자들은 더 나은 필자나 독자, 화자가 되거나, 다음 학년이나 상급 학교 진학, 취업을 더 잘 준비하게 될 것이다. 지난 한 세기 동안 몇 가지 예외도 있었겠지만, 대부분의 연구들은 영어의 구조, 특히 전통적인 문법과 용법에 초점을 두었다.

그러나 많은 연구 결과들이 영어 교수에서 전통적인 접근을 취하고, 전통적인 문법에 초점을 두는 것이 이것에 들인 엄청난 시간과 노력을 고려해볼 때 대부분 비효과적이었다는 것을 명확히 보여준다. 이러한 연구는 수천 명의 교사들과 학생들이 경험하고 관찰한 결과를 통해 나온 것이다.

이 책은 각 장마다 "생각해 보기" 활동을 제시하고 있다. 이 장의 "생각해 보기" 활동 중의 하나는 예비 교사나 현직 교사가 아닌 5~6명의 사람들에게 인터뷰 하는 것이다. 즉, 학창시절의 영어 수업[2] 하면 무엇이 떠오르는지 묻는 것이다. 영어 수업에서 예비 교사와 현직 교사인 나의 학생들이 이 활동을 수행했는데, 결과는 예상했던 바와 같이 실망스러웠다. 응답자들은 문학 작품을 읽었던 것을 좋은 추억으로 떠올렸다. 그리고 쓰기 시간이 있어서 좋았다고 말했다. 하지만 그들이 문법 수업에 대해서 말할 때에는, 칭찬하는 말을 거의 찾을 수 없었다. 대부분은 문법 시간에 학습지를 받고 또 받았던 기억만 떠올렸다. 그럼에도 불구하고, 오늘날 우리는 "its"와 "it's"를 잘 구별하지 못하거나, "between you and me"와 "between you and I" 중 어느 것이 더 적절한지 구별하지 못하는 사람들을 많이 볼 수 있다. (오늘날 두 경우 모두, 후자를 더 자주 듣고 읽어서, 나 역시 무엇이 옳은지 확신하지 못하겠다.)

Hillocks, G.(1986 : 227, 248)에서는 전통적인 교수법으로 전통 문법과 품사를 학습하는 것이 학생들의 읽기, 쓰기, 말하기의 유창성을 거의 향상시키지 않았다고 결론지었다.

학교에서 말하기와 쓰기를 배우는 학습자들에게 전통적인 문법과 품사를 가르쳐도 전혀 효과가 없다는 것이 분명 사실일 수 있다. 하지만 모순적인 것 같긴 한데 너무나도 많은 교사들이 고립되고 탈맥락적인 방법으로 전통적인 문법을 계속해서 가르쳐야 한다는 압박과 강박 관념에 시달리고 있다(Elbow, P., 1990 : 15 ; Hartwell, P., 1985 : 105-127).

일부 교사들이 다음과 같이 말하면서 이 상황을 합리화하려 한다. "나는 전통적인 문법을 가르치는 것이 큰 도움이 되지 않는 것을 알지만, 학교장, 부장 교사, 학부모, 학생들, 사회공동체, 동료 교사, 주 단위 성취기준(the state standard) 등의 모든 것들이 내가 전통적인 문법을 가르치도록 요구한다. 이

---

[2] 역주 : 이 때의 영어 수업이란 모국어 수업을 의미한다.

러한 비참한 현실에 대한 또 다른 이유들은 교육적인 것이 아니라 역사적인 이유에 의한 것으로, 보다 자세한 논의는 3장에서 다룰 것이다.

우선, 전통적인 학교 문법 학습이 이를 옹호하는 사람들이 달성해야 하거나 할 것이라고 주장하는 것들을 이루지 못한 이유를 하나 더 살펴보고자 한다. 나는 그 이유를 실제의 예로 설명하고자 한다.

교원 자격증을 가진 교사가 중서부 지역의 대도시 학교에서 근무하기를 원했다. 그 지역에서 임시 교사로 근무한다면 임용될 기회가 높아질 것이라고 생각했다. 임시 교사로 출근하던 어느 날 아침 그녀는 7학년 교실에 들어갔다. 종이 울린 후 학생들이 자리에 앉자, 그녀는 출석부를 들고 출석을 부르기 시작하였다.

"Anderson?"   (무응답)
"Brown?"   (무응답)
"Cunningham?" (역시, 무응답)

그녀는 이전의 경험을 통해 학생들이 종종 임시 교사를 놀린다는 것을 잘 알고 있었다. "그럼 이제 여러분, 출석 좀 부릅시다."라고 그녀는 단호하게 말했다. 그리고 다시 출석을 불렀다.

"Davis?"   (여전히, 무응답)

오전 8시 23분, 그녀는 벌써 긴 하루를 보냈다고 생각했다. 그녀는 자리에 앉아 출석부를 보았다. 그리고 학생들을 노려보다가 다시 출석부를 들었다. 그 때, 앞줄에 있던 착한 학생이 일어나 그녀에게 다가와 조용히 말했다. "선생님, 페이지가 잘못 됐어요. 우리 반 것이 아니에요."

몇몇 문법 교사들은 언어의 다른 측면에 대해서는 사실상 배제하고, 전통적인 문법과 용법만을 강조한다. 이 임시 교사처럼 그들은 잘못된 책 속에 잘못된 페이지에 있거나, 과거의 잘못된 시간을 위한 그 페이지에 그대로 남겨져 있는 것이다. 물론, 문법과 용법은 언어 교육과정에서 중요한 요소이다. 수십 년 동안, 우리의 학교를 지원해왔던 사회가 우리에게 그렇게 말하고 있다. 그러나 단지 전통적인 문법 외에도 언어를 위해 학습해야 할 것은 많다.

만약 우리가 언어를 교육하는 방법으로 의대에서 학생들을 교육한다면, 의대의 교육과정은 단지 해부학1, 해부학2, 해부학3으로 구성될 것이다. 신체 구조에 대해 배우는 것은 내과 의사들에게 중요하지만 그들은 더 많은 것을 알아야 한다. 마찬가지로 언어의 구조에 대하여 배우는 것은 교사와 학생들에게 중요하지만 그들은 훨씬 더 많은 것을 배워야 한다.

1.2. 메타언어학적 인식과 언어 코끼리

우리 학생들의 대부분은 이 책에서 "전통적인 교육과정"으로 하는 문법 위주의 영어 수업을 받고 있거나 받아 왔다. 이는 〈인도의 여섯 현자(賢者)〉 우화를 떠오르게 한다. 이 우화에 나오는 눈이 먼 여섯 명의 현자는 코끼리가 어떻게 생겼는지 알고 싶어했다. 코끼리의 상아를 잡은 현자는 코끼리가 창처럼 생겼다고 믿었고, 코끼리의 옆구리를 만진 현자는 코끼리가 벽처럼 생겼다고 믿었다. 또한 코끼리의 코를 잡은 또 다른 현자는 코끼리가 뱀처럼 생겼다고 믿었다. Wilson, G. K.(1987 : 37)은 우리가 오직 전통적인 언어 교육과정만을 따른다면, 우리 학생들도 우화 속의 장님처럼 될 것이라고 말했다. 즉, 코끼리에 대해서 각자 제한된 경험을 하는 것처럼, 언어에 대해서도 마찬가지이다.

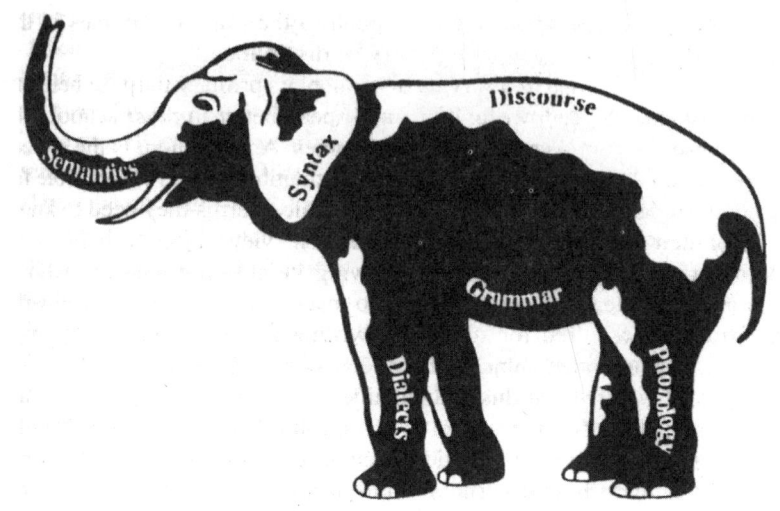

[그림 1.1] 언어 코끼리

나는 '언어 탐구와 인식(LEA)'이라 부르는 언어 학습 방법을 통해 영어 학습을 보다 넓고 확장된 관점으로 바라보고자 한다. Wilson(1987 : 37)이 지적한 것처럼, 이와 같은 보다 종합적인 관점은 "개인적인 편협성에 의해서 눈이 먼 우리가 언어 코끼리의 전체를 볼 수 있도록 도울 것이다."

학습자들은 자신과 다른 화자, 필자들이 특정한 문법 자질을 다루는 방법을 파악하기 전에, 이러한 문제들에 주의를 기울여야 하는 '이유'를 알아야 한다. 이러한 이유들은 학습자가 실재 세계에서 실제 언어 사용에 대하여 탐구함으로써 점점 명백해질 것이다. 예를 들어 한 지역에서 다른 지역으로, 한 세대에서 다른 세대로, 한 계층에서 다른 계층으로 언어가 어떻게 변화하고 다양해지는가, 사전이 이러한 변화들을 어떻게 기술하고 있는가, 단어가 어떻게 만들어지는지, 사람들이 단어에 어떻게 의미를 부여하는지를 탐구할 수 있다.

LEA 접근의 또 다른 주요한 목적은 '언어로써 언어를' 학습하는 것에 있다. 전통적인 교육과정에서 영어를 학습하는 이유는 문법을 잘 아는 것이 과학 수업 보고서나 사회과 연구 보고서 등을 더 잘 쓸 수 있도록 돕는다는 진술 때문이다. 비록 이것이 어느 정도는 맞다고 할지라도, 학생들은 여전히 언어를 언어로서 배우지 못하고 있다.

더욱 주목할 것은, Elbow, P.(1990 : 12)가 지적하였듯이, 많은 사람들이 영어를 주로 "보조 교과"로 본다는 것이다. Elbow는 "'서비스 교과'라는 초라한 은유에서 볼 수 있듯이, 영어를 다른 과목의 하인으로 보는 경향이 있다"고 말했다.

영어를 서비스 과목으로 보는 관점은 '다른' 교과에서 학생들이 보다 잘 읽고, 쓰고, 생각하고, 말할 수 있게 하는 것을 영어 교육의 주된 목적으로 본다. 이러한 관점은 수많은 부정적 결과를 가져온다. 그 부정적인 결과 중 하나는, 교사가 학생들이 모든 교과에서 필요로 하는 전문적인 용어를 쓸 수 있도록 가르쳐야 한다는 것이다. 이러한 "하인"의 관점은 영어 교사에게 역사, 화학, 심리학 등 학생들이 공부하는 모든 교과에서 글을 잘 쓰기 위해 필요한 설명적 글쓰기 구조를 학생들이 알도록 가르칠 책임이 있다고 보는 것이다. 모든 임무를 잘 수행하는 기사와 같이 간주하는 것이다.

이렇게 영어를 서비스 교과라고 바라보는, 즉 '하인'의 관점은 어떻게 생겨났는가? 나 역시 이 질문에 대한 정답을 모른다. 하지만 많은 사람들은 학생들이 영어 수업에서 '올바르게' 말하고 쓰는 방법에 대해 배울 것이라고 믿는데, 나는 이것이 그 이유 중 하나라고 생각한다. 학생들에게 언어로써 언어를 배워야 한다는 생각은 다소 낯설 것이다.

Milroy, J. & Milroy, L.(1985 : 175)에서는 "사회에는 일반적으로 언어의 본질과 언어학적 문제들의 복잡성을 무시하는 경향이 팽배해 있다."라고 설명하기도 한다.

여러분들은 이것이 과장된 것이라고 생각하는가? 최근에 아내와 나는 우리가 아주 좋아하는 레스토랑에서 저녁 식사를 했다. 옆 테이블에서 식사를 하던 사람들은 붙임성이 있고 수다스러웠다. 우리는 서로 인사를 주고받고, 일상적인 소개를 하였는데, 그 중 한 명이 "남편 분께서는 무엇을 가르치시나요?"라고 물어보는 것이었다. 아내는 "언어학이요."라고 대답하였다. 식사를 하고 있던 또 다른 사람이 정중하게 관심을 보이며 물었다. "와!, 언어학이요?, 정말 흥미롭네요. 그런데 그것이 무엇인가요?"

1.3. 전통 교육과정에서의 언어 학습

미국 시민들이 공교육을 받기 시작한 이래로, 전통적인 교육과정에서는 학생들이 영어 수업에서 올바른 영어(proper English)를 배울 것이라는 협소한 관점만 강조되어 왔다. Newman, E. A.의 말에 따르면 이는 "잘 쓰고 잘 말하는 방법"이다. 세대가 거듭되어도 언어의 다른 영역은 거의 배우지 않고 문법과 용법만을 공부해온 것이다.

영어 교수의 우수성으로 명성을 얻고 있는 미국 고등학교에 대해 국가차원의 조사가 이루어졌다. 이 조사에서, 일반 교사와 부장 교사들은 영어 수업의 거의 50%를 문학 학습에, 27%를 쓰기 학습에, 10%를 문법 학습에 할당하고 있다고 추정했다. 나머지 시간에는 SSR[3], 자료 조사 등과 같은 다양한 수업 활동을 하는 것으로 조사되었다(Applebee, N. A., 1989).

이러한 조사 결과는 이전에 이루어진 국가차원의 조사에 비하여, 쓰기에 할당된 시간이 증가되었음을 보여준다(Squire, R. J. & Applebee, N. A, 1968). 최근 연구 보고에 따르면, 이러한 쓰기 시간의 증가는 문법 학습, 말

---

[3] 역주 : SSR(Sustained Silent Reading)이란 일정 시간동안 학생들이 자유롭게 선택한 인쇄매체를 읽을 수 있도록 기회를 부여하는 읽기 활동이다.

하기, 그 밖의 다른 활동이 축소되면서 이루어진 결과이다(Applebee, N. A. 1989 : 10).

만약 오늘날 중·고등학교 영어 교육과정에 대하여 유사한 조사를 실시해 보면, 아동낙제방지법(No Children Left Behind, 이하 NCLB)으로 인하여 문법 학습에서 보다 확장된 영역을 배우는 시간은 훨씬 더 줄어 있을 것이다.[4] 문법 학습은 학교에 배부된 주 단위 성취기준에 제시되어 있는 몇몇의 항목에만 초점을 두고 있을 것이다.

NCLB는 1965년에 제정된 것으로, 가장 최근에 개정된 초·중등학교 교육법이다. NCLB의 주요한 목표는 다음과 같다(Readance, E. J., Baldwin, B. R. & Beam, W. T., 2004 : 4).

1. 2013-2014년까지 재학 중에 있는 모든 학생들은 수학과 읽기에 능숙해야 한다.
2. 2013-2014년까지 모든 학생들은 3학년 말에 가서 읽기에 능숙해야 한다.
3. 영어가 모국어가 아닌 모든 학생들(ESL, ELL)은 영어에 능숙해야 한다.
4. 2005-2006년까지 모든 학생들은 보다 우수한 교사들에게 배워야 한다.
5. 모든 학생들은 고등학교를 졸업해야 한다.

NCLB는 법률 제정에 있어 찬반의 논란이 있었지만 공교육에 대한 연방정부의 통제권을 크게 부여했다. NCLB는 단지 공적이고 정치적인 입장만 취하는 것이 아니라, 매우 상업적이기도 하다.

---

4) 역주 : NCLB의 기준에 대한 자세한 기술은 정부 홈페이지인 "http://www.nochildleftbehind.gov/"를 참조.

NCLB는 주 단위의 읽기 성취기준은 물론이고, 주에 있는 모든 공립학교가 앞에서 열거한 목표를 달성하기 위해서 계획을 세울 때 반드시 따라야만 하는 학사 일정을 제시했다. 만약 학교가 연간 성취도를 달성하지 못하면, 큰 불이익을 준다. 가장 심한 경우에는 학교 교직원들을 해고하고 학교를 사기업에 인계하는 것이다(Readance, E. J., Baldwin, B. R. & Beam, W. T., 2004 : 4).

NCLB는 집단의 표준화 검사 점수를 중요시한다. 내가 아는 몇몇 학교의 교장선생님들은 자신의 지위를 유지하려면 학생들의 표준화 검사 점수를 "반드시" 향상시켜야만 한다는 이야기를 들었다고 한다.

이러한 압력에도 불구하고, 미국의 많은 학교들이 매년 성취도 향상을 목표로 하고 있다. 주 단위 읽기와 쓰기 성취 기준을 달성하고 시험 치르는 요령을 익히기 위해, 수업 시간을 더 많이 할당하는 것이 중요하다고 새롭게 부각되었다. 그뿐만 아니라 교사들과 학생들의 학교 일과에서도 이를 위한 시간들이 더 많이 할애되었다. 심지어 더 많은 검사가 NCLB에 포함될 것이라는 소문도 있다.

NCLB는 비록 논쟁의 여지가 많지만, 지금도 시행되고 있다(Marshakj, D., 2003 : 229-231). 지속적이고 긍정적인 교육 개혁을 보여주는지는 시간이 지나봐야만 알 수 있을지라도 그 때까지는 교사들이 이 법률을 무시할 수 없다.

이 책에서 기술하고 있는 언어 학습에 대한 접근은 학생들이 언어에 대하여 더 많은 것을 배우게 할 것이라고 확신한다. 왜냐하면 LEA가 학생에게 더 친근하고 더 매력적인 접근법이기 때문이다. 게다가 지금처럼 "고부담 평가(high stakes testing)"가 중시되는 분위기에서는 수업 시간이 더욱 빠듯해질 수밖에 없다. 그래서 교사들은 학생들이 언어의 다양한 측면을 조사하도록 2-3주 정도의 수업 시수를 할애하지 못한다. 그래서 본 책에서 기술하고 있는 보다 간단하고 탐구적인 활동들이 더욱 유용할 것이다. 물론 이 활동들은 학생들이 성취 기준을 충족시킬 수 있도록 도울 것이다. 학생들을 어떻게 성취 기준에 도달하게 하느냐는 여러분의 판단과 선택에 달려있다.

다음과 같은 가정이 전통적인 언어 교육과정을 시행하는 데 지나치게 영향을 주었다. 우선, 모든 의사소통 상황에서 "좋은 영어(Good English)"라고 대표되는 구어와 문어 표현의 고정된 기호체계가 있다는 가정이다. 다음으로 학습자에게 그 고정된 기호체계를 전달하는 것은 교사의 책임이라는 것이다. 이러한 관점은 몇 가지 기본적인 문제들을 간과했다. 첫째, 의사소통 행위를 구성하는 것은 무엇인가이다. 둘째, 말하기와 쓰기 이외에 의사소통을 할 수 있는 방법에는 무엇이 있는가이다. 마지막으로, 언어가 어떻게 언중들 사이에서 다양하게 사용되는가 하는 것이다. "좋은 영어"를 나타내는 표준이나 표본이 오직 하나뿐이라는 전통적인 언어 교육과정에서는 이런 질문들이 거의 제기되지 않았다.

언어 학습에 대한 LEA 접근의 주된 결과 중 하나는 학생들의 반성적 인식이나 메타언어학적 인식(개인의 언어 사용에 대한 명백하고 외현적인 지식)을 발달시키는 것이다. 이러한 인식은 보다 확장되고 온전한 범위의 언어 특성과 원리에 대한 것이다. 학생들은 각각의 맥락에서 요구되는 의사소통에 더욱 민감하게 될 것이고, 더욱 신중하고 자신감 있는 언어를 사용하게 될 것이다. 이는 학생들이 언어 전반(단지 코, 상아, 다리가 아니라 코끼리 전체)과 상황에 따라 언어의 사용이 어떻게 일반적이고 합리적으로 다양해지는가를 더 잘 인식할 때 가능해진다.

1.4. 언어 속에서의 성장과 언어를 통한 성장

사고와 언어가 연관되어 있다는 것은 언어에 대해 연구하는 학자들 사이에서 일반적으로 널리 합의된 사실이다. 언어학자, 심리학자, 인류학자, 학습 이론가, 인지과학자들은 이 관계의 정도에 대하여 아주 오랫동안 심도 있게 논의해 왔다.

예를 들어, Vygotsky, L.(1962)에서는 아이들이 구어 활동을 먼저 하고 이후에 인지적 발달이 가능해진다고 주장했다. 이와 유사하지만 보다 강한 어조로, Sapir(1949)와 Whorf(1956 : 65-86)은 한 개인이 학습한 어휘와 언어 구조는 개인이 사건, 개념 등을 명명하고 분류하는 방법을 미리 결정하게 되며 이러한 방식으로 세계를 인식한다는 가설을 세웠다(Whorf, B., 1956 : 65-86, Mandelbaum, D., 1949).

반면, Piaget, J.(1965)는 사고가 먼저 발달하고, 아동의 초기 인지 개념들이 이후 자신들이 언어를 이해하고 학습하며 사용하는 데 필요한 구조를 형성한다고 주장하였다.

닭이 먼저인지 달걀이 먼저인지와 같이 오랜 세월 동안 풀리지 않는 문제처럼, 언어가 사고를 창조하는 것인지 사고가 언어를 창조하는 것인지에 대해서도 아직 합의가 이루어지지 않았음을 알 수 있다. 그럼에도 불구하고, 이 문제에 대한 앞선 논의들은 우리에게 언어와 사고가 밀접한 관계임을 알려준다. 내 생각으로 이 둘은 상호의존적이다.

사고와 언어의 관계를 기술하는 이론들에 대하여 좀 더 구체적으로 살피는 것은 본 장의 범위를 벗어난다. 저명한 언어학자인 Aitchison은 이 둘의 관계를 "방대하고 불분명한 주제"라고 언급했다(Aitchison, J., 1989 : 5). 이다. 이러한 방대함과 불분명함을 고려한다면, LEA 접근이 배타적인 이론 중 어느 한 가지만을 기반으로 하지 않는다는 것을 이해하고 인정하게 될 것이다. 이 책에서 옹호하는 언어 학습에 대한 접근법은 이러한 여러 이론들 사이에 유사성이 있음을 보여준다. 또한 언어와 인지 발달은 분리할 순 있지만 적어도 일반적인 환경에서는 한 쪽의 성장이 다른 쪽의 성장에 도움이 되는 상호의존적인 기능을 하는 것도 보여준다.

이와 유사하게, 언어는 전통적으로 '사고의 도구'로 여겨져 왔다. 이는 언어가 다른 사람들과 더 명료하고 원활하게 의사소통하기 위하여 인간의 사고를 형성하는 도구라는 것이다(Finegen, E. & Besnier, N., 1989 : 2). 또한 언어는 사고의 '도구'일 뿐만 아니라 사고의 '내용'으로도 볼 수 있다. 여러분과 나는 이 책의 목적을 위해서 절충안에 합의해서 언어가 전달 매체이자 동시에 메시지라는 의견에 동의할 수 있겠는가?

지나치게 단순화한다는 위험을 무릅쓰고서라도, 나는 다음과 같이 제안하고자 한다. 학생들이 언어에 대해 보다 더 잘 알게 되고 자발적으로 좀 더 정교하고 정확한 수준의 언어를 사용할 수 있을 때, 언어 사용자가 더욱 복잡한 사고—즉 의미—를 형성하고 명료화하고, 종합하고 평가할 수 있다. 따라서 학생들은 언어 능력이 성장할 때, 그 언어 능력을 **통하여** 사고와 생각들도 지속적으로 성장한다는 것이다.

1.5. 언어 습득과 학습

이 책은 인간이 어떻게 언어를 습득하고 학습하는지에 대해서도 중립적 입장을 취하고 있다. 제2장에서 논의한 것처럼, 언어 학습은 5, 6세 또는 12, 13세에 완성되는 것이 아니라 지속적인 과정이다. 아동과 청소년의 언어는 계속 '발달'한다. 유치원에 입학해서 고등학교를 졸업할 때까지 학습자들은 '언어적 도제 학습'을 받는다.

어떤 학자들은 이론적이거나 심리언어학적인 언어 학습 모형을 고수하는 반면에, 다른 학자들은 사회 언어학적 모형이 더 정확하다고 믿는다. 여러분과 여러분의 학생들이 개인적이고 사회적인 언어 사용을 알아보고자 때, 이 두 학문의 관점을 모두 고려할 필요가 있다.

심리언어학은 인간이 언어를 이해하고, 습득하고, 생산할 때의 정신적 과정과 관련하여 언어를 연구하는 분야이다. 언어 학습에 대한 심리언어학적 접근은 대체로 사람들 사이에서 또는 사람들과 더불어 이루어지는 언어 학습자의 상호작용은 고려하지 않고, 정신적, 인지적, 심리적으로 개인의 '내면'에서 일어나는 것만을 조사한다(Aitchison, J., 1989 : 1). 더 정확히 말하자면, 심리언어학은 개인의 기억, 인식, 개념 발달의 역할에 초점을 둔다고 할 수 있다. 심리언어학의 연구는 아동들이 언어를 습득할 때 발생하는 소리 유형(음운론), 의미 유형(의미론), 단어와 문장 구조(형태론과 문장론)로 분류되며, 과거 반세기 동안 미국 언어 연구의 주된 학문 분야였다(Richards, J., Platt, J. & Weber, H., 1989 : 234).

한편, 사회언어학은 언어 사용자의 사회경제적 지위, 나이, 성, 민족적 정체성, 교육 수준, 직업, 지리적 위치 등과 같은 수많은 사회적 요인과 관련하여 인간의 언어가 어떻게 습득되고 사용되는지를 연구하는 분야이다(Richards, J., Platt, J. & Weber, H., 1989 : 234). 예를 들어, 사회언어학자들은 개인이 문법, 어휘, 발음에서 언어를 선택하는데 가족, 친구, 이웃, 직장동료로 구성되는 사회적 조직망에 어떻게 영향을 받는지를 연구한다. 요약하면, 인간의 의사소통 능력과 언어 수행이 어떻게 사회화 과정을 통하여 형성되는가에 대한 연구가 사회언어학의 영역이다.

Gee, P. J.(1989 : 5-25)에서는 과거 몇 년 동안 심리언어학과 사회언어학이 통합되어 왔다는 주장이 일리가 있다고 말한다. 예를 들어, "1957년 Chomsky(1957)가 『통사 구조(*Syntatic Structure*)』를 간행한 뒤에 언어학과 심리학이 활기를 띠게 되었고 언어학 분야를 주도하게 되었다. 그럼에도 불구하고, 언어를 습득하는 데는 촘스키의 심리언어학적 언어 습득 장치(Language Acquisition Device, 이하 LAD) 이상의 무언가가 필요하다고 주장하는 많은 학자들이 곧이어 등장하였다."라고 Gile, H. & Robinson, P.(1990 : 2)에서는 말하고 있다. 또한 언어 습득은 사회언어학적 언어 습득 지원 체계(Language Acquisition Support System, 이하 LASS)를 요구했다(Bruner, S. J., 1981).

예를 들어, 촘스키의 LAD는 두뇌가 언어 학습에서 어떤 역할을 하는가에 대하여 설명하려고 시도한다. LAD는 언어 학습자가 'pin'과 'pit', 또는 'nip'과 'tip' 사이에서 음성학적 구별을 지각하고 이해하며 궁극적으로 재생산하는 것을 가능케 하고, 그 개별 지시 대상과 소리나 문자를 서로 연결하는 것을 가능케 한다. 게다가 LAD는 학습자가 언어의 형태론과 문장론 저변에 있는 규칙을 형식적이고 직접적으로 교육 받지 않아도, 우연적이고 간접적으로 규칙을 습득하고 이를 따르는 문장을 생성하도록 도와준다.

반면에, LASS에서는 인간이 고립된 상태에서 언어를 습득하거나 학습하지 못한다고 본다. 언어 학습자는 보모, 손위 형제, 친척, 다른 언어망 속에 있는 구성원들과 상호작용한다. 이때 언어 학습자는 Wells(1986 : 15)가 "말하기 학습은 일련의 언어적 요소를 습득하는 것 이상이다. 이는 여러 사람들과 다양한 목적으로 대화를 나누며 언어적 요소를 사용하는 방법을 찾는 것을 포함한다."라고 말한 것을 구현한다. 그리고 이와 같은 관점으로 Wells(1986)는 심리언어학과 사회언어학 이론의 통합과, LASS가 LAD를 지원하는 방법을 설명한다.

앞서 언급한 바와 같이, LASS의 예는 부모, 손위 형제, 친구, 친척, 이웃들이 있다. LASS는 일반적이거나 특정한 문화 규범과 기대치를 확립함으로써, 언어를 지원하고 형성한다. LASS는 언어 학습자들에게 언어를 지배하는 사회 규칙에 대하여 때로는 매우 직접적으로, 때로는 아주 우연히 가르친다. 언제 "Please"라고 말해야 하고, "Thank you."라고 말해야 하는지, "Hi, How are you?"의 응답으로 어떻게 대답해야 할지, 경우에 따라 "Once upon a time…"와 "Say, have you heard the one about…?" 중 어떤 것이 더 적절한지, 혹은 단어 'neither'를 [NIGH-ther]나 [KNEE-ther] 중에 어떻게 발음해야 하는지 등이 그 예이다. (그리고 덧붙여 말하면, [EE-ther]과 [EYE-ther]은 같은 경우이다.)

이 책에서는 통합된(merged) 관점을 취하고 있다. 심리언어학적 토대는 분명히 아이들의 언어 습득을 설명하는 데 도움이 된다. 마찬가지로, 2장과 3장에서 볼 수 있듯이, 언어는 다른 사람들과 떨어져서는 학습되거나 사용될 수 없으며, 사회적 고립 상태(vacuum)에서도 거의 사용되지 않는다. 언어와 언어가 사용되고 있는 사회적 환경은 사실상 분리할 수 없다. 일정한 기간 동안 청소년들을 관찰해 본 사람들이라면 누구든지 청소년들이 이미 기본적인 언어 구조를 습득하였다는 것을 주목할 것이다. 즉, 청소년들은 무의식적이고 자연스럽게 주어-동사-목적어의 문장 형식("I like pizza"에서와 같이 S-V-O) 등을 사용한다. 더욱이 청소년들의 독특한 개성과 특성과는 관계없이, 아동들과 청소년들의 언어는 많은 공통점을 가지고 있다. 그들은 동일한 속어와 동일한 인사말, 동일한 찬반 표현 등을 사용한다. 은행가, 정육점 주인, 자동차 정비공, 스포츠 리포터, 트럭 기사, 변호사 등과 같은 성인들의 언어 사용도 마찬가지이다. 사람들은 '함께' 대화를 나누고 있는 상대방 '처럼' 말한다. LAD와 LASS는 상호 협조 관계를 유지하는 것 같다.

생각해 보기

아래는 나의 조카딸 Leah가 5살 때 쓴 문장이다.

1. Mi dog went another fens. she plad and had fun she stad overnit. mi dog iz nis. she ez prete I like her.

2. Santa clos ez cmin 2 ton. he nos ef u r slepn he nos ef u r awak he nos ef u bn good r bad.

3. Santa clos bregs us toes. he is fat. 1 ov hes renders es named redof.

4. Valentins ez soon. It will be febuera 14. We will have a porte. we wil have koekies and canot. we will hav fun.

Leah는 5살 때, 언어에 대한 어떤 지식을 배웠는가?

1.6. 언어 탐구와 인식 : 기준

　LEA는 전통적인 문법, 용법, 철자가 아닌 언어의 '다양한' 측면을 학습하는 하나의 접근법이다. 일상생활에서 실재 사람들이 각기 다른 목적을 가지고 다양한 맥락에서 언어를 사용할 때, LEA는 언어에 대한 학생들의 감각과 인식을 높여 줄 것이다.

　학생들은 LEA를 통해 발음, 어휘, 문법에서의 지역적 변이와 사회적 변이에 대하여 배운다. 그 언어 속에서 단어가 어떻게 생성되고 소멸되는가, 사전에서 이러한 단어의 변화를 어떻게 기록하는가, 아직은 사회적 관습을 엄격하게 따르는 교회나 성당, 사원의 주차장에서 주고받는 대화가 식료품점, 파티장의 복도에서 이루어지는 대화와 어떻게 다른가, 언어가 여러분과는 다른 성별이나 종교, 인종에 대한 고정관념을 어떻게 강화하거나 없애려고 하는가가 이러한 예에 해당한다.

　대부분의 교육자들에게 '탐구'라는 개념은 새로운 것이 아니다. 대부분의 중·고등학교에서는 이미 한 학기나 그보다 짧은 기간 동안 미술, 음악, 외국어, 기술·가정 등과 같은 과목에서 부분적으로 "선수 과정"이나 "심화 과정"을 시행하고 있다. 학생들은 이러한 선수 과정을 통해서 자신이 특정 학문 분야에 흥미가 있는지 알아볼 수 있도록 그 분야에 대해서 탐구하고 조사할 수 있다.

　학생들은 전통적인 교육과정에서는 자주 생략되었던 언어 특질을 탐구한다. 이를 통해서 학생들은 위와 같은 입문적인 목적을 달성할 뿐만 아니라, 언어의 보다 넓은 영역에 대한 필수적인 경험을 하게 한다. 이렇게 탐구함으로써, 학생들은 언어의 복잡성과 다양성에 대하여 더욱 잘 인식하고 민감해진다.

　이 책 제2부의 각 장 말미에 있는 탐구 활동은 15-20분 내에 수행할 수 있다. 물론 시간이 조금 더 소요될 수도 있다. 본 책에서 제시한 탐구 활동들은 다음과 같은 기준을 따르고 있다.

LEA 활동은 의미를 강조한다.

사람들의 의사소통에 문제가 생기는 가장 근본적인 이유는 같은 의미를 서로 다르게 받아들인다는 것이다. 이는 대중들 사이에서는 그저 맞는 말 정도이지만, 학생들 사이에서는 거의 공식에 가깝다. 따라서 LEA에서의 활동은 언어 관찰이나 사건에서 나타나는 의미를 강조한다. 의미의 중요성은 보통 "음, 그녀가 한 말의 의미가 무엇일까?"라고 스스로에게 질문할 때 설명된다. 그러나 "음, 그가 왜 동명사로 시작되는 문장을 사용했을까?"라고 우리 자신에게 질문하는 경우는 거의 없다.

비록 문어나 구어에서 문법이 중요한 것은 분명하지만, 문법을 다루는 경우는 드물다. 단지 문법 구조에 대하여 학생들의 질문이나 의견이 있을 때나 개인적인 글쓰기 상담 또는 소집단 토의에서 언어 사용에 대해 이야기할 때에만 문법을 다룬다.

전체 학급 학생들에게 독자적으로 문법 특성을 가르치기 위해서 학습지를 나눠준 뒤 밑줄을 긋거나 동그라미를 하게 하고, 도표를 그리게 하는 등에 시간을 소비하는 것은 재고해 보아야 한다. "다음 문장에서 인칭 대명사에 밑줄을 그으시오."와 같은 활동보다 다음과 같은 활동들이 좀 더 생산적이다. 예를 들어, 학생들 자신이 선택한 책을 읽거나, LEA 활동을 하거나, 개인이나 학급 저널을 쓰거나, 쓴 글에 대해 친구와 함께 이야기를 나누거나, 심지어 재미있는 농담을 하는 것이 이에 해당된다. 의미를 강조하는 이러한 대안들은 언어 학습에 대하여 더욱 긍정적인 마음을 형성하는 데 도움이 된다.

LEA 활동에서는 사회 환경에서 발견되는 실제 언어가 사용된다.

"실재(real)" 언어는 교과서의 예문에서 사용되는 다른 세계의 언어와는 종종 다르게 보이고 들린다. 따라서 LEA는 실재 목적을 위해 실재 사람들이 사용하는 실재 언어를 강조한다. 결국, 이것은 사람들이 여생 동안 사회적인 맥락에서 실제로 사용할 언어 유형이다. 예를 들어, 내가 최근에 14세 학생들의 수업에서 관찰한 바에 따르면, 학생들은 존재하지 않는 회사에 취업 지원서를 가상으로 쓰고 있었다. 하지만, 실제 사람들은 이러한 글쓰기를 거의 하지 않는다.

이러한 가상 활동은 리복이나 나이키 신발이 너무 빨리 해졌다고 불만을 제기하는 '실제적인(authentic)' 편지 쓰기로 바꿀 수 있다. 또는 신문이나 텔레비전에서 본 영화평론에 대해 이의를 제기하는 '실제적인' 편지를 쓸 수도 있다.

이와 유사하게, 여러분은 이 책에서 신문, 잡지, 광고 우편물, 광고전단지, 레스토랑 메뉴 등의 수많은 예들을 만나게 될 것이다. 더 나아가 이러한 예들로 어떻게 실재적이고 실제적인 언어들이 언어 탐구의 중심에 놓일 수 있는가에 대해 잘 알 수 있다.

위에서 말한 것들이 실용적인 편지에서만 실재 언어가 쓰인다는 것을 의미하지는 않는다. 학생들은 또한 잡지/일기, 자유 쓰기, 시, 노래 가사, 대화 외에도 다른 수많은 형식의 글을 쓴다. 내가 강조하고자 하는 것은 학생들이 한 번도 만나 본 적이 없는 사람에게 글을 쓰는 허구적인 맥락보다는 실제적이고 현실적인 맥락에서 글을 써야 한다는 것이다.

앞에서 기술한 것과 같은 대안적 쓰기 활동은 학생들에게 훨씬 더 실재적이다. 실재적 편지는 학생들이 쓰도록 요구받았던 것이 아니라, 그들이 쓰기 '원했던' 것을 보여준다. 학생들은 자신들이 쓰기 원했기 때문에 그 편지를 더욱 "갖고 싶어" 하고, 이러한 소유 의식은 글쓰기에 더 많은 시간을 보내게 하고 더 주의를 기울이게 한다. 이게 좀 더 상식에 가깝다.

LEA 활동은 발달적인 관점을 취한다.

LEA 활동은 청소년들이 도달한 언어 발달 단계에 상응해야 하고, 청소년들의 언어가 여전히 발달 중에 있다는 점을 고려해야 한다.

이러한 관점을 가지고 있는 교실 선생님들은 인내심이 강하다. 그들은 언어 발달이 장기적으로 이루어진다는 것을 알고 있다. 그들은 수업에서 몇몇 성인들이 지닌 정확한 언어 사용 단계에 도달하기 위해 마치 임시방편이나 일회적인 예방 접종을 하는 것이 아니라, 학생들의 지속적인 언어 발달을 강조해야 한다는 것을 알고 있다.

발달적 관점은 교사가 학생들의 언어 사용이 좀 더 성숙되고 어른스러워지는 과정에 있다는 확신과 지식을 가지고 학생들을 대하게 한다. 이는 성인의 언어 능력을 모방하거나 그 언어 능력과 대등하다는 것과는 거리가 멀다. 성인 언어 모형은 일부 언어활동에서 사용될 수는 있지만, 성취 기준이 아니라 예시로 제시되어야 한다.

LEA 활동은 언어의 다양한 측면에 대한 인식을 발달시킨다.

LEA 활동은 언어의 한 측면인 '문법'만을 강조하기보다, 학생들에게 기호, 상징, 언어 변화, 지역적 변이와 사회적 변이, 사전 편찬론, 의미론, 철자법 등과 같은 언어의 다양한 요소들을 고찰할 수 있게 한다. 유치원부터 12학년까지 언어 교육과정의 궁극적인 목표는 학생들이 언어를 통제할 수 있고, 자발적이고, 명료하고, 결속적이고, 정교한 구어 및 문어 발화를 생산해 낼 수 있게 하는 것이다. 하지만 LEA는 반성적 인식(reflective awareness)이 언어를 통제할 필요성에 대한 전체 조건이라는 인식을 바탕으로 구현된다. 이러한 반성적 인식은 언어 전체가 작용하는 방법에 대한 것이다.

LEA 활동은 학생 중심적이고 탐구 중심이다.

언어 용법에 대하여 청소년에게 강의를 한다는 것은 위험하고 비효과적이다. 언어 용법을 강의해보고, 학생들이 지루해하고 있다는 것을 그들의 눈을 통해 확인해 보라! 그럼에도 불구하고, 교실 대화의 대부분은 교사에 의해 전달되는 구술 강연이다. 이는 수동적인 것이 학생들이 할 수 있는 가장 적절한 반응이라는 암묵적인 메시지를 전달한다(Michael S. 1983 : 64, Richard A. 2002 : 744−745 참조.)

학생들이 수동적으로 반응할 수밖에 없는 교실 담화의 예는 전통적 강의나 토론을 가장한 어설픈 수업이다. 누구나 알고 있듯이 이러한 강의실이나 교실 상황에서 교사와 강사는 말을 하고, 학생들은 그 말을 듣고 때로는 이를 받아 적는다.

학생의 수동성을 보여주는 교실 담화의 예는 다음과 같다.

    교사   : 텍사스의 주도(州都)를 말해 볼 사람?
    학생 1 : 오스틴?
    교사   : 맞아요. 아이오와 주는요?
    학생 2 : 데스모인(Des Moines)?
    교사   : 맞아요.

학창 시절의 상당한 기간 동안 학생들이 듣기만 하거나, 교실 토론에 단답형 대답만을 하며 "참여"한다면 학습자가 수동적으로 되리라 예상할 수 있다.

사람들은 수동적인 과정을 통해서가 아니라, 상호작용, 규칙 만들기, 가설−검증 과정들을 통해서 정상적으로 언어를 습득한다. 그러나 이러한 생각은 언어에 대한 사회적 통념에 반하는 것이다. 이 사회적 통념은 언어 교사가 쓰는 파일 어딘가에는 구, 절, 문장들을 쓰거나 말하기 위한 "정확한 방법"에 대해 정리된 목록이 있다는 것이다. 이러한 사회적 통념이 요구하는 바는 언어 학습자가 그 목록을 기억하는 것이 전부이다. Harris, R.(198

1 : 10)에서는 이것을 "고정된 기호체계의 오류"라고 하였다. 이 관점은 학습자의 머리가 텅 비어 있기 때문에 교사가 이를 바르고 적절한 언어 요소로 채워야 한다는 것이다.

　언어 학습자가 언어를 실제로 습득하고 학습하는 방법에 대해 좀 더 정확하게 설명하자면, 언어를 사용하는 여러 가지 방법을 능동적으로 구성하는 것이다. 이러한 방법은 학습자가 보고 들었던 것과, 언어로 표현했던 경험과 그에 대한 반응에 바탕을 둔다. 예를 들어, 언어를 학습하는 초기에는 보통 '−s'로 복수형을 표시한다는 것을 보고 배워서 잘 알지 못한 상태에서 우연하게 "cats", "boys", "hats"라고 정확하게 사용하는 경우도 있다. 그런데 이를 지나치게 일반화하면 "foots", "mans"와 같은 복수 형태를 만들 수도 있다. 여러분이 그랬던 것처럼, 대부분의 아이들은 때가 되면 규칙형 복수와 불규칙형 복수의 관습적인 사용법에 대해 배울 것이다.

　결국 아이들이 주변의 언어를 암묵적이고 간접적으로 관찰하고 그 관찰의 결과를 적용함으로써 복수형을 표기하는 방법을 학습한다는 것이 이러한 설명의 핵심이다. 청소년처럼 좀 더 성숙한 학습자들은 새로운 언어학적 내용, 새로운 언어 요구, 언어가 사용될 사회 맥락의 확대된 범위 등을 만날 때 아이들과 한 것과 유사한 방식으로 언어를 학습해갈 것이다.

　이와 유사한 적용을 통해, 언어 학습자들은 성공적인 언어 사용 방법에 대하여 놀랄 만큼 명백하게 일반화한다. 보통의 아이들은 직접적으로 가르치지 않아도 그들의 언어망 내에서 다른 사람들과 의사소통하는 능력을 기른다.

　좀 더 분명히 말하자면, LEA 활동은 가능한 한 '능동적인' 언어 습득 모형의 전형을 따라야 할 것이다. 단순하게 들릴지 몰라도 나는 사람은 언어를 사용함으로써 언어를 배운다고 주장하려 한다. 결국, LEA가 성공하기 위해서는 학생들은 적극적으로 활동해야 한다.

LEA 활동은 반성적 사고를 필요로 한다.

학습자들은 학교 밖의 실재 세계에서 언제나 언어를 선택한다. 학생들이 언어 선택에 있어서 반성적 사고를 요구받을 때, 그들은 듣고, 읽고, 쓰고, 말한 것에 대하여 더욱 인식하게 되고 깊이 생각하게 된다. 우리는 학습자들이 억지로 언어 유창성이라는 더 작은 세계에 속박되는 것을 원하지 않는다. Freire, P.(1970 : 205-221)는 이 세계를 **침묵의 문화**라고 불렀는데, 이는 화자/필자가 규범적인 면을 강요받기 때문에 그들의 언어 사용이 억제되거나 왜곡되어 왔던 세계를 말한다.

청소년 학습자들이 언어를 반성적으로 사용하려고 하거나, 늘어난 선택지로부터 더 광범위한 선택을 하면서 메타 언어(자신의 언어 사용에 대하여 분명한 지식을 가지는 것)를 발달시키고자 한다면, 학습자들은 언어와 언어 사용에 대하여 반성적인 사고를 해 봐야 한다.

| 생각해 보기 | 교사가 아닌 5~6명을 인터뷰해 보자. 그들에게 유치원부터 고등학교까지의 학교생활에서 기억하고 있는 언어 수업의 활동과 내용에 대하여 질문해 보자. 그들이 강조하는 것은 무엇인가? 인터뷰를 마친 뒤, 받아 적은 것을 다시 한 번 읽어보자. 인터뷰 대상자들의 경험은 이 장에서 설명한 6개의 LEA 기준들에 어느 정도 부합하는가? |

이 책의 각 장 끝 부분에서 일련의 질문이나 진술을 발견할 수 있을 것이다. 이러한 질문과 진술은 여러분이 각 장에 대해 명확하게 이해하고 그 이해한 바를 확장하도록 도와줄 것이다. 방법은 간단하다.

다시 보기

1부. 이 장에서 명시적으로 언급된 내용에 ✓표시를 하시오.

___1. 말하기 학습에는 단어 발음법을 배우는 것 이상이 필요하다.
___2. 보통 사고는 이를 표현하기 위해 필요한 언어보다 앞서 형성된다.
___3. 몇몇 사람들은 영어를 다른 교과의 "서비스" 교과로 본다.
___4. 전통적인 교육과정은 문법 학습이 9–12학년에서 이루어져야 한다고 본다.
___5. 학생들이 학습 목표를 안다면 그 대상을 더 잘 학습하는 경향이 있다.

2부. 이 책의 저자가 동의할 것이라고 생각하는 내용에 ✓표시를 하시오.

___6. 학생들이 글을 쓸 때 범하는 실수를 줄이는 가장 좋은 방법은 미니 레슨5)이다.
___7. 사람들은 직접적인 교수 없이도 문법을 배운다.
___8. 사람들은 언어의 구조가 복잡하지 않다면, 의미를 먼저 찾는다.
___9. 어떤 학생에게는 '인위적인' 언어가 다른 학생에게는 '실제적인' 언어일 수 있다.
___10. "표준어법"이란 상대적인 용어로서, 학생들이 말하고 쓰는 것을 대부분 수용한다.

---

5) 역주 : 'minilessons'은 현재 간이 수업, 미니레슨, 미니 수업, 강의식 수업 등으로 번역되어 다양하게 사용되고 있다.

3부. 여러분들이 이 장에서 이해한 것을 바탕으로 지금까지 교육자로서 경험한 것을 고려하여 동의하는 내용에 ✓표시를 하시오.

___11. 노력이 없이는 얻는 것도 없다.
___12. 연습은 완벽을 만든다.
___13. 열심히 노력하면 어떤 것이든지 성취할 수 있다.
___14. 전체는 부분의 총합보다 더 크다.
___15. 몇몇의 작은 숲으로는 하나의 거대한 숲을 이루지 못한다.

제 2 장

언어 탐구와 인식 : 왜 필요한가?

그들은 언어의 거대한 향연에 있었고, 그 일부를 훔쳐 왔다.
― 셰익스피어, 『사랑의 헛수고』(*Love's Labour's Lost*)

> **이 장을 읽기 전에**
>
> 일상적으로 여러분이 다양한 상황에서 다양한 사람들을 만날 때, 여러분이 사용하는 언어가 어떻게 달라지는지 생각해 보자. 가까운 친구와 이야기할 때 사용하는 언어에는 어떤 특징이 있는가? 목사, 신부와 같은 성직자들과 이야기할 때 사용하는 언어는? 상점의 점원과 이야기할 때 사용하는 언어는? 초등학교, 중학교, 고등학교 학생과 이야기할 때 사용하는 언어는? 이러한 말들이 관습적으로 사용된다면, 위의 상황들 중 어느 경우가 '좋은 언어', 혹은 '올바른 언어'의 예가 될 수 있는가?

2.1. 들어가기

올림픽 역도 선수들이 아무리 무거운 역기를 들어 올릴 수 있더라도, 사자는 그보다 훨씬 강하다. 인간이 아무리 빨리 달린다고 할지라도, 타조에게 상대가 되지는 못한다. 돌고래는 어떤 인간보다도 더 빠르게 수영할 수 있고, 인간은 독수리만큼 예리하게 보지 못한다. 이는 인간이 인간으로서 갖는 자긍심과 상치되지만, 우리는 위와 같이 논의의 여지가 없는 사실들을 인정해야만 한다. 그러나 우리 인간이 뛰어난 영역이 하나 있는데, 바로 상징의 사용이다(Boyer, L. E., 1996 : 1).

영어 교사로서 여러분은 인간이 사용하는 많은 상징 체계에 관심을 가지고 있을 텐데, 우리가 단어라고 부르는 상징들이 그러한 상징 목록들을 특징적으로 잘 나타내 줄 것이다. 이러한 상징의 영향력에 대하여 사람들이 학습하도록 도와야 할 사람으로서, 여러분은 많은 과제에 직면하게 된다.

예를 들어, Snow & Fillmore(2000)는 언어를 중심으로 교사의 다섯 가지 역할에 대하여 기술했다.

1. 교사는 교육자이다. 언어 학습을 촉진시킬 전략과 자료를 선정해서 내용을 잘 가르쳐야 할 책임이 있다.
2. 교사는 평가자이다. 학생들이 낸 중요한 성과들에 대해서 판단해야 한다.
3. 교사는 교육받은 사람이다. 언어에 대한 정보를 가지고 있다.
4. 교사는 의사 소통가이다. 학생들이 언어를 사용하는 방법을 이해하기 위한 전략을 가지고 있다.
5. 교사는 사회화를 돕는 행위자이다. 학교 안팎에서 사용되는 규범, 기대, 의사소통 유형을 학생들이 배우도록 도움을 준다.

여러분들은 대단히 중요한 책임을 담당해 왔던 것이다!
여러분들은 고작 이 책의 한 장(章)을 읽은 것에 불과하지만, 언어에 대해 특히 학교에서 언어가 어떻게 가르치고, 가르쳐질 수 있으며, 가르쳐져야 하는지에 대하여 내가 확고한 의견을 가지고 있음을 알게 되었을 것이다. 언어 탐구는 우리들의 삶에서 교육적으로 의미가 있고 즐거운 부분이 될 수 있고, 또 그렇게 되어야만 한다. 물론 이는 수업 시간에 학생들에게 나눠주는 엄청난 양의 학습지를 줄여야만 가능한 일이다. 왜냐하면 언어를 추상적인 단위들로 세세하게 분석하게 하는 이러한 학습지는 실생활에 전혀 도움이 되지 않기 때문이다.

2.2. 언어 학습의 초점과 맥락

언어 학습에 대한 규범적 접근과 기술적 접근은 언어에 적용되었을 때 우리가 살펴봐야 할 필요가 있는 흥미로운 용어들이다.

Finegan E.는 이 두 가지 접근법을 다음과 같이 대조적으로 설명했다. "기술 문법가들은 '영어는 어떤 것인가? – 영어의 형태에는 어떤 것이 있고, 그 형태들은 다양한 상황에서 어떤 기능을 하는가?'라고 질문한다.[1] 반면에, 규범 문법가들은 '영어는 어떠해야만 하는가? – 사람들은 어떤 형태를 사용해야만 하고, 그 형태는 어떤 기능을 담당해야만 하는가?'라고 묻는다."[2]

언어 사용에 대한 규범적인 접근에서는 언어에 대해 특별하거나 전문적인 지식을 지녔다고 주장하는 이들이 규칙을 규정한다. 규범적인 접근은 "보수적인 경향이 있으며, [언어] 변화를 경멸하기까지는 아니지만 꺼려한다"(Sheidlower, J., 1996 : 112).

내 생각에는 언어학자 중 대다수가 기술 언어학자일 것 같은데, 오늘날 규범 언어학자와 기술 언어학자가 모두 활동하고 있다고 한다. 과연 그것이 통계상으로 의미 있는 차이가 있는지도 모르겠다. 기술 언어학자들은 사람들이 실제로 언어를 어떻게 사용하는지 조사한다. 그런데 그들은 자신의 연구 결과가 '올바른 언어'인지, 아니면 '나쁜 언어'인지 판단하지 않고 보고만 한다.

그럼에도 불구하고, 미국에는 사람들이 영어를 사용할 때 따라야만 하는 방식이 있다. 이는 아주 오랫동안 지속되어 온 전통이며 일반 대중들이 요구해 온 방식이다. 사람들은 종종 사무실 복도나 교회 주차장, 혹은 슈퍼마

---

[1] 역주 : 이 번역이 어색한 이유는 아래에 규범문법가들의 질문은 확실하게 규범 문법의 성격을 보여주는데, 이 질문의 경우는 기술 문법의 성격을 잘 보여주지 못하기 때문이다.
[2] Edward Finegan, *What Is "Correct" Language?* (n.d.), available from the Linguistic Society of America, http : //www.lsadc.org/fields/index.htm.

켓에서 나를 멈춰 세운다. 심지어는 우리 집과 사무실로 전화를 걸기도 한다. 그리고서는 "Larry, 내가 'less than'이라고 해야 돼, 아니면 'fewer than'이라고 해야 돼?"와 같은 언어 용법에 대해 묻는다. 교사들은 이러한 질문에 대비해야 한다. 사람들이 아직 그러한 질문을 하지 않았더라도, 곧 여러분에게 이러한 것을 질문할 것이다.

나에게 조언을 얻기 위해 신문의 상담란으로 보내 온 편지들을 살펴보면 몇 가지 전형적이고 유사한 질문들이 있다. "저는 90대이고, 친구들에게 '늙어가고 있어(slowing down).'라고 말하곤 했습니다. 며칠 전 대학에서 은퇴한 학장으로부터 짧은 편지를 받았습니다. 그는 '나는 77살이야, 늙어가고 있어(slowed up).'라고 썼더군요. 그런데 'slowing down'과 'slowing up' 중 어느 것이 맞습니까?"3) 동일한 상담란으로 보내 온 다른 독자의 편지에서는 이와 유사한 용법에 대한 질문이 있었다. "손녀가 강아지에게 'lay down'이라고 계속 명령하는 것을 들었을 때, 저는 손녀에게 'lie down'이라고 말해야 한다고 했어요. 그랬더니 손녀가 '어떤 것을 쓰든지 상관없잖아요.'라고 말하더군요."4)

내가 이러한 편지를 제시한 이유는, 이 편지가 미국인들이 가지고 있는 언어학적 사고의 전형을 나타내주기 때문은 아니다. 여기서 이들을 인용한 것은 단지 평범한 사람들이 언어와 언어가 얼마나 정확하게 사용되어야 하는가에 대해 어떻게 생각하는지 보여주는 실례라고 여겨지기 때문이다. 이러한 편지는 또한 몇몇 사람들이 무엇에 대해 이야기할 때, 올바른 방법은 하나 밖에 없고 다른 방법은 모두 잘못되었다고 믿는 것을 보여준다.

내 생각에는 'slowing up'과 'slowing down' 사이에는 뚜렷한 차이가 없고 어느 표현을 쓰든 동일한 의미로 받아들여진다. 더욱이, 미국 영어에서 'lie'와 'lay' 사이의 학교문법적인 구별은 거의 사라졌다. 오랜 시간 동안 구별해

---

3) Dear Abby, *The Lincoln* (NE) *Star*, August 12, 1992.
4) Dear Abby, *The Lincoln* (NE) *Star*, August 4, 1993.

왔던 'lie'와 'lay'를 동일하게 받아들인 것은 영문법을 개정하고자 하는 미국 화자들의 무의식적인 요구와 필요가 반영되었기 때문이다. 손녀딸의 개도 어떤 말로 명령하든지 간에 똑같이 순종할 것이라고 확신한다.[5]

'정확한' 혹은 '올바른' 영어라고 하는 것에 대한 지속적인 믿음, 즉 영어 사용에 있어 사람들이 갖고 있는 규범적인 태도를 보여주기 위해 이 편지를 인용하였다.

위에서 언급한 것처럼, 규범적인 규칙이 아무리 터무니없고 이상할지라도 아예 없애버리는 것은 불가능하다. "부사로 문장을 시작해서는 안 된다."는 말은 우리가 이 장(章)의 뒷부분에서 더 자세히 논의하게 될 규범적 규칙을 보여주는 아주 좋은 예이다. 학교 조회를 할 때나 점심시간에 식당에서 선배들을 위해 더 좋은 자리를 남겨두는 행동이 없어지지 않는 것처럼, 규범적 언어 규칙도 지속될 것이다. 필자도 이렇게 했었고, 아무 문제도 없었는데 왜 사람들은 그러한 행동들을 꼭 구별하려고만 하는가?

Birch는 미국인들이 패션, 기술, 미디어 분야에 대해서는 끊임없는 혁신을 기대하는 것에 반하여, 표준 문법에 대해서는 과거에 너무나 집착하고 있는 것에 놀라워했다(Yajun, J., 2002 : 59). 여러분이 나에게 말했던 것처럼 말이다.

아마도 더 중요한 것은, 몇몇 규범적 규칙들은 너무 자연스럽지 못해서 특권을 가진 학교 교육의 이익임을 깨달아온 사람들에 의해서만 지켜질 수 있다는 것이다. 이럴 경우에 규범적 규칙은 **하층민**과 **상층민**을 구별하는 사회적 표지가 될 수 있다(Pinker, S., 1990 : 374).

여러분은 이 시점에서 규범적 규칙들이 어디서 왔는지에 대하여 의문을 품게 될 것이다. Applebee, N. A.(1974 : 5-8)에서는 그가 살펴본 미국에서의 영어 교수 역사에서는 영어라고 부르는 과목이 19세기 말까지 학교 교육과정에 나타나지 않았음에 주목했다. 영문법은 학교에 널리 보급된 첫 번째

---

[5] 역주 : lie로 말하든 lay로 말하든 개는 그 말을 듣고 누울 것이라는 이야기이다.

영어 과목이었다.

1800년대 말에, 미국 고등학교의 목적은 두 종류의 철학관으로 나누어져 있었다. 전통적인 교육자들은 고등학교를 대학 준비 기관으로 보고, 학생들을 대학 준비 과정과 일반 교육과정(또는 완성 교육과정)의 두 집단으로 나누었다. 일반적으로 두 과정은 학생들의 경제적, 사회적, 인종적 배경에 의하여 구분되었다.

1892년 국가교육협회(NEA)는 고등학교 표준 교육과정을 확립하기 위해 10인 위원회를 임명함으로 본격적으로 이 문제에 착수했다. 하버드 대학의 총장이었던, Charles Eliot가 의장을 맡고 있는 10인 위원회는 몇 가지 건의안을 내놓았다. 그 중에는 고전 라틴어와 그리스어 과목 이외의 외국어 과정을 추가하는 것과, 수학, 과학, 영어 그리고 역사는 대학 준비 과정만이 아니라 모든 학생들이 할 수 있도록 해야 한다는 것이 포함되어 있었다 (Ornstein, A. & Levine, U. D., 1993 : 174-175).

한 연구자가 관찰했던 바와 같이 1892년 10인 위원회의 망령들은 오늘날 여전히 우리에게 남아 있다(Aulbach, C., 1994 : 16). 어떻게 모국어를 가르쳐야 하는 것인지에 대한 지침 역할을 해줄 기존의 올바른 영어 교수 전통이 존재하지 않았기 때문에, 학교는 대학 진학 학생들을 위해 라틴어와 그리스어를 가르치던 교육과정에서 교육적인 방법들과 모형들을 위한 언어학습의 다른 형태들을 찾게 되었다(Applebee, N. A., 1974 : 7).

고전어를 가르치는 데 있어 강조된 것은 전통적인 문법이었으며, 전통적인 문법은 두 가지 요소를 강조했다. 문법 규칙들을 배우는 것과 그 문법 규칙들을 적용하는 것이 바로 그것이다. 이 요소들은 문장을 분석하고, 문장 수형도를 그리고, 용법의 오류를 바로 잡는 "문장 분석(sentence parsing)"을 통하여 습득되었다. 라틴어와 그리스어 학습에 대한 이와 같은 접근법은 뒤이은 영어 학습에서 교육과정의 모형으로서 채택되었다. 그리고 나서 미국 고등학교의 영어 교육에서 발전된 것이라곤 라틴어나 그리스어와 같은 고

전적인 외국어를 가르치는 방법에서 모국어인 영어의 오류를 바로잡는 방법으로 전환된 것뿐이었다(Applebee, N. A., 1974 : 7).

우리가 이 장(章) 앞에서 논의하고 예를 들어 설명했던 것처럼, 규범적인 전통은 오늘날에도 여전히 건재하다. 누군가와 대화를 할 때 사전찾기, 편지쓰기, 즉흥적으로 말하기, 방언으로 말하기 등과 같이 언어와 관련된 어떠한 주제에 대해서라도 소개하려고 시도해 보라. 그러면 대화 15분 안에 "올바른 영어란 무엇인가?"라는 주제로 넘어갈 것이다. 실로, 1892년의 10인 위원회의 망령이 오늘날까지도 여전히 우리에게 나타나고 있는 것이다.

언어 전문가들이 제시한 규범적 규칙의 많은 부분은 사실상 의미가 없다. 언어 학습과 언어 사용에 특별한 관심을 가지고 있는 MIT의 인지 과학자인 Steven Pinker는 "수백 년 전에 독특한 이유로 생긴 작은 전설들이 있는데, 그때부터 지금까지 이어져 내려오고 있다."라고 썼다. 게다가 규범적인 법칙들이 존재하는 한, 사람들은 그 법칙을 지속적으로 "깨왔고", 전문가들은 이러한 언어의 쇠락과 쇠퇴에 대하여 비통해 하였다(Pinker, S., 1990 : 373).

이미 알고 있을지도 모르지만, 영어 예비 교사나 현직 교사로서 여러분은 영어를 말하는 사람들 대부분이 언어 "전문가"라는 것을 알 필요가 있다.

이것은 다소 반어적이다. 수표장(手票帳)을 결산하기 위하여 수학을 사용하는 사람들이 자신을 전문적인 수학자로 생각하지 않는다. 테라스에서 햄버거를 굽는 사람이 자신을 전문적인 요리사라고 생각하지도 않는다. 주말에 골프나 테니스, 포커를 하는 사람도 자신이 전문가라고 생각하지 않는다. 그런데, 영어를 말하는 대부분의 사람들은 영어가 어떻게 사용되어야 하는지에 대한 전문가이다. 이 상황을 보라.

Pinker(1990 : 383)에서는 전문가의 의견은 의심받지 않는다고 말한다. 예를 들어, 한 전문가가 다음과 같은 용법이 심각한 잘못이라고 발표를 했다고 상상해 보자. "사람들이 'Cleveland'라고 부르는 Ohio에 있는 도시는 'Cincinnati'가 올바른 이름이고, 'Cincinnati'라고 부르는 도시는 'Cleveland'가 올바른 이름이다." 전문가는 왜 이러한 오류가 오류인지 이유를 알려주지 않는다. 단순히 언어에 대해 관심을 가지고 있는 사람이라면 이러한 언어 용법을 즉시 받아들일 수 있을 것이라고 전문가는 말할 뿐이다. 만일 일반인이 이러한 말을 한다면, 여러분은 확실히 그 사람이 미쳤거나 어리석다고 생각할 것이다. 그러나 "전문가"가 사설이나 뉴스 칼럼, 또는 편집자에게 보낸 편지에서 언어 사용에 관하여 이와 유사한 의견을 정식으로 발표했다면, 그 전문가는 미쳤거나 어리석다고 여겨지기보다, 오히려 수준 높은 권위자이자 문식성의 수호자로 찬사를 받을 것이다(Pinker, S., 1990 : 383).

때때로 교실에서 이와 비슷한 의견을 들을 수 있다. (또 다시 망령이 나타났다!) 내 수업을 듣는 한 학생이 최근에 제1장 끝 부분에 있는 "생각해 보기"를 수행하였다. 그 학생이 인터뷰한 어른들은 학교에서 받았던 영어 학습에 대하여 다음과 같이 말했다.

- "때때로 선생님들은 모든 문장과 문단을 불러 주었고 우리는 그것을 받아썼다. 그 문장들은 서로 관련이 없었기 때문에 받아쓰기가 어려웠다."
- "모든 학생들이 외워야만 했던 탈맥락적인 단어들이 있었다."
- "80%의 학생들은 방언을 썼다. 하지만 우리는 학교에서 표준어만을 써야 했다. 그리고 집에 가기 위해 교문을 나서자마자, 내가 원래 사용하던 방언으로 돌아왔다. 나는 그것이 '속어'였다는 것을 몰랐다."
- "학교에서는 우리가 조부모님께 편지를 쓰고 보내도록 장려했다. 나는 엽서쓰기가 가장 쉽다는 것을 알게 되었다"
- "편지쓰기 숙제는 주로 형식적인 것이었다. 선생님들이 우리에게 쓸 거리를 제공하였고, 그러면 우리는 멀리 떨어진 가상의 공간으로 편지를 보냈다."
- "우리는 결코 개인적인 저널을 써 본 적이 없다. 언어 학습은 재밌는 것이 아니라 하기 싫은 것이었다."

2.3. 전통적인 언어 학습의 약점

"생각해 보기"에서 인터뷰에 응한 대부분의 사람들은 그들의 언어 학습이 "전통적"이었다고 답했다. 전통적인 접근은 일반적으로 언어 사용과 사용자에 대하여 좀 더 포괄적인 관점을 나타내는 데에 실패한다. 그리고 전통적인 접근은 아래에 제시된 것들 외에 다양한 이유 때문에 상대적으로 비효과적이었다.

전통적인 접근은 의미보다 구조를 강조한다.

전통적인 접근에서 학생들은 9, 10살 혹은 11살 때 라틴어의 문법 분석에 사용하는 문어 구조를 공부하기 시작해서 6~8년 동안 배우게 된다. 물론 이는 영문법이 라틴어가 아니라 게르만어에 기원이 있다는 사실을 개의치 않는다. 많은 경우, 이것은 8년 동안의 프로그램이 아니라, 여덟 번 반복되는 1년 과정일 뿐이다. 학생들은 명사, 동사, 부사, 접속사의 정의, 주격과 명사 상당어구의 정의, 그리고 구, 절, 문장의 정의를 암기한다. 문장에서 각 단어의 품사를 분류하고 개별 문장을 이와 유사한 방식으로 분석한 결과로, 학생들은 그들이 공부해 왔던 성인과 비슷한 문장을 만들어 낼 수 있을 것이라 기대한다.

전통적인 접근은 이와 같이 로망스어6) 문법인 라틴어에 적절한 규칙을 게르만어 문법에 가까운 영어에 적용해서 혼란스럽다. 그뿐만 아니라, 수동적인 암기와 능동적인 학습 사이의 구별에도 거의 관심을 기울이지 않는다. 이렇게 전통적인 관점에서 강조하는 것은 예시적이고 이상적인 문장의 글자 그대로의 의미이다. 이는 성인 언어의 완성을 가장 잘 보여준다고 여겨진다. 이러한 문장들은 자주 어떠한 실제 사용 맥락과도 무관하게 연구되고

---

6) 역주: 라틴어에서 분파된 프랑스어, 이탈리아어, 스페인어, 포르투갈어, 루마니아어 등을 지칭하는 용어이다.

목록화된 형식으로 제시된다.

예를 들어, 필자의 책상 위에 있는 영어 입문서에는 다음과 같이 한 쌍의 문장들을 제시하고 있는데, 이들은 문장 유형을 대표적으로 보여준다 (Snodgrass, E., M., 1987 : 27 참조).

A. 평서문은 진술을 한다.
 1. Dexter grows broccoli in his garden.
  (덱스터는 정원에서 브로콜리를 기른다.)
 2. Our boat has leaked since last fall.
  (우리 배는 지난 가을부터 물이 샌다.)

B. 의문문은 질문을 한다.
 1. Wouldn't you like a pillow for your head?
  (베개 필요하지 않으세요?)
 2. What will an extra night in the hotel cost?
  (호텔에서 추가로 숙박하는 비용은 얼마인가요?)

C. 명령문은 명령을 나타낸다.
 1. Wait for me, Mario.
  (마리오, 기다려.)
 2. Chauncey, stop that barking!
  (샤운시, 그만 짖어!)

D. 감탄문은 강한 감정이나 느낌을 표현한다.
 1. Willie's sister said her first word!
  (윌리의 동생이 처음으로 말을 했다!)
 2. Oh, what a surprise I have for Lon!
  (어휴, 내가 론 때문에 얼마나 놀랐는지!)

이 범주들과 예들은 약간의 설명이 필요하다. 우선, 사람들이 실제로 언어를 어떻게 사용하는지 생각해 본다면, 이 범주들은 극단적으로 단순화 되었을 뿐만 아니라 '매우 부정확한' 것이다. 명령문에 대한 예시문으로 제시된 "마리오, 기다려."는 명령의 의미를 담고 있는 것으로 설명되었다. 하지만, 실제 언어 사용 맥락에서 만약 나이 어린 여동생이나 남동생이 손위의 오빠나 누나에게 하는 말이라면, '요청'이나 '청원'의 의미일 것이다.

Jean Shepherd의 고전적인 TV 시리즈인 〈크리스마스 이야기〉의 한 장면을 떠올려 보자. Ralphie와 Randy는 눈 속을 뚫고 터덜터덜 학교에 걸어가는 길이었다. 그런데 랜디가 눈 속에서 쓰러져 일어나지 못했다. 랄프가 랜디를 돕고자 친구들이 있는 Flick으로 돌아가려 했다. 랜디가 "기다려 마리오."와 비슷하게 "랄프, 기다려!"라고 소리쳤다. 랜디가 "랄프, 기다려!"라고 말한 것은 명령이 아니다. 그것은 '호소'이자 '청원'이며 '애원'이다!

문장이 사용되는 맥락을 알기 전에 유형학(類型學)으로 문장을 분류하는 것은 아무리 잘 분류한다 하여도 문제의 여지가 있다. 여러분은 단지 문장의 형태만 보아서는 안 되고, 문장의 기능을 보아야 한다.

이와 유사하게, 교과서에서는 의문문으로 분류되는 문장도 실제로는 조금 다를 수 있다. 예를 들어, 교사가 학생에게 "문 좀 닫아 주겠니?"라고 묻거나, 아내가 나에게 전화를 걸어 "퇴근하는 길에 빵 좀 사다 주겠어요?"라고 하는 문장은 명령형 문장에 더 가깝다. 위의 두 예문에 대한 적절한 대답은 그 범위가 어느 정도 제한되어 있다. 위의 상황에서 교사에게 "아니요. 괜찮아요."라고 대답할 학생은 아무도 없을 것이다. 나 역시도 아내에게 그렇다. 교사나 나의 아내가 말한 '명령형'의 문장은 좀 더 예의 바르고 듣기 좋도록 하기 위하여 '의문형'인 체 하고 있을 뿐이다. 이것은 예의를 중시하는 문화권에서 일어나는 일반적인 현상이다.

형식 대 기능의 논의를 계속하여, 이른바 의문문이라고 하는 물음표로 끝이 나는 문장들 또한 고려해 보자. 때때로 의문문 같이 보이는 문장들 또는 진술들이 실제로는 감탄문이 될 수도 있다. 예를 들어 종종 화자는 "WOW!(놀람)"의 의미로 "Are you kidding?(농담하세요?)"이라고 말한다. 형식상으로는 의문문으로 보이기 때문에, 실제 맥락에서의 기능을 고려해볼 필요가 있다.

이러한 전통적인 교과서의 범주들은 실재 맥락에서 실제적인 사용을 통해 나타나는 의미, 기능보다 구조, 형식에 초점이 맞춰져 있다.

의미보다 구조를 강조하는 이러한 전통적 정의에 따라 아무런 가치도 없는 성과물이 양산되었고 이는 예전부터 계속되어 왔다. 앞에서 인용된 예문들 중 하나는 독자에게 "명령문은 명령을 나타낸다."라고 말한다. 이는 "지시를 하는 문장은 명령을 나타낸다."라는 예전의 정의와 같다. 이것은 필자 개인이 소장하고 있는, 1889년에 미국에서 발간된 『초등학생을 위한 새로운 언어 연습』(New Language Exercises for Elementary Schools)에서 인용한 것이다(Long, C. C., 1889 : 31).

과학과 지리 교사들이 19세기 지식을 토대로 사실이나 정의, 또는 개념들을 사용한다면, 대중들이 얼마나 항의를 할지 상상해 보자. 영어 교육과정이 계속해서 19세기의 사고를 기반으로 이루어질 때, 우리의 전문성은 뉴턴 물리학이나 양자물리학을 부정하는 과학 교사나 지구가 평평하게 보이는 지도를 사용하는 지리교사들의 전문성보다 나을 것이 하나도 없다.

비록 언어에서 구조는 분명히 중요하지만, 구조는 일반적인 언어 학습자가 거의 주의를 기울이지 않은 언어 요소 중 하나이다. 대부분의 언어 사용자들이 지속적으로 관심을 가지고 그 필요성을 인식하는 첫 번째 것이 바로 의미이다. 언어 습득의 시작으로부터 청년기 그리고 성인기까지, 언어 사용자는 대부분 그들이 무엇에 '대하여(about)' 말하는지에 관심이 있지, 그들이 무엇을 '가지고(with)' 말하는지에 관심이 있는 것은 아니다. 보통 화자나 필자가 언어에 대해 가장 관심있는 것은 의미이다. 여러분이 의미 대신에 형식에 더 관심을 기울였던 때가 마지막으로 언제인가? 그리고 "그녀는 왜 동명사로 시작하는 문장을 사용했지?"라고 스스로에게 질문한 것이 언제가 마지막인가?

이는 구조가 영어 교육과정에 결코 포함되어서는 안 된다는 것을 의미하는 것은 아니다. 수업에서 문법 공부를 제외하는 것은, 언어의 다른 측면들은 간과한 채 오직 문법만 가르치는 것만큼이나 무책임한 것이다. 그러나 나는 미국의 영어 수업의 역사에서 문법 수업이 대부분이었음을 지적하는 것이다. 이 책의 목차에 포함된 주제들과 같은 언어의 다른 측면들은 일시적인 관심을 받았거나 전혀 관심을 받지 못했다.

영어 교과가 교육과정으로 도입되는 과정에 대한 이전 논의에서 그 원인의 일부를 발견할 수 있다.(그 망령들은 계속해서 다시 나타난다.) 이에 더하여, 대부분의 미국의 언어학파들은 구조를 강조해왔다. Widdowson은 "Chomsky(1959, 1965) 이후부터 언어학자들이 언어 습득에 관심을 가지게 되었고, 그 후 그들은 대체로 선천적인 문법적 능력에만 관심을 기울여왔다."라고 지적했다(Clarke, A. C., 1994 : 15). Oller는 퉁명스러운 어조로 이 문제에 대한 자신의 생각을 솔직하게 밝혔다. "내가 본 미국 언어학자들은 거의 예외 없이 음성학, 음운론, 통사론의 몇몇 측면에만 관심을 두었고, 의미에 대해서는 매우 무관심했으며, 경험 세계에 대해서도 거의 무시했다"(Clarke, A. C., 1994 : 15). Clarke는 그 논쟁을 어느 정도로 완화시키고자, 다음과 같은 점을 인정하였다. "비록 최근 연구가 문법 능력의 습득에서 벗어나고 있지만, 실제 언어 사용에 대한 복잡한 현상인 언어 수행(performance)은 아직까지는 주목을 끌지 못하고 있다"(Clarke, A. C., 1994 : 15).

사실 대부분 사람들은 언어를 통해 성취할 수 있는 것이 많기 때문에 언어를 사용한다. 아기들은 입술과 혀, 치아를 움직이는 본능적인 즐거움을 느끼기 위해 우유, 쿠키, 인형, 공과 같은 단어들을 배우지는 않는다. 또한 이 단어들이 "정확하기" 때문에 배우는 것도 아니다. 아기들은 그 단어를 사용하면 결과가 있기 때문에 단어들을 배운다. 단어들은 필요, 요구, 소망, 청구를 표현하고 있다. 우는 것은 모호하지만, 말하는 것은 명확하다. 그래서 아이들은 다양한 의미들을 표현하기 위해 단어를 배우고 사용한다.

이처럼, 청소년들은 언어를 통해 성취할 수 있는 것에 대하여 대개 간접적이고 우연히 배운다. 예를 들어, 그들은 각각의 사회망을 나타내는 코드어를 사용하여, 자신들의 정체성과 소속감을 동시에 확립하고 상징화한다. 이것이 가장 개인적인 형태로 언어를 선택하여 의미를 형성하는 경우이다. 사실상 이러한 현상은 모든 언어 학습자들에게, 특히 청소년들 사이에서 가장 보편적으로 나타난다.

"따돌림을 당하느니 죽음을 달라(Death before uncool)"는 것은 대부분의 학생들이 암묵적으로 동의하는 금언이라는 것을 기억하라. 이 금언의 의미는 명확하다. 따돌림을 당하는 것보다는 차라리 죽는 것이 낫다는 것이다. 물론 따돌림을 당하지 않는 가장 확실한 방법은 자신이 선택한 사회 집단으로부터 인정을 받고, 그 집단에서 일체감을 느끼는 것이다. 이것은 어떻게 성취될까? 사람들이 입는 것처럼 입고, 말하는 것처럼 말하라.

학령기 학습자는 몇 가지 이유에서 언어를 사용한다. 즉, 그들의 친구나 친구가 되길 원하는 아이들과 생각, 꿈, 비밀, 상상을 공유하기 위해 언어를 사용한다. 또한 친구들이 수용하거나 알 수 있는 방법으로 사회적이거나 학문적인 정보에 대한 질문, 대답, 해석을 협의하고 구성하기 위하여 언어를 사용한다. 이러한 모든 결과를 충족시키는 언어를 사용하는 것은 무리한 요구이다.

게다가, 사람들은 자신이 속해 있거나 속하기를 원하는 집단이나 조직의 언어를 사용하려고 한다는 것은 보편적인 사회 언어학적 사실이다. 이것은 어른들뿐만 아니라 청소년들에게도 마찬가지이다. '*bling—bling, metrosexual, minizzle, tanorexic, sweet*'[7])처럼 그 조직만의 약속된 은어는 그 집단이나 조직의 구성원들이 그것을 말하기 때문에 사용하는 용어이다. 만약 여러분이 이런 용어들을 사용한다면, 여러분은 그 집단의 일원일 것이다.

---

7) 역주 : bling—bling(반짝반짝), metrosexual(외모나 외상 등에 각별한 신경을 쓰는 세련된 도시 남성)

신조어에 대해 알고자 노력하는 것은 다람쥐의 꼬리에 소금을 놓는 것과 같다. 즉, 은어는 빠르게 변한다. 실제로 여러분이 이 책을 읽어가는 동안에 위에 제시한 5개의 속어들은 이미 유행이 지났을 것이다.

여러분은 일부 어른들이나 영어 교사들이 언어 경찰(language cops)처럼 행동하는 것을 보았을 것이다. 언어 경찰들은 언어 교정부의 수사관으로서, 순수한 문장의 성 외각에 사는 언어적 이단자들을 급습하여 잡아낼 각오로 교실과 복도들을 순회한다.

내가 맡은 수업에서 한 교사가 자신이 몹시 싫어하는 'humongous(거대한, 턱없이 큰, 굉장한)'라는 단어를 어떻게 다루었는지 자랑스럽게 설명하였다. 그는 학생들에게 이 단어를 교실에서는 사용할 수 있지만(얼마나 당당하고 용감한가!), 'humongous'라는 단어는 사전에 없기 때문에, 다른 어떠한 곳에서도 사용해서는 안 되는 것이라 말했다. 그런데, 'humongous'는 분명히 "사전"에 있다. 그 단어는 내 사무실에 있는 두 개의 사전에 실려 있다. 이것은 자신이 잘못된 언어 사용이라고 생각하는 경우에만 체포하는 언어 경찰의 한 예라고 할 수 있다. 하지만 그 역시 학생들에게 사전에 대한 잘못된 정보를 퍼트리고 있는 것이다. 이는 용서할 수 없다.

때때로 언어 경찰이 언어 사용을 지휘하고 통제하려는 것은 아주 웃긴 것이다. 예를 들어, 앞에서 인용했던 4장짜리 언어 입문서인 『자주 틀리는 단어와 어구』(Frequently Misused Words and Phrases)에서는 청소년들에게 시대에 뒤떨어진 'amongst'라는 단어를 사용하지 말라고 권고하고 있다(Snodgrass, E. M., 1987 : 36).

예, 나는 언어 교정부(the Department of Corrections)에서 왔다. 당신이 수동문을 사용해 왔던 것이 우리에게 알려졌다.[8]

[그림 2.1] 언어 경찰의 교정부

   2003년에 출판된 최신판 사전인 『메리엄 웹스터 대사전 11판』(Merriam-Webster's Collegiate Dictionary)에서는 전치사 'amongst'를 'among'의 변이형으로 인정하여 포함하고 있지만, 'amongst'라는 표제어 옆에 고어임을 말해 주는 약어표를 사용하지 않고 있다. 위에서 언급한 언어 입문서의 저자는 왜 'amongst'를 자주 오용되는 단어로 보았으며, 어떤 근거로 그 저자는 'amongst'를 시대에 뒤떨어진 단어라고 주장할 수 있는가? 더군다나, 그 책의 저자는 'amongst'와 비슷한 'whilst, amidst, against' 등과 같은 단어들에 대해서는 언급하지 않고 있다. 언어 경찰에게 최소한의 일관성을 기대할 수도 없지 않은가?

   'amongst'는 영국 여왕, 그녀의 가족과 왕실 식구, 캔터베리의 대주교, 뉴캐슬 틴에 사는 나의 영국 친구 토니 티커, 베르네스에 사는 그래햄과 캐서

---

[8] 역주 : 원문에는 'what you've been doing with your passive sentences is known by us'라고 적혀 있다. 이는 수동문의 남용을 꼬집은 언어 경찰의 의도적인 발화이다. 위의 예문의 어색한 해석은 최대한 원저자의 의도를 반영하려는 번역자들의 의도가 반영된 것이다.

린 쇼, 그뿐만 아니라 영국, 캐나다, 호주, 영국 영어에 강하게 영향을 받은 다른 나라에 사는 수 백 만의 화자들이 일상적으로 사용하고 있는 단어이다.

언어 경찰의 입장에만 따른다면, 위의 화자들과 여러 뉴스 프로그램에서 우리가 자주 접할 수 있는 언어 사용자들은 '시대에 뒤떨어진' 언어를 사용한 죄가 있다고 해야 하는가? 물론 아니다.

당연히 'amongst'는 언어 집단과 조직마다 다른 발화 습관과 관습에 따라 많거나 적게 사용될 것이다. 지역적, 혹은 사회적 방언처럼, 집단과 조직마다 한 단어의 변이형을 서로 다르게 사용하는 방식은 교실에서 다루기에 보다 생산적이고 훌륭한 주제이다(5, 7, 8장 참고).

성인이나 교사, 부모들이 아무리 비웃거나, 방해하거나, 통제하려고 해도 리사나 브래드가 "humongous"를 말하는 것이나 "Can we, like, stop at that 7-Eleven?"에서 like를 말하는 것을 막지 못할 것이다. 청소년 언어 사용자들은 자신을 언어 경찰이라고 생각하는 성인들을 무거운 침묵과 차가운 눈길로 잠시나마 마지못해 승낙했을지도 모른다. 하지만, 그들은 아마 낮은 목소리로 "이봐, 아무 소리도 안 들려."라고 중얼거릴 것이다.

전통적인 접근은 언어의 다양성 대신에 언어의 동질성을 전제로 한다.

몇 년 전에 내가 가장 좋아하는 가르치고, 읽고, 연구하고, 논문을 쓰는 일로 돌아갈 수 있도록, 현재 맡고 있는 행정 업무를 덜어달라고 대학 측에 요청했었다. 이러한 내 생각이 알려진 지 얼마 안 돼서 우리 학부 학장을 거리에서 만났다. 잠깐 담소를 나눈 뒤에, 학장은 다음과 같이 말했다. "그런데, 제 부탁 좀 들어주세요. 학생들에게 문장의 서두에 'hopefully'를 사용하면 안 된다고 확실히 좀 알려주세요. 부사는 문장 처음에 올 수 없다고 가르쳐 주세요. 정말 그것 때문에 미치겠어요."

우리 대학의 교수와 학생들은 학장이 친절하고, 지적이며, 관대한 사람이라는 것을 알고 있다. 그러나 일반적인 부사들, 특히 'hopefully'에 대한 그의 비평은 '올바른 영어'나 '좋은 영어'에 대한 또 하나의 통념을 보여주고 있다.

몇몇 사람들은 'hopefully'를 몇 가지 이유로 부사가 잘못 사용된 대표적인 예로 인식해 왔다. 'hopefully'가 문장의 첫머리에 위치하는 것이 왜 그렇게 많은 논란을 일으키는지는 언어학적으로도 설명할 수 없다. 그럼에도 불구하고, 몇몇 작가들은 'hopefully'를 사용하는 것에 대해 반대했다. 그들 중 Lipton, J. (1991 : 13)은 'hopefully'가 널리 사용되는 것을 '반달족[9]'과 '훈족'[10]이 무자비하게 진군하는 것에 비유했다. 그는 "hopefully가 문장들을 헤집고 다니고 있으며, 심지어 9시 뉴스에 나오는 말조차 변형시키고 있다."라고 말했다.

전통적으로 'hopefully'의 사용을 반대하는 입장은 다음과 같다. 부사 'hopefully'는 형용사 'hopeful'에서 온 것인데, "희망으로 가득찬 태도로"를 의미한다. 따라서 몇몇 전문가들은 'hopefully'가 희망으로 가득찬 태도로 무엇인가를 하고 있는 사람을 표현할 때만 문장에서 사용될 수 있다고 말한다. 영어에서 부사는 동사구 부사와 문장 부사의 두 가지 형태가 있다. 그렇기 때문에, 부사가 단지 행위자나 행동주가 어떠한 행동을 수행하고 있는 태도만을 나타낸다는 것은 결코 진실이 아니다.

동사구 부사는 문장 속에서 식별되는 행위자나 행동주를 지칭한다. 반면에 문장 부사는 문장 내용에 대한 행하는 자(doer)의 태도를 의미한다. 일반적으로 사용되는 문장 부사의 예로 'accordingly, basically, candidly, generally, incidentally, seriously' 등이 있다. 분명히 'hopefully'는 1930년 이후로 문장 부사로 계속 사용되어 왔다(Pinker, S., 1990 : 381).

"당연히(Naturally), 나도 그렇게 생각해.", "놀랍게도(Surprisingly), 우리가

---

9) 역주 : 5세기에 로마를 침략했던 게르만족으로 예술과 문화의 파괴자를 일컫는다.
10) 역주 : 4~5세기에 유럽에 침입했던 중앙아시아의 유목민으로 문명의 파괴자를 일컫는다.

처음에 왔어.", "운이 좋게도(Fortunately), 그녀는 제때에 왔어."와 같이 사람들이 문장 부사를 사용하는 것에 대해 언짢아 하면서 비판하는 전문가는 거의 없다.

'hopefully'의 사용에 대한 이러한 논쟁에도 불구하고, 놀랍게도 다른 문장 부사들은 더 용인되는 것 같다.

부사의 적절한 위치, 분리부정사로 쓰이는 경우("To boldly go…"), 'nuclear'를 발음하는 방법, "Pahk the cah heah"11)에서 '/r/'음의 탈락, "stop that runnin"에서 '/g/'음의 탈락, 그 외 많은 것들이 쟁점이 될 수 있다. 그럼에도 불구하고 이러한 쟁점에 대해 언어 비평가와 교사, 교과서 편찬자들은 특정 언어 사용을 규범화하고 선호도에 따라 옳고 그름을 규정하는 경향이 있어 왔다. 옳다고 규정되는 항목은 종종 표준 미국 영어(Standard America English : SAE)으로 간주된다. 이것은 허구적인 용어로써, 우리는 이 책 전반에 걸쳐서 이 용어를 몇 번 논의하게 된다.

미국에서 전통적인 언어 교육과정은 거의 1세기가 넘게 언어 연구에서 규범적인 접근법을 따르고 있었다. 이는 언어가 고정되어 있지도 않고 동질적이지도 않다는 명백한 증거가 있음에도 불구하고 옳은 것과 SAE 용법을 증명하는 입장이다. 언어는 다양하다. 언어는 현재에도 다양하고, 또한 시간에 따라 변화한다.

예를 들어, 여러분은 SAE의 실상에 대한 몇 가지 질문을 알게 된다면 놀랄 것이다. 아래 문장을 생각해보자.

1. Father was exceedingly fatigues subsequent to his extensive peregrination.
   (아버지께서는 길고 고된 여행으로 피곤에 지쳐 있었습니다.)

---

11) 역주 : '여기에 주차시키세요.(Park the car here.)'라는 의미이다.

2. Dad was very tired after lengthy journey.
   (아빠는 오랜 여행으로 지쳐 있어요.)
3. Pop had long, difficult trip.
   (아빠는 길고 힘든 여행을 했어.)
4. Do you have any money?
   (돈 좀 있어요?)
5. Have you got any money?
   (돈 가진 거 있어?)

이러한 문장 중 어느 것을 SAE라고 할 수 있는가? 아마도 대부분의 미국 언어학자들은 위의 다섯 문장 모두를 SAE이라고 생각할 것이다. 물론 1번 문장은 거의 쓰지 않는 'peregrination(여행)'과 같은 현학적인 단어를 사용했다는 점에서 너무 격식체이다. 2번, 3번 문장도 1번 문장과 같다. 즉, 3개의 문장 모두 지시적인 의미가 같다. 4번, 5번 문장도 같다고 할 수 있다. 두 문장은 기본적으로 동일한 메시지를 전달한다. 한편 5번 문장은, 'got'이 영국보다 미국에서 더 많이 사용되기 때문에 표준 영국 영어의 예로서는 문제의 소지가 있을지 모른다고 생각한다(Trudgill, P., 1999 : 117-128).

이러한 예문들을 통해 여러분이 이해하도록 돕고자 하는 것은 내가 이미 앞서 제시했던 "SAE는 고정된 코드가 아니다."라는 것이다. 화자들은 소위 SAE라고 불리는 것을 다양하게 구사하여 문장을 표현할 수 있다. 전통적인 접근과 언어 경찰들은 좀처럼 실천이나 이론에서 이러한 관점을 받아들이지 않고 있다.

SAE의 다른 측면인 발음 현상으로 돌려보자. 목사인 드레이크(Rev. Dr. Ra. Drake)는 항상 그녀의 집회에 모인 'membuhs'들을 언급했다. 그녀는 /r/을 생략시켰다. 나는 'members'를 발음할 때 항상 /r/발음을 한다. 이 단어에 대한 우리의 발음 차이는 그녀가 목사이고, 내가 목사가 아니기 때문에 오는 것이 아니다. 사실, 그녀는 미국 남부 방언 지역인 테니스 주의 멤

피스(Memphis)에서 태어나고 자랐다. 이 지역 화자들의 대다수는 'member' 단어를 발음할 때 /r/을 탈락시킨다. 나는 미국의 중서부 방언 지역에서 태어나고 자랐으며, 이 지역 화자들의 대다수는 /r/을 발음한다.

유사하게, 중서부 방언 지방에서 태어난 나는 몇몇의 음식을 'greazy(/z/에 주목하라.)'로 설명한다. 그러나 나와 유전자는 동일하지만, 북중부 방언 지방 위쪽에서 태어나고 자란 내 두 딸은 그 단어를 'greasy(/s/에 주목하라.)'로 표현한다. 목사와 딸, 나는 모두가 내가 주장하는 SAE의 화자이다. SAE가 고정된 기호체계가 아니라 다양하다는 것을 아는 것은 중요하다. 이러한 다양성을 설명하는 것은 간단해 보이지만 매우 심오한 이치가 있다. 즉, 사람들은 자신과 함께 대화하는 사람들과 비슷하게 말한다는 것이다.

SAE 안에서 다양성의 또 다른 측면을 하나 더 보자. 내가 박사학위를 받았던 대학에서 "data"라는 단어는 "The data are conclusive."에서처럼 항상 복수 명사였다. "data"를 단수 명사로 다루었던 학생들은 교정 받았었다! 그러나 오늘날, "data"는 단수 명사로서 빈번하게 사용된다. 내 대학 사전 중 하나에서는 이를 "단수 또는 복수"로 사용한다고 표기되어 있어서 이러한 경향을 반영하고 있다. 명백하게, "data"의 쓰임은 계속해서 바뀌고 있지만, 나는 현재 단수 또는 복수 둘 다 SAE에 포함된다고 주장한다. 언어는 항상 동일한 것이 아니라, 변화하는 것이다.

언어 다양성에 대한 예가 더 있는데, 그것들은 전형적으로 적절한 언어 사용의 '단일 기준'을 옹호하는 전통 프로그램에서 무시되었고 불신되었다. 단일 표준의 강요에 대한 하나의 가능성 있는 설명은 Milroy, J. & Milroy, L. (1985 : 71-72)에 나타나 있다. 즉, 문어는 구어보다 훨씬 광범위하게 연구되고, 분석되고, 편찬되고, 결과적으로 교사와 교과서는 구어에 문어의 기준을 강요해 왔다는 것이다.

여러분도 이미 알다시피, 구어는 문어와 현저히 다르다. 구어는 우리가 이전에 설명하였던 실제 언어 사용의 번잡한 부분까지 나타낸다. 구어에서 우리는 말을 시작하고 멈출 때 더듬거리며, 다음 내용에 대해 생각하는 동안의 공백을 메우기 위해서 '음(uhs)'과 '어(ers)' 소리를 내고, 대화 파트너의 말을 중복하며, 우리가 대화하고 있던 사람을 위한 문장으로 마무리한다. 만약 잘못 말하면, 우리는 '내가 의미했던 건…'이라고 말하며 바로 오류를 수정하려고 한다.

문어는 좀처럼 이러한 번잡스러운 사용을 허락하지 않는다. 우리는 문어를 수정할 수 있고, 그래서 일정치 않은 시작과 멈춤, '어(ers)' 소리와 수정은 원고에 나타나지 않는다. 그러나 필자들이 고수하는 문법을 화자들에게도 적용하려는 시도가 현실로 나타나고 있다.

게다가, 우리는 문어가 성문화되어 있고 고도로 표준화되어 있음에도 불구하고, 문어 역시 변화한다는 것을 기억해야 한다. 우리는 이미 앞에서 살펴본 SAE 다섯 문장을 통해서 이를 설명하였다. 부가적으로, 일자리에 지원하기 위한 편지, 집배원에 대한 메모, 구매 리스트, 친구에 대한 편지, 학술 저널의 출판을 위한 원고 등이 어떻게 각각 다른 문어 스타일을 사용할 수 있는지 생각해보라. 학술적인 원고의 형식을 갖춘 언어가 우리가 모든 문어 평가에서 사용할 오직 하나의 기준이라고 학생들에게 이야기하는 것은 잘못된 것이다. 이 기준을 구어로 확장시키는 것 역시 억지스럽다고 생각한다.

언어에 대한 몇몇의 규범적 진술은 명백하게 어리석은 일이다. 예를 들어 학생들에게 이중 부정을 사용하면 진술이 긍정이 된다고 이야기하는 것은 수학에서의 원리를 잘못 적용한 것이다. 만약에 화자가 "we don't have, no money."라고 말한다면, 오직 바보나 불량배만 그 화자에게 약간의 돈이 있다고 주장할 것이다. 우리는 이러한 이중 부정 문장의 사용을 억제할지도 모르지만, 그것보다는 이러한 경우들에서 의미가 통하는 이유를 찾는 것이 더 좋다.

인간적 차원에서, 규범적 진술은 특히 학생이 그가 말하는 방법을 스스로 부끄러워하도록 만들 때에는 굉장히 나쁜 것이 될 수도 있다. Halliday,

McIntosh & Stevens(1964 : 105)에서는 이것에 대해서 최고의 표현을 했는데, 그것은 다음과 같다. "자신의 언어 습관을 부끄러워하게 된 화자는 인간으로서 기본적인 고통을 겪는 것이다. 누구든지, 특히 아동이 자신의 언어 습관에 대해 부끄러워하는 것은 자신의 피부색을 부끄러워하게 만드는 것만큼 옹호될 수 없는 일이다."

현대 영어 교육과정은 학생들이 화자, 필자, 맥락, 의사소통적 요구, 그리고 의도가 다양하게 반영된 언어의 양상을 관찰하고 분석할 기회를 제공해 주어야 한다. 이러한 상황에서 사용된 언어가 적당한지, 납득할 만한지, 시의적절한지를 결정하는 것은 정확한 단일 표준을 적용하는 것보다 더 인간 언어에 대한 고도의 인식을 요구한다.

전통적인 접근은 실제적인 언어보다는 인위적인 언어를 강조한다.

앞에서 다룬 구조 대 의미의 논의에서 보았듯이, 전통적 접근은 "올바른 영어"의 고안된 예시들을 사용한다. 이러한 교과서와 워크북의 많은 문장들은 고립되어 있고, 실제적 사용의 맥락이 전혀 반영되어 있지 않다. 이런 설명적인 문장들은 실제로 사람들이 말하거나 쓰는 방법을 나타내주지 못한다.

이러한 문장들은 아무데서도, 누군가의 상상 허구에서도 나타나지 않기 때문에, 나는 어떻게 자존심 있는 교육자가 "올바른 영어"의 좋은 모델의 본보기로서 이러한 문장들을 들 수 있는지 이해하기 어렵다.

만약 우리가 이러한 거죽만 있는 설명적 문장들을 문자 그대로 받아들이고 실제 맥락을 제외시킨다면, 우리는 실제 문장은 늘 실제 상황에서 발생한다는 하나의 피할 수 없는 사실을 무시하고 있는 것이다. 더군다나 특정 맥락 내의 문장은 그것의 문자적 내용이 전달하는 것보다 훨씬 많은 의미를 전달하려는 것일 수도 있다.

예를 들어 "Are you kidding?"이라는 말은 사용하는 맥락에 따라 의문 문장이나 감탄의 발화를 나타낼 때 쓰인다. 여기에 의문과 감탄의 기능을 모두 설명할 수 있는 "Are you kidding?"이라는 문장을 사용한 두 가지 대화 예문이 있다. 이것은 나와 아내가 나눈 대화들이다.

> **예문 1** 최근 월드 시리즈 동안, 내 야간 수업에 정규적으로 계획되어 있는 "쉬는 시간"에 나는 아내에게 전화를 했다. 골수 야구팬이었던 나는 점수를 알기를 학수고대했다. 아내는 "다른 팀이 앞서고 있어요."라고 말했다. 아내에게는 특별한 화제가 아니기에 나를 놀리고 있는 것이라고 의심하면서, 나는 "Are you kidding?"이라고 말했다. 그것은 진짜 질문이었으며, 의문 문장이었다.

> **예문 2** 학교를 마치고 집에 왔을 때, 거실로 들어가 평소와 같이 전화하고 있는 아내를 보았다. 아내는 "아빠예요, 다음 주 금요일 밤에 Kansas시에 갈 때, 아빠는 당신이 좋다면 당신 생일을 맞이하여 치즈케이크 팩토리로 가서 저녁을 사 주신데요."라고 말했다. 나는 "Are you kidding?"이라고 대답했다. 이 대답은 의문 표지를 사용했음에도 불구하고 질문이 아니었다. 그것은 감탄이었는데, "물론이지"나 "그렇고 말고", "정말 좋아", "어떻게 정말 좋아."라는 뜻이 들어 있었다.

우리는 문장이 실재 사용 맥락에서 제시될 때에만 그것들을 좀 더 정확하게 묘사하고 분석하고 평가할 수 있다. 인위적이고 고립된 문장들은 의사소통적 맥락을 담고 있지 못하다. 실제적 언어 대신에 인위적인 것을 강조하는 전통적 언어 프로그램들은 의사소통의 기초적인 사실을 무시하고 있다. 즉, "일반 사람들은 세상에 대해서 연결되지 않고, 촉진되지 않고, 요청되지 않은 진술은 하지 않는다"(Stubbs, M., 1983 : 150).

여러분은 실제 맥락에서 사용된 진정한 언어를 사용하는 이 책 제2부의 각 장에서 많은 활동들을 발견할 것이다.

전통적인 프로그램은 언어 발달 모형 대신 이미 발달된 상태를 강조한다.

영국 작가인 Laurie Lee는 그의 자서전에서 마을 학교에 갔던 첫날의 일을 회상했다. 학교에 도착한 후 그는 의자에 앉혀진 뒤 교사로부터 "출석(present)을 위해 거기 앉는 게 어떻겠니?"라는 말을 들었다. "나는 하루 종일 여기에 앉아 있었다. 그러나 선물(present)을 받지 못했다."라고 그는 썼다(Lee, L., 1960 : 45). 어른이 사용한 'present'는 아이가 이해한 'present'와 달랐던 것이다! 내 동료 중 한 명인 Roger Bruning은 프랑스 작곡가인 "W.C."(Debussy)의 음악을 특별히 좋아했던 어린 피아노 학생에 대한 위와 비슷한 이야기를 해주었다.

여기서 여러분은 비교적 새로운 영역의 두 명의 어린이들을 보게 된다. 이 두 이야기의 어린 화자들은 잘못된 이해를 한 것이 아니고, 어른 세계의 언어로 의사소통하지 않은 것이다. 즉, 어린 아이들은 어른의 언어 속 현실에다 그들 자신의 현실 감각을 적용시킨 것이다. 어른의 언어 모델이 교실에서 사용될 때, 이와 유사한 오해가 발생할 수 있다.

언어에 대한 전통적인 접근은 청소년들의 언어가 여전히 발달하고 있다는 사실을 용케 숨긴다. 청소년들의 언어는 고정된 것이 아니며 확립된 것도 아니다. 청소년들은 여전히 매일의 대화 속에서 화자, 목적, 상황 등과 같은 사회 언어적 특징들의 해석 방법을 배우고 있다. 이러한 이해가 어떻게 쓰기로 옮겨지는지는 확실치 않다. 실로, 이중 부정이나 'ain't'와 같은 사회적으로 비난 받을 언어 형태를 사용하는 것은 화자의 청소년기에 절정을 이룬다(Romaine, S., 1984 : 108).

청소년들은 언어적 유창성의 측면에서 계속 발달 중이며, 잘못된 시작, 말 더듬기, 의미 없는 반복 등을 할 것이다. (그런데 사실 어른도 그렇다.) 복합 명사구, 양태를 나타내는 조동사들(shall, may, ought to), whom 또는 whose로 시작되는 관계절 등은 청소년의 언어에 빈번하게 나타나지 않는 몇몇 문법적 특징이다(Perera, K., 1982 : 115).

이것들은 단지 청소년 학습자 사이에서 보통의 언어 발달 상태를 보여주는 몇몇 예일 뿐이다. 이러한 실례들은 어리석고, 표준 이하이고, 게으른 학생들을 예상한 것은 아니다. 예시에서 설명하는 것은 젊은 성인들도 언어를 여전히 배우고 있다는 것이다. 그들은 여전히 언어적 도제의 상태에 있고, 누군가는 문장 첫 위치에 부사를 사용하는 것에 대해 신경 쓰고 있다는 것을 인식하지 못하고 있다.

십대 초반의 학습자들이 언어적으로 계속 발달하고 있다는 사실을 앎에도 불구하고, 영어 안내서와 교과서는 이미 어른 수준의 언어를 숙달한 이상적인 화자와 필자를 전제로 하고 있다. 그러나 대부분의 교사들이 알다시피, 이것은 잘못된 가정이다. 즉, 많은 중고등 학생들은 이 수준의 유창성에 도달하지 못했다. 학생들에게 어른이나 전문적 작가에 의해 창작된 이야기나 설명적 글의 모델을 준 뒤, "이제 네 차례야. 이것과 비슷하게 쓸 수 있지?"라고 말하면, 학생들은 불필요한 좌절을 경험하게 된다.

몇몇 학교에서는 다른 접근법을 사용한다. 어린 필자들이 더욱 자연스럽게, 어른의 기준에 맞추지 않고 쓰도록 허락하는 두 가지 접근법이 있는데, 하나는 노스웨스트 지역교육 연구소[12]에 의해 개발된 '6가지 특징', 또는 '6+1 특징'이라는 쓰기 모델이고, 다른 하나는 미국 대부분 지역의 연방쓰기 프로젝트(NWP) 지부에서 추천하고 있는 접근법이다. 이 두 접근법들은 다 교사와 학생들에게 어휘와 쓰기에 대해 말할 수 있는 도구를 제공한다. 그리고 이 두 프로그램 중 어느 것도 어린 필자를 전문적인 어른으로 가정하지 않는다!

전통적인 접근은 인식 이전에 통제를 강조한다.

전통적 영어 학습 프로그램의 최대 약점 중 하나는 많은 학생들이 그들 자신의 언어, 또는 그들의 주변에 있는 언어에 대해 인식하기 이전에 독자

---

[12] 이 모델에 대한 정보는 "http : //www.nwrel.org.assessment/department.asp?d=1"을 참고.

적인 언어 특징을 통제하는 방법을 학생들에게 가르치려 한다는 점이다. 더구나, 전통적인 프로그램은 우리가 언어를 습득하고 배우는 정상적인 방법과는 완전히 반대로, 부정적인 예들을 통하여 독자적인 언어 특징을 지나치게 자주 강조한다.

몇 년 전, 우리의 한 모임에서는 도시 리그 중 하나를 대비한 여학생 소프트볼 팀을 조직했다. 그 리그는 오래 전에 그들이 운동하던 시절이 끝났음을 인정하기를 거부하는 나이 든 '운동선수들'을 위해 창설된 것이었다. 여러분은 내 나이 또래의 여자들이 'Title IX'[13]나 좀 더 새로운 체육 교육과정 이전의 학교 체계를 경험했다는 것을 알 필요가 있다. 결과적으로 그 여성 소프트볼 팀은 조직화된 팀 스포츠를 그녀들이 처음으로 경험할 수 있는 기회가 되었다. 토요일 오후 팀의 연습 시간에, 내가 타격 연습을 위해 타구를 던질 때, 한 여성 타자에게 "공이 스트라이크존에 있지 않으면 방망이를 휘두르지 마세요."라고 말했다. 그 타자는 포수를 돌아보며 "스트라이크존이 무엇이지요?"라고 말했다. 내가 타자가 인식조차 하지 못하는 것을 통제하라고 한 것은 잘못이었다. 전통적인 영어 교육과정은 전형적으로 유사한 잘못된 가정을 하고 있다. 즉, 학생들은 언어의 개인적인 면들이 존재한다는 것을 인식하기 이전에 언어의 개인적인 면을 통제할 수 있다는 것이다. 이 책은 학습자들이 언어를 더욱 잘 통제하는 법을 더 많이 배울 수 있는데 전념하고 있다. 그러나 이러한 결과를 달성하기 위해서는 그들이 언어를 탐구하는 기회를 가지고 언어의 복잡성을 더 인식하며, 실제 사람들이 실질적이고 아주 다양한 목적에 대하여 언어를 어떻게 사용하는지를 깨달을 때, 실현될 수 있을 것이다.

언어 안내서와 교과서는 '헷갈리고', '약하고', '받아들일 수 없는' 것이기 때문에 학생들이 피해야 할 문장의 예를 빈번하게 제시한다. "don't say"라는 제목 아래에 문법적이지 못하거나 피해야 할 표현을 제시하는 것은 언어

---

13) 역주 : 1972년 미국에서 남녀차별 금지를 위해 제정한 교육법.

가 정상적으로 습득되고 학습되는 방법이 아니다.

Pinker(1991 : 6)에서는 언어 학습자에게 피해야 할 표현과 비문법적인 증거(본보기나 예문)가 존재하는지에 대한 철저한 분석을 제공했다. 그는 "명백하게 아무도 어린이들의 비문법적 문장에 별표(*)를 달지 않는다."라고 말했다. (언어 교과서에서 별표는 관습적으로 "*boy home the ran."과 같이 비문법적이거나 있을 법하지 않은 문장에 붙여 쓴다.) 아이들을 돌보는 성인은 단지 갓난아기나 유아처럼 말하지 않는다.

정확히 복잡하게 엉켜있는 언어를 아이들이 어떻게 습득하는지는 완전히 이해할 수 없다. 대부분의 언어학자는 아동들이 그들 주변에서 언어가 어떻게 사용되는지 관찰하며, 새로운 상황에서 단어나 문장이 작용하는지 시험해 보며 언어를 습득한다고 믿는 경향이 있다. 이러한 노력의 대가로 아이들이 받는 피드백의 대부분은 성공 또는 단어나 문장상의 결함이나 적용상의 결함같은 가정이나 사회적 맥락에서의 의미 중심 사용에 대한 것이지 문법성에 대한 것이 아니다(Pinker, S., 1991 : 6). 피드백이 어떤 형태로 주어지든 피해야 할 표현은 거의 사용되지 않는다.

요약하면, 이런 이유 때문에 교과서와 안내서에서 피해야 할 표현의 예는 학습자의 언어 발달에 유용하지 않다고 할 수 있다. 사람들은 간단하게 피해야 할 표현의 예를 모방하면서 언어를 배우지는 않는다.

생각해 보기 '나의 언어 이야기'라는 제목을 붙인 짧은 이야기를 준비해 보자. 오늘 당신이 사용한 언어가 5년 전, 10년 전에 당신이 쓴 언어와 어떻게 다른지 설명해 보자. 무엇이 그리고 누가 당신의 언어적 진화에 중요한 영향을 주었는가?

다시 보기

REVIEWING THE CHAPTER

1부. 이 장에서 찾을 수 있는 진술에 ✓표시를 하시오.

___1. 규범주의자들은 사용 언어를 연구한다.
___2. 기술적인 규칙을 따르면 사회 계층을 표시할 수 있다.
___3. 언어 교육과정은 언어학적 권위가 결여되어서 고통을 겪고 있다.
___4. 학생들과 어른들은 규범적인 접근이 이롭다고 믿는다.
___5. 문법 학습은 필요치 않다.

2부. 저자가 동의할 것이라고 생각하는 진술 옆에 ✓표시를 하시오.

___6. 어른들의 모델은 항상 교육적으로 효과적이다.
___7. 언어 형식과 언어 기능 둘 다 동일하게 중요하다.
___8. 언어적 순응은 어른들보다 청소년기에 더 중요하다.
___9. 오래된 정의가 더 정확한 정의이다.
___10. 구어와 문어는 반드시 적절한 언어와 동일한 기준에 부응해야 한다.

3부. 본 장에 대한 이해에 바탕을 두고, 교육자로서 배워온 것을 고려하면서, 당신이 동의하는 진술 옆에 ✓표시를 하시오.

___11. 발에 맞는 신발을 신으라.
___12. 모든 문제에는 해결책이 있다.
___13. 자기 자신에게 충실해야 한다.
___14. 때때로 최선의 해결책은 그 문제를 무시하는 것이다.
___15. 실천하는 것보다 말하는 것이 쉽다.

제3장

언어 탐구와 인식 : 세 가지 전제조건

언어는 지식인들이나 사전편찬자들이 만든 추상적인 구성체가 아니라 인류가 오랜 세월 동안 경험했던 일, 필요성, 노력, 즐거움, 감정, 취향에서 생겨난 것이다. 언어는 넓고 깊은 근원을 가지고 있다.
— Whitman, W., 『미국의 속어』(*Slang in America*)

이 장을 읽기 전에

제2장에서 영어 학습이 어떻게 학교 교육과정에 도입되었었는지 상기해 보자. 영어 학습을 통해서 학생들이 모어인 영어를 잘못 사용할 때 그것을 교정해주곤 했다. 여러분은 학교에서 영어를 공부하는 목적이 무엇이어야 한다고 생각하는가? 12년에 걸친 영어 교육과정을 통해 학생들이 얻는 주요 성과 4~5가지를 말해 보자.

3.1. 들어가기

제1장과 제2장에서 여러분은 LEA가 무엇인지 알아보았다. 그리고 나열된 규칙을 그저 암기하는 것보다 탐구를 통해서 언어를 인식하는 것이 언어 학습자들에게 더 효과적인 방법이라고 생각하는지 그 이유에 대해서도 살펴보았다. 언어 학습자는 사람들이 언어를 사용하는 방법에 따라 달라지는 뉘앙스, 복잡성, 목적, 효과에 대해 더 잘 인식할수록 자신의 언어 사용 방법

에 대해 좀 더 주의를 기울일 것이라고 본다. 만약 학교에서 언어 사용 방법에 대해 좀 더 주의를 기울인다면, 언어 사용의 옳고 그름을 규정짓는 단순한 잣대를 버리고 정확성의 개념에 대해 좀 더 복합적으로 정의를 내릴 필요가 있다(Shafer, G., 2004 : 66).

많은 학생들은 어떤 것이 "옳은지"에 대한 생각이나 언어를 둘러싼 의문과 논쟁을 인식하지 못하고 있다. 학생들은 언어 사용을 단순히 일련의 기준과 고정된 규칙을 따르기만 하면 되는 감정에 치우지지 않는 객관적인 행동으로만 생각한다. 몇 년 전에 유행했던 농담이 하나 있다.

질문 : 얼마나 많은 심리학자들이 백열전구를 바꾸는가?
대답 : 단 한 사람. 하지만 백열전구가 바뀌기를 원해야만 한다.

이 말은 단지 농담이지만 중요한 사실을 담고 있다. 내담자가 비만, 음주, 흡연, 격분 등의 행동을 진심으로 바꾸고자 할 때에만 그들의 행동을 고치도록 도울 수 있다는 것을 심리학자나 상담자는 알고 있다. 한 사람의 언어 활동을 바꾸는 일도 마찬가지이다.

언어 교과서에서 "이렇게 말해라.", "그렇게는 말하지 마라."는 명령조의 문장을 읽는다고 해서 사람들이 쓰거나 말하는 방법을 바꾸려는 동기가 생기지 않는다. 변화에 대한 동기는 개인적이고 내적인 문제이다. Baron, D.(1994 : 60)가 말한 바와 같이, "다른 사람들의 언어를 바꾸려는 최선의(종종 최악이 되기도 하지만) 노력에도 불구하고, 언어 변화는 언어 경찰(language police), 혹은 단어 선전원(word huckster), 혹은 어법 전도사(usage monger)들에 의해 쉽게 강요될 수 있는 것이 아니다. 언어 변화는 개인의 내부에서 일어나야 한다."

이 책에서 제시하는 언어 학습에 대한 관점은 학습자들이 언어에 대한 흥미와 관심, 필요성을 가질 수 있도록 도와줄 것이다. 하지만, 언어 학습에 있어 LEA 관점이 성공하기 위해서는 몇 가지 전제조건들이 있다. 다음 세 가지 전제조건들은 제3장의 중요한 주제들이다.

1. 언어 사용의 성공 여부(정확성)는 다양한 기준을 이용해서 판단해야 한다.
2. 언어 학습은 실제적이고 적절한 언어 사용에 초점을 두어야 한다.
3. 수업 시간에 학생들에게 말할 기회를 더 주어야 한다.

자서전적인 성격을 띠는 짤막한 일화를 통해 첫 번째 주제를 소개하고 설명하고자 한다. 그 일화는 세상에 대한 나의 일방적인(내 방식이 아니면 틀린 방식이라는) 시각을 보여준다. 이 이야기는 상반되어 보일 수도 있지만 이 책에서 제시하고 있는 영어 교육과정에 대한 확장된 관점과 직접적인 관계가 있다.

배경 신규 카운슬러들을 위한 오리엔테이션 마지막 날, 우리는 캠프장 본관에 둘러앉아 있다. 내일 캠프에 참가하게 될 대부분의 아이들은 신체적인 장애가 있다. 대부분은 사회-경제적 지위가 낮은 가정에서 자란 아이들이다. 오리엔테이션 끝부분은 우리가 캠프 참가자들 각각의 요구를 더 잘 이해하고 그들에게 신체적이거나 그 밖의 다른 도움을 줄 수 있는 방법을 고민해 보도록 계획되었다.
오리엔테이션 마지막 순서에 캠프 관리자가 가정식의 식사를 어떻게 제공할 것인지 설명했다. 그녀는 "잊어버리기 전에, 캠프에 참가한 아이들이 빵을 잘라 먹는지 확인하세요. 그 아이들은 빵을 잘라 먹지 않아요. 빵을 덩어리째 씹어 먹는 걸 보면 정말 끔찍해요. 언젠가 저는 식당에 '빵을 잘라 먹으시오.'라는 문구를 새길 것입니다." 우리 카운슬러들은 캠프에 참가한 아이들에게 식사 시간에 빵을 반으로 자르는 것의 중요성을 가르치는 데 맹목적으로 동의하며 고개를 끄덕였다.

3.2. 정확성 판단을 위한 실재 담화와 다양한 기준 사용

여기서 여름 캠프 이야기를 하는 이유는 이 일화가 사회적으로 적절하고 올바른 행동을 규정하는 데 있어서 한 방향만 고집하는 완고하고 편협한 태도를 잘 보여주기 때문이다. 또한 이 이야기는 문화적 갈등도 보여 준다. 사실 이 캠프에 참가한 대부분의 아동과 가족들은 학교를 다니는 동안 정부가 제공하는 생필품과 지원금으로 생계를 꾸려 나간다. 빵을 반으로 잘라 먹거나 무릎에 냅킨을 얹어 예의를 지키는 것은 그들 개인에게는 중요한 일이 아니다.

이 장(章)의 핵심으로 돌아와 위의 이야기를 언어 행위에 적용시켜 보자. '내 방식 아니면 틀린 방식이라는(내 방식만이 유일한 방식이라는)'의 태도는 수년 전에 사라졌어야 하지만, 이런 사고 방식은 십대들의 여드름처럼 여전히 존재하고 있다. 언어와 언어의 정확성이 지식인이 소유한 추상적 구성체이기 때문에 언어적으로 서툰 사람들이 반드시 따라야만 한다는 이러한 관점은 사람들이 생각하는 것 이상으로 미국 문화 전반과 학교 교실에 만연해 있다.

하지만 학생들은 이에 대해 더 잘 알고 있다. 그들은 수년 동안 실재 언어를 관찰해 왔고, 어떻게 실제적인 언어가 일상에서 작용하는지 암묵적으로 이해할 기회가 많았다. 아이들이 "학교" 놀이 하는 것을 본다면 다음과 같은 말을 듣게 될 것이다.

(1) 메리 : 얘들아. 조용히 하자……
(2) 게리 : [선생님, 선생님……
(3) 메리 : 게리, 잠시만. 조금 있다가 질문해. 집중합시……
(4) 게리 : [근데요, 선생님……
(5) 마크 : 게리, 앉아!
(6) 메리 : (손뼉을 치며) 남학생들! 너희들 따로 앉고 싶어?

예문 (1)에서 메리는 교사가 보통 학급 전체에 말하는 방식, 즉 주의를 집중시키고 활동을 지시하거나, 필요하다면 다시 관심을 끄는 방법에 대해 암묵적으로 알고 있음을 보여준다. 메리는 관찰을 통하여 위의 예문에서 나타나는 "방식"과 그것과 관련된 규칙들을 알게 되었다. 게리나 마크와 같은 많은 학령기 아동들처럼 메리 역시 직접적인 지도 없이도 여러 규칙들을 따라 하면서 "학교" 놀이 하는 방법을 배웠다.

만약 메리가 "믿음으로 충만한 가정의 형제·자매 여러분……"이라고 하든가, "자, 모두 일을 시작합시다."라고 했다면, 놀이는 이어지지 못했을 것이다. "그 학급 아이들"은 이러한 말들이 문법적으로 옳다는 것은 알고 있지만, 이 말이 선생님들이 쓰지 않는 말이기 때문에 맥락에 맞지 않다고 판단할 것이다.

교사들은 보통 이러한 표현들을 쓰지 않는다.

이와 유사하게 대화 (6)에서 메리가 "존경하는 배심원 여러분……"이라고 했다면 게리와 마크는 대답을 하지 못했을 것이다. 왜냐하면 이는 그 상황에는 적절하지 않은 표현이기 때문이다. 아무리 이 표현이 함축적이라 하더라도 학생들은 이것이 교실 담화의 맥락적이거나 상황적인 규칙에 어긋난다는 것을 알 것이다.

어린 학생들이 많이 하는 "역할 놀이"에서 규칙을 어기면 벌칙을 받게 된다. 만약 한 학생이 놀이에서 규칙을 어기면, 즉각적인 제약을 받는 것이다. 그 아이는 다른 역할을 맡게 되거나 무시당하거나, 아니면 놀이에서 빠지게 된다. 아이들이 학교나 공원에서 노는 것을 관찰해 보면 이를 쉽게 알 수 있을 것이다.

여기서 성인 문화의 구성원으로서 나와 여러분 역시 규칙 위반자를 아이들과 유사한 방법으로 대한다는 말을 덧붙이고 싶다. 예를 들어, 간단한 답변 대신에 무슨 강의 같은 긴 답변을 하는 사람을 피하고 싶어서 단순한 질문조차 하지 않은 적이 있지 않은가?

3.3. 사회적 맥락에서의 좋은 언어

여러 가지 이유로, 이러한 것들은 영어와 언어 기능 교사들에게 중요한 관찰 거리가 된다. 이 예들은 아동들이 특정 상황에 맞게 언어를 바꾸는 방법을 쉽고 빠르게 배운다는 것을 알려준다. 아동들은 삶의 경험을 바탕으로 교사들이 어떻게 말하는지 배운다. 다른 게임에서 그들은 외과의사, 신부, 목사, 랍비(유대교의 목사)의 역할에 맞는 언어 표현들을 사용한다. 그들은 통학버스 운전사나 학교 양호실 간호사, 그리고 일정 기간 관찰해 왔던 다른 사람들을 흉내 낼 수 있다. 아동들은 그들의 세계에 있어 정확한 언어 사용에 대한 판단이 맥락에 의해 결정되며, 그 맥락들이 바뀜에 따라 정확성을 판단하는 기준과 준거도 바뀐다는 것을 일찍부터 배우게 된다. 그들은 정확한 언어 사용이라고 간주되는 데에는 **유일한 기준**이라는 것이 존재하지 않으며 사회언어학적 체계 내에는 여러 가지 선택지가 있다는 것을 안다. 선택된 대안들의 정확성은 궁극적으로 다양한 기준과 규칙에 의해 결정된다.

하지만 나에게는 중요한 근심거리가 있다. 아동들이, 내가 생각하기엔 타당하고 심오하고 복잡한 이러한 언어 수업을 우연히 간접적이고 암묵적으로 배운다. 이에 따라 "이 방식이 아니면 틀린 방식"이라는 사고방식의 지지자나 규범 문법가들, 교사나 그들의 인생에 지대한 영향을 끼친 다른 어른들과 만났을 때, 어떤 일이 일어나겠는가? 아마 몇몇 아동들은 그들이 쓰는 언어, 그들의 가족, 그들의 친구 등이 다소 열등하다고 느낄 수 있을 것이다. 혹은 몇몇의 경우 그들이 실제 생활에서 본 것과 학교에서 본 것 간의 중요한 **단절**이 있다고 믿을지도 모른다. 아마도 그들은 그 두 세계 중 하나는 잘못 된 것이라고 믿을 것이다. 이러한 단절 현상은 심각하다.

몇몇 사람은 또 다시 속았다고 생각할 수도 있다. 나는 고등학교 2학년 영어 수업을 생생하게 기억하고 있다. 학생들은 모두 "It's I."로 말하고 쓰도록 배우고 있었다. 친구들과 나는 이 말이 이상하다고 생각했다. 선생님은 우리 모두가 존경하던 위대한 분이셨다. 후에 출간된 저서에서 나의 개인적이고 직업적인 삶에 그 분께서 미친 지대한 영향에 대해 회고한 적이 있다. 당시 우리가 "전화를 받거나 전화를 건 사람이 누구냐고 물을 때 선생님은 어떻게 대답하세요?"라고 여쭈어 보자. 선생님께서는 "나도 'It's I.'보다는 'It's me.'를 쓴단다."라고 인정하셨다. 왜일까? 도대체 왜 우리의 위대한 선생님께서 정작 당신께서는 우리에게 가르쳤던 것과 다르게 말한다고 인정해야만 했던 것일까? 우리는 어떻게 해야 하는 걸까? 그렇게 하는 척해야 했던 걸까? 그 장을 복습하는 시험에서 선생님께서 원하시는 답을 쓰지만 실제 생활에서도 그렇게 사용할 수 있을까? 우리는 이러한 단절을 어떻게 중재할 수 있을까? 이러한 것들이 15세 소년을 정말로 괴롭혔다. 학교와 학교 교육과정의 신뢰도는 심각한 문제이다.

한편, 우리 선생님은 언어의 정확성을 결정하는 다양한 준거의 실제성에 대해 설명했지만 우리는 그때에 그것을 이해하지 못했다. "언어의 정확성 개념은 **상황에 따라 다르고** 항상 그러한 편이다." 건설 노동자들의 정치적인 발화에는 정치 잡지의 논평에서 [쓰인] 것과는 다른 언어들이 쓰인다. 우리의 적절성에 대한 개념은 잠재적인 고객에게 보내는 사무용 편지보다 잡지에서 훨씬 다르게 나타난다(Shafer, G., 2004 : 67).

심지어 학술 간행물에서조차 언어의 정확성을 이루는 것이 무엇인지에 대해 합의를 못하고 있다. 학술 서적의 경우에도 상황은 다르지 않다. 예를 들어, 어떤 사람들은 일인칭 화자를 글에서 모두 삭제해야 한다고 하는 반면에, 다른 사람들은 지금 읽고 있는 글이 나중에 모범이 된다고 하여 비형식적 문체를 찬성하기도 한다(Shafer, G., 2004 : 67).

청소년들은 언어 사용이 맥락적인 성격을 띠고 사회적으로 판단되는 행동이라는 것을 암묵적으로 이해하고 배우고 있다. 그들은 학교로 가는 버스에서 그들이 친구와 이야기할 때, 어떠한 말이 "좋은 영어"인지 이미 알고 있다. 버스에서 그들은 다른 친구들을 놀리기 위한 별명, 친한 친구들끼리 하는 농담, 그리고 "*ya know, sweet, like, dork, doofus*" 등의 사회적 유대를 견고하게 할 수 있는 말들을 사용한다. 반면 그들이 교장 선생님께 인사드릴 때나 과학 시간에 질문할 때, 혹은 예행연습이 끝난 뒤 희곡 선생님과 이야기를 나눌 때는 좀 더 다른 유형의, 공식적인 언어가 필요하다는 것을 배운다. 같은 날 저녁에, 친구와 전화 통화로 그 날 학교에서 있었던 일에 대해 이야기할 때는 그들의 언어 사용은 다시 비공식적인 사용역으로 되돌아가게 된다.

청소년들은 이런 각각의 상황에서 각기 다른 언어를 선택하고, 각각의 상황에 용인되고 적합한 말을 하도록 배우고 있다. 청소년들이 아직 그들이 하고 있는 전반적인 언어 사용의 변화를 충분히 인식하지 못한다 해도 사회에서 요구하기 때문에 무의식적으로 그들의 언어 장치를 조정하게 된다. 그들은 그들의 사회가 어떻게 규칙 위반자들을 대하는지 잘 알고 있기에 다시 교육을 받거나 무시되거나 제외되는 것을 원하지 않는다. 그들은 무엇보다도 자기가 속한 **집단**, 곧 친구들과 좋은 관계로 남기를 필사적으로 원한다.

3.4. 사회적 활동으로서의 학교

거의 모든 부모들과 경험이 많은 교사들이 말하듯이, 대부분의 학생들은 학교를 단순히 교수 학습이 이루어지는 기관으로만 생각하지는 않는다. 학생들은 성적이 중간이든 상위권이든 학교가 학문적인 기관이라고 생각하기보다는, 그들의 사회적 삶에 있어 가장 중심적인 일종의 **사회 조직**이라고 생각한다. 열 명의 학생들에게 "오늘 학교에서 무슨 일이 있었니?"라고 물어 보라. 그들 중 아홉은 타미가 애슐리에게 마크에 대해서 뭐라고 말했는지, 씬이 트레이시에 대해 제이슨에게 뭐라고 했는지, 또 누가 누구랑 갔는지 등 사회적 유대 관계에 대한 말을 할 것이다. 이것은 청소년 발달을 보여주는 단적인 예이다.

[그림 3.1] 청소년들은 학교를 하나의 사회 조직으로 본다.

좀 더 광범위하고 실험적인 범위로 넓혀 본다면 1,000명의 중서부 지역 중학생과 고등학생들에게 "학교에서 제일 좋은 것은 무엇인가?"라는 질문을 했을 때, 가장 일반적인 대답은 "친구들과 함께 있는 것"이나 "새로운 사람들을 만나는 것", "남자 친구와 함께 시간을 보내는 것" 등이다. 이 연구에 따르면, 중학교 1학년부터 고등학교 3학년까지 모든 학년의 응답자들이 교과나 보충 수업 활동에 대한 이야기보다 또래 친구들에 관한 언급을 훨씬 더 많이 한다는 것을 알 수 있다(Brown, B. & Theobald, W., 1998 : 112).

학령기 아동들에게는 사회적 관계나 교우 관계, 집단이나 조직(생활) 등이 아주 중요하게 작용하기 때문에 실제로 언어가 사회에서 사용되는 양상에 언어 연구의 초점을 두자는 결정은 논리적인 것이다. 학창 시절 동안, 학생들은 다양한 계층의 수많은 또래들을 만나게 된다. 이는 몇 개의 초등학교가 중등 수준의 학교를 '부양하고', 세 개의 중학교가 한 개의 고등학교를 '부양하는' 것과 같다. 그들은 또한 어른들과 더 많이 만나게 된다. 그들의 언어망은 더욱 커지고 학생들은 사회적으로 좀 더 의식이 있고 통찰력을 지니게 된다. 언어와 언어 사용자에 대한 사회적 관점이 널리 퍼지면서 학생들도 자연적이고 발달적인 흥미를 가지게 된다.

3.5. 사회적 활동으로서의 언어

언어 연구를 사회적 활동으로 접근하는 관점은 현실적이고 사회적인 상황에서 쓰이는 실제적 담화의 중요성이 학교 교육에서도 자연스럽게 반영되어야 한다는 인식을 보여준다. 학교의 테두리를 벗어난 언어 행위도 많은 부분 화자의 문화권에서 발견되는 **사회적 사실**에 기초해서 발생하는 사회적 현상이다.

몇몇 사회적 사실들은 개인의 옷차림을 결정한다. 예를 들어, 나는 집에서 학교 연구실로 출근하려고 준비하면서 펜, 연필, 자동차와 연구실 열쇠, 보험 증서, 미식축구 티켓 주문서, 수표장, 스케줄 수첩, 그리고 필요한 소지품들을 챙길 것이다. 그러고는 주머니에 너무 많은 "물품"을 넣었다는 것을 알아차릴지도 모른다. 어떻게 해야 하는가?

아마도 아내의 지갑을 빌리지는 않을 것이다. 그녀의 큰 지갑은 내 지갑보다 공간이 넓지만 내가 속한 문화권에서 남자는 큰 지갑을 들고 다니지는 않는다. 몇몇 미국 남성들이 작은 가방을 가지고 다니기는 하지만, 여자들이 들고 다니는 큰 지갑이나 핸드백으로 오인 받지 않게 만들어진 것이다 (Sampson, G., 1987 : 43~44).

몇몇 사회적 사실은 우리가 어떻게 줄을 서야 하는지도 결정한다. 미국에서 사회적 사실에 의하면 "선착순"이라는 관습을 존중하기 때문에, 매표소나 패스트푸드 식당의 카운터에서나 여느 다른 곳에서도 줄을 서서 차례를 기다려야 한다. 미국에서는 또 줄을 섰을 때 아주 성가시게 하는 올챙이처럼 이리저리 비집고 들어가서는 안 된다. 맨 끝으로 가서 민주적이고 평등한 방식으로 앞 방향으로 나아가길 기다려야 한다. 이러한 사회적 사실의 예외가 흔하게 통용되는 곳이 있다면 바로 공항인데, 노인이나 어린 아이를 동반한 사람들은 먼저 탑승한다.

이와 유사하게 사회적 사실이 엘리베이터 안에서 서 있는 방식을 결정하기도 한다. 미국에서는 반드시 엘리베이터 안에서 문을 바라보고 서야 한다. 만약 다음에 당신이 엘리베이터를 탈 때에 문 쪽을 바라보지 않고 안쪽 벽을 바라보면 당신이 마주한 다른 승객들의 반응을 보면서 사회적 사실이 존재한다는 것을 확실히 알 수 있을 것이다.

이러한 사회적 사실은 어디에도 명시적으로 적혀 있지 않고 직접적으로 가르쳐 주지도 않는다. 하지만 누구나 다 배우고 알게 된다. 사회적 사실은 사회의 집합적 사고방식 안에 있고, 사회 구성원 개개인 위에 존재한다 (Sampson, G., 1987 : 44).

생각해 보기	전화를 할 때, 왜 전화 건 사람이 먼저 말을 하지 않는 것일까? 항상 먼저 대답하는 사람은 전화를 받는 쪽이다. 일반적인 경우라면 "여보세요."라는 대답을 하고, 사업적 용도의 통화라면 회사나 조직을 밝힐 것이다. 이러한 경우에서 사회적 사실이 어긋난다면 어떠한 일이 발생할까? 다음에 당신이 집 전화를 받을 기회가 있을 때, 수화기를 들고서는 아무 말도 하지 말아 보자. 어떠한 일이 일어날까?

성공적인 언어 사용자들이 반드시 관찰해야 하는 사회적 사실들도 있다. 공손하게 질문하는 방법, 길을 묻는 방법, 언제 어떻게 적절한 호칭(님, 여사, 박사, 목사님, 숙모, 랍비, 별명, 교수님)을 써야 할지에 대한 것이 그

예이다.

그리고 실제적인 사회적 맥락의 언어를 연구해야 하는 또 다른 이유는 모국어 화자들이 범하는 "오류"를 관찰했을 때 그것들 중 대부분이 문법적이거나 언어적 오류가 아니라 사회적 사실을 위반하는 **사회적 오류**이기 때문이다. Shafer, G.(2004 : 67)가 지적한 대로, "언어는 단순히 옳고 그름의 문제가 아니다. 우리가 이 문화적인 현상을 획일적으로 단순화했을 때, 우리는 문화적으로 다양한 사회의 힘을 반영하는 언어의 풍요로움을 저버리게 된다."

대부분의 경우 영어 모국어 화자는 자신들이 속한 언어망의 다른 구성원처럼 단어를 발음하는 방법을 알고 있다. 또한 단어를 배열해서 의미 있는 문장이나 다른 발화들을 만드는 방법 또한 알고 있다. 일반적인 상황에서 영어 모국어 화자는 "live United the States in I'이라고 말하거나 쓰지 않는다. 영어의 기본적인 문장론적 양식에 대해 주로 배우거나 이것만 배우는 대신에 학생들은 언어 선택지에 영향을 주는 사회적 사실을 검토하는 것이 더 적절할 것이다.

예를 들어 어린 언어 학습자의 부모는 '**부탁합니다**'와 '**감사합니다**'를 발음하는 방법에 대해 가르치기 매우 쉬운 단어라는 것을 알고 있다. 이런 과제는 학생들로 하여금 **언제** 적절한 단어를 말하고 그렇게 말한 것을 기억해야 하는지에 대한 사회적 사실을 배울 수 있도록 도와준다(Wells, G., 1986 : 41). 부모님들이나, 아이를 돌보는 분들이 아이들에게 "뭐라고 할까?"라고 자신이 한 말을 상기시키는 것을 몇 번이나 보았는가? 어른들은 '**부탁합니다**'나 '**감사합니다**'를 가르치지 않고 이 단어들이 사용되는 사회적 맥락을 가르친다.

어른들은 어린 아이들이 혼란스러워하고 매우 지루해할 수 있는 언어적인 사회적 사실과 예의를 직접적으로 가르치려고 노력한다. 예를 들어 몇 년 전 나의 조카 커트니가 4살 때, 우리가 증조모 루스와 함께 밤을 보냈었다. 루스는 '감사합니다'와 '부탁합니다'와 같은 말을 올바르게 시키는 완고

한 성격이셨다.

다음은 아침식사 시간에 이루어진 대화이다.

루스	코트니, 아침식사로 계란이 어떨까?
커트니	아니요, 괜찮습니다.
루스	팬케이크는 어떨까?
커트니	아니요, 괜찮습니다.
루스	오트밀은 어떨까?
커트니	아니요, 괜찮습니다.
루스	차가운 시리얼은 어떨까?
커트니	아니요, 괜찮습니다.
루스	토스트는 어떨까?
커트니	(피곤해져서) 아니요.
루스	뭐가 "아니지?"
커트니	토스트가요.
루스	(어리둥절해하며 코트니의 엄마에게) 아이가 똑똑하니?

커트니는 당황하지는 않았지만 '예의를 너무 차린 할머니'의 질문에 지루해했다.

3.6. 사회적 활동으로서의 영어 수업

사회적 규범과 사회적 사실에 의해 조정되는 사회적 활동으로서 영어를 가르치는 것은 다음과 같은 예로 설명할 수 있다. 이 예는 모든 교실에서 성공적으로 실행되어 온 것들이다.
첫 번째 예로 되풀이되는 질문에 대해 생각해보자. 언어는 어디에서 왔으며 사람들은 어떻게 언어를 사용하는 법을 배우는가? 이는 언어의 힘과 경이로움에 대해 개인이 인지하고 민감해지는 데 있어 아주 중요한 문제이다. 교사 친구인 수 스필커는 아이들에게 한 단어를 만들어 보게 하면서 이 질문을 좀 더 잘 이해하도록 유도하였다. 그 학급의 모든 학생들은 그 단어를 만들었다는 것을 비밀에 부치도록 약속하였으며, 그런 다음 학교생활에서 일상적이고 적절한 수준에 이를 때까지 그 단어를 사용하도록 지시를 받았다. 수가 나에게 말하길, 주중 5일 내내 아이들이 체육 시간에, 식당에서, 심지어 수업시작하기 직전에 복도에서조차 '그들의 단어'를 말했다고 한다.

수가 물었다. "언어가 어디에서 유래했는지, 혹은 사람들이 어떻게 언어를 배우는지에 대해 이것이 말해주는 바가 무엇일까요?" 학생들이 실제로 사용하고 관찰한 경험을 바탕으로 결과에 대한 논의가 활발하고 통찰력 있게 진행되었다. 그리고 이를 통해 학생들은 언어에 대한 두 가지 핵심 문제를 더 잘 이해하게 되었다.

또 다른 교사인 폴라 츠비텍은 그녀의 수업에서 역할 놀이를 했다. 학생들의 최근 언어적 행동을 관찰한 경험을 기초로 하여, 그녀는 칭찬/사과와 같은 사회적 언어사용 항목을 선택하였다. 그리고 다음과 같이 대화가 일어날 사회적 배경에 맞도록 교실을 적합하게 만들었다.

> 여러분은 학교 식당에서 수상자를 위한 만찬 연회에 참석하고 있어요. 그런데, 입장권에 큰 문제가 생겼어요. 여러분 네 명이 새로운 교장 선생님과 함께 앉아있는데 식사가 즐겁냐고 물어보았어요. 그 때 여러분들은 뭐라고 말하겠어요? 어떻게 말하는 것이 좋을까요?

이 역할 놀이가 끝난 후 교장 선생님을 대신해 인기 있는 선생님으로 새로운 장면이 설정되었다. 그 새로운 장면에서는 학생들의 말이 좀 더 사교적으로 바뀌었다. 세 번째에는 교장 선생님이나 다른 선생님 대신에 누구나 알고 있는 다른 학생으로 설정되었는데, 역시나 대화의 내용이 너무나 달라졌다!

　간단한 역할 놀이에 이어 츠비텍 선생님은 전체 학급 학생들로 하여금 배경과 참여자의 영향과 나이와 성, 사회적·직업적 지위가 어떻게 언어 사용 양상을 형성하는지 관찰하도록 지도했다. 학생들은 교과서에서 전통적으로 정의내리는 것과는 달리 '좋은 영어'와 '나쁜 영어'를 구분하는 문제를 좀 더 다르고 실제적인 시각에서 바라보았다.

　사회적 활동으로 언어를 공부하는 학생은 다른 주에 있는 학교의 또래 친구들과 전자우편을 통해 교신하면서 서로가 분명하게 드러내는 언어의 유사성과 차이점들을 주의 깊게 관찰할 수 있다. 이런 활동은 '좋은 영어'와 '나쁜 영어'에 대한 논의를 하는 데 도움이 되고 지역 방언과 지역 언어의 다양성을 소개하는 역할을 한다. 만약 이런 활동을 원한다면, 여러분이 가장 좋아하는 검색 엔진에 가서 '펜팔'이나 'e-pals' 혹은 관련된 키워드를 입력해라. 그러면 교환 편지를 할 수 있는 많은 기회를 발견할 수 있을 것이다.

　사회적 활동으로서 언어를 공부하는 학생들은 학교에서 일상적으로 쓰는 언어와 학교 방송 시스템에서 나오는 언어를 비교하거나 대조할 수 있다. 예를 들어, "몇몇의 학생들이 요즘 주차장의 주차 금지 구역에 주차하고 있다는 것이 보고되고 있습니다."와 같은 고발문은 왜 주어를 생략할까 하는 문제가 이에 해당한다.

　두세 명의 영어 교사들이 커피 한 잔을 들고 교무실에서 50분 정도만 이야기해도 이러한 예를 10배는 넘게 들 수 있을 것이다. 학생들은 열정적으로 그들의 노력을 받아들일 것이다. 그런 다음에 학생들은 **그들의 언어와 그들을 둘러 싼 언어**가 가지는 특성 그리고 "정확성", 혹은 "좋은 영어"에 대한 다양한 준거에 따른 엄격한 요구점을 갖게 될 것이다.

3.7. 언어와 상황의 불가분 관계

LEA 방식에서는 사람들이 사용하는 언어가 주어진 날마다 상황마다 다양하다고 본다. 언어, 상황, 맥락은 사실상 분리될 수 없다. 이는 우리가 어린이이거나 청소년이거나 청년이거나 어른이거나 상관없이 사용한 언어에 대해 이야기하는 사실이다.

Postman, N.(1976 : 9~11)은 이러한 생각을 의미론적 환경(semantic environment)에 대한 기술에서 수 년 동안 폭넓게 논의했다. 의미론적 환경은 적어도 4가지 요소로 구성되어 있다. (a) 사람, 그들 간의 공식적, 비공식적 사회와 정치적 관계 (b) 설득하거나 설명하거나 사과하거나 아첨하거나 불분명한 등등의 목적 (c) 대화에 작동하는 일반적인 담화 규칙들 (d) 공식적이건 비공식적이건 친밀하거나 충고를 위해 사용된 말.

예를 들어, 증인석, 타자석, 고해성사실의 환경(또는 맥락)은 명백히 다른 세 가지의 의미론적 환경으로 나타나지만 각각은 그 중 한 자리에 참여함으로써 암시적으로 이해되는 명확한 목적과 규칙을 가지고 있다.

제1장에서 살펴보았듯이 부적절한 언어를 선택해서 통사적 환경을 손상시킨 참여자들은 심각한 결과를 경험할 것이다. 예를 들어, 어느 야구팀의 한 선수가 타석에 들어서서 홈플레이트 뒤 편의 주심에게 "주여, 내가 지은 죄를 용서하시옵소서……."라고 말한다고 해 보자. 그는 정말 어리석은 농담을 하고 있거나 고의적으로 대기자 명단이나 게임에서 퇴장 당하려고 장난을 치는 것이다. 이와 유사하게 법정의 증언석에 들어선 사람은 오직 진실만을 말할 것을 맹세한다면 법정에 그리 오래 머물 것 같지 않다. 다는 아니더라도 편의상 대부분은 진실을 말하겠지만 말이다(Postman, N., 1976 : 9~11).

Postman, N.(1976)은 의미적 환경의 위반을 "미친 말" 혹은 "어리석은 말"이라 부른다. 불필요하게 복잡하고 기술적인 어휘를 사용하는 것을 싫어한다면 이런 표현이 새롭다고 발견할 것이다.

다른 예로, Postman, N.(1976 : 9~11)은 우리에게 와이키키 해변에서 낭만적인 기분을 만끽하기 시작한 젊고 매력적인 녀석들을 상상하게 한다. 젊고 매력적인 녀석은 파트너에게로 돌아서서 깊은 숨을 들이 쉬며 "일몰이 참으로 찬란하지 않은가?"라고 감탄한다. 옆에 있던 매력적인 파트너는 곧 "글쎄 엄밀히 말하면 태양은 지는 것이 아니에요. 그것은 결코 일어날 수 없는 일이죠. 알다시피 태양은 지구와의 관계에서 상대적으로 고정적인 위치에 있어요. 그래서 엄밀히 말하면 지구가 떠오르고 있다고 말해야만 하죠."라고 진지하고 진실하게 대답한다.

보다시피 매력적인 파트너가 했던 이 말은 과학적 관점에서 정확하다. 하지만 맥락에서나 의미적 환경에서 이는 의심의 여지없이 의미론적 환경을 위반하는 어리석고 멍청한 짓이다. 이런 설명에서 중요한 것은 언어와 상황의 관계를 전혀 이해하지 못하고 있다는 것과 자신이 미쳤거나 정말로 어리석다는 것을 보여준다.

학습자에게 현재 발달 단계와 사회화 과정에 깊은 인식과 민감성이 주어진다면 LEA 방식은 언어와 상황(맥락)과의 관계를 강조한다. 마치 쪼개어질 것을 기다리는 듯이 보이는 분절적이고 탈맥락적이며 쓴 사람조차 누구인지 모르는 전통적인 목록을 공부하는 것과는 완전히 다르게, 이 관점은 언제 언어가 사용되고, 혼자 말하거나 대화하는 사람들이 실제 사용하는 언어에 대해 상식적인 관점을 세운다! 전통적인 언어 프로그램은 언어나 사람에 대한 이러한 관점을 거의 반영하고 있지 못했다(Halliday, M.A.K,. 1982 : 11).

전통적인 접근방식은 언어가 고정된 부호로 작동하는 것으로 보아 말보다 마차가 먼저라는 믿음처럼 언어가 사람을 위해 존재하는 것이 아니라 사람이 언어를 위해 생겨났다고 본다. 또한 사람들이 소매를 걷어 올리고 이를 악물고 열심히 노력한다면 그들의 언어가 "좋은 영어"가 된다고 본다. 그러나 언어는 사람을 위해서 존재하며 사람들이 많이 사용한다. 언어를 실제적이고 실재적인 목적을 위해서 실재 사람들이 실재 사회 속에서 사용되는 실재 활동으로 언어를 바라보는 것은 LEA를 위해 필수적인 토대가 된다. 교실에서의 언어 학습에서는 고립되고, 탈맥락화되고, 위조되고, 인위적인 문장 구조의 기초적인 분석을 바꾸어야 한다. 오히려 언어를 학습할 때는 인간의 복잡성 안에서 다양한 활동으로 언어를 접근해야 한다.

3.8. 고통스럽고 지루하고 무의미했던 기억

하지만 어떤 경우에는 언어 학습이 "말하라"와 "말하지 마라"식의 명령조의 공부로 옮겨질 수도 있다. 이러한 관점의 결과는 만족스럽지 못하다. 『누가 영어 어법을 논하는가?』(*Who Cares About English Usage?*)라는 설득력 있고 재치 있고 책에서, Crystal, D.(1984 : 10)은 다음과 같이 적고 있다. "많은 사람들이 학창시절의 영어 문법 수업을 떠올릴 때면 고통스럽고 지루하고 아무것도 아니라고 기억하는 것은, 무엇인가 심각하게 잘못된 것이다." 사실 이것은 좌절적인 반어 표현이다. 학습자의 사회적, 심리학적, 언어적 민감한 발달 단계는 언어를 가장 좋아하는 학교 활동 중 하나로 만들어야 한다. 그러나 그렇지 않다.

가장 최근의 학교에 대한 국가적인 연구에 따르면 Goodlad, J.(1984)와 그의 동료들은 학교 교과목으로 영어가 미국의 중학교와 고등학교 흥미 등급에서 가장 낮은 수준이라는 사실을 발견하게 되었다.

Crystal(1984)의 관찰과 Goodlad(1984)의 연구를 설명할 수 있는 경험을 영어 교사들은 수없이 회상할 것이다. 비행기에서 옆 좌석에 앉았던 사람이나 친목회의 신입 회원이 "직업이 뭡니까?"라고 물었을 때, "저는 영어 선생님입니다."라고 답했을 때, 그 다음의 대화는 상당히 쉽게 예상할 수 있다 : "흐흐, 영어 선생님이요? 당신에게 말할 때는 좀 더 주의를 기울여야 하겠네요!" 비록 수학과 과학 선생님들도 이와 유사한 사회적 심리적 모욕을 겪게 될지도 모지만, "오, 당신은 가정 선생님이군요. 당신 앞에서는 먹는 것을 조심해야겠군요!"라고 말하는 것을 전혀 들어 본 적이 없다. 또한 "그래요. 당신은 역사를 가르치십니까? 날짜에 주의해야겠군요?"라는 말도 한 번도 들어보지 못했다.

Elbow, P.(1990 : 111)에서는 "이런 [대중적인 인식에 대한] 설명을 위해 우선 우리의 전통을 살펴볼 필요가 있다. 영어는 두 가지 경우로 나타난 경향이 있다 : 하나는 문법을 가르치는 것이고 다른 하나는 문학을 가르치는 것이다."라고 말한다. Elbow, P.(1990)는 문법과 문학 수업은 중요하지 않은 세부 사항과 무의미하고 점잔 빼는 모형들만을 강조해서 학생을 지루하게 만든다고 주장한다. 더군다나 학생들은 이러한 수업을 듣고서 자신감도 없이 그저 문법과 문학에 "무지하고" "틀렸다"고 느끼게 되곤 한다.

우리가 공감하는 전문가로서의 자부심이 Goodlad(1984)가 보고하거나 Elbow(1990)가 설명했던 부정적인 결과들을 믿지 않거나 부인하도록 유혹할지도 모른다. 이렇게 말해서 유감이지만 여러분들은 그 유혹을 물리칠 수 있을 것이다. 대중의 비판적인 평가가 화에서 나온 것이 아니라고 Elbow, P.(1990 : 112)가 지적하면서 우리에게 압력을 가한다. 반면에 대중들은 다른 어떤 과목보다 영어 학습 과정을 거쳤다! 일반적인 학창 생활 동안의 거의 대부분 시간을, 유치원에서 초, 중, 고 학교에서 그리고 대학에서 학생들은 다른 수업보다 많은 영어 수업을 받고 있다.

우리가 "영어"라고 부르는 학교 과목이 학습자의 모국어를 교정하는 방법과 모형을 사용하는 교육과정으로 되어 있음을 기억해 보라. 불행하게도 약간의 주목할 만한 예외에도 불구하고 수 년 동안 학생들의 언어가 불완전하다고 믿어 오고 있으며 흔히 엄격한 교정이 필요하다고 생각해왔다. 따라서 과연 영어 교사는 누구이며 무엇을 하는가에 대한 대중의 인식은 '그들은 사람들의 언어적 실수를 교정해 주는 사람'이라는 것이다.

3.9. 계속되는 언어 학습

전문적인 영어 교사들인 우리가 언어 학습 교육과정을 위해 가장 중요하게 "부여된" 사명이 학생들이 사춘기에서 성인기까지 계속적으로 언어를 잘 학습하고 발달시켜 주어야 하는 것임을 기억하는 것은 아주 중요하다. 세계적으로 저명한 언어학자 Stubbs, M.(1983 : 279)는 이러한 사실을 몇 해 전에 그의 논문에서 특징적으로 슬기로운 부제로 강조했다. 이 논문에서 "왜 아이들은 어른이 아닐까."라는 말을 반복하고 있다. 교실에 학생들은 충분히 성숙된 어른이 아니지만 교육과정이나 교사들은 이러한 사실을 무시하거나 잊어버린다.

언어 수행에서 유창성을 획득하는 것은 11살, 14살, 혹은 17살처럼 마음대로 일정한 나이를 선택할 수 있는 것이 아니다. 따라서 청소년 학습자들은 여전히 다양한 목적과 수없이 변화하고 있는 상황에서 어떻게 언어가 정확하게 사용되고 있는지에 대해서 많이 배워야 한다.

사실 어른들조차 언어에 대해 계속해서 학습한다. 어른들도 새로운 맥락 —새롭고 전문적이거나 혹은 시민 조직에 참여하거나, 새로운 직업을 얻거나, 새로운 교회에 나가거나, 다른 도시를 여행하거나, TV에서 저녁 뉴스를 보거나, 다른 나라에서 벌어지는 일들을 배우는 맥락 등에 놓이게 되면 새로운 단어, 표현, 용어, 언어적으로 다른 행동 방식들이 흔히 필요하게 된다. 이러한 예에서처럼 어른들의 세계가 확장되고 성장하듯이 새로운 정보를 수용하고 이해하기 위해서 어른들의 언어도 확장되고 성장한다. 만약 이 사실이 언어로 더 많이 연습한 어른이나 좀 더 경험 많은 언어 사용자에게 사실이라면 학교의 학생들에게도 사실임이 분명하다.

그럼에도 불구하고 몇몇 어른들은 학생들이 어른의 전문적 지식을 반영하는 완벽한 언어를 소유할 것이라 기대하는 완고한 입장을 취하고 있다. 한 예로, 어른들이 언어를 학습하고 있는 어린이에게 얼마나 혼란스럽게 대답하는지 생각해 보자. 반대로, 우리는 "아빠 일하러 가요?"라는 2살 난 아이의 말을 듣고 웃으며 동의로 고개를 끄덕이고 이렇게 지나치게 일반화된 동사 형식을 사용한 화자를 격려한다. 이는 참 귀엽다. 반면에 "~처럼(like)", "내 말은(I mean)" 혹은 "너도 알다시피(ya know)"와 같은 간투어를 사용하는 13세에서 16세의 아이들은 게으르거나 불분명하거나 속되다고 하거나 혹은 세 가지 모두로 비난받는다!

실제로 "내 말은"이란 말을 문장에서 사용하는 13살 학생에게는 다양한 이유가 있다 : 그들의 관계 속에 있는 다른 화자들도 이 표현을 사용하고 있고, 모든 학교 학습자들(어떤 많은 성인들)에게 영향력이 커서 모임에 한 일원임을 보여주는 방식 중 하나로 그룹의 구성원이 말하는 방식대로 말한다. "어", "내 말은" 혹은 "너도 알다시피"와 같은 말하기 습관은 화자와 청자 사이의 사회적 다리를 놓아주는 수준이나 대화의 차례를 잡아주는 언어적 개입 역할을 한다.

문법적으로 "내 말은" 혹은 "너도 알다시피"는 앞선 발언을 위한 정당성을 이끌기 위해서나 문장 안에 포함된 두 개의 제안을 연결하기 위해서 문장에서 상당히 예언적인 위치에 사용된다(Erman, B., 1987 : 206~207). 이는 내가 최근에 들은 두 개의 문장으로 설명할 수 있다. "그 노래는 깔끔해, 너도 알다시피 사랑스럽지 않니?" 그리고 다른 하나는 "나는 그의 차를 타지 않을 거야. 내 말은, 그는 미쳤어."이다.

어린 화자들은 "저 한 녀석을 아니?" "저 한 책이 어디에 있니?"에서처럼 끝임 없이 '한'(one)을 애매하고, 총칭적인 관형사로 사용하는 것을 듣게 된다. 교사들은 이러한 사용법을 빈번히 비난하지만 이는 두 가지 상호 연관된 이유의 결과물이다 : 젊은 화자는 보다 정확한 대체 용어나 선택 사항을 아직 배우지 못했다. 그리고 이러한 선택 사항이 사용될 수 있는 상황에서 충분한 말하기 연습을 하지 못했다.

이러한 예들은 언어가 여전히 발달하고 성장하고 있는 청소년들의 언어 사용의 일반적인 특징을 설명하기 위해서 인용된다. 언어 교육과정이 작동하는 것은 이러한 발달의 맥락 속에 있다. 교실은 이러한 선택 사항들을 탐구하고 그 사용법을 연습하기 위한 이상적인 장소이다.

유사한 방식으로, 다음과 같은 방법을 생각할 수 있다. 만약 여러분이 가장 좋아하는 백화점에 가서 사길 원하는 한 벌의 느슨한 바지를 고른다면 백화점은 바지가 잘 맞는지 입어 볼 수 있는 탈의실을 갖추고 있어야 한다. 교실은 언어교육을 위한 탈의실이어야 한다.

3.10. 핵심적인 언어 목표

어떤 교육과정이든 일정한 종류의 설계를 따르기 마련이다. 오늘날 교육과정 설계와 계획이 연방 정부에 의해 수립된 폭넓은 형태의 요구들, 즉 주연방 기준에서 부가적으로 수립된 요구, 지역적으로 인정받는 기구들에서 수립된 요구, 그리고 후원자, 사업가, 공동체 안에 다른 조직에서 말하는 관점과 요구에 반응하는 지역 교육에서 수 년 동안 개발해 온 요구에 맞춰진다. 교육과정 개발은 일종의 책임을 다하는 것이다.

이미 무거운 짐에 더 많은 벽돌을 쌓아 올리는 위험에도 불구하고, 언어 유창성의 영역에서 중요하게 응용되는 세 가지 장기적인 목적을 제안하려 한다. 그 세 가지 목적은 자발성, 정확성, 정교화이다.

자발성(spontaneity)은 자신 있고 자유롭게 이야기를 할 수 있는 능력을 의미하며 화자가 무엇을 말하고 있는지 메시지나 공유된 의사소통에 자신의 관심을 정한다. 자발성을 갖춘 언어 사용자는 교실에서의 발표와 토론, 사회적 대화에서 편안하게 참여하며 청중들 앞에서 합리적이며 침착하고 자신 있게 이야기를 할 수 있다. 이 책의 목적을 위해서 자발성에 상반되는 개념을 내치지 않는 상태라고 할 수 있다. 달갑지 않은 언어 사용자들은 자신의 생각을 자유롭게 표현하지 못하고, 종종 당황하게 되고 수줍어하고, 자신의 생각을 표현하는 데 있어 자기 자신이나 자신의 능력에 대해 언어적으로든 비언어적으로든 확신하지 못한다.

정확성(precision)은 정밀함의 질(質)을 설명해 주고 있다. 정밀한 언어 사용자는 화자가 성취하고자 하는 바를 더 직접적이고 더 정확하게 말하기 위해서 조금 더 확장된 단어 목록을 사용하는 능력을 보여준다. 정밀한 언어 사용자는 유창하거나 심지어 수다스럽다고 묘사되기도 한다. 이런 특수한 논의에서 정확성에 반대되는 것으로 **모호함**을 들 수 있다. 모호한 언어 사용자는 '*thing, that one, doohickey*' 나 *Whatchamacallit* (What do you call it)과 유사한 같은 실질적인 의미가 없는 단어를 남용할 것이다. 정밀함의 목표에 도달하지 못한 화자는, 즉 모호한 언어 사용자는 내면의 감정을 말하는 중간에 갑자기 멈추거나 완전히 언어적 포기자로 "내가 무슨 말하는지 알겠지?"라고 말한다. 이것은 영어에서 가장 슬픈 단어 중 하나이다.

정교화(elaboration)는 짜임새 있는 문장이나 일련의 문장을 지지, 종속, 정화, 전문화를 제공하는 구절로 짜여진 좀 더 복잡한 언어 구조를 사용하는 능력을 말한다. 정교한 언어 사용자는 응집되고 응결된 방식으로 몇 가지 생각과 제안을 조절하고 조합하는 능력을 보여줄 것이다. 또한 이야기나 담화의 큰 틀에서 드러난 구조, 즉 설명적 구조에 대해 화자가 배우거나 이미 알고 있는 것을 자동적으로 사용하게 될 것이다.

이미 이 책에서 언급했듯이, 정교화에 상반되는 개념은 **단편화**일 것이다. 단편화된 언어를 사용하는 화자는 무디고 지루하고 모호하고 매우 간단한 방식으로 제시된 단순한 주어-서술어 문장으로 연결하여 사용할 것이다. 정교한 생각을 제시하는 대신에 이러한 단순 문장은 "여기에 이것이 있고, 또 여기에 이것, 저기에 또 이것이 있고……"라고 말하는 것처럼 하나의 생각을 말하고, 이어서 또 다른 생각을 말하고, 말하는 방식으로 특징지어진다. 언어 구조의 큰 틀은 없다.

이러한 목표들은 좀 더 넓게 볼 때 서로 관련을 맺고 있다. 언어 사용자는 언어 사용의 자발성, 정확성, 정교화를 주목하기 전에, 먼저 일상에서 언어의 역할에 대해 인식해야 하고, 성찰하고, 민감해야 한다.

3.11. 연습이 필요한 언어 학습

자발성, 정확성, 정교화는 장기적인 목표들이라는 것을 기억하고 있을 것이다. 대부분의 언어 목표처럼 이를 개발하고 달성하기 위해서는 시간이 필요하다. 이러한 세 가지의 숙달은 영구적인 능력이 되지는 못할 것이다. 왜냐하면 45분이나 50분 단위의 한두 수업이 세 가지 중 한 가지에 할애할 뿐이다. 그러나 시간만으로는 충분하지 않다. 언어 학습과 관련된 시간은 경험하고 언어 사용을 연습하고 의미 있다고 믿는 방식으로 실행되는 언어 학습자를 위한 수많은 기회를 포함해야 한다. 의미 있는 언어 환경을 학습자에게 제공하는 가장 쉬운 방법은 교실에서 학생들이 말할 수 있도록 더 많은 기회를 주는 것이다.

어른들 사이에서는 만약 화자의 능력이 사회적 측면 같이 언어 사용의 한 측면에서 뛰어나다면 그 능력이 자동적으로 다른 언어 영역이나 좀 더 공식적인 맥락으로 전이될 수 있다고 생각한다. 교사들은 이러한 가정이 거짓임을 잘 알고 있다.

학생들이 학교 버스에서나 주차장에서 복도에서 친구들과 힘차고 생기 넘치는 사회적 대화를 나누는 것은 전혀 특별한 일이 아니다. 그러나 학생들이 교실에 와서 전체 학생들 앞에서 말하도록 했을 경우나 대답을 정당화하거나 설명하도록 요구 받았을 경우 부정확하거나 엉터리로 발음하는 것을 볼 수 있다. 이러한 언어적 부조화의 원인은 비교적 간단하다. 학생들은 학교 또는 학문적인 대화보다 사회적인 대화를 더 많이 연습하기 때문이다.

지문이나 교과서를 소리 내어 읽을 때, 학생들은 구어적 표현을 어려워한다. 셰익스피어의 〈줄리어스 시저〉에 대해 공부하는 고등학교 2학년 영어 시간에 브루투스 역할을 맡은 15살 학생이 불안하고 초조하게 "A soothsayer bids you beware the *ideas* of March."라고 소리 내어 읽는 것을 들었다.

교실에서 많은 학생에게 대화를 권장하는 것은, 아주 바쁘게 수다를 떠는 청소년들의 관심을 계속 집중하게 하는 데 너무 많은 시간을 썼다고 믿는 교사들에게는 어리둥절한 소리로 들릴지 모른다. 나는 이러한 교사들 중의 한 분이 "분명히 내 학생들은 어떻게 말하는지 잘 알고 있다"라고 말한 것을 들어본 적이 있다. 오히려 교실에서 말 잘하는 학생은 종종 문제아로 보인다.

내가 추천하는 교실 말하기는, 조금 서둘러서 명확하게 서술해 보자면, 교사가 다른 일을 하는 동안, 학생들이 말하고 방문하는 것이 허락되고 지시받은 누구나 참여할 수 있는 식의 대화가 아니다. 반대로 정기적인 모둠 말하기 활동은 몇 가지 중요한 차이점이 있어야 한다.

1. 그들은 명확한 목표나 방향을 가지고 있다.
2. 토론의 효과는 평가될 것이다.

우선, 방향이나 목표는 비록 절박하진 않더라도 **학생들**이 의미 있다고 보고 있는 사건들, 학교 댄스 파티의 갑작스런 취소, 새로운 건물 규정, 최근의 지역에서 "관심을 끄는" 화제를 선택해야 한다. Smith, L. G. & Smith, D. L.(1994 : 583)는 다음과 같은 가능한 화제를 제시했다.

- 음악과 영화의 검열
- 권총 관리
- 학교에서의 옷차림
- 공공장소에서의 흡연
- 신문, 라디오, TV에서 자유 연설할 수 있는 개인적 권리

- 학부모를 위한 교육비 요구하기
- 성차별, 공동체 세상에서 여성이 진출할 기회의 부족
- 모두를 위한 동등한 건강 이익 혹은 법률 상담
- 신문에서의 최근 논쟁

처음에는 교사가 화제를 선택할 수 있다. 화제 선택의 책임을 학생들의 입장에서 실제성을 보장하기 위해 가능한 한 학생들에게 점진적으로 이양할 수 있다.

두 번째로, 논의 후에 다음과 같은 문제를 주의 깊게 관찰해 학생들이 초보적인 언어학자가 될 수 있도록 도와주어야 한다.

1. 토론한 주제는 무엇인가?
2. 누구에 의한 것인가?
3. 누구를 위한 것인가?
4. 어떤 목적을 가지는가?
5. 어떤 효과가 있는가?

예를 들어, 이러한 유사한 기준을 사용하고 있는 모둠 토론의 관찰을 해석하는 것은 학생들에게 다음과 같은 상황을 추천하게 된다. 예를 들어 마리아에게는 요점을 벗어나지 않도록 추천하고, 마크는 좋은 생각을 많이 가지고 있으니 좀 더 참여하라 추천하고, 애슐리는 논의에서 더 많은 화자를 포함하려고 노력하라고 말하고, 모하메드는 사례를 제시하면, 입지가 더 강화될 것이라고 말할 수 있다. Smagorinsky, P.(2002 : 27)는 학생들이 만든 극적인 장면을 활용한 다른 전략과 예상하지 못한 것을 어떻게 만나고 다룰지 설명하고 있다. 그의 수업 중에서 소년들의 한 모둠이 Andrew Dice Clay[1]의 패러디 작품을 준비해서 가지고 왔다. 그런데 이 작품에는 Clay의 상징적인 대

---

1) 역주 : 1957년 9월 29일 뉴욕 출생. 미국의 유명한 코메디언이자 배우.

상이었던 많은 여성들이 포함된 장면도 있었다. 그 자료들은 장난스럽게 한 것임에도 불구하고 교실에 있는 대부분의 여학생을 불편하게 할 정도로 독설적이고 공격적이었다. 그는 "나는 그 장면을 빼지 못했다. 그러나 마지막에는 교실에서 Clay의 최후를 보았다는 것과 앞으로 이와 같은 장면을 구현할 때는 학급 동료들의 감정도 존중할 필요가 있다는 것을 분명히 지적했다."라고 적어 놓았다. 교사는 앞서 생각해야 하고 학급을 위해 세워야 할 기본적인 규칙들을 결정해야 한다.

만약 이전에 보여 주었던 말하기 모둠들이 당신의 취향보다 너무 엄격해 보인다면 Roller, C. M.(1996 : 15~16)의 대안적인 모둠 말하기를 생각해 볼 수도 있다. Roller(1996)의 교실에서는 매일 수업을 시작할 때 10분 동안 최근의 유명하고 논란이 되고 있는 영화, 최근에 방송되는 운동 경기, 가장 좋아하는 취미, 애완동물에 대한 소식 등과 같은 비형식적인 말하기를 한다. 모둠 말하기는 교실에서 학생들이 서로에 대해 배우고 나누면서 공동체 의식을 형성하는 기회를 제공한다. 학생들은 더 편안하고 유창한 화자가 된다. "모둠 말하기는 학생들의 언어 사용 능력을 인정받을 수 있는 시간이다."

마지막으로, Finders, M. & Hynds, S.(2003 : 240)는 구두 언어 활동들을 몇 가지 유형으로 정의하고 다음의 예가 어떻게 교실에서 적용되는지가 교사의 상상력의 범위까지 제한하는 것을 규명하였다. 즉, 면접, 논쟁, 암기해서 말하기, 즉흥 드라마, 암송, 즉석 연설, 패널 토의, 극적 독백, 함께 소리 내어 읽기, 구두 논증, 농담, 풍자, 이야기 들려주기, 구두 보고, 대본 보며 대화하기, 갈무리하기와 같이 분류하였다.

3.12. 언어적 인식 고양

학생 말하기는 깊은 언어 인식과 언어적 성숙의 측면에서 학생들의 성장에 중요한 요인이다. 왜냐하면 말하기가 제공하는 언어로 연습하고 경험을 쌓기 때문이다. 언어 교육과정은 학생들이 삶에서 언어의 중심적 역할에 대해 알고 있다는 내재적인 관점에서 준비하는 경우가 많다. 공식적인 교육과정은 학습자의 언어 능력과 조정 능력을 형성할 수 있도록 설계된 연습과 활동을 통해서 학생이나 교사들을 이끈다. 만약 학습자가 아직 **언어적으로 인식**하지 못한다면 가장 잘 쓰거나 좋은 의도를 가진 언어 교육과정은 **미완**이라고 생각한다.

실제 삶의 환경에서 언어 사용을 탐구함으로써 학생들이 언어 수업에서 적극적으로 참여할 수 있는 기회를 제공해야 한다. 즉, 어떻게 언어가 지역마다 다른지 그리고 어떻게 매체의 언어가 유사하거나 다른가를 알고 단체복이나 머리 모양 그리고 개인의 고유한 의상을 통해 드러나는 함축적인 언어들을 파악함으로써 교사는 학생들이 언어의 대안들과 용법, 유형들이 얼마나 복잡한지 인식할 수 있도록 돕는다. 이는 합리적 학습의 결과나 그 자체 그리고 계속된 언어 학습의 전제조건들이 된다. 결론적으로, 학교에서의 언어 학습이 고통스럽거나 지루하거나 쓸모없고, 아무 것도 아니라고 여겨지는 것임을 기억해야 하지만, 탐구와 인식의 활동에 참여하고 있는 학교 학습자들은 언어의 즐거움과 힘에 대해 더 많이 배우게 되었을 때를 기억하게 될 것이다.

다시 보기

REVIEWING THE CHAPTER

이 장에서 읽은 것과 배운 내용을 바탕으로 다음의 질문에 답하시오.

01. 이 장에서 설명한 내용을 참고한다면, 왜 언어를 수정할 수 없는 것일까?

02. 왜 교실에서 학생들이 말할 수 있는 기회를 더 많이 가져야 할까?

03. 무엇 때문에 "따돌림을 당하느니 죽음을 달라(Death before uncool)"은 언어 사용과 관련이 있는가?

04. 어떻게 사회적 사실이 언어와 관련되는가?

05. 어떻게 **지각과 실재**가 연관되어 있는가? 다른가?

06. '의미적 환경'이란 무엇인가?

07. 언제 성인이 새로운 언어를 배우는가?

08. 왜 학생들이 모호한 언어를 사용하는가?

09. 'becoming' 과 'arriving' 이 어떻게 다른가?

10. 언어적 숙달의 세 가지 목표를 열거하시오.

제**2**부

언어 탐구와 인식 : 구성요소

제4장

의사소통과 언어의 특성

언어 학습은 대상이 아니라 과정이다.
—Peter Trudgill, 『악센트, 방언, 학교』(Accent, Dialect, and the School)

> **이 장을 읽기 전에**
>
> 다음과 같은 질문에 답해 보자. 언어의 기원은 어디인가? 인간의 언어는 동물의 신호 체계와 어떠한 차이가 있는가? 학교에서 영어를 왜 가르치는가?

4.1. 들어가기

우리는 본질적인 활동에 대하여 대체적으로 무관심하다. 예를 들어, 우리가 감기에 걸렸거나 혹은 폐나 기관지가 아프고 나서야 호흡의 중요성을 생각하곤 한다. 인후염을 앓고 나서 침을 삼키는 것이 얼마나 중요한 것인지 깨닫고, 발목을 삐고 나서 걸어서 방의 반대편에 있는 등을 끄는 것에 대해 생각하게 된다. 언어도 이와 같은 성격을 지닌다. 우리는 언어를 매일 사용하지만 무엇인가 잘못되기 전까지는 전혀 관심을 갖지 않는다.

어떤 사람이 [NUKE-lear]를 [NUKE-YA-lure]로, [REAL-tor]를 [REAL-A-tor]로 우리의 귀에 익숙한 발음이 아니라 이상하게 발음해서 불쾌함을 느낄 때, 좀 더 언어에 관심을 기울일 것이다. 이는 거짓이라고 알고 있는 어떤 것을 누군가가 사실이라고 말할 때도 마찬가지이다. 상대방에게 인사를 했는데 받아주지 않는다면, 그 인사말이 잘못되지나 않았는지 살피게 된다. 위에서 언급한 발음상의 불쾌감은 제쳐 두고서라도 Nunberg, G.(2004 : xv)의 말에 전적으로 동의한다. 그의 말에 따르면, 사람들이 언어를 사용하면서 범하는 가장 큰 잘못은 언어를 주의 깊게 듣지 않는다는 것이다.

인간을 지구상에 존재하는 다른 생명체들과 구별하는 특징이 많이 있지만, 그 중에서도 복잡한 언어는 가장 명백하면서도 중요한 특징 중의 하나이다. 이러한 이점들은 무수한 조합과 교환으로 유의미한 단어들을 연결할 수 있는 능력에서 비롯된다. 그리고 이 이점들은 언어 장벽에 막혀 의사소통에 어려움을 겪어 본 사람들에게는 너무나 자명한 것이다. 단어는 타인의 정신으로 가는 일종의 교량이고, 우리가 여러 방법으로 협동하는 것을 가능하게 하며, 우리 공동체를 결합시킨다(Brooks Hanson, B. & Culotta, E. : 2004, 1315).

이 장에서는 의사소통과 언어가 무엇인지와 그것의 기원을 살펴보고, 의사소통과 언어가 어떻게 인간의 특징으로 자리 잡았는지 고찰해 보려 한다. 또한 이 장은 여러분이나 여러분의 학생들이 언어를 보다 더 가까이 들을 수 있도록 도움을 줄 것이다.

여러분들이 〈베오울프(Beowulf)〉[1], 〈캔터베리 이야기(The Canterbury Tales)〉[2], 셰익스피어의 희곡과 시, 킹 제임스의 성서 번역본 등의 전체나 그 일부분을 읽을 때면, 당시의 영어가 현재의 영어와는 많이 다르다는 것을 발견할 수 있다. 이것은 여러분들이 이미 역사적 관점에서 언어적 변화를 감지할 수 있는 직관을 가지고 있음을 의미한다. 그렇다면 이러한 오랜 예들보다 더 이전의 영어는 어떠한 모습이었을까? 언어는 도대체 어디에서 생겨난 것일까?

---

1) 역주 : 8세기 초의 고대영어로 된 서사시.
2) 역주 : 14세기 Geoffrey Chaucer가 쓴 운문.

이 질문들에 대한 답은 오랜 시간 동안 조상들, 고고학자, 신학자들, 언어학자들에 의해 제시되어 왔다. 그러나 그 답변들은 개인적인 의견에서부터 사실, 이론, 추론, 이데올로기들이 뒤섞인 호기심을 자아내는 것들이었다. 유용한 정보가 부족할 때마다 추론이 그 자리를 대신했고, 가족 모임이나 교사 휴게실의 대화가 증거로 보태어졌다.

언어가 어디에서 왔는가 하는 언어의 기원과 관련된 질문에 대해 가장 단순한 답변은 아주 간단하다. 모른다는 것이다. 가장 최초의 발화를 기록한 오디오 테이프나 비디오 테이프는 스미스소니언연구소(Smithsonian Institute)의 공문서 보관소 어디에서도 찾아볼 수 없다. *National Enquirer*지에서 단 한번도 "자, 여기 처음으로 언어가 시작되었소!"라는 기사를 낸 적도 없다. 말주변이 좋은 오프라 윈프리조차도 "Urg and Yhlms"와의 인터뷰를 겨우 이끌어가며 "언어를 창조해내는 데는 정말 최고의 사람들이군요."라고 말하였다.

유명한 예술 작품들도 언어의 기원에 대한 질문을 생각하게 한다. 예를 들어, 쟝 아울의 단편소설(〈동굴곰〉(*Clan of the Cave Bear*), 〈말의 계곡〉(*The Valley of Horses*), 〈평범한 통〉(*The Plains of Passage*)을 보라.)에서 아일라와 다른 인물들은 현대 영어를 구사한다. 이 작품의 배경이 인간이 처음으로 출현한 시기인 홍적세(Pleistocene) 시대[3]라는 점을 감안한다면 참으로 이상한 레퍼토리가 아닐 수 없다.

〈말의 계곡〉에서 아일라의 질문에서 시작되는 대화가 있는데 다음과 같다. "수를 세는 말이란 것이 무엇이죠?" 존달라가 대답한다. "하나, 또 다른 하나, 이렇게 막대기에 표시해 놓은 것에 대한 이름이 있는데요. 그것들은 어떤 것의 수를 말할 때 쓰는 것이죠." 아일라가 숫자의 개념을 이해하는 것을 보고는 존달라가 덧붙여 설명한다. "내가 보여줄게. (그는 작은 돌 몇 개를 차례로 줄지어 놓고는 하나씩 가리키면서 헤아린다.) '하나, 둘, 셋, 넷,

---

[3] 역주 : 홍적세 시대는 지질시대의 신생대 제4기의 전반기를 약 100만년 전에서 1만년 전까지의 시대.

다섯, 여섯, 일곱.'"(Auel, J., 1982 : 466-467).

잠시 쉬어가 보자.

다른 한편에서, 몇몇 유명 영화에서는 주인공들의 언어적 발달에 관해 조금은 상반된 견해를 보여준다. Raquel Welch의 〈B.C. 1,000,000〉[4], Shelly Long, Ringo Starr and John Matuszak의 〈Prehistoric women〉[5] 등은 숲 속이나 돌더미 주변에서 입속말로 우물쭈물거린다. 그들이 저지른 최근의 살인 행위들을 숨기려고 누더기 옷을 입은 채 목이 쉰 목소리로 "아흐"라고 중얼거리거나 암시적이고 감각적인 "으음" 등을 낮은 목소리로 말한다.

여기에서 언급한 이러한 소설이나 영화가 언어학적 연구에 심각하게 도전하려는 의도를 담고 있는 것이 아님은 확실하다. 하지만 그것들은 분명 언어의 발생에 대한 다양한 관점과 믿음 중 일부를 보여준다. 거의 동시대를 배경으로 하는 소설과 영화를 보면서, 한편으로는 여러분과 내가 21세기에 익숙해 왔던 것과 동일한 언어적 발달 양상을 볼 수 있고, 반면 다른 한편으로는 짐승같은 울음 소리와 신음 소리만을 듣기도 한다.

내가 가장 좋아하는 영화 중의 하나인 〈불을 찾아서〉(Quest for Fire)는 예외적인 경우이다. 이 영화는 인간의 인내와 용기, 탐구성과 창의성, 의사소통 능력을 찬양한다. 케이블 채널에서 규칙적으로 방송된 〈불을 찾아서〉는 그들의 종족을 찾아서 위험한 여행에 나선 (Ron Perlman이 이끄는) 세 남자의 이야기를 다룬다. 그들의 대화는 언어가 형성되기 이전의 모습을 띠고 있지만, 언어를 형성해 나가는 과정을 보여준다. 언어가 훨씬 더 발달한 다른 부족의 한 여성(Rae Dawn Chong)과 친구가 되는 장면에서 그들의 언어 이전의 행위는 더욱 두드러진다. 등장인물 간에 서로 의사소통을 하려는 노력은 교육적이면서도 아주 감동적이다.

---

4) 역주 : 1940년에 나온 SF영화.
5) 역주 : 1950년에 나온 SF영화로써 일명 〈Slave girls〉로 알려져 있다.

4.2. 언어의 기원 : 몇몇 고찰

언어의 기원을 설명하려는 다양한 시도가 있었지만, 이 장에서는 그 중 몇 가지를 다루려 한다. 그것들 가운데 과학적인 사고를 나타내는 것들만을 제시하고 모두를 제시하지 않는다. 여기에 제시되는 몇 가지는 아주 재미있는 것들이다.

언어 신수설(divine origin theory)은 언어가 어떻게 시작되었는가 하는 문제를 설명하려는 시도 중 하나이다. 유대 기독교적 관점에서 보면 신은 아담(히브루어로 해석하면 아담에는 남자라는 뜻이 있다.)과 언어를 동시에 창조하셨다. 창세기 2장 19절에는 다음과 같이 나와 있다.

> 여호와 하나님이 흙으로 각종 들짐승과 공중의 각종 새를 지으시고 아담이 무엇이라고 부르나 보실고 그것들을 그에게로 이끌어 가시니 아담이 각 생물을 부르는 것이 곧 그 이름이 되었더라.
> (대한성서공회, 『성경전서(개역개정판)』, 2001)

아담과 이브가 말하는 실제 언어 역시 많은 관심을 받아 왔다. 오랫동안 국가에 충성한 스웨덴의 문헌학자 Andereas Kemke는 에덴동산에서 신께서 스웨덴어를, 아담과 이브는 덴마크어를, 사탄들은 프랑스어를 말했다고 주장했다(West, F., 1975 : 4). 스웨덴 사람인 Kemke는 분명히 프랑스를 향한 마음보다는 이웃 나라인 덴마크를 향한 애정이 훨씬 더 컸다.

힌두의 전통에 따르면 언어는 우주의 창조자인 브라마(Brahma)의 부인인 사라스배스티(Sarasvasti)로부터 기원한다고 한다(Yule, G., 1985 : 1). 이슬람교의 경전인 코란에는 이슬람교 관점의 설명이 담겨 있다.

> 메시아의 신호에 의해 천국이 열렸도다.
> 그리고 지구도 당신이 쓰는 언어의 다양성도 이와 함께 열렸도다.

— The Holy Qur'an, S.xxx.22.

미국 인디언의 신앙도 언어의 기원에 대해 언어 신수설과 유사하다. 아마도 지구상의 모든 종파는 언어가 신으로부터 생겨났으며, 다른 모든 것 역시 마찬가지라고 주장한다고 하는 것이 맞을 것 같다(West, F., 1975 : 5).

언어의 기원에 대한 또 다른 관점은 자연음 기원설(natural sounds theory)이다. 이는 종종 바우와우설이나 반향음 이론이라 불리기도 한다. 이 관점은 최초의 언어가 실제로는 동굴에 살았던 원시인들이 자연 세계에서 듣게 된 소리를 모방하거나 몸짓으로 표현하는 데서 기원한다고 주장한다. 예를 들어, 홍적세 시대에 살았던 피터는 카우-카우(caw-caw) 소리를 내며 머리 위로 나는 생물체를 발견하고서는 그 소리를 모방했고, 결국 그것이 그 새의 이름이 되었다. 이와 유사하게 홍적세 시대에 살았던 폴라는 냇가를 걷다가 *ripple* 혹은 *babble*처럼 들리는 소리를 접했고 이후에 피터에게 그녀가 보았던 것을 말할 때 두 단어를 사용했다. 조금씩 *bow-wow*나 *hiss, boom* 등과 같은 소리들이 등장했고 이러한 자연음들이 언어가 되었다(West, F., 1975 : 9). 이와 동시에 (인간이 이용할 수 있는) 어휘항목들은 늘게 되었다.

물론 모든 언어는 이와 같이 광범위한 의성어를 가지고 있다. 예를 들어 영어의 boom은 스페인어의 bum과 독어의 krawomms에 해당한다. 그럼에도 불구하고 자연음 기원설은 평화, 사랑, 정의, 충성, 정절과 같은 추상적인 단어가 어떻게 언어로 형성될 수 있었느냐 하는 문제에 대해서는 설명하지 못한다.

자연음 기원설과 유사한 이론으로는 어기영차 기원설(yo-heave-ho theory)이 있다. 이 이론은 다음과 같은 설명을 한다. 홍적세 시대의 피터가 길에서 큰 돌과 나무를 옮기려고 하고 있을 때, 그는 크게 숨을 내쉬면서 그것들을 힘을 다해 끌었다. 그 무거운 것들을 조금 옮기기 어려워서 그는 도움을 청하러 가서 왜 도움이 필요한지 설명하였다. 결과는 이전과 같이 또 다른 한숨을 내쉬어야만 하는 것이었다. 여기에서 push라는 단어가 생겼다. 더 많은 돌과 나무가 옮겨지고 배들이 진수되고 정박하면서 노동자들이 만들어 낸 소리는(그들이 하고 싶은) 단어의 원형적 표현이 되었다(Yule, G., 1985 : 3).

생각해 보기

다음 문장을 자연의 소리와 몸짓을 이용하여 설명해 보자.
1. 이 냉장고 좀 옮기게 도와주세요.
2. 나는 개를 봐.
3. 난 그 빗변이 잘못되었다고 생각해.
4. 비 오니?
5. 내 고양이는 자신이 영국의 여왕이라 생각해.

이 문장들을 자연적 소리나 몸짓으로 표현하는 것이 말로 하는 것보다 왜 어렵거나 쉬운가? 이것은 앞서 제시한 이론들 중 어떤 것으로 설명할 수 있을까?

우리 모두가 잔디를 깎거나 테니스를 칠 때, 무거운 짐가방을 들 때처럼 육체적으로 고된 활동을 하는 동안에 끙끙거리거나 신음 소리를 낸다. 하지만 위의 이론은 한계점이 적지 않은 것이 사실이다. 명백히 드러나는 한계점은 자연음 기원설에서 지적한 것과 비슷하다. "생명, 자유, 행복 추구"와 같은 단어들을 어기영차(yo-haeve-ho) 소리를 이용해서 나타내 보자.

믿을 수 없겠지만, 이러한 이론들은 오늘날 그저 색다르게 보이는 정도이지만, 한때 꽤 많은 수의 추종자들이 있었다. 언어의 기원에 대해 탐구하면서 3,000년이나 그 이상의 시간을 거슬러 올라가는 "실험"과 토론이 이루어졌다. 언어의 기원에 대해 알려는 시도는 대부분 성과가 미진했고 실망스런 결과를 낳았다. 사실 19세기의 몇몇 학자들은 너무나 실망한 나머지 극단적인 행동을 취하기도 했다. 1866년에 파리 언어학회에서는 언어의 기원에 관한 논문은 학회의 논문집에 일체 채택하지 않기로 결의했다(Crystal, D. ed., 1997 : 290).

오늘날 대부분의 학자들은 수십만 년에 걸쳐 언어가 점진적으로 생성되었다고 믿는다. 스티븐 핑커(Steven Pinker)에 의하면, 우리가 확실하게 아는 것은 지금 상태로 완전히 발전된 언어의 모양새가 약 50,000년 전에 형성되었다는 것이다. 이 시기는 유럽인들이 예술을 창조하고 시신을 매장하던 때인데, 이는 그들이 유창한 언어를 구사했음을 보여주는 상징적인 행위이다.

4.3. 의사소통의 특성

이러한 이론들에서 나타나고 있는 인간의 언어는 많은 부분 언어의 상호작용적 기능을 잘 보여주고 있다. 이는 사회적 관계를 맺고 유지하는 데 주요한 목적이 있다. 상호작용적 언어는 정보적 언어와 비교되기도 하는데, 정보적 언어는 주요한 목적이 정보를 교환하는 데 있다(Richards, C. J., 1997 : 68).

상호작용적 언어는 우리가 타인들과 사회적으로 상호작용할 때 사용하는 언어이다. 사회적 상호작용은 친밀감이나 적대감, 협동심, 고통, 기쁨 등을 보이는 행위를 포함한다. 상호작용적 언어는 주로 청자 중심이고 효과적인 관계를 유지시키며 사회적 교량의 역할을 한다.

반면에 정보적 언어는 지식과 기능, 정보를 전달하는 데 사용된다. 정보적 언어는 전달하고자 하는 메시지 중심이고 청자의 지식 상태를 변화시키는 데 그 목적이 있다(Richards, C. J., 1997).

우리의 가장 오랜 선조들이 어떤 언어를 사용했든 간에 이 두 기능 모두를 사용했다고 믿을 만한 이유가 있다. 홍적세 시대부터 지금까지 인류의 생존이 인류가 사용한 언어에 상호작용적 기능뿐만 아니라 정보적 기능 역시 존재했음을 보여준다.(분명히 영어는 홍적세 시대에는 존재하지 않았다. 내가 예를 들려고 하는 것이며 시대에 뒤떨어진 농담도 섞여 있음을 밝혀둔다.)

인간의 의사소통은 직접적이고 의도적으로 또는 간접적이고 함축적으로 기술될 수 있다. 직접적 의사소통은 표현에 담긴 의미가 그것의 대안이 될 수 있는 의미나 이해를 다양하게 제공하지 않을 경우에 발생한다(Halliday, M. A. K., 1975 : 37). 직접적 의사소통은 "저는 빨간 스웨터를 입고 싶어요.", "복도에서는 뛰지 마시오.", "2번 문제에 대한 답을 알려주세요."와 같은 진술로 설명된다. 이러한 메시지에서 대안적 의미는 많지 않다. 이 발화들이 아주 직설적이기 때문에 잠재적 의미의 범위가 아주 좁다.

반면에 잠재적인 의미가 더 많은 대안적 의미들을 내포하고 있을 경우, 그 의사소통은 좀 더 간접적인 성격을 띠게 되는데 이를 추론적 의사소통이라고 한다. 예를 들어, 예배에 참석하기 위해 복도에 있는 친구를 보거나 방과 후에 주차장에서 동료를 보았다고 가정해 보자. 그런데 친구나 동료의 얼굴에서 늘 보이던 웃음이 사라지고 아주 우울한 모습으로 걷고 있다면, 아마도 여러분은 추측하기 시작할 것이다. 여러분은 "무슨 일 있는 거야?"라고 물을 필요가 없다. 대신에 무언가 문제가 있다고 추측하고서 그 질문은 생략한 채 "우리 이야기 좀 할까?"라고 물을 것이다. 여러분의 친구나 동료는 "내 상사가 또 일을 저질렀어."라고 대답할 것이다. 도대체 어떤 일을 저질렀는지 궁금하지 않은가? 잠재적 의미의 범위가 아주 넓다.

우리는 일상에서 늘 추측하지만, 정확한 의사소통에 있어 벽에 부딪히게 된다. 예를 들어, (내가 잘 아는) 미국 여행가 한 사람이 렌트카를 몰고 영국에 있는 자동차 전용도로인 M4를 달리면서 "Lay By"[6]라고 써진 표지판을 본다고 하자. M4의 다른 차들이 Lay By 출구에 멈춰서는 것을 본다. 그리고

---

6) 역주 : 도로의 일부를 넓힌 비상 주차장.

이러한 종류의 출구들이 보통 마을이나 도시, 주유소로 통하지 않는다는 것을 보았다. 그래서 그 여행자는 Lay By는 틀림없이 미국의 주간(州間) 고속도로 중간 지점에서 볼 수 있는 휴게소 같은 곳이리라 짐작한다. 더군다나 휴게소임을 감안할 때 화장실과 야외식사 공간, 공중전화, 애완동물 운동장 등을 제공할 것이라고 생각한다. 이러한 추측은 효과가 있었다.

반면에 같은 미국 출신의 여행자가 웨일스의 어느 술집에 들어가서 "Rest Room"이라고 쓰여져 있는 문을 발견했다고 하자. 아침에 차를 네 잔이나 마신 여행자는 안도의 한숨을 내쉰 뒤에 서둘러 문 쪽으로 가서 문을 열어젖힌다. 그런데 소파와 속이 두툼하게 채워진 의자 두 개가 놓여진 작은 방이다. 그 방은 여행자가 예상한 방(화장실)이 아니라 문에 적힌 푯말이 나타내는 그대로 사람들이 앉아서 쉬는 공간이었던 것이다.

4.4. 언어의 몇 가지 특성

지구상의 생명체 중 인간만이 유일하게 의사소통을 할 수 있는 것은 아니다. 동물도 같은 종의 다른 동물들과 의사소통을 하고, 애완동물이 자기의 주인과 의사소통을 했다는 증언도 많다. 동물의 의사소통은 아주 직접적이다. 그래서 그들의 신호에 담긴 의미는 달리 해석될 가능성이 적다. 만약 개 한 마리가 안뜰로 향하는 문으로 가서 짖어댄다면 빨리 정원으로 달려가 봐야 한다. 개가 원하거나 필요로 하는 표현에는 거의 실수가 없다. 잠재적 의미의 범위가 좁기 때문이다.

만약 여러분이 애완동물을 가지고 있다면 배고플 때 짖는다는 것을 잘 알고 있을 것이다. 음식을 먹고 싶다는 신호를 나타내기 위해 애처롭게 킁킁거리거나 야옹하고 운다. 당신이 애완동물에게 "어젯밤에 먹었던 것이랑 똑같은 것을 먹고 싶어?"라고 묻는다면 아마도 여러분은 첫 번째 경우에서 들었던 것과 같은 울음소리를 듣게 될 것이다. (아마 같은 울음소리가 아닐지도 모른다. 두 번째 울음소리는 틀림없이 무관심하거나 오만한 하품과 함께 나올지도 모른다!)

당신의 질문에 대한 애완동물의 반응은 아마도 첫 번째 신호와 동일할 것이다. 왜냐하면 동물은 즉결을 요하는 의사소통을 하기 때문이다. 그들은 '지난 월요일'도 '다음 주 월요일'도 인식하지 못한다. "여러분이 강아지라도" 분명히 인식하지 못할 것이다. 개가 짖는 것은 "지난 토요일에 새로 생긴 공원에서 우리가 산책했을 때 다람쥐를 보고 짖은 것이 너무 즐거웠어요."라고 의미를 담은 의사소통을 하지는 못한다.

반면에 인간의 언어는 시간과 공간을 초월할 수 있다. 인간은 과거와 미래 시간을, 그리고 지금 있는 공간을 제외한 다른 공간까지도 지칭할 수 있다. 이러한 언어의 초월적인 특성을 환치성(換置性, displacement)이라고 한다. 이것은 오직 인간만이 현재가 아닌 것들에 대해 말할 수 있는 능력을 가지고 있다는 것을 나타낸다. 그래서 **지금** 이 시간의 **지금** 이 공간을 초월하는 것이다(Hockett, F. C., 1977 : 147). 꿀벌들은 외관상 벌집으로 회귀하는 능력을 가진 것처럼 보이는데, 꿀의 위치에 대한 정보를 '춤'을 통해 서로 주고받기 때문이다. 이는 어느 정도의 환치성을 나타내는데, 하지만 그 **정도의 경감**에 주목해야 한다. 과학자들은 벌꿀들이 꿀의 가장 최근 장소만 언급할 수 있을 뿐 단풍나무 거리에 있던 3주 전의 정보에 대해서는 전달할 수 없다고 한다(Yule, G., 1985 : 18).

환치성은 인간으로 하여금 방금 이 곳에서 있었던 대상이나 장소, 사람, 사건뿐만 아니라, 확실하지 못한 것들에 대해서도 이야기할 수 있게 한다. 환치성은 인간이 과거와 미래에 대해 의사소통을 할 수 있게 한다. 또한 현재의 사실과 반대인 희망이나 소망을 말할 수도 있게 하고, 과거를 해석하고 미래를 예견하는 글을 쓸 수도 있게 한다. 동물들의 의사소통은 이러한 특성을 가지지 못한다.

인간의 언어가 시간과 장소를 초월하는 환치성으로 대표되는 한 가지 이유는 인간의 언어가 동물의 기호보다 더 상징적이기 때문이다. 이러한 상징적인 특성을 감안할 때, 인간의 언어는 이미 또 다른 특성을 드러낸다. 바로 자의성(arbitrary)이다. 자의적인 특성은 지시물, 즉 대상(예를 들어, 나무)과 그 대상을 부호로 나타내기 위해 쓰인 단어('나무') 사이에 직접적인 관련성이 없다는 것을 의미한다. 사물과 사물의 이름 사이의 관계는 자의적이다. *tree*와 *arbol*이나 *arbre*는 물리적으로 동일한 대상을 나타낸다.

이와 유사하게 '개'라는 말은 앞에서 언급했던 안뜰로 향하는 문 앞에서 짖고 있던 특정한 개와는 아무런 직접적인 관련성이 없다. 만약 직접적인 관련성이 있다면, 전 세계의 모든 언어가 네 발의 갯과의 동물인 개를 지칭할 때 똑같은 단어를 썼을 것이다. 하지만 개를 지칭하는 말들이 언어마다 다르다는 사실을 모두 알고 있다(Hockett, F. C., 1977 : 142-143). 언어의 자의적인 특성 때문에 *dog, perro, chien, hund*는 애완동물 종이 될 수 있는 것이다.

인간들이 사용하는 언어의 기호와 의미(meaning 또는 sense)가 자의적이기 때문에 우리는 언어가 지시하고 암시하는 대상이나 생각, 지시물이 언어와 서로 맞지 않는다는 것을 알고 있다. 반면에 동물들은 고통이나 기쁨, 배고픔, 놀람 등과 같은 상황을 표시하는 고정된 소리가 있다.

이러한 언어의 자의적인 특성은 인간이 사용하는 언어의 또 다른 특성을 가능하게 한다는 측면에서 아주 중요하다. 그 특성은 바로 생산성(productivity)이다. 인간은 **새로운** 발화와 표현, **새로운** 어휘와 비유를 만들기 위해 언어적 재료들을 다룰 수 있다(Yule, G., 1985 : 19-20). 생산성이 인간의 언어에 어느 정도 분명히 드러나는가 하는 정도는 새로 출판된 사전에 담긴 신조어를 생각해 본다거나 wordspy.com 사이트를 방문해서 그 웹사이트에 올려진 새로운 어휘와 표현들을 본다면 금방 알 수 있다. 어휘 생성과 관련해서는 5장에서 좀 더 다룰 것이다.

동물들의 신호는 생산적인 특성이 부족하다. 예를 들어, 매미의 경우 세 개도 다섯 개도 아닌 네 개의 신호만을 사용한다. 남아프리카 긴꼬리원숭이의 경우 33개도 아니고 37개도 아닌 36개의 음성 신호를 사용한다. 그들이 사용하는 고정된 신호음의 영속성을 고려한다면 동물들은 의사소통에서 생산량을 변화시킬 수 없다(Yule, G., 1985 : 20).

매미나 남아프리카 긴꼬리원숭이도 어떠한 다른 동물도 새로운 소리나 연속되는 소리의 조합을 만들 수 있는 능력을 가지지 못한다. 그러나 인간은 그러한 능력을 가지고 있다. 인간의 언어는 영속적이지 않다. 하지만 인간의 언어는 놀라울 정도로 생산적이다. 이것을 입증하기 위해서 여러분은 조부모님께 두 가지 영역의 활동에 대해 여쭈어 볼 수 있다. 첫째, 여러분은 알고 사용하지만 조부모님은 그렇지 못한 컴퓨터 용어는 어떠한 것들이 있는가? 아마도 그것들 중 대부분의 용어나 정의는 조부모님들께서 처음 접하는 것일 것이다. 둘째, 조부모님과 의사의 처방 없이 구입할 수 있는 약에 대해 이야기해 보자. 그것들 중 대부분은 조부모님께서 여러분의 나이였을 때에는 없었던 것이었다.

언어의 변화 과정을 깎아내리는 사람들이 있다. Aitchison이 관찰한 것처럼, 상당수의 지성인들이 언어의 변화에 대해 불쾌하게 생각하거나 비난한다. 이러한 현상은 언어의 변화를 인간의 부주의와 게으름, 무지의 소산으로 여기기 때문이다(Aitchison, J., 1985 : 16). 언어 변화에 대한 태도는 8장에서 좀 더 자세하게 다룰 것이다. 이 장의 목적을 위해, 인간의 언어가 매우 생산적이기 때문에 유일무이하다는 것을 강조할 필요가 있다. 인간이 새로운 어휘나 구, 문장이 필요할 때면 그들은 새로운 단어를 생성할 수 있다.

대부분 동물의 기호는 영원히 고정되어 있을 뿐만 아니라 개개의 종 내에서 보편적이다. 이는 인간의 언어에는 해당되지는 않는데, 왜냐하면 또 다른 특성인 문화적 전달성(cultural transmission) 때문이다. 문화적 전달성이라는 특성을 설명하기 위해 증조부모, 조부모, 부모 등에 의해 생성된 유전자 연합체에 의해 머리카락과 눈동자 색깔, 피부색 등이 유전되는 **생물학적인 특성**을 생각해 보자. 여러분이 성인기를 어디서 보내는가와는 상관없이 여러분의 신체적인 특징은 여러분의 직계 조상으로부터 유전된 유전자에 의해 형성되어 있을 것이다. 이것은 생물학적 사실이지 언어학적 사실은 아니다. 언어는 유전되지 않고 한 문화를 통해 학습되고 전달된다(Hockett, F. Charles., 1977 : 155).

한편, 같은 종에 속하는 동물은 자신의 신체적인 특성을 전수할 뿐만 아니라 장소에 구애 없이 보편적으로 인식할 수 있는 똑같은 소리를 낸다. 독일의 본(Bonn)에 있는 독일산 셰퍼드 개는 영국에서 태어난 독일산 셰퍼드 개와 똑같은 소리를 낼 것이다. 러시아의 모스크바 맹크스 고양이는 미국 아이다호 주의 모스크바에서 태어난 맹크스 고양이와 같은 소리를 낸다. 반면에 뉴욕에 사는 부부에 의해 태어나자마자 갓 입양된 나이지리아 유아는 자라면서 롱아일랜드의 맨해튼 영어나 브루클린 영어를 사용하지, 나이지리아 언어인 이보(Ibo)를 사용치는 않을 것이다. 언어는 유전인자가 아니라 문화를 통해 전달되고 습득되는 것이기 때문이다(Yule, G., 1985 : 21).

생각해 보기

Charles Berlitz는 언어마다 다르게 표현되는 몇 가지 대표적인 동물의 소리를 정리하였다. 그들 중에는 다음과 같은 것이 있다(Charles Berlitz, 1982 : 146).

동물	영어	일본어	러시아어
개	bow—wow	wau—wau	gaf—gaf
고양이	meow	n'yao	myaou—myaou
돼지	oinl—oink	bu—bu	kroo—kroo
새	chirp—chirp	pi—pi	tyu—tyu

위의 예들은 동물의 소리가 종마다 독특하다는 주장을 뒷받침해 주는가? 아니면 그것을 반박하는가?

몇몇 미국 영어 화자들은 설거지를 한다는 표현을 'wash the dishes'로 표현하는 반면 다른 영어권 국가의 화자들은 'warsh the dishes'로 말한다. 이와 유사하게 몇몇 화자들은 치킨 한 조각을 *fry pan*에 두지만 다른 화자들은 *frying pan*에 둔다고 하고 또 다른 화자들은 *skillet*에 둔다고 하기도 한다. 더군다나 몇몇 미국의 화자들은 "We're going to the movies ; would you *like* to go with us?(저희들은 영화를 보러 가려는데, 저희랑 함께 가시겠어요?)"라고 한다. 다른 화자들은 "We're going to the movies ; do you want to go *with*?(우리 영화 보러 가는데 우리랑 같이 갈래?)"라고 말한다.

앞 단락에서 여러분은 같은 단어를 다르게 발음하는 예와 같은 대상을 지칭하는 다른 어휘들, 실질적으로는 같은 문장이지만 통사적으로는 다르게 배열된 예를 보았다. 특정한 발음과 단어, 통사적 배열이 다른 것들보다 낫지 않을 수도 있다. 사람들은 그들의 발음과 단어, 통사적 규칙들을 그들의 문화로부터 배운다. 기억할 것은 우리가 함께 대화를 나누는 사람처럼 말한다는 것이다. 이것은 바로 한 마디로 말하면 문화적 전달성이다.

*wash*와 *warsh*의 발음을 구별하는 것이 가능한 것은 또 다른 언어의 특성인 분절성(discreteness) 때문이다. 인간의 언어를 생성하는 데 사용한 소리는 분절적이라서 분리할 수 있다(Charles F. Hockett, 1977 : 145).

예를 들어 우리가 듣기에 /p/와 /b/의 차이는 크지 않지만 *pack*이나 back, pit나 *bit*처럼 단어의 첫 부분에 이 소리들이 올 때는 의미상의 차이가 아주 커진다. 이 네 단어의 차이는 /p/와 /b/의 차이점 때문이다. 동물들의 소리는 이처럼 분리되지 않는다.

분절적인 언어의 특성은 이 단원에서 다룰 언어의 마지막 특성을 살펴보는 데 도움이 된다. 바로 이중성(duality)이다. 인간의 언어는 분절된 소리 단위로 조직되어 있을 뿐만 아니라 동시에 어휘 수준으로 조직되어 있다. 예를 들어, 영어 화자들은 /r/, /d/, /a/, /e/와 같이 문자로 기호화 될 수 있는 분절된 소리를 이용해서 *read, dear, dare*와 같은 단어들을 만들어낸다. 그러면 소리-기호의 이중성은 인간 언어만의 독특한 특성이 된다.

개가 초인종이나 편지의 도착, 혹은 자동차 타이어가 미끄러지는 소리 등의 소음을 들었다면 그 개는 본능적으로 깽깽 거리거나 멍멍하는 소리(아니면 놀랐을 때 개가 낼 수 있는 어떠한 소리든)를 낼 것이다. 하지만 다른 예들에서는 같은 개도 깽깽거리거나 멍멍하는 소리를 똑같이 다시 내지 못한다. 이와 비슷하게, 항상 만족하는 것처럼 보이는 소는 늘 *mooo* 소리를 내지, 절대 "Oomoo"라고 울지 않는다.

[그림 4.1] 이중성은 동물 소리의 특성이 아니다.

4.5. 잠정적 요약

의사소통과 언어는 아주 중요하다. 언어를 통해 우리는 생각과 계획, 꿈을 형성하고 표현할 수 있다. 그것들은 우리 자신의 것이기도 하고 타인을 위한 것일 수도 있다. 언어를 통해 우리는 실제 우리의 일부가 된다. 개인의 언어는 개인적이고 사회적인 정체성으로 분리될 수 없는 아주 큰 부분을 차지한다.

의사소통에 있어 몇몇 시도는 상대적으로 명확하고 이해하기 쉽다. 또 다른 시도는 추상적일 수도 있는데, 이는 전달할 메시지의 특성이나 생각을 분명하고 효과적으로 표현하는 화자의 능력, 잠재적 의미의 범위 내에서 메시지를 잘 이해하는 청자의 능력 등에 의해 결정된다.

이 장이 부분적으로나마 언어가 복잡한 체계임을 밝혔기를 바란다. 하지만 동시에 교실에서 이루어지는 언어 학습이 학습자가 이미 그 복잡한 체계를 이해하고 있다고 가정하고 있거나 그 복잡함을 부정하거나 무시하고 있다고 믿는다. 이는 광범위한 언어적 탐구를 분리되고 탈맥락적인 일련의 규칙들로 축소시키는데, who와 whom이나 lie와 lay 중에서 바른 표현을 선택하는 것이 그 예가 될 수 있다.

LEA는 교사와 학생 모두에게 언어와 의사소통의 다양한 측면을 탐구할 수 있도록 기회를 부여하고자 한다. 언어는 복잡하지만 그 복잡함은 인간의 활동과 인간이 복잡한 데서 연유하는 것이다.

광범위한 언어를 학습함에 있어 학생들은 언어의 복잡함에 친숙해질 것이다. 이 장의 나머지 부분들에서는 언어의 여타 다른 특성들을 논의해 보고 학생들이 분명하면서도 감수성을 느끼면서 언어를 이해하고 사용할 수 있도록 여러 가지 학습 탐구활동을 제시하려 한다.

다시 보기

REVIEWING THE CHAPTER

1부. 이 장에서 저자가 말한 것에 ✓표 하시오.

___1. 생각과 지식은 때때로 상호 호환될 수 있다.
___2. 언어의 기원 중 자연음 기원설은 언어가 인간 본성과 함께 진화한 것이라 주장한다.
___3. 사회적 대화는 일종의 거래이다.
___4. 동물 소리는 문화 내에서 종마다 독특하다.
___5. 인간 언어에는 분리된 소리 단위가 있다.

2부. 저자가 동의한다고 생각하는 진술문에 ✓표 하시오.

___6. 언어 기원에 대한 어떤 이론은 사회언어학적이다.
___7. 구체적 언어는 추상적 언어보다 유용하다.
___8. 추론하기는 우리가 피해야 할 행동이다.
___9. 문화 전달은 공동체에 요구된다.
___10. 인간 언어는 음운, 단어, 문장 수준에서 동시에 조직된다.

3부. 이 장에 대한 이해와 교사로서 배운 점을 바탕으로, 다음 진술문 중 당신이 동의하는 것에 ✓표 하시오.

___11. 실행은 이론을 세우는 데 도움을 준다.
___12. 단정적인 답은 가능한 한 언제나 피하라.
___13. 말하기는 가르칠 수 없다. 배열하는 것을 보여줄 수 없다.
___14. 의사소통은 좀처럼 완벽할 수 없다.
___15. 필요는 발명과 창조를 낳는다.

학생 탐구 활동

탐구 활동 1   Suite와 Sour
학습 방법   교사는 학생들에게 'sweet'와 'suite' 같이 동음이의어가 쓰이거나 뜨거운 스프를 "차가운 콩"과 같이 반어적으로 표현한 광고를 보여준다. 학생들은 다음과 같은 질문에 대한 답으로 학습한다.

1. 이 광고를 효과적으로 만드는 것은 무엇인가?
2. 이 광고에 쓰인 동음이의어나 반어적 표현을 어떻게 이해했는가? 이러한 표현을 어떻게 배웠나?
3. 우리가 모국어 화자나 독자가 아니라고 가정해 보자. 영어의 이런 표현을 어떻게 배울 수 있을까?
4. 이 활동이 우리가 새로운 언어를 배우는 과정을 어떻게 도울 수 있을까?

***** ***** *****

탐구 활동 2   스크래블(Scrabble)
학습 방법   바꾼 규칙으로 스크래블 게임[7]을 해보자. 가로 단어는 오른쪽에서 왼쪽으로 읽고, 세로 단어는 아래에서 위로 읽어야 한다.

1. 원래 방법으로 스크래블 게임을 할 때처럼 많은 단어를 만들어낼 수 있었는가?
2. 무엇이 이 게임을 어렵게 만들었나?

---

7) 역주: 십자말 풀이와 비슷한 낱말 맞추기 놀이.

3. 이 활동이 우리가 새로운 언어를 배우는 과정을 어떻게 도울 수 있을까?

***** ***** *****

탐구 활동 3 유니폼
학습 방법   다양한 종류의 공식적이거나 비공식적인 유니폼을 입은 사람들이 들어있는 사진 스크랩이나 신문, 잡지를 가지고 콜라주한 것을 준비하자. 그리고 나서, 친구들과 함께 다음 질문에 대한 답을 토론해 보자.

1. 사람들은 왜 유니폼을 입었나?
2. 사람들이 함께 입기로 한 유니폼을 입지 않은 사람이 있다면, 무슨 일이 일어날까?
3. 여러분은 몇 개의 유니폼이 있는가? 그리고 그 유니폼은 어떤 목적과 어떤 활동을 위한 것인가?
4. 그 유니폼을 왜 그렇게 디자인했을까? 그 유니폼을 통해 그들이 나타내고 싶었던 것은 무엇일까?
5. 유니폼에 대한 앞선 활동들을 바탕으로 다음을 생각해 보자. 유니폼에 어떤 말을 쓸 수 있을까? 이 말은 우리가 일반적으로 쓰는 언어와 어떤 점에서 비슷하고 다른가?

교사를 위한 팁 : 이와 같은 활동은 머리 스타일, 신발, 모자, 셔츠, 블라우스, 스웨터 등에 초점을 두어 다양하게 해 볼 수 있다.

***** ***** *****

탐구 활동 4   표지판
학습 방법   최소 10개의 고속도로, 도로, 거리 표지판이 담긴 신문, 잡지, 인쇄물 등을 모아보자. 각각의 표지판이 담고 있는 의미를 설명해 보자.

1. 각각의 표지판이 의미하는 바를 어떻게 이해했는가? 우리는 이것을 어떻게 배웠을까?
2. 각각의 표지판이 의미하는 바는 누가 정했을까? 표지판의 디자인이나 의미는 어떻게 합의된 것일까?
3. 우리가 수집한 것들을 다른 표지판으로 바꿔보자. 그리고 왜 바꾼 것이 더 낫다고 생각하는지 이유를 설명해 보자.
4. 미국의 고속도로나 다른 도로 표지판이 다른 나라와는 왜 다를까?

***** ***** *****

탐구 활동 5   잔디밭에 들어가지 마시오.
학습 방법   "잔디밭에 들어가지 마시오", "멈춤", "뛰지 마시오"와 같은 규제 표지판은 다른 사람의 행동을 바꾸거나 지시하고자 만들어진 것이다. 다른 사람의 행동 중에서 바꾸고 싶은 것 한 가지를 뽑아보자. 그리고 표지판에 들어갈 형태, 색 구도(color scheme), 문구를 만들어 보자.

1. 만든 표지판 모두를 교실 벽에 붙여보자. 마음에 드는 표지판은 어떤 것인가? 이유는 무엇인가?
2. 주의를 끄는 표지판은 어떤 것일까? 이 중 사람들이 쉽게 지나쳐 버릴 만한 것은 어떤 것인가? 이 둘은 어떤 차이가 있는가?
3. 표지판이 좋은 영어와 나쁜 영어에 대한 논의와 어떻게 관련될까? 표지판 중 어떤 것이 좋고, 어떤 것이 좋지 않은가?

4. 우리 학교에 사용할 만한 좋은 표지판은 어떤 것인가?

***** ***** *****

탐구 활동 6   _ - _ - | _ _ _ | _ - - | _ | _ _ _
학습 방법   아래에 있는 모스 부호를 사용하여, 아래 문장을 해독해 보자.

Meet me after school.
Are you busy Friday night?

1. 신호기식 부호가 친근할지 모른다. 브라유 점자 체계(Braille system)[8] 역시 부호이다. 알파벳과 부호 간에 어떤 차이가 있는가?
2. 왜 코드 체계를 사용하는가?
3. 특수 언어와 비슷한 부호를 생각해 낼 수 있는가?

모스 부호

A _ _	N _ _
B _ _ _ _	O _ _ _
C _ _ _ _	P _ _ _ _
D _ _ _	Q _ _ _ _
E _	R _ _ _
F _ _ _ _	S _ _ _
G _ _ _	T _ _
H _ _ _ _	U _ _ _
I _ _	V _ _ _ _

---

[8] 역주 : 1821년 프랑스인 루이스 브라유에 의해 고안되었다. 시각 장애를 가진 사람들이 돌기로 표현된 캐릭터를 이용해 읽고 쓸 수 있도록 했다.

```
J _ _ _ _        W _ _ _
K _ _ _          X _ _ _ _
L _ _ _ _        Y _ _ _ _
M _ _            Z _ _ _ _
```

***** ***** *****

탐구 활동 7 　말없이 대화하기
학습 방법 　　말을 사용하지 않고 몸짓이나 신체 언어, 손뼉치기, 손가락을 흔들거나 손가락으로 가리키는 방법 등을 이용하여 대화를 만들어 짧은 촌극을 해 보자. 대화의 주제는 활동 전에 전체 교실에서 합의가 이뤄져야 한다. (노래 제목, 유명인, 미국 역사에 중요한 사건 등) 촌극의 성패는 다른 친구들이 당신의 촌극에 대해 이해하는지 여부를 물어 결정될 것이다.

1. 말을 사용하지 않는 의사소통은 어떻게 가능한가?
2. 제스처가 의미하는 바를 우리는 어떻게 알 수 있는가?
3. 말을 사용하지 않는 대화는 사람들에게 유용할까?
4. 여러분이 본 촌극을 바탕으로 생각해 보자. 말을 사용하지 않는 의사소통은 말하기나 쓰기만큼 효과적인가?

***** ***** *****

탐구 활동 8 　얼굴 표정
학습 방법 　　최소 7명의 표정이 담긴 신문, 잡지, 사진 스크랩을 가져오라. 이 때 사람들은 다른 분위기와 감정을 나타내고 있어야 한다.

1. 분위기나 감정이 의사소통된다는 것을 어떻게 알았나?
2. "위선적인(two-faced)", "기분 나쁜 눈초리(evil eye)" 등과 같은 관용어구와 이러한 표정들은 어떻게 관련되나?
3. 어떻게 여러분의 표정이 당신의 일반적 언어 체계의 일부가 될까?

***** ***** *****

탐구 활동 9   일방통행(Einbahnstrasse)
학습 방법

독일을 여행하는 미국 여행객은 한 번쯤 "Einbahnstrasse"에 대해 이야기할 것이다. 이것은 독일의 일반적인 거리 이름이며, 도시마다 1~2개씩 가지고 있기 때문이다. 나중에 "Einbahnstrasse"가 일방통행이라는 의미를 알고 나면 당황한다.

우리는 하루에 몇 개의 규제 표지판을 보는가? 알다시피, 표지판은 "출입금지", "뛰지 마시오", "잔디밭에 들어가지 마시오", "출구" "차 안에서 주문하세요" 와 같은 것을 이야기한다. 규제 표지판 중 하나를 선택한 후 다른 언어로 바꾸어 보자. 학교나 공공 도서관/미디어 센터, 원어민 교사, 우리 지역에 사는 외국인들의 도움을 받을 수 있다. 바꾼 언어와 대화적 형태, 색깔 등을 이용하여 표지판의 복사본을 만들어 보자. 교실이나 사람들이 많이 다니는 곳, 사람들이 볼 수 있는 곳에 이 표지판을 붙여보자. 그리고 원래 표지판의 새로운 버전에 대해 사람들이 어떻게 반응하는지 관찰해 보자.

1. 사람들은 왜 매우 직접적이고 분명한 언어를 규제 표지판에 사용하는 것일까? "please"를 덧붙이지 않을까?
2. 다른 언어로 번역된 것이 의미하는 바는 무엇인가? 그것은 영어 단어와 의미하는 바가 정확하게 일치하는가?
3. 여러분이 만든 표지판을 읽은 사람들을 관찰해 보자. 그들은 새로운

언어가 만들어낸 친근한 형태에 대해 어떻게 반응하는가?

***** ***** *****

탐구 활동 10　옷이 사람을 결정하는가?
학습 방법　　한 번쯤 우리는 옷, 신발, 머리 스타일 등을 통한 추론으로 다른 사람에 대하여 즉각적으로 판단해 본 적이 있을 것이다. 어떤 사람들은 옷차림새를 통해 말하고자 하는 바를 드러내기 위해 계획적인 의도를 가지고 입을 옷을 결정하기도 한다. 의도된 진술을 하기 위해 옷을 이용하는 것을 특별한 의사소통적 신호라 불리기도 한다. 반면에 그것을 이용하지 않는 사람도 있다. 그러나 우리는 그들의 옷을 통해 비의도적인 정보적 신호를 해석하고 그들에 대해 추론해 낼 수 있다.

관찰 일지를 사용하여, 하루 동안 만난 사람들을 관찰한 후 얻은 정보(특별하거나 비의도적인 정보라고 생각되는 것)를 기록하자. (샘플에는 예까지 포함시킨다.) 관찰 일지를 다 한 후, 다음 질문에 답하라.

1. 모둠에서 구성원들과 함께 신호에 대한 여러분의 해석을 공유하라. 이것은 해석일 뿐, 반드시 절대적이거나 정확한 진술을 나타내는 것은 아니라는 점을 기억하라.
2. 누군가가 오늘 여러분을 관찰한다면, 여러분의 옷에서 그들은 어떤 해석을 할까?
3. 여러분의 일지에 기록된 신호들에 대한 다양한 해석을 할 수 있게 도와줄 수 있도록 다른 구성원을 초청하라.
4. 의도된 신호와 의도되지 않은 신호를 어떻게 구분할 것인가? 그것은 정확한가? 그것은 영구적인가? 몇 명의 관찰자의 해석이 포함되어

있는가?

관찰 일지

관찰 대상	사회적 역할	신호	해석
1. Simpson 씨	교사	넥타이가 삐뚤어짐	무언가에 몰두 중임
2. 기타			
3. 기타			

* 여러분의 판단에 신호가 명확히 의사소통 구실을 하는지, 아니면 의도하지 않은 정보를 주는지 상술하라.

***** ***** *****

탐구 활동 11   대화 만들기

학습 방법   선생님은 여러분이 이용할 수 있는 글자가 없는 그림책을 가지고 있을 것이다. 그 중 한 권을 선택한 후, 글자가 없는 이야기를 읽어라. 그림에 적절한 줄거리를 결정한 후, 각 장에 적절한 대화를 써 넣으라.

1. 작가/삽화가가 전달하려고 한다고 생각하는 바가 당신의 대화에 충분히 반영되어 있는지 여러분이 완성한 이야기를 다시 읽어오라.
2. 교실에서 여러분과 같은 그림책을 사용한 친구를 찾아보고, 여러분의 대화와 바꿔 살펴보라. 여러분의 버전과 비슷한지 여부를 토의하라. 어떤 부분이 서로 다른가?
3. 2번의 결론을 바탕으로 다음을 생각해 보라. 아이들의 책에서 삽화가 전달하는 정보를 무엇으로 일반화할 수 있겠는가? 아이들의 책에서 대화의 목적은 무엇인가?

글자 없는 그림책들의 예

Martha Alexander(1970). *Bobo's Dream*. Dial.
Misumasa Anno(1982). *Anno's Britain*. Philomel.
_____(1984). *Anno's Flea Market*. The Bodley Head.
_____(1980). *Anno's Italy*. Collins.
Edward Ardizzone(1970). *The Wrong Side of the Bed*. Doubleday.
Eric Carle(1971). *Do You Want to Be My Friend?* T. Crowell.
Tomie de Paola(1981). *The Hunter and the Animals*. Holiday House.
_____(1978). *Pancakes for Breakfast*. Harcourt.
John Goodall(1977). *The Surprise Picnic*. Atheneum.
John Hamburger(1971). *The Lazy Dog*. Four Winds.
Iela Mari(1969). *The Magic Balloon*. Phillips.
Mercer and Marianna Meyer(1971). *A Boy, a Dog, a Frog, and a Friend*. Dial.
Mercer Meyer(1976). *Ah-choo*. Dial.
_____(1974). *The Great Cat Chase*. Four Winds.
_____(1976). *Hiccup*. Dial.
Ellie Simmons(1970). *Famiily*. McKay.
Chris Van Allsburg(1984). *The Mysteries of Harris Burdick*. Houghon Mifflin.
Lynd Ward(1973). *The Silver Pony*. Houghton Mifflin.
David Wiesner(1988). *Free Fall*. Lothop, Lee & Shepard.

***** ***** *****

탐구 활동 12 이 부츠는 … 때문에 만들어졌다.
학습 방법 다른 사람을 외모, 옷, 머리 스타일 등으로 평가하는 것처럼, 첫눈에 사람을 평가하는 것은 흔히 있는 일이다. 신발과 같은 하나의 특징으로 그 사람의 다른 차림새에 대해 이야기할 수 있다. 이러한 이미지는 종종 편견이 되는데, 이것은 적절할 수도, 그렇지 않을 수도 있다.

1. 다음과 같은 것을 신은 사람은 어떤 유형이라 생각하는가?

    Hushpuppies   Spiked high heels
    Converse (canvas) sneakers   Saddle shoes
    Air Jordans   Birkenstock sandals
    Asics   Platform shoes
    Western boots   Biker boots
    Work boots   Oxfords
    Wingtips   Penny loafers

    위의 목록에 추가할 만한 것이 있는가?

2. 여러분은 어떤 종류의 신발을 신고 있는가? 여러분의 신발은 여러분에게 어떤 것(의미)이라고 말할 수 있는가?
3. 우리는 다른 사람의 신발이나 옷을 통해 얻은 판단을 늘 신뢰하는가? 비언어적 단서들이 유용한 때는 언제인가? 그것이 해로울 때는 언제인가?

***** ***** *****

탐구 활동 13   신호를 해 주세요.
학습 방법

모든 스포츠 경기에서, 경기임원들(심판)은 손 신호를 사용하여 계시원(timer), 출발신호원, 득점기록원, 관객과 의사소통을 할 수 있다. 야구 심판이 "아웃"을 이야기하기 위해 그의 어깨 위로 엄지손가락을 이용한다. 또는 심판이 "세이프"를 이야기하기 위해 수평으로 엇갈리게 할 것이다. 스포츠 경기에 사용되는 이 같은 신호뿐만 아니라 공항에서 지상근무원이나 주간 고속도로를 오가는 커다란 트랙터-트레일러 트럭의 기사도 신호를 사용한다.

1. 방향을 가리키는 다양한 신호를 생각해 보라. 여러분의 생각에 이 신호들이 어디서 유래한 것 같은가?
2. 신호를 사용하는 직업에 종사하는 사람들과 인터뷰해 보자. 그리고 그들이 직업에서 사용하는 신호에 대해 물어보자. 아래 인터뷰 형식에 결과를 기록해 보자. 학급 친구들과 여러분이 발견한 점에 대해 토의해 보자.
3. 인터뷰를 통해 배운 신호가 얼마나 보편적인가? 다른 직업에 종사하는 사람이나 다른 지역의 사람이 이 신호를 이해할 수 있을까? 왜 그럴까? 왜 그렇지 않을까?
4. 이 신호는 언어인가?

신호들 : 인터뷰 일지

1.0 신호에 대한 설명 :
1.1 신호 발신자 :
1.2 신호 수신자 :
1.3 신호가 의도한 의미 :

2.0 신호에 대한 설명 :

2.1 신호 발신자 :
2.2 신호 수신자 :
2.3 신호가 의도한 의미 :

3.0 신호에 대한 설명 :
3.1 신호 발신자 :
3.2 신호 수신자 :
3.3 신호가 의도한 의미 :

4.0 신호에 대한 설명 :
4.1 신호 발신자 :
4.2 신호 수신자 :
4.3 신호가 의도한 의미 :

***** ***** *****

탐구 활동 14   여기서 자신을 살펴보자.
학습 방법   우리는 행복할 때 웃고 그렇지 않을 때 찌푸리는 것처럼 신체 언어를 통해 종종 의사소통을 한다. 당신의 신체 언어에 대해 생각해 보라. 그리고 당신의 몸짓이나 표현이 말하고자 하는 바가 무엇인지 이야기해 보자. 그리고 실험해 보자. 하루를 선택해 독특한 신체 언어 몇 개를 해보자. 웃지 않으려고 노력해 보고, 옆구리에 손을 뻗는 것과 같이 평소와 다른 방법으로 손짓을 이용해 보자. 대화할 때 사람들을 쳐다보지 말고 하늘을 바라보자.

1. 웃고 있는 사람에 대해 어떤 생각이 드는가? 찡그리고 울부짖는 사람에 대해 어떻게 생각하는가?
2. 여러분이 친구의 신체 언어를 이해하지 못한다면, 그가 어떤 생각을 하는지 이해할 수 있을까?

3. 함께 있는 사람에 따라, 있는 장소에 따라 신체 언어를 변화시킬 수 있는가? 의사소통의 형식에 신체 언어를 넣을 수 있겠는가?

***** ***** *****

탐구 활동 15　내가 본 것을 당신도 볼 수 있어?
학습 방법　　짝꿍과 함께 다음을 해 보라. 먼저 집, 아파트, 학교에서 찾을 수 있는 일상적인 물건에 대한 그림을 선택하라. 짝꿍에게 그것의 이름을 이야기하지 말고, 물건의 부분이나 일부에 대해 설명하라. 여러분의 설명을 기초로 짝꿍은 그림을 그려야 한다. 원래 그림과 짝꿍이 그린 그림을 비교해 보자.

1. 짝꿍이 맞게 그렸는가? 원래 그림과 닮은 것을 그렸는가?
2. 물건이나 그것의 일부를 이름 없이 묘사하는 것이 얼마나 어려웠는가?
3. 이 활동을 해 보니, 효과적인 의사소통은 쉬운 것 같은가, 어려운 것 같은가? 왜 그런가?

***** ***** *****

탐구 활동 16　간접적으로 말하기
학습 방법　　선생님은 시끄러운 교실에 들어가서, "여기서 내가 소음을 들을 수 있을까요?"라고 묻는다. 아이의 더러운 손을 보고, 부모님은 "넌 이게 깨끗하다고 말하는 거니?"라는 질문에 대한 답은 분명하다. 사실 이 질문은 진짜 묻는 것이 아니다. 선생님과 부모님은 간접적으로 이야기한 것이다.

1. 여러분이 들은 간접 화법의 예를 몇 가지 적어보자. 진짜 메시지는 무엇인가?

2. 여러분이 기록한 예를 이해하기 힘든 나이 또래나 사회적 집단, 다른 나라 사람이 있을까?
3. 왜 사람들은 행간을 통해 이야기하는 것일까? 이와 같은 의사소통의 유형을 해석하기 위해 무엇을 알아야 하는가?

***** ***** *****

탐구 활동 17 직업에 따른 몸짓
학습 방법 한 주 동안 활동에 대해 생각해 보자. 여러분이 본 사람들, 즉 목사님, 교장 선생님, 선생님, 코치, 친구들, 가족들, 운전자 등이 사용한 몸짓을 생각해 보자.

1. 몸짓을 어떻게 해석해야 하는지 알고 있는가?
2. 몇몇 몸짓을 해석의 범주가 작은 직접적인 것이지만, 다른 것은 다양한 해석이 가능한 간접적 몸짓인가?
3. 구어와 비슷하거나 다른 몸짓이 있는가? 문화에 따라 다양한 몸짓이 있는가? 세상 모든 사람들이 사용하는 보편적인 몸짓을 가지고 있을까?

***** ***** *****

교사를 위한 팁: 이 교수-학습 방법을 위해 "아나그램(Anagrams)"9)이라는 게임이 필요하다.

탐구 활동 18 아나그램 게임을 해보자.
학습 방법 모든 사람이 5단어를 가질 때까지 아나그램을 한다. 여러분은 하나 또는 그 이상의 철자를 더하여 단어를 바꿀 동

---

9) 역주 : 철자 바꾸기 놀이.

안 다른 참가자로부터 단어를 가져올 수 있다는 점을 기억하라.

1. 하나의 철자를 더하여 단어의 발음이나 의미를 어떻게 하면 바꿀 수 있겠는가?
2. 여러분이 단어의 철자를 쓰는 과정에서 한 단어가 얼마나 중요한가?

***** ***** *****

탐구 활동 19 이 정보가 진짜인가? 아니면 무엇인가?
학습 방법

단어의 의미는 철자 또는 그것이 사용되는 상황에 의해 유래한다. 우리는 종종 철자가 잘못 쓰였음에도 불구하고 단어의 의미를 이해한다. 컴퓨터의 철자 검색 프로그램은 이것을 하지 못한다. 오직 형태만을 따지기 때문이다. 인간과 컴퓨터는 언어를 다르게 읽는다.

컴퓨터나 워드프로세서를 이용하여, 여러분이 선택한 주제에 대해 최소 4개의 문장을 가진 단락을 써 보자. 올바른 철자와 소리가 비슷한 잘못된 철자에 주의하면서 몇몇 단어의 철자를 틀리게 써 보자. 예를 들어, "log"에 대해 "dog"는 잘못된 철자가 아니다. 틀린 철자가 있는 예문은 'The women wred the buk undre a trea.'이다.

1. 단락의 철자 검색을 해 보자. 철자 검색 프로그램이 바꿀 것을 요구하면, 첫 번째 것을 선택하자. 철자 검색 프로그램으로 바꾼 문서를 출력해 보자.
2. 문서를 읽어보자. 단락에서 원래 의도하고자 한 바를 철자 검색 프로그램이 얼마나 가깝게 수용하였는가?
3. 단어로부터(형태로부터 또는 형태와 상황으로부터) 어떻게 의미를 이

해하는가? 형태나 상황 중 더 중요한 것은 무엇인가?

***** ***** *****

탐구 활동 20	너의 쓰레기가 나의 보물이 될 수 있다.
학습 방법	여러분의 집에 배달된 오래된 우편물 중 몇 개를 가져오자. 모둠 친구들과 편지를 공유하고, 그것을 조사해 보자.

1. 이 편지에서 의도된 독자는 누구인가? 그리고 그것을 어떻게 알았나?
2. 이 오래된 편지는 감정을 드러내기 위해 쓰여진 것인가? 논리를 위해 쓰여진 것인가? 구체적으로 말해 보자.
3. 왜 단어는 어떤 사람에게는 한 가지의 의미로만 이해되고, 다른 사람에게는 여러 의미로 받아들여지는가?

***** ***** *****

탐구 활동 21	무엇을 파는가?
학습 방법	지역 신문의 안내 광고 부분을 읽어보자. 이 때 지침으로 다음과 같은 질문을 활용하자.

1. 사람들은 어떤 종류의 것을 사는가, 또는 팔고자 하는가?
2. 어떤 종류의 직업을 원하는가, 또는 어떤 직업이 유용한가?
3. 어떤 종류의 집을 임대하는가, 또는 구입하는가?
4. "인사동정란"에서 사람들은 무엇을 찾고 있는가? 여러분은 이 부분을 누가 읽을 거라 생각하는가?
5. 여러분 생각에 이들 몇몇 광고가 우리 지역 사회에 긍정적으로 기여하는가? 부정적인 면을 야기하는가? 다른 문화의 사람이 방문하여 읽는다면, 어떤 내용을 의사소통할 수 있을까?
6. 안내 광고에서 사용된 언어와 일상 대화에서 사용하는 언어가 어떻게

다른가? 학교에서의 쓰기 활동과는 어떻게 다른가?

***** ***** *****

탐구 활동 22   그림
학습 방법   초기 의사소통의 형태 중 하나는 그림을 사용하거나 그리는 것이었다. 이것을 그림문자(pictogram)라 부른다. 최근의 예로, 주간 고속도로에서 다음 출구에서 음식을 먹을 수 있다는 것을 나타내기 위해 나이프와 포크를 형상화한 신호를 볼 수 있다. 다음 날까지 또는 2일 동안 일상의 활동을 하면서 볼 수 있는 그림문자의 목록을 작성해 보자.

1. 어디서 그림문자를 볼 수 있었는가? 그리고 그것이 전달하고자 한 것은 무엇인가?
2. 왜 단어를 대신해서 그림문자가 사용되었는가?
3. 그림문자가 보다 일반화되어야 한다고 생각하는가? 그렇지 않아야 한다고 생각하는가? 왜 그렇게 생각하는가?

***** ***** *****

탐구 활동 23   빠르게 그리기(Quick on the Draw)
학습 방법   다음날까지 또는 2일 동안, 담장, 빌딩, 벽, 기차 등에 써지거나 그려진 낙서(graffiti)를 찾아보자. 발견한 것을 기록하고, 목록을 수업 시간에 가져오자.

1. 여러분이 찾아온 낙서에는 어느 정도의 단어들이 있는가?
2. 단어 대신에 그림을 이용한 낙서를 찾을 수 있었는가?
3. 사람들은 왜 낙서를 할까?

4. "underground expression, secret code, pranks, vandalism"와 같은 낙서는 무엇을 뜻하는가?
5. 낙서와 그림문자는 어떤 점이 비슷한가? 이것이 언어와 아이디어의 표현에 대해 말하고자 하는 바는 무엇인가?

***** ***** *****

제5장

단어와 사전 편찬

> 이 세상 모든 말들이 '말의 나라'에서 왔다.
> 그 말들은 바로 이 과일 나무에서 자라고 있다.
> —Norton Juster, 『환상의 나라』(The Phantom Tollbooth)

이 장을 읽기 전에

오늘 여러분이 사용한 모든 단어를 생각해 보자. 어디에서 유래되었는가? 누가 만들었는가? 관련된 주제로 사전을 생각해 보자. 사람들은 매일 사전을 참고한다. 왜 그런가? 그들은 사전 안에서 무엇을 찾을 거라고 생각하는가?

5.1. 들어가기

사람들은 단어를 형성하는 데 어떤 음운을 사용할 것인지, 보다 긴 발화를 만들기 위해 단어들을 어떻게 연결할 것인지 등에 대해 생각하거나 계획하지 않고 매일 언어를 사용하고 있다. 때때로 우리는 언어 능력을 당연하게 생각한다. 그러나 "혀끝이 아파서 말을 못하는 고통, 외국어로 느리게 작문할 때 겪는 어려움, 어려운 질문에 답하지 못하는 괴로움 등으로 인해, 우리는 일상적인 언어의 유창성이 얼마나 소중한 것인지 알게 된다"(Pinker, S., 2000 : 121).

그러나 4장에서 살펴본 바와 같이, 언어가 어디에서 유래하였는지에 대해 계속 고찰해 왔다. 수백 년 동안 언어의 기원을 설명하고자 한 이론들을 여러분은 알고 있을 것이다. 만약 여러분이 이러한 이론화를 끝내야 한다고 생각한다면, 나는 여러분의 그러한 생각을 깨주고자 한다. Stanley I. Greenspan & G. Shanker(2004)의 저서에 따르면, 그들은 언어의 기원에 관한 이전 이론들은 오류가 있었다고 주장한다. 왜냐하면 이론가들은 처음에는 동굴 거주민들이 식용으로 들소를 죽이는 것과 같은 문제를 해결하기 위해 빙 둘러앉았고, 언어를 통해서 서로 의사소통하고자 시도하였다고 가정했기 때문이다. Greenspan & Shanker는 그렇지 않다고 말했다. 우리는 완전히 다른 방식으로 이 문제에 접근해야 한다고 그들은 말하고 있다. 만약 우리가 어떻게 언어가 시작되었는지 알고 싶다면, 동굴에 거주하는 성인들이 서로 의사소통하기 위해 노력했다고 생각하는 대신에, 보모와 아기의 상호작용에 초점을 맞춰야 한다고 생각한다(Greenspan, S. & Shanker, G. S., 2004). 4장에서 언급한 언어 이전이나 초기 언어에 대한 증거가 부족하다는 것을 고려해 보면, 이 문제를 어떻게 해결해야 하는지에 대해 쉽게 짐작할 수 있을 것이다.

단어가 어디에서 유래하였는지에 대한 질문은 분명하고 일반적인 단순한 답으로 해결된다. 특정한 언어를 사용하는 세상은 그 언어를 사용하는 사람에 의해 만들어진다. 이것이 내가 줄 수 있는 최상의 답이다.

단어의 창조는 비교적 간단하다. 새로운 용어나 단어가 필요할 때, 사람들은 단어를 만들거나 다른 언어 집단에서 빌려온다. 때때로 이미 존재하는 단어가 새로운 의미로 새로운 상황에서 사용되기도 한다. 예를 들어, 초기에 crash는 자동차와 주식 시장에서 사용했다. 오늘날, 컴퓨터 역시 *crash*를 사용한다. 차의 *crash*와 주식의 *crash*는 실상 같은 종류의 *crash*가 아니다. 하지만 그 단어는 영어 사용자에게 당분간 유용할 것이다. 컴퓨터 세대가 crash를 사용한 것은 최근이다.

최근, 뉴욕에 있는 세계 무역 센터의 쌍둥이 빌딩이 테러리스트가 납치한 비행기에 의해 공격받았을 때, 새로운 사실과 새로운 감정을 묘사하기 위해 사용된, 이미 쓰이고 있던 언어 목록(repertoires)에 모든 사람들이 더욱 관심을 가져야만 했다. 그 사건 자체를 "세계 무역 센터 재앙", "미국에 대한 테러리스트의 공격", "뉴욕, 워싱턴, 펜실베니아에서 납치된 비행기들"로 처음에는 묘사하였다. 마침내 9/11(9,11이나 9,1,1로 발음하는)을 사용함으로써 이처럼 길었던 표현은 짧아졌고, 번거로움도 줄었다. "행방불명자(the missing)" "사망자(the dead)"를 사용하였던 초기 시도들은 마침내 "실종자(the lost)"로 정리되었다. "첫 번째 응답자들(first responders)"과 같은 다소 덤덤한 용어는 재빨리 "영웅(heroes)"이라는 단어로 바뀌었다. 마지막으로 핵폭발의 정확한 위치를 의미하기 위해 만들어진 용어 또는 출발점을 나타내는 속어인 "ground zero"는 'the pit(핵심)'가 되었고 그 후 'the site(지점)'가 되었다(Rosental, L., 2002).

때때로 접두사(un-과 같은)나 접미사(-ness와 같은)는 이미 쓰이고 있는 단어에 더해져 원래 그리고 예전 의미를 바꾸기도 한다. 이것이 unhappy와 happiness가 만들어진 방법이다. 때때로 영어 화자들은 다른 언어에서 용어를 빌려 쓰기도 한다. 예를 들어, 타고(taco)[1]와 피자(pizza)와 같은 단어가 없기 때문에, 영어 화자들은 스페인어나 이탈리아어에서 이러한 단어를 빌려왔고, 그들에게 영어 단어를 전해 주기도 하였다.

우리는 다른 언어들로부터 음식에 관한 명칭을 빌려올 뿐만 아니라, 우리 생활에서 중요한 다른 요소들의 이름을 붙이기 위해 이용 가능한 다른 언어에 손을 내밀기도 한다. 예를 들어, 한 주의 요일 명칭이 어디서 유래했는지 생각해 보았는가? 대부분의 대학생용 사전에서, 일주일의 첫 번째 날인 일요일(Sunday)은 앵글로 색슨족의 sunnan daeg, 즉 "sun day"나 "the sun's day"에서 그 이름이 유래했다고 보고있다. 월요일(Monday)은 앵글로 색슨

---

[1] 역주 : 타고는 멕시코 요리로 고기, 치즈, 양상추 등을 넣고 튀긴 옥수수빵이다.

족의 일요일의 반대말인 monan daeg, 즉 "the moon day"나 "the moon's day"이다. 책상 위에 있는 사전을 찾아보면, 나머지 요일 명칭에 대한 기원을 쉽게 찾아볼 수 있을 것이다. 한 주의 요일에 대한 명칭을 찾기 위해 탐구 활동을 만들어 보면 보다 쉽게 알 수 있을 것이다.

월의 명칭도 이와 비슷하다. 1월(January)은 로마인들이 야누스(Janus, 뒷면은 과거를, 앞면은 미래를 볼 수 있는 두 개의 얼굴을 가진 신)에게 한 해의 첫 번째 달을 바친 것에서 유래했다. 3월(March)은 전쟁의 신인 마르스(Mars)를 위해 명명된 달이다. 5월(May)은 머큐리신(Mercury)의 어머니 마이아(Maia)를 기리기 위함이다. 또 다시, 남은 월의 이름에 대한 기원을 찾기 위해, 단어의 유래가 들어있는 질 좋은 대학생용 사전을 이용해 보자. 대안으로, 여러분은 학생들이 이와 같은 활동을 하도록 탐구 활동을 만들 수도 있다.

신으로부터 유래하여 월은 명명하는 것은 신화의 언어가 언어에서 사용되는 하나의 방식이다. 또 다른 방식도 있다. 이들 중 모두가 구성되는 것이 아니다. 예를 들어, 일반적인 언어와 특정한 사전 편찬에 싸인 신화 중에서 단어와 그것의 정의 및 발음이 변하지 않고 신성한 **사전**에서 유래했다는 생각은 잘못되었다. 실제로 어떤 사람들이 모세가 시내산을 내려갔을 때 그가 사람들에게 가져간 것은 법전(The Law)[2]이 아니라 **사전**(*The Dictionary*)이었다고 말하는 것을 들어보지 못하였는가?

어떤 화자가 "사전에서는…"이라는 말을 대화에서 사용하는 경우 이런 태도를 엿볼 수 있다. 이와 유사하게, 신문이나 잡지의 편집자에게 편지를 보내는 사람들은 "사전에 의하면…"이라고 쓰기만 하면, 그들이 논의를 결정할 수 있다고 믿는다. 또 다른 경우, 영어에는 오직 하나의 사전만이 있으며, 그것이 단어의 적절한 의미에 대한 모든 질문을 평가하는 최종 결정자

---

2) 역주 : 성서에서 모세가 출애굽할 때 십계명이 쓰인 돌판 두 개를 시내산에서 신에게서 받아 들고 내려왔음.

라고 믿는 사람들도 있다. 하지만 그렇지 않다.

[그림 5] 모세와 사전

"성경에서 말하기를······", "성경에 따르면······"과 같이 다른 책도 이와 비슷한 방식으로 언급되기도 한다. 많은 사람들이 그 제목을 곧 하나의 텍스트인 것처럼 성경을 언급한다. 사실, 12개도 넘는 성경 판본이 이용되고 있다. *New International Bible*, *Today's New International Bible*, the *Revised Standard Version*, the *New American Standard translation*, the *King James Bible*, the *Oxford Annotated Bible*, *The Message* 등 어떤 것을 읽든, 판본마다 다양하다는 것을 알 수 있다.

공평함과 지적 정직성에 큰 관심을 두면, 사람들은 그것의 출처가 여행 잡지, 교과서, 사전이나 성경에 상관없이 인용한 것에 대해 정확한 인용구를 달 것이다. 교과서와 여행 잡지는 단지 하나의 관점에서 출판되는 단일체가 아니라는 것을 이미 알고 있다. 이에 대해서는 모든 사람들이 전적으로 수용하고 있다. 여러분은 성경과 사전에 대해서도 이와 비슷한 다양성을 기대할 수 있다.

5.2. 사전의 다양성

'그 사전(The Dictionary)'을 얘기하는 사람들(즉, 단 하나만의 사전이 있다고 생각하는 사람들)은 인쇄된 수많은 사전과 수많은 종류의 사전이 있다는 사실을 무시하거나 모르고 있다. 법률 용어의 뉘앙스를 설명하는 법학 사전이 있다. 의사와 간호사들이 사용하는 용어의 복잡성을 알고 싶어 하거나 알아야 할 필요가 있는 사람들에게 제공되는 의학 사전이 있다. 속어 사전도 있다. 그리고 이민자, 여행자, 언어를 공부하는 학생들에게 유용한 번역 사전도 있다. 곧 영어를 스페인어로, 영어를 프랑스어로, 영어를 독일어로, 영어를 다른 언어로 번역하는 사전이다.

예를 들어, Edward S. LeComte의 *Dictionary of Last Words*는 유명한 사람들이 죽기 전에 남긴 유언들을 목록화한 것이다(Flaherty, F., 1993 : 40).

- "나는 내가 해야만 하는 것을 이해하지 못했다." — Leo Tolstoy
- "신의 은총을 빈다. 나는 또다시 나 자신을 느낀다."
  — Sir Walter Scott
- "나는 우리가 다른 장소에서 이 모임을 다시 열어야만 한다고 생각한다." — Adam Smith

유명한 바이올리니스트 Jascha Heifitz의 딸인 Josefa Heifiz Byrne는 수백 권의 책을 읽고 우연히 접했던 세상에 알려지지 않은 단어들을 찾아내 *Mrs. Byrne's Dictionary of Unusual, Obscure and Preposterous Words*를 만들었다. 이 사전에서 여러분은 Lalochezia(긴장을 덜기 위해 음란한 이야기를 하는 것)와 eroteme(물음표) 그리고 adoxography(사소한 주제에 대해 좋은 글쓰기)와 같은 단어의 정의를 찾아볼 수 있다(Flaherty, F., 1993 : 40).

여러분은 dents와 dense의 차이를 궁금해 해 본 적이 있는가? air, heir, ere, err, eyre들이 어떤 차이를 보이는가? 이러한 단어들이 궁금하다면, James B. Hobbs의 *Homophones and Homograph : An American Dictionary*를 살펴볼 수 있다(Flaherty, F., 1993 : 40).

칫솔이 전문적으로 orlings라고 불리는 것을 알고 있는가? 또는 종이 클립이 각각 이름을 갖고 있는 7개의 고유한 부분들을 가지고 있다는 사실을 알고 있는가? 마지막으로, 안개로 만들어지는 무지개를 무엇이라 부르는가? 물론 Ulloa's ring이 답이다. 이러한 것들과 비슷한 또 다른 것들을 Dorothy Rose Blumberg의 사전에서 무엇으로 다루고 있는가? Aaron's Beard to Zorn의 딜레마는 다른 사전에도 존재하는가?

신기한 사전들, 거의 모든 전문가들을 위한 사전, 특별한 흥미와 취미 집단을 위한 사전들에 대한 점수도 있다. 벌써, 나는 여러분이 그 사전(the dictionary)이 막연한 용어라는 것을 알게 되었고 확신한다.

그러나 나는 대부분의 사람들이 '그 사전'이라고 말할 때, 그들이 영어 사전을 가리킨다는 사실을 이해하고 알게 되었다. 그리고 사전 개수에 대한 총계도 유용하다.

여러분은 '규범적(prescriptive)'과 '기술적(descriptive)'이라는 용어가 언어 학습을 위한 접근법들을 설명했던 이전 단원에서 나왔음을 기억할 것이다. 이와 같은 용어는 또한 사전에 사용되고 있다. "기술론자는 사전이 인간이 사용하는 모든 단어를 담고 있어야 한다고 생각한다. 심지어 대부분의 고등학교 국어 교사들이 '비문법적'이라 여기는 것들까지도 사전에 실려야 한다고 생각한다. 하지만, 규범론자는 사전에 오직 그들이 '좋은 영어'라고 믿는 단어와 그에 대한 정의만을 싣고 싶어 한다."(Shetier, E., 2004 : 1).

규범론자/기술론자의 사전에 대한 토론은 Merriam Webster의 'W3이라고 알려진 『세계 대사전 제3판』(*Third Unabridged International Dictionary, 1961*)가 출간되면서 시작되었다. 여러 학자들에게 사용하는 단어에 대해 자문을 구하는 것 대신에, W3의 편집자들은 글쓰기와 말하기에서 사람이 실제 단어를 어떻게 사용하는지를 살피기 위해 대중적이고 학술적인 출판물들을 살펴보았다(Shetier, E., 2004 : 1). 이 역사적 방법론적 변화는 2가지 측면에서 다른 결과를 가져왔다. 첫째, 이와 같은 시작으로 현재 사용되고 있는 규범적 사전이 출판되었다. 둘째, 그것은 반란이었다. 이러한 모든 단어들이 포함된 W3은 영어 교사뿐만 아니라 주일학교 교사들 또한 받아들일 수 없었다. 잡지나 신문은 W3을 "괴물같은", "유감스러운", "치욕과 불행"이라 칭했다(Shetier, E., 2004 : 1).

fuck과 같은 4자어[3]이자 금기시되는 단어가 분명히 포함되어 있을 뿐만 아니라 권위 있는 사전편찬사에서 출판한 사전에 이러한 단어가 포함되어 있다는 것은 이를 암묵적으로 승인한 것에 대해 비평가들의 평을 만들어냈다. Samuel Johnson의 첫 번째 영어 사전의 출간 이후로 공공의 비난이 쏟아지는 사전 출판은 이뤄지지 않았다.

사전은 현재 사용 중인 모든 단어를 설명하기 위해 노력해야 하는가? 또는 사전이 권위자들이 좋은 영어라고 생각하는 단어만을 담고 있어야 하는가? 그것이 근본적인 문제이다.

비슷한 문제가 오늘날 서점에서 볼 수 있는 다양한 종류의 성경에도 있다. 성경이 오늘날 독자가 거의 이해할 수 없는 전통적인 언어를 계속해서 써야 하는가? 성경이 남성 대명사 he를 담고 있고, 강조하고 있었다는 것을

---

3) 역주 : 영어에서 욕설을 나타내는 4음절 단어

계속해서 써야 하는가? 즉 전지전능한 신을 "어머니(Mother)"가 아니라 "아버지(Father)"라고 늘 해야만 하는가? 여러분은 또 다른 측면에서 뜨거운 논쟁을 찾아볼 수 있을 것이다.

기술적인 W3에 대응해서 나온 『The American Heritage Dictionary』는 오늘날 출판된 미국 영어 사전 중 가장 규범적이다. 그 사전의 장점은 미국의 대부분의 규범을 담고 있다는 것이다. 내 생각에 어떤 사전이 더 좋은지 또는 더 우수한지는 누가 물어보는지에 달려있다. 나는 12권의 사전을 가지고 있고, 언어를 공부하는 사람으로서 단어에 대해 지적인 측면이 궁금할 때, 여러 권을 참고한다. 언어를 공부하는 사람으로서 나는 하나의 참고 서적으로만 근거를 한정해서는 안 된다고 생각한다.

5.3. 단어 형성 과정

한 사전의 표제어가 규범적인 장점으로든 기술적인 장점으로든 선택되었다면, 그 단어는 그 언어를 사용한 사람에게서 나온 것이다. 이 단원을 읽고 난 후, 새로운 단어의 자원이 다양하고, 어떤 단어가 우리가 사용할 수 있는 단어 저장소인 어휘집(lexicon)의 일부가 되는지 몇 가지 과정을 통해 확인할 수 있다.

신조어(Coinage). 신조어는 흔치 않은 단어에 속하지만, 전에 존재하지 않았던 단어로 완전히 새롭게 등장한 유일한 것이다(Kaplan, J., 1989 : 21). '아스피린(Aspirin)'은 신조어의 한 예이다. 아스피린은 고통을 줄여주는 한 알의 생산물로, 처음에는 상표명이나 상품명이었다. 시간이 지나, 아스피린이란 용어는 더욱 일반화되었다(Yule, G., 1985 : 51-52). 사람들은 신체적 또는 감정적 충격이나 외상을 겪거나 두통이 있으면 언제나, Anacin이나

Bayer 또는 St. Joseph 회사의 아스피린을 먹는다. 여러분은 타이레놀과 같은 아스피린과 유사한 종류지만 '아스피린이 아닌 것(nonasprin)'이라 부르는 것을 들어본 적이 있을 것이다. 신조어의 또 다른 예로 특정 상품인 티슈를 위해 한 특정 회사에서 만든 '크리넥스(Kleenex)'라는 단어를 들 수 있다. '아스피린'과 같이 '크리넥스'도 일반화되었다. 여러분은 사람들이 크리넥스를 꺼내기 위해 상자로 손을 뻗는 것을 본 적이 있을 것이다. 신조어의 또 다른 예는 '빅트롤라(Victrola)', '프리지데어(Frigidaire)', '제록스(Xerox)', '잔탁(Zantac)', '펩시드(Pepcid)'4) 등이 있다.

파생어(Derivation). 파생의 과정은 이미 존재하는 단어 위에 이루어지거나 확장되는 것이기 때문에 새로운 단어를 형성하는 가장 흔한 방법이다. 파생 과정은 굴절적 의미보다는 어휘적 의미를 전달하는 언어의 일부나 훨씬 작은 부분들이 많이 사용된다(Kaplan, J., 1989 : 87). 파생적 단어의 부분에는 우리가 단어에 덧붙이는 un-, mis-, pre-와 같은 접두사와 -ful, -less, -ish, -ism과 같은 접미사인 접사가 포함되어 있다. 이러한 방법으로 만들어진 단어들의 예는 'unhook', 'misapply', 'pretest', 'joyful', 'careless', 'boyish', 'sadness'가 있다.

어디서나 볼 수 있고, 오래된 접사 중 하나는 attendee, examinee, employee, refugee와 같은 단어에서 발견된다. 접사 -ee의 일반적 의미나 정의인 어의(語義, sense)는 사건에서 받는 사람이나 겪는 사람을 나타내어, 주로 수동적임을 드러낸다. 비록 -ee가 15세기부터 법률 용어(1467년 assignee가, 1491년 grantee가, 1495년 lessee가 기록되어 있다.)로 사용되기 시작하였다 하더라도, -ee는 언어 경찰들에 의해 거부되는 접사이다(Chapman, R., 1991 : 39).

---

4) 역주 : 빅터 축음기, 전기 냉장고, 복사기, 위산제, 궤양치료제로 대표되는 상품명.

언어 규범론자들은 어떤 파생어가 언어에 포함될 때 종종 피한다. −ee의 사용뿐만 아니라 prioritize나 hospitalize에서 사용되는 접미사 −ize에 관한 불평을 쉽게 들을 수 있다. 이미 존재하는 명사를 동사로 만드는 것인 −ize 형태에 대한 언어 숙달자들이 불평하는 이유를 알아내는 것은 어렵다. *Fort Worth(TX) Star−Telegram*의 고정 작가이자, 칼럼니스트이고 논설 작가인 Pat Truly가 비록 과거 시제에서 사용되기는 하지만 −ize를 어떻게 활용하는지를 보여준 예가 있다. "Very early in the debate about Haiti, one of my colleagues columniz<u>e</u>d on the subject(Haiti에 대한 논의가 시작되었을 때, 나의 동료 중 그 누구도 그 주제에 대해 칼럼을 쓸 수 없었다)."(Truly, P., 1994). 신문 기자와 편집자들이 그 언어를 표준화하려는 사람이었다면, Pat Truly가 어떻게 잘못된 것을 실을 수 있었겠는가?

불평을 받고 있는, 비교적 일반적인 또 다른 파생어는 "Let's do lunch, say, around noon−ish."에서 쓰인 −ish라는 접사이다.

−less와 −ful과 같이, 단어의 다른 파생적 부분에 대한 의미는 부정적 느낌을 주지 않는다. 이러한 접미사에 대한 개인적인 느낌에도 불구하고, 파생어는 새로운 단어가 언어에 들어오기 위한 일반적인 통로로 남아있다 (Chapman, R., 1991 : 41). Raymond Chapman의 말을 바꾸자면, 순수주의는 언어 문제에서 실용성의 방법을 제시한다.

차용어(Borrowing). 단어를 만드는 또 다른 일반적인 활동은 다른 언어에서 완결된 단어를 빌리는 것이다(Yule, G., 1985 : 52). 때때로 차용어는 "단어 대여"로 불리기도 하지만 나는 "차용"이 더욱 정확하다고 생각한다. 만약 영어 화자에게 piano나 pizza라는 단어를 빌려올 수 있다면 미국의 어떤 사람이 이탈리아 정부에 그것을 요구했는지 궁금하다. 이와 비슷하게, karaoke 라는 단어를 빌려올 수 있는지 일본인에게 물을 수 있는 사람은 없을 것이다. 옛 서부 개척자들이 새로운 가축을 얻었던 것과 같은 방법처럼, 우리는 이러한 단어를 쉽게 갖다 쓴다. 그리고 앵글로 색슨족의 언어로부터 가져온 만큼이나 많은 영어 어휘도 차용한 단어들이다.

어원(단어의 역사)을 포함한 사전의 어느 쪽을 살펴보아도 차용어는 영어에서 일반적이다. 미국 영어는 다른 친족 어휘에서 수천 만 개의 단어를 빌려 왔다. 차용어의 몇 가지 예가 alcohol(아라비아어), boss(네덜란드어), numero uno(스페인어), pretzel(독일어), yogurt(터키어), kwanzaa(스와힐리어), zebra(반투어) 등이다. 내 생각엔 누구도 이러한 단어를 "외국어"라 부르지 않는다.

여러분에게 정보를 제공하고, 읽는 즐거움을 주기 위해 더 많은 차용어 목록을 제시해 보면, Robert Hendrickson의 재미있고 쉬운 『*American Talk*』가 유용하다(Hendrickson, R., 1986 ; 25-23). Hendrickson이 언급한 바와 같이 영어 차용어에 관한 한 영어 화자들은 이미 전문가이다.

합성어(Compounding). 영어는 이미 존재하는 단어들과 함께 결합하여 새로운 단어를 만들 수 있는 유일한 언어가 아니다. 하지만 영어 사용자들은 상당한 기술을 가지고 이러한 방법으로 새로운 단어를 만들어 낸다. 새로운 단어인 합성어는 새롭게 합성된 단어의 가장 오른쪽 형태소와 같은 품사로 사용된다. 결론적으로 highchair라는 단어는 새로운 명사가 된다(형용사 high가 명사인 chair와 결합했다.)(Akmajian, A. et al., 1990 : 24). 합성어의 일반적 예로 stir-fry, high school, teapot, globetrot, swearword, outhouse, sunburn, baseball, textbook, classroom, waterbed 등이 있다.

합성어에 줄표(-)를 지나치게 사용하는 것에 대한 논쟁이 있다. 왜냐하면 줄표의 사용을 적용하는 관습이 정해진 것이 아니기 때문이다. 그러나 일반적으로 새로운 합성어가 처음 만들어지면, 줄표를 넣는다. 그것이 어휘 목록에 들어와 표제어로 자리 잡게 되면, 줄표는 빠지게 된다. 이는 단어 baseball에서 일어난 것이다. 원래, base ball의 두 개의 단어였으나 후에 base-ball로 표기하였다. 1930년이 되어서야 한 단어이자 완전히 결합한 합성어인 baseball로 썼다(Astor, G., 1988 : 7).

혼성어(Blending). 혼성어는 합성어와 유사한 과정으로 형성되는 단어이지만, 한 가지 중요한 차이점이 있다. 합성어는 원래의 단어들의 모든 부분을 유지하게 되지만, 혼성어는 원래 단어의 일부만을 사용한다(Yule, G., 1985 : 53). 예를 들어, 비교적 최신 단어인, infomercial(information+commercial)은 정기적으로 편성된 프로그램으로 텔레비전에 방영되는 30~60분 간 프로그램으로 보이기 위해 등장했다. 그러나 이 프로그램은 거의 언급하지 않는 재정적 성공 전략과 튀김용 팬, 복근 단련 기구, 빵 만드는 기계, 부엌칼 세트, 운동 기구의 장점을 광고하는 상업성을 확대하였다.

영국과 프랑스를 연결한 영국 해협(channel) 아래 수중 터널(tunnel)을 가리키는 단어는 chunnel이다. 혼성어의 오래된 예로는 brunch(breakfast+lunch), motel(motor+hotel), smog(smoke+fog) 등이 있다.

단축어(Clipping). 사람들은 둘 또는 그 이상 음절의 단어 길이를 줄이곤 한다. 특히 일상적인 발화나 신문의 헤드라인에서는 "단축"을 통하여 하나 또는 그 이상의 음절을 한 낱말로 줄인다(Yule, G., 1985 : 53). gas는 gasoline이 단축된 것이다. 이외에도 fridge는 refrigerator, ad는 advertisement, fan은 fanatic, frat는 fraternity, bus는 omnibus 등의 예가 있다.

두자어(Acronym, 頭字語). 새로운 단어를 만드는 방법인 두자어(頭字語)도 또 하나의 줄이는 과정을 보여준다. 그러나 light amplification by stimulated emission of radiation은 laser라는 새로운 단어가 되는 것처럼 두자어는 보통 단어의 연속체에서 첫 글자를 가지고 만든다. CIA, FBI, NCAA, NAACP, UNESCO, NATO, UN, NASA와 같이, 어떤 기관을 부를 때 전체 명칭으로 부르기보다는 첫 글자 또는 두자어를 사용한다(Yule, G., 1985 : 53).

전성어(Conversion). 이 단어 형성 활동은 실제 단어의 새로운 형태를 만들어내는 것이 아니라 이미 존재하는 단어의 기능을 변화시키는 것이다. 다시 말해, 하나의 품사인 단어를 다른 품사로 바꾸는 것이다. 전성어는 그 단어의 철자가 그대로 남아있지만, 새로운 문법적 기능으로 사용된다. 이런 전성의 과정은 기능적 변동(functional shift)이나 영파생(zero derivation)이라 부른다(Kaplan, J., 1989 : 86).

예를 들어, 영어 어휘의 대부분 단어는 문장에서 동사로 처음 사용되다가 명사로 사용되었다. to walk에서 a walk가, to laugh에서 a laugh가, to guess에서 a guess가 나왔다. 여러분도 이처럼 동사가 명사가 된 목록들을 더 만들어 볼 수 있을 것이다. 다른 방법으로, 물론 몇몇 명사들이 동사로 바뀌기도 한다.

  We paperd the bedroom. (우리는 침실에 벽지를 발랐다.)
  Please butter the toast. (토스트를 구워 주세요.)
  We vacation in August. (우리는 8월에 휴가를 간다.)

때론 형용사가 동사로 바뀌기도 한다.

  This is a dirty shirt. : Who dirtied this shirt?
  (이것은 더러운 셔츠네요. 누가 이 셔츠를 더럽혔나요?)
  This is an empty cup. : Who emptied this cup?
  (이것은 빈 컵이네요. 누가 이 컵을 비웠나요?)

역성어(Backformation). 축소의 특별한 형태인 역성어는 television과 같은 명사가 televise의 동사로 변화하게 되는 유형이다(Akmajian, A. et al., 1990 : 14). editor에서 edit가, option에서 opt가, emotion에서 emote가 나오는 것이 역성어의 또 다른 예이다.

오랫동안, 언어 경찰과 언어 사용 숙달자들은 영어 화자와 필자가 명사를 동사로 바꾸는 방법에 관하여 고민을 아주 많이 나타내 왔다. 비록 이 문제가 여러분에게 하찮아 보일지라도, 상당한 논쟁거리이다.

그러나 언어 경찰들이 대단히 억울해 하는 것은 오랜 세월에 걸쳐 명사가 동사로 바뀌어 왔다는 사실이다. to dialogue, to parent, to input, to interface, to host, to chair, to contact, to journal과 같은 동사들이 모두 처음에는 명사였다는 것을 생각해 보아야 한다(Pinker, S., 1994 : 8).

명사에서 동사로의 변형은 몇 세기 동안 이루어져 오고 있다. 이러한 낱말 형성 활동은 영어의 고유한 특징이다. 사실, Pinker는 영어 동사의 1/5이 명사에서 유래하였음을 측정한 바 있다. 예를 들어, we can head a committee, scalp football tickets, nose around, jaw at the umpire, back a candidate, knuckle under, shoulder a burden, foot the bill, toe the line, belly up to the bar, stomach someone's personality 등등의 인간의 몸과 관련된 명사들이 변형된 예를 들 수 있다(Pinker, S., 1994 : 8).

중견 작가들도 계속하여 명사를 동사로 바꾸어왔다. 〈위대한 개츠비〉(*The Great Gatsby*)에서 F. Scott Fitzgerald는 Nick에게 "I had no intention of being *rumored* into marriage(결혼할 걸로 소문낼 생각이 없어)."라고 말했다(Fitzgerald, S. F., 1980 : 20).

재미삼아, *Atlantic Monthly*라는 잡지에 연재 중인 나의 칼럼을 소개하고자 한다. "Word Fugitives(단어 이탈자들)"라는 칼럼에서, 독자들에게 어떤 경험을 기술하기 위해, 일반적으로 사용되지 않고 있지만 가능성 있는 새로운 단어들을 제시했다. 여기 최근 예들이 있다.

1. 구속에서 벗어날 때와 구속받고 있는 것을 모를 때 경험한 느낌을 묘사할 수 있는 단어는 무엇일까?
   Curbigo? Discurbed? Inadvertigo? Vertigone? Curbulance?(Wallraf, B., 2004 : 196)

2. 그들의 귀에 휴대폰을 붙이고 있는 것처럼 보이는 사람을 무엇이라 부를까?
Audiots? Cellfish? Earheads? Earitants? Imbecells? Phonies?(Wallraf, B., 2003 : 144)

나는 당신과 당신의 동료들, 그리고 당신과 당신의 학생들이 현재 어휘가 표현하지 못하는 경험을 나타낼 만한 단어를 받아들이는 데 노력할 것을 기대한다.

> **생각해 보기**
>
> 아래에 각기 다른 형성 과정을 보이는 단어들이 있다. 각 단어의 과정을 확인할 수 있는가? 만약 그렇지 않다면, 사전을 찾아보자.
>
> robot(로봇) Rolaids(로레이드) password(암호)
> gasohol(가소홀) flu(독감) opt(선택하다)
> age(v.)(나이를 먹다) jeep(지프차)
> terrorism(테러리즘) MRI(자기 공명 단층 촬영 장치)

5.4. 새로운 단어에 대한 태도

"구"세대에게 "신"세대에 대해 어떻게 생각하는지 물어본다면, 몇 가지 특징에 대해 비난하는 것을 쉽게 들을 수 있을 것이다. 이 중에는 음악, 머리 모양, 그리고 언어가 포함되어 있을 것이다. 구세대는 일반적으로 현재 세대들이 "좋은 음악"을 듣는 귀가 없다고 생각한다. 그리고 이상한 머리 스타일을 좋아하며, 조잡하고 불쾌한 단어로 언어를 사용한다고 생각한다. 변화는 많은 사람들이 원하는 것이 아니다. 사실 변화를 추구하는 사람을 똥싼 기저귀를 찬 아기라고 생각할 때가 있다.

새로운 단어와 이미 존재하는 단어에 대한 새로운 사용은 해가 뜨고 지는 것과 같이 일반적이다. 우리는 생산성의 특성을 논의한 4장에서 이에 대해 잠깐 살펴보았다. 이 단원에서 설명된 과정들과 마찬가지로, 새로운 단어를 만들어내는 것은 상대적으로 쉽고, 이것은 분명 영어를 생산적인 언어로 만든다. 새로운 단어를 만드는 것이 상대적으로 쉽다는 사실과 발화 공동체가 새롭게 만든 단어나 형식이 필요로 하는 추가적인 언어 규칙이 주어진다면 우리는 언어 속에서 순환적 모순을 발견하게 될 것이다. 새로운 단어는 자주 쟁점이 된다. 새로운 단어에 대한 일반적이고 광범위하게 수용하는 것은 때론 그것이 만들어지는 것보다 훨씬 늦어진다.

사실, 여러분이 이미 본 것처럼 어떤 새로운 단어는 심한 거부감을 불러 일으킨다.

John Simon, William Safire, Edwin Newman, 웨일스의 왕자 Charles는 거만하고, 모호하고, 애매하고 조잡하며 부정확하다고 생각하는 단어와 어법에 반대하는 입장에서 쓰고 말하는 4명을 예로 든 것이다. 언어 비평가들이 최근 언어 사용에 대해 언급했다. 그들은 언어와, 언어가 전달하려고 하는 사고의 관계가 복잡하다는 것을 이해하고 인식하기 때문에 다른 창조적 도구와 마찬가지로 언어가 알맞게 사용되어야 한다는 굳은 신념을 갖고 있다.

지난 밤, 아내와 나는 친한 친구 두 사람과 저녁을 먹으면서 언어에 대해 이야기했다. 그 남편은 자기의 분야에서 꽤 성공한, 훌륭한 전문가이다. 그는 책을 열심히 읽고, 언어에 대해 예리하게 관찰하는 사람이다. "나는 사람들이 명사를 동사로 쓸 수도 있다는 것을 알고 있다. 하지만 나는 여전히 좋아하진 않는다." 라고 말했다. 삶은 취향의 문제이다. 그럼에도 불구하고, 취향의 차이는 고정된 사실을 변화시키지 못할 것이다. 언어를 쓰는 사람이 변하기 때문에 언어는 변해야 하는 운명에 놓여 있다. *Dictionary of American Slang*의 편집자인 Stuart Berg Flexner는 "살아있는 언어를 통계 내는 것은 불가능하다."라고 말했다(Flexner, B. S., 1986 : 182).

5.5. 문화 반영으로서의 단어

언어와 문화가 관련되어 있다는 사회언어학적 사실은 광범위하게 받아들여지고 있다. 사실, 나의 동료이자 나에게서 박사과정 선수과목을 들었던 요르단 대학의 Hamzah Al-Omari 박사는 언어와 문화가 거의 동의어라고 박사과정 동안 몇 차례 이야기했다. 이런 말을 했을 때, 그는 그의 모국어인 아라비아 어가 아닌 영어로 말했다. "내가 적절한 영어 사용 관습을 사용해서 말하거나 쓸 수 있기 전에, 나는 문화적 관습을 바꿔야만 했다. 그리고 미국식으로 바꾸었다."

언어 변화의 이유 중 하나는 문화, 사람들의 생활 방식, 습관, 관습, 요구, 미덕이 계속해서 변한다는 것이다. 사람들이 사용하는 언어는 문화의 이러한 변화 양상을 반영한다.

신디케이트 신문의 칼럼니스트이자 텔레비전 정치 해설자이고, 열광적인 야구팬인 George Will은 "상위 10위권 안에 들 것이다."나 "Web 보석이다."와 같은 표현은 오늘날 사회와 정치 세계에서 성공을 나타내기 위해 사용된다는 점을 지적했다. 이러한 표현은 전문 스포츠 채널인 ESPN에서 리포터가 처음 사용하였고, 일상적인 대화의 한 부분이 되었다(Will, G., 2004). 스포츠 문화가 일반적인 대화에 영향을 준 것이다.

이뿐만이 아니다. 스포츠가 아닌 상황에서 스포츠와 관련된 발화 형태를 들어 본 적이 있는가? 농구의 경우, "슬램 덩크" 상황을 들 수 있다. 절망적인 상황을 "fourth and long"이라 한다. 실수한 사람은 "공을 떨어뜨렸다(dropped the ball)"고 한다. 누군가 "공을 떨어뜨릴" 때, 그녀는 "major-league apology"를 사무실의 다른 사람에게 책임을 묻겠는가? 마지막으로 여러분이 의심을 받는다면 무엇을 하겠는가? 내기를 하겠는가?

이러한 스포츠 관련 용어들은 농구나 축구가 친근하지 않은 문화에서는 의미가 없다. 스포츠와 친숙한 문화 속에서 이러한 용어의 사용은 일반적 언어 맥락 속에서 의미를 갖는다. 이러한 용어는 미국 문화에 영향을 받았다. 그 증거로, 크리켓의 은유는 일반적인 미국인 독자/청자에게 사용되지 않는다. 크리켓 은유는 영국이나 인도 또는 크리켓이 유명한 스포츠인 다른 나라의 문화를 반영한 것이다.

대중매체는 일상 언어에 영향을 미친다. 그리고 비록 몇몇 유행어들이 단명에 그치곤 했지만, 오랫동안 영향을 끼치기도 했다.

50년 전, 〈Fibber McGee and Molly〉는 유명한 라디오 프로그램이었다. 주요 진행자인 Fibber McGee가 자신의 생각에 정말 독창적이고 재미있는 비평을 하면, 그의 아내인 Molly는 "부도덕한 농담이에요, McGee."라고 이야기했다. 사무실, 학교, 또 다른 상황에서 동료와 함께 라디오를 듣던 시대의 사람이 농담으로 서투른 시도를 했을 때, 그들은 문화적 언어 자원에 이르러 "부도덕한 농담이에요, McGee."라고 말했다(Andrews, L., 2001 : 27).

텔레비전이 더욱 광범위해지고 대중화되면서, 텔레비전 프로그램에서 나온 말들이 사회적 대화에서 널리 사용되었다. Don Adams가 어리숙한 스파이(당시 유명했던 제임스 본드 007 영화를 패러디)로 출연한 〈Get Smart〉 황금 시간에 방영되었는데, 그 프로그램에서 특수 요원인 Smart는 그가 적에 맞서 싸우는 초인적인 힘과 내재적·외재적 능력을 가지고 있다고 우스꽝스럽게 우기려 했다. 하지만 사람들이 의심하기 시작하자 "믿어주세요…"라고 자신의 말을 낮추었다. 이 말은 이 프로그램의 방영기간에 크게 유행하여 사회적 담화의 일부로 수용되었다. 그러나 프로그램의 종영과 함께 그 말의 사용 역시 중단되고 말았다. 그의 권한이 분명해지자 주변 사람들에게 의심받기 시작했고, 그는 "…에 대해 믿을 수 있겠어요?"라고 어리숙하게 말하여 재빨리 자신의 권한을 감추었다. 〈Get Smart〉가 방송되는 동안, 이 구절은 사회에서 일반적인 담화의 일부가 되었다. 〈Get Smart〉가 치명적인 네트워크 손상으로 죽자, 그 구절의 사회적 사용도 끝났다(Andrews, L., 2001 : 28).

핵심은 언어와 문화가 밀접한 관계가 있다는 것이다. 한 문화의 대중 매체, 스포츠, 영화, 그에 대한 가치로 인해 단어와 구 같은 그 문화의 언어적 자원들이 풍부해진다.

몇몇 단어는 문화적으로 매우 특별하다. 최근 우리 대학의 다른 교수와 내가 러시아와 우크라이나에서 온 약 20명의 성직자와의 만남에 초대받은 적이 있다. 그들은 미국에서 종교와 정치, 종교와 사업, 종교와 문화 등의 관계를 이해하기 위해 미국을 여행 중이었다. 그들은 종교와 고등 교육 사이의 관계에 대해 더 많은 것을 배우고자 우리 학교에 왔다.

우리는 영어를 러시아어로, 러시아어를 영어로 동시에 번역해 줄 통역사 두 사람과 함께 둥글게 앉았다. 나의 동료와 나는 많은 단어와 표현을 사용했다. 우리가 사용한 단어 중 러시아어로 똑같은 의미를 드러내도록 번역할 수 없는 것들을 설명하기 위해 통역사들은 우리를 멈추게 했다. 동료 목회자(peer ministry), 여성 성직자(female clergy), 석좌 교수(endowed chair), 강경 전략(hard-ball tactics), 주류(major) (학문) 그리고 비주류(minor) (학문) 등이다.

러시아 정교는 동료 목회자나 여성 성직자가 없다. 우리 문화에서는 많은 종파가 동료 목회자나 여성 성직자를 둔다. 우리가 사용한 단어는 미국 개신교 문화와 현실을 반영하였지만, 러시아 정교의 문화와 현실은 반영하지 못한 것이다. 게다가 러시아의 대학들은 개인 기증자로부터 금전적 증여를 받을 수 없다. 결과적으로 석좌 교수는 미국의 대학 문화를 반영한 것이지, 러시아의 대학 문화를 반영한 게 아니다. 강경 전략(hard-ball tactics)은 미국 문화에서 일반화된 야구로부터 나온 은유이다. 러시아는 축구와 그것과 관련된 은유가 훨씬 더 친숙하다. 우리 언어는 손님들과 달랐다. 왜냐하면 우리는 우리에게 친숙한 단어와 우리 문화를 반영한 단어를 사용했기 때문이다. 우리가 무례하고, 회피하려 한 것이 아니다. 우리는 단순히 우리의 일상적 언어를 사용했고, 그것에 다소 자동적으로 만들어진 문화의 모든 것이 반영된 것이다.

다음과 같은 표현에서 우리 문화가 스포츠에 가치를 주는 것이 일반적이라는 것을 알 수 있다.

1. It's your turn to go to bat ; see if you can get support for our proposal.
   (이제 네 차례야. 우리의 제안에 지지하는지 두고 보겠어.)
2. That's law firm is really big-league.
   (저 법률 사무소는 정말 큰 회사야.)
3. That professor and his idea are out in left field.
   (저 교수와 그의 생각은 뜻밖이야.)
4. Linda works hard. She knows how to carry the ball.
   (Linda는 열심히 일한다. 그녀는 항상 솔선수범한다.)
5. Phil scored a touchdown on that exam!
   (Phil은 그 시험에 드디어 합격했군!)

(Liu, D. & Farha, F., 1996 : 36)

우리의 문화를 반영한 이러한 표현은 우리의 언어 속에 꽤 많이 있다. 우리는 언어에 대해 생각하지 않고 언어를 사용한다. 앞서 말한 것처럼, 우리는 평범하고, 비공식적인 우리의 대화에 대해 많은 것을 생각하지 못한다. "우리의 개념 체계는 우리가 보통 알고 있는 것이 아니다. 우리가 매일 하는 작은 것들 중 대부분은 어떤 경향에 따라 단순히 생각하고 대체로 자동적으로 행동한다"(Lakoff, G. & Johnson, M., 1980 : 3).

5.6. 그 사전으로 가는 길

사람들이 언어를 사용하는 한 언어는 변한다. 이런 변화의 과정은 도토리가 떡갈나무가 되는 것처럼, 또는 올챙이가 개구리로 변하는 것처럼 자연스럽고 정상적이고 당연하다.

하지만 모든 도토리나 올챙이가 성숙하는 것이 아니라는 사실을 알고 있다. 일반적으로 언어가 변한다는 진실도 이와 같다. 이것은 특히 새로운 단어에서 그렇다. 사람들이 새로운 개념이나 사회적이고 기술적인 현상을 설명하기 위해 언어를 사용할 때, 새로운 단어는 종종 '속어(slang)' 수준에서 언어로 포함된다. Flexner(1986 : 180)는 속어를 "일반적인 미국 대중들에 의해 자주 사용되지만, 다수에 의해 좋은 그리고 공식적 어법으로 받아들여지지 않은 단어와 표현"이라 정의하였다. 속어가 쓰이는 곳은 아이디어를 표현하는 새로운 방법을 실험하는 우리의 언어적 실험실이다. 속어 단어와 표현을 다수 사람들이 더욱 자주 사용하면 어휘 목록에 고정된 표제어로 포함되기도 하고, 다수 사람들이 사용하지 않으면 사장되기도 한다. 한 단어가 충분한 시간 동안 지속적으로 사용되면, 그것은 사전으로 가는 길을 찾을 것이다.

속어로 처음 나타난 몇몇 단어는 일반적 대중 사이에서 인기와 지속될 수 있는 능력을 갖게 된다. redcoat(영국 군인), greenhorn(갓 들어온 이민자), fink(마음에 안 드는 놈), split-level(난평면의 주택), Yankee, Veep(부통령), pony tail(뒤로 묶어 드리우는 머리) 등과 같은 예가 처음에 속어로 사용되다가 지금은 우리 어휘 목록에 표제어로 수용된 것들이다(Flexner, B. S., 1986 : 183). slammin(유명한, 인기 있는), dope(꽤 좋은), lame(약한, 그것 내에 없는), slacker(게으른 사람), dis(멸시하는), get outa here(농담하지!), hang, hang out(-에/내에 있는), phat(멋진, 대단한, 매우 좋은, 존경받는 사람) 등이 내가 들은 최신 속어이다. 여러분이 이 책을 읽을 때, 이러한 표현들의 일부나 모두가 새로운 것으로 교체될지도 모른다. 이러한 표현이 얼마나 이용될지는 그것을 사용하는 사람들에게 달려있다. 언어적 뉘앙스, 변화, 새로운 단어 등에 대해 여전히 의문이 남아 있다면, 언어를 사용하는 사람들이 대법원의 판사 중 한 명일 것이다.

5.7. 그 사전과 사전들

사람들이 '그 사전(The Dictionary)을 보자.'라고 말하는 것을 듣는 것은 우리가 숨을 쉬는 공기만큼 일반적이다. 이 문장에서 정관사 'The'를 사용하는 것은 중요하다. 왜냐하면, 모든 것이 말해지고, 행해지고 난 뒤에야, 다른 편집자에 의해 다양한 모양과 크기, 표지로 출판되는 단 하나의 사전이 있다는 것을 의미하기 때문이다(*The Dictionary*에 대한 앞선 논의들을 기억하지요?). 대안으로, 여러분은 "Webster 사전을 봐!"라고 말하는 것을 들었을지도 모른다. Noah Webster는 미국의 첫 번째 주요 사전편찬자이다. Webster와 사전을 동의어로 사용하는 것은 어떤 사람의 이름으로부터 언어가 만들어지는 에포님(eponym)5)의 고전적인 예이다.

생각해 보기	'샌드위치'는 사람의 이름에서 유래된 단어의 예이다. 샌드위치는 Sandwich가의 4대 백작인 John Montagu(1718-1792)의 이름에서 유래하였다. 그는 식사도 하지 않고 24시간 게임을 즐겼다. 그는 게임에 방해받지 않기 위해, 빵 사이에 고기를 넣어 한꺼번에 먹었다. 여기 이름에서 유래된 단어의 예가 있다. 여러분의 책상 위에 있는 사전이 어원을 찾는 데 도움을 줄 것이다.

---

5) 역주 : 사람 이름에서 유래된 말.

> leotard(레오타드)
> bloomer(블루머)
> derrick(기중기)
> galvanize(전기요법)
> zeppelin(제펠린형 비행선)
> amp(암페어)
> dunce(열등생)
> maverick(낙인찍지 않은 송아지)
> hooligan(훌리건)
> diesel(디젤)
> shrapnel(유산탄)
> grog(그로그주)

이 단원에서 앞서 읽었던 것처럼, 사전에 the를 붙이는 것은 잘못된 것이며 오해를 일으킨다. 영어 사전의 몇몇 버전이 있다. 그것은 각각 표제어 선택과 각각의 단어에 대해 어떤 정보를 담을 것인지에 대한 지침이 되는 일련의 편집자 자체 방침을 가지고 있다. 책 출판은 매우 경쟁적인 사업이기 때문에, 출판된 텍스트에 포함된 방침과 정보는 분명히 다르다.

사전의 내용은 해가 거듭할수록 발전한다. 또 앞서 이야기한 것처럼 모든 사전에 동일한 정보가 포함되지도 않는다. 그럼에도 불구하고, 많은 사전이 공유하는 특징이 있다. 그림 사전이나 1학년에서 사용하기 위해 준비해야 하는 사전을 제외하고, 많은 사전이 다음 내용을 포함하고 있다.

1. 전문적인 사전편찬자들이 lemmata라 부르는 핵심 단어나 주요 표제어는 두꺼운 글씨로 되어 있고, 알파벳 순서로 배열되었다. 주요 표제어는 단어의 관습적 철자를 제공하고, 적절할 때 용인되는 선택지인 변이형 철자(variant spelling)도 포함한다. 예를 들어, meager와 megre 모두가 용인되는 철자로 내 사무실에 있는 사전 중 3개가 제시하고 있다(aluminum과 aluminium도 마찬가지다.).

알파벳 순서로 사전에 단어를 목록화하는 것은 오랜 역사를 가지고 있다. 그것은 훌륭한 조직적 감각을 주겠지만 의미적 감각은 아니다. 예를 들어, 누가 출판했든 상관없이 여러분의 책상 위에 있는 사전에서 분명히 깊은 관련을 갖고 있는 단어인 숙모와 삼촌을 그 사전의 양 끝

부분에서 찾아보자. 이 사실은 교육적 또는 의미적 근거가 없다. 같은 방법으로 땅돼지, 곰, 고양이, 개와 같은 동물원에서 볼 수 있는 단어들을 찾아보자. 미움과 사랑, 평화와 전쟁, 별자리와 별과 같은 단어들의 위치를 잘 살펴보자. 어휘 목록으로 광고한 특정 사전 중에서만 관련된 의미 영역으로 목록화한 단어들을 찾아볼 수 있었다. 어휘 목록에서 숙모, 삼촌, 남자 조카, 여자 조카는 아주 가까운 곳에 목록화되어 있을 것이다. 결과적으로 어휘 목록은 영어가 새로운 언어인 학습자에게 귀중한 도구가 될 것이다.

2. 보통 발음의 새로운 표기법을 어떤 형태로 사용할지 표제어 발음법에 대한 안내는 국제 음성 기호(IPA)를 바탕으로 하거나 유래한 것으로 한다. 발음법 안내는 더 자주 들을 수 있는 발음을 포함하지만, 선택적으로 수용될 수 있는 것이나 지역적으로 수용될 수 있는 변이형 발음도 포함한다. 첫 번째 발음법은 선호되거나 더 정확한 발음법이 아니다. 출판사의 판단에 그것은 선호되지 않지만, 더욱 자주 발음되는 것일지 모른다. 미국의 다른 지역 출신의 화자들은 어떤 것을 다르게 발음할지도 모른다. 예를 들어, 매우 짧은 단어로 선택된 단어인 oil에서 모음은 all이나 coil에서 들을 수 있는 모음과 같다. 용인될 수 있는 다른 발음법들보다 선호된 발음법으로 발음하는 것은 편협함, 계급 차별, 언어 차별 중 하나의 예이거나 아니면 셋 모두에 해당한다. 창문도, 책도, 음악도, 아이들의 웃음소리도 없는 특별한 방이 지옥에 있다면 이 방은 목록의 첫 번째 정의가 '선호된다'는 생각을 맨 처음 제안한 사람을 위한 곳이다.

3. 표제어의 어원이나 역사. 어원은 표제어의 기술적 정보의 처음이나 끝에 있다. 사전이 어원을 가지고 있는지보다 표제어 내에 어원이 어디에 있는지는 언어 교사에게 관심이 덜한 것이 당연하다. 어원은 어족

의 역사를 설명한다. 예를 들어, '사전(dictionary)'이라는 단어는 16세기 초 중세 라틴어 단어 책인 dictionarium에서 유래하였다. 반면에 이 단원의 앞부분에서 제시한 redcoat(영국 군인)는 독립 전쟁 동안 영국 군인에 대한 묘사에서 생겨났다. 모든 단어가 이야기를 가지고 있다. 예를 들어 poinsettia(포인세티아)와 quiz(퀴즈)도 살펴보자.

4. 각 표제어는 몇 가지 의미(senses)와 정의를 포함한다. 때때로 의미는 그들이 그 단어에 들어온 연대기적 순서로 목록화된다. 때로는 사용 빈도가 제시 순서를 결정하기도 한다. 목록화된 첫 번째 발음과 같이 목록화된 첫 번째 의미가 선호된 정의는 아니라는 것이 분명하다. 예를 들어, 나의 사무실에 있는 완전한 사전 중 하나는 pitch가 표제어로 실려 있다. 그리고 타동사와 자동사, 명사로 쓰인 48개의 의미도 실려 있다. 문장에 사용된 pitch를 보았을 때, 의미나 정의 중 선호된 것이 어떻게 드러날 수 있을까?

개별 단어를 학습하는 것은 모든 언어 학습자에게 중요한 과제이고, 사전은 어휘 학습 과정에 중요한 도구이다. 이것은 그 언어가 영어라면 더욱 분명하다. 영어의 많은 단어들이 다의성을 지니기 때문에 나는 이렇게 말할 수 있다. 즉 영어는 다양한 의미를 가지고 다양하게 사용된다. 단어가 사용된 문장의 맥락을 살펴볼 때만이 사리에 맞거나 적합한 정의에 이를 수 있다. 이러한 주장의 타당성을 살피기 위해, 학교, 교실, 달리기나 다른 일반 명사의 정의를 살펴보자(Andrews, L., 2001 : 18).

사전에서 앞부분을 읽는 것만으로도, 의미의 제시 순서에 대한 근본적인 이유를 알 수 있다. 따라서 첫 번째 정의가 선호되었다고 맨 처음 주장한 사람을 위해 지옥에 인접한 방이 있는 것이다.

5. 마지막으로, 많은 사전들은 일러두기(labels of convenience)와 용례(usage note)를 가지고 있다. 이것은 적절한 때가 언제인지, 편집자가 "고어(archaic)", "폐어(obsolete)", "속어(slang)"나 방언인지를 정하기 위해 표제어, 그것의 발음, 사용법, 정의를 살필 것인지의 여부를 나타낸다(Burchfield, R., 1986 : 19−20).

> **생각해 보기**
>
> 여러분의 사전에는 다음과 같이 이탤릭체로 표시된 단어들에 대해 어떤 일러두기와 용례가 제시되어 있는가?
> 1. I'm *agin* it! (나에겐 그것이 또 있다!)
> 2. Are you *alright*? (너 괜찮니?)
> 3. Don't be so *judgmental*. (그렇게 판단하지 마)
> 4. For supper we had beans and *light* bread. (저녁으로, 우리는 콩과 약간의 빵을 먹었다.)
> 5. *Irregardless*, we won't go. (개의치 않고, 우리는 가지 않겠다.)
> 6. Don't *argufy* with me. (귀찮게 하지마.)
> 7. *Ain't* he a piece of work? (그 사람 자체가 일의 일부는 아니지?)

모든 사전이 이러한 특징을 모두 담고 있는 것은 아니다. *Oxford English Dictionary*(대개 OED라 부른다.)만이 모든 자질을 제시하고자 하는 일관된 목적을 가지고 있다. 게다가 OED만이 영어의 모든 단어를 포함하고 있다고 주장한다. 다른 모든 사전들은 그들이 제시하고자 하는 표제어를 골랐다는 점에서 선택적이다(Burchfield, R., 1986 : 19−20).

OED에 관한 2권의 책을 소개하겠다. 첫 번째는 Simon Winchester의 *The Meaning of Everything*이다. 이것은 영어와 OED에 대한 놀라운 역사가 담겨 있다. 이런 거대한 사업을 착수하여 혼자 힘으로 실현한 것은 언어적 기적이다. 두 번째 책도 Winchester가 쓴 *The Professor and the Madman*이다. Winchester는 OED의 역사와 관련된 재미있는 부분과 살인 사건을 함께 제시했다. 정의를 내리고 설명을 하는 문장들에 대한 가장 똑똑하고, 많은 부분을 쓴 기여자 중 한 명이 정신 이상의 범죄자를 수용하는 영국 최대의 보호 시설인 Brodamoor에 수감되었다. 여러분이 이 책들을 읽을 때 재미있을 것이다.

몇몇 사전은 귀중한 정보를 거의 가지고 있지 않다. 슈퍼마켓과 할인 판매점의 계산대에 있는 사람의 구매를 충동하는 물품 옆에서 찾을 수 있는 비싸지 않은 종이 표지 사전들은 간략한 표제어와 의미만을 가지고 있다. 이 사전은 알파벳순으로 정렬된 단어보다 약간 더 적은 양이 담겨 있고, 여러분이나 학생들이 사용하기에는 부적절하다. 다음 번 스크래블 게임을 위해서라면 그것을 가지고 있는 것도 괜찮을 것이다.

지난 50년 동안 미국의 사전 편찬에서 가장 위대한 활동은 대학생용 또는 탁상용 사전의 개발이다. 이러한 한 권의 사전들은 특히 미국적이며, 그리고 여러 가지 매력적인 특성을 가지고 있다. 이 사전들은 상대적으로 저렴하고, 이동성이 있고, 각 표제어에 대해 방대한 정보를 담고 있으며, 계속 갱신되고 있다(Wilson, G, K., 1987 : 18).

전형적으로 완본 사전은 25-30년마다 개정되고 재출판되는데 반해, 대학생용 사전은 약 10년의 출판 주기를 가지고 있다. 분명히, 탁상용 사전은 언어 변화를 더욱 신속히 반영할 수 있다.

사전은 다양한 목적을 충족시켜 준다. 내가 교직을 시작한 중학교에는 제멋대로인 14살 아이들에게 벌을 주기 위해 사전의 한 쪽을 베껴 쓰게 하는 과학 교사가 있었다. 나에게는 사전을 문 멈추개로 사용하는 숙모가 한 명 있었다. 자체 무게와 크기가 있는 사전은 책버팀으로 사용되기도 한다. 나는 체벌의 일부로 사전을 사용하는 교사에게는 큰 문제가 있다고 생각한다.

사전은 의미, 발음법, 품사에 대한 정보를 준다. 발음을 살펴보면, 방언에 대해 더 배울 수 있다. 단어의 역사인 어원을 학습함으로써, 영어의 역사에 대해 더 많은 것을 배울 수 있다. 이런 모든 활동이 언어 변화의 개념을 좀 더 이해하도록 도와준다. 이 단원의 활동이 사전에 대한 여러분의 관심을 새롭게 해주길 바란다.

> **생각해 보기**
>
> 다음 질문에 답하기 위해 대학생용 사전을 준비하자.
>
> 1. saxophone(색소폰), silhouette(실루엣), cardigan(카디건)이 공통으로 갖고 있는 것은 무엇인가?
> 2. 사전은 'theater/theatre, center/centre, pajamas/pyjamas, tire/tyre'의 철자들에 대해 어떤 정보를 담고 있는가?
> 3. 여러분의 사전은 bye-bye에 대해 어떤 용례를 제시하고 있는가?
> 4. 다음에 제시된 단어 쌍에서 단어들 중 하나는 다른 것보다 더 고급스러운 것으로 보통 여겨진다. 어원이 왜 그런지 설명하는 것을 도와줄 것이다.
>
>   hut : cottage (오두막)
>   aubergine : eggplant (가지)
>   zucchini : courgette (호박)
>   fat : corpulent (뚱뚱한)
>
> 5. 여러분의 사전에서 다음 단어의 발음법을 어떻게 제시하고 있는가?
>   creek (하구)
>   garage (차고)
>   orange (오렌지)
>   white (흰색)

다시 보기

REVIEWING THE CHAPTER

1부. 이 단원에서 발견할 수 있었던 진술 옆에 ✓표 하시오.

___1. 기술적 사전은 다른 것보다 하나의 정의를 선호한다.
___2. 사전편찬자들은 문화적으로 승인된 단어의 발음을 싣는다.
___3. 성경과 사전은 해석에 따라 주관적이다.
___4. baseball은 혼성어의 예이다.
___5. 명사를 동사로 바꾸는 것은 비교적 최근의 일이다.

2부. 이 책이 지지한다고 생각하는 진술 옆에 ✓표 하시오.

___6. 단어가 어떻게 사용될지 결정하는 것은 사전이 아니라 사람이다.
___7. 언어 변화는 인간 활동에서 자연스러운 "흐름"이다.
___8. 사전은 법률 책이 아니라 역사책이다.
___9. 기자와 교사는 언어의 표준화를 돕는 사람 중의 하나다.
___10. 몇몇 파생적 변화가 속어를 만들어낸다.

3부. 교육자로서의 경험과 이 단원의 이해를 바탕으로, 이 단원에서 발견한 진술 옆에 ✓표 하시오.

___11. 빌리지 말고, 빌려주라.
___12. 남에게 잘못하면 그대로 돌아온다.
___13. 그것을 사용하거나 그것을 잃는다.
___14. 내가 아는 것을 좋아하고, 내가 좋아하는 것을 알고 있다.
___15. 남들에게 지지 않으려고 허세를 부린다.

학생 탐구 활동

탐구 활동 1　새로운 단어
학습 방법　Dr. Seuss 박사의 책들[6]은 오랫동안 인기가 많았다. Seuss의 책을 정해서, 여러분이 할 수 있는 한 새로운 단어를 많이 찾아보자.

1. 이러한 단어들이 사전에 있는가?
2. 단어가 사전에 없다면, 여전히 '단어'인가?
3. 단어가 사전에 있다면, 단어를 만드는 데 사용된 단어 형성 과정에 대해 어떤 정보를 제공하고 있는가?
4. 이런 활동은 단어와 관련된 의미를 이해하는 데 어떻게 도움을 주는가?

***** ***** *****

탐구 활동 2　Houston, 문제가 있어.
학습 방법　여기에 유명한 영화의 잘 알려진 대사가 몇 개 있다.

> "좋은데, 응."
> "너는 그 진실을 감당할 수 없어."
> "쯧쯧."
> "저기가 너희 집이지. 너희 집에 살 만큼 네가 괜찮은 아이니?"
> "잘 지내니?"

---

[6] 역주 : Theodor Seuss Cieisel(1904~1991). 매사츄세츠주 출생, 동화 작가, 총 46권의 동화책을 펴냈다.

1. 최근의 대화 방법을 알 수 있는 영화의 다른 대사를 생각해 낼 수 있는가?
2. 일상 대화에서 당신과 친구들은 영화나 텔레비전 프로그램에서 사용된 언어를 얼마나 자주 사용하는가?
3. 우리의 대화에서 영화나 텔레비전 프로그램에서 사용된 언어를 쓰는 이유는 무엇인가?
4. 언어의 기여자로서 미디어가 얼마나 중요한가? 이러한 기여가 얼마나 지속될 것이라 생각하는가?

***** ***** *****

탐구 활동 3   우리들 가운데 동물들
학습 방법   비유적 언어의 예인 다음 문장들의 이탤릭체로 표시된 단어들을 살펴보자. 그리고 글자 그대로의 의미를 적어보자.

---

a. It's a *dog eat dog* world. (냉혹한 세상이다.)
b. The plan *seemed fishy* to me. (그 계획은 수상하다.)
c. He acted like a *scaredy* cat. (그는 겁쟁이처럼 행동한다.)
d. *A little bird told* me it's your birthday.
   (누군가가 오늘이 너의 생일이라고 알려 주었다.)
e. When Mom Saw my report card, she *had a cow*.
   (엄마가 성적표를 보시면 불같이 화낼 것이다.)
f. It's *raining cats and dogs* today. (오늘은 비가 많이 오고 있다.)

---

1. 관용어에서 동물을 많이 사용하는 이유는 무엇일까?
2. 관용적 표현에서 문자의 의미 그대로 실제 쓸 수 있을까?
3. 우리가 매일 기본적으로 사용하는 언어를 이해하는 데 상황적 맥락이 얼마나 중요한가?

***** ***** *****

탐구 활동 4	사전 수용
학습 방법	일반 사람들에 의해 자주 사용되는 비공식적인 단어들이 이탤릭체로 표시되어 있는 목록이 있다. 각 단어는 반드시 같은 것을 이야기하는 긴 문장이 있다.

a.	*Umm*	I don't know.	난 모르겠어.
b.	*Huh?*	What did you say?	뭐라고?
c.	*Peeyou!*	The smell is terrible!	냄새가 지독하다.
d.	*Yo.*	I'd like to talk with you.	너와 말하고 싶다.
e.	*Humm.*	Let me think.	생각해 보자.
f.	*Waz—up?*	How are you?	잘 지내니?

1. 이런 표현은 일상 대화에 일반적으로 사용되지만, 사전에는 없는 경우가 많다. 왜 그런지 생각해 보자.
2. 여러분의 학교에서 ELL 학생에게 이런 비공식적인 단어를 직접 가르쳐야 하는가? 왜 그렇게 생각하는가? 아니면 왜 그렇지 않다고 생각하는가?
3. 왜 이런 표현은 사전에 좀처럼 포함되지 않을까?

***** ***** *****

탐구 활동 5	단어 만들기
학습 방법	교실의 모든 학생들과 협동해서, 여러분이 알고 있거나 경험한 어떤 것의 전체를 나타내는 새로운 단어를 만들어보자. (아마 새로운 형용사적 의미 "좋은"이나 새로운 명사적 의미 "교과서"가 가능할 것이다.) 교실 밖의 누군가에게 말하지 말고, 기회가 있을 때마다 그 단어를 학교 주변에서 자유롭게 사용해 보자.

1. 교실 밖의 사람들이 당신의 단어를 사용하는 데 얼마나 걸리는가?
2. 단어들은 어디서 만들어지는지에 대해 여러분이 말할 수 있는 것은 무엇인가? 사람들이 언어를 어떻게 배우는지에 대해 뭐라고 말할 수 있는가? 새로운 단어나 다른 단어에 대해 사람들은 어떻게 반응하는지에 대해 뭐라고 말할 수 있는가?

***** ***** *****

탐구 활동 6 학습 방법	새로운 단어의 정착 새로운 단어를 만들고, 그것을 여러분의 영어 교실 밖 사람들이 사용하고 수용하는 정도를 살펴보자. 그리고 나서 몇 개의 새로운 단어를 시도해 보자. 예를 들어, "좋은"에 대해 또 다른 형용사를 만들 수 있고, "지루한" 또는 "나쁜" 어떤 것을 설명하기 위해 또 다른 형용사를 만들 수 있다. 이와 비슷하게, "교과서"나 "교사", "학생"을 나타내기 위한 다른 명사를 만들 수 있다. 마지막에 3-4개의 새로운 단어를 선택하자. 물론 모든 사람들에게 비밀이라고 이야기하자. 그리고 나서 기회가 생길 때마다 교실 주변에서 새로운 단어 세트를 사용하자.

1. 또 다시, 교실 밖 사람들이 여러분의 새로운 단어 세트 중 하나 또는 그 이상을 사용하기 시작하는 데 얼마나 걸리는지 관찰해 보자.
2. 완성된 새로운 단어 세트에서 어떤 단어가 받아들여지고, 어떤 단어는 사용되지 않는가?
3. 받아들여진 단어들 사이에 어떤 공통점이 있는가? 사용되지 않거나/받아들여지지 않는 단어들은 어떤 공통된 특징을 가지고 있는가?
4. "성공적인" 그리고 "성공적이지 않은" 단어를 분석하자. 어디서 단어들이 시작되는지, 사람들이 어떻게 언어를 배우는지, 왜 새로운 단어와

다른 단어에 대해 그런 방법으로 반응하는지를 일반화하기 위해 여러분이 분석해야 할 것이 무엇인지 또 한번 생각해 보자.

***** ***** *****

탐구 활동 7   인터뷰
학습 방법   은퇴하거나 집에서 쉬고 계시는 친척 어른들을 찾아뵐 계획을 세우자. 이 분들과 언어 사용에 대해 이야기해 보자. 인터뷰 전에 다음이 포함된 질문 목록을 준비해 보자.

1. 어린 시절 사용하다가 오늘날 더 이상 사용하지 않는 단어는 무엇인가?
2. 이러한 단어에 무슨 일이 일어났나?
3. 오늘날 라디오나 텔레비전 신문에서 사람들이 사용하는 "새로운" 단어라고 생각하는 단어는 무엇인가? 이러한 단어는 어디서 온 것일까?
4. 친척 어른은 이러한 특정 언어 변화에 대해 어떻게 생각하시는가? 또는 그들이 관찰한 다른 언어 변화에 대해 어떻게 생각하시는가?
5. 인터뷰 결과, 여러분은 언어 변화에 대해 무엇을 생각하게 되었는가? 왜 이러한 변화가 일어나는가? 언어 변화는 어떻게 일어나는가? 변화에 대해 사람들은 어떻게 생각하는가? 그리고 누가 언어를 변화시키는가?

***** ***** *****

탐구 활동 8   다양한 강세
학습 방법   여러분은 다르게 발음되는 다양한 단어들을 들어본 적이 있을 것이다. 그러나 이러한 단어들은 완전히 다른 이유를 위해 대안적 발음법을 가지고 있다. 사전을 다시 사용해서, 다음의 단어쌍들이 발음 사이에 차이가 있는 이유를 찾아보자.

> CONduct/conDUCT   conTENT/CONtent
> conTRACT/CONtract   EXploit/exPLOIT   subJECT/SUBject
> PERfume/perFume   conVICT/CONvict   PREsent/perSENT

여러분이 이것을 달리 발음할 때, 단어 쌍 내에서 일어난 것을 설명하는 일반화나 "규칙"을 적어보자.

***** ***** *****

탐구 활동 9 명절 식사

학습 방법 특별한 명절날 식사로 먹는 사람들이 좋아하는 음식은 무엇인가? 추수감사절의 통구이 칠면조와 소? 크랜베리 소스? 7월 4일에 먹는 핫도그인가? 새해 첫날 먹는 검은 완두콩인가? 여러분이 좋아하는 4-5가지 음식을 목록으로 작성해 보자. 목록을 작성한 후, 각각의 이름을 사전에서 찾아보자. 이 음식은 어디서 유래하는가? 소집단 내에서 찾은 것을 공유해 보자.

1. 다른 나라에서 유래한 음식은 몇 개인가?
2. 미국 명절의 음식 메뉴에 외국 음식이 포함된 이유를 어떻게 설명할 수 있는가?
3. 명절 음식 전통은 어떻게 시작되었는가? 해마다 이러한 전통이 어떻게 유지되고, 왜 유지되는 것일까?
4. 이런 음식들의 이름이 영어 단어인가?

***** ***** *****

탐구 활동 10　초콜릿 무스
학습 방법

동음이의어는 boar과 bore, hall과 haul과 같이 다른 철자이지만 동일하게 발음되는 단어이다. Fred Gwynne는 *A Chocolate Moose for Dinner*라는 책에서 동음이의어를 사용했다. 후식으로 초콜릿 무스를 즐기기 전에, 여러분은 무엇을 먹고 싶은가? 스테이크?

1. 동음이의어를 사용해서 완성된 메뉴를 만들어낼 수 있는가?
2. 대화에서 사용된 동음이의어를 들었을 때, 여러분은 화자가 어떤 단어를 사용했는지 어떻게 아는가? 이것은 언어에 대해 무엇을 말해주는가?

***** ***** *****

탐구 활동 11　텔레비전 대화
학습 방법

우리가 인식하지 못하는 사이에 새로운 단어가 거의 매일 일반적 어휘로 들어온다. 새로운 단어 몇몇은 가정용품을 위한 이름으로 만들어졌다. 텔레비전은 우리에게 새로운 단어와 표현을 자주 제공한다. 여러분의 교실에서 텔레비전과 관련되지만 다른 상황에서도 사용되는 구절을 가능한 많이 자유연상해 보자. 그리고 칠판에 목록을 적어보자. ("boob tube, 바보상자", "tune in, 채널을 맞추다", "tune out, 방송청취를 그만두다", "wrong channel, 재미없는 채널")

1. 오래된 사전과 새로운 사전, 최소 2개에서 목록에 있는 어떤 단어를 살펴보자. 이 단어는 새로운 사전에는 있지만 오래된 사전에는 없다. 왜 그럴까?

2. 학교 사서 선생님이나 미디어 전문가에게 여러분의 단어 조사에 필요한 것을 물어보자. 텔레비전의 단어와 구절은 언제 처음 언어로 받아들여졌는가? 오늘 들은 텔레비전 표현이 여러분 생각에 일반적 어휘로 들어올 수 있다고 생각하는가?
3. 이러한 활동에서 발견한 것을 근거로, 텔레비전에서 사용된 어떤 단어와 표현은 일반적 어휘로 들어오지만 다른 것은 들어오지 못하는 이유를 설명하는 가설을 준비해 보자.

***** ***** *****

탐구 활동 12   사전편찬 탐방
학습 방법

사전편찬자는 사전을 만드는 언어학자 중 특수한 집단이다. 사전편찬자는 끊임없이 단어를 "추적하고", 새로운 단어에 대한 증거를 수집하고, 이미 존재하는 단어에 대해 새로운 사용과 의미를 관찰하고 어떻게 사용되는지 조사한다. 그들은 사전의 표제어에 대한 정보를 준비할 때 사람들이 단어를 사용하는 방법을 증거로 사용한다. 여기 공통적으로 쓰이는 6개의 단어가 있다.

---

run walk sleep car ball type

---

1. 각각의 단어가 발화나 인쇄물에서 사용되는 예를 바탕으로, 소집단에서 6개 단어에 대해 생각해 낼 수 있는 다른 정의를 가능한 많이 적어 보자. 적절한 곳에 명사와 동사 기능을 모두 포함해야 한다는 것을 기억하라.
2. 의미와 정의에서 어떤 것을 사용할 것인지 여러분의 소집단에서는 어떻게 결정했는가? 어떤 의미가 처음 사용되었는가? 두 번째는? 세 번째는? "더 정확"하거나 "더 선호되는" 의미가 있는가?

3. 사전편찬자가 사전에 포함된 정의와 의미에 어떻게 도달하는지 설명해 보자. 그 의미와 정의는 어디에서 오는가?

***** ***** *****

탐구 활동 13　후빌(Whoville)
학습 방법

콜롬비아와 오하이오는 Christopher Columbus에서 유래했다. 영국의 캠브리지는 캠강을 가로지르는 다리가 있기 때문에, 그러한 이름이 붙여졌다. 카운실블러프스, 아이오와와 같이 어떤 장소는 근처 지세(地勢)에 의해 이름 붙여졌다. 장소가 그들의 이름을 어떻게 갖게 되었는지 아는 것은 지역의 역사와 처음 그곳에 산 사람을 더 잘 이해하는 데 도움이 된다.

1. 장소의 이름에 아래 접미사가 덧붙으면 무엇을 의미하는가?

　　　　－ville　　　　　　－mont
　　　　－ton　　　　　　　－burg(or bury)
　　　　－cester(or chester)

2. 지도나 지구의를 사용해서, 이러한 접미사를 사용한 각각의 예를 찾아 보자.
3. 다음을 사용해 끝나는 이름을 가진 곳을 생각해 보자. 이러한 접미사들의 의미는 무엇인가?

　　　　－ford　　　　　　－land
　　　　－field　　　　　　－haven
　　　　－port　　　　　　 －hill

4. 사람 이름에서 유래한 지명 4개를 생각해 낼 수 있는가? 다른 나라는? 기술적인 이름은 있는가?

5. 미국에서 원래 식민지였던 13개의 이름은 누구에게서, 무엇에서 유래한 것인가? (*The World Almanac* [7])은 이 질문에 답하는 데 도움을 줄 것이다.)
6. 사람들이 그들이 살아가는 장소의 이름을 붙이는 방법에 대해 여러분이 내릴 수 있는 결론은 무엇인가?

***** ***** *****

탐구 활동 14   전통 있고 맛좋은 미국식 피자 주세요.
학습 방법   다음 진하게 표시된 음식에 그것을 우리에게 준 나라의 이름이나 민족을 써 보자.

1. 에클리어(eclair)는 _____의 생과자이다.
2. 토르띠야(tortilla)는 '팬케이크'의 _____ 말이다.
3. 츠비박 (zwieback, 두 번 구운 빵)은 _____에서 유래했다.
4. 마카룬(macaroons)으로 알려진 쿠키는 _____에서 가장 먼저 만들었다.
5. 파이 위에 계란 흰자를 올려놓고 구운 머랭(meringue)은 _____ 말이다.
6. 차우더(chowder)는 "진한 스프"이다. 우리는 이 단어를 _____ 사람들로부터 가져왔다.

***** ***** *****

---

[7] 역주 : 세계의 연감.

탐구 활동 15   새로운 용어 추적하기
학습 방법   사전에서 다음 용어를 찾아본 후, 다음 물음에 답해 보자.

mini van	word processor	microwave
VCR	fax	camcorder
green mail(주식의 매점)		MRI

1. 사전에 이러한 용어들이 실려 있는가? 만약 없다면, 왜 그럴까? 만약 있다면, 그 사전에서의 의미가 여러분이 그 용어를 사용하는 방법과 일치하는가?
2. 사전에 있는 철자가 여기서 사용된 철자와 동일한가?
3. fax, VCR, camcorder는 어떤 단어에서 나왔는가? 이 세 단어가 어떻게 만들어졌는가?
4. "단어는 사전에서 만들어지는 것이 아니라, 사람이 만든 것이다."라는 진술에 동의하는가? 그렇지 않은가?

***** ***** *****

탐구 활동 16   로그온 하기
학습 방법   과학기술이 발달하면 이를 설명하기 위해 새로운 단어가 필요하게 된다. 전보, 전화, 라디오, 텔레비전, 컴퓨터로 인해 생겨났다. 인터넷에 접속하거나 인터넷에 대한 기사들을 읽어보고, 새로운 단어를 적어보자.

1. 여러분이 발견한 단어는 어떤 종류인가? 신조어, 차용어, 약어, 혼성어, 합성어?
2. 사전에 이 단어와 그것에 의도된 정의가 있는가?
3. 사람들이 이미 존재하는 것이나 만들어낼 것에 대해 새로운 단어나 정

의가 필요할 때, 어떻게 원리를 설명하는가?

***** ***** *****

| 탐구 활동 17 | 어디서 왔니? |
| 학습 방법 | 파트너와 함께 또는 둘이서, 사전에서 다음 단어를 찾아보자. 소집단에서 단어를 나눠보자. 그리고 그것이 우리의 어휘에 어떻게 들어오게 되었는지 살펴보자. |

a. catch-22 (꼭 묶인 상황, 딜레마)
b. golf
c. love(as used in tennis) (테니스에서 사용될 때 영점, 무득점)
d. OK
e. posh
f. tip
g. nimrod (수렵애호가)
h. scot-free (죄짓고 무사히 넘어가는)
i. quiz
j. widget (인터넷 익스플로러와 같은 브라우저에서 제공되던 많은 기능들이 브라우저를 열지 않고도 제공되는 것. 예. 야후 위젯)

1. 이 단어들은 어디서 유래하였는가? 그리고 언제 사용되는가?
2. 언어는 어떻게 발달하고 변하는가?

***** ***** *****

| 탐구 활동 18 | 나쁜 놈 꺼져 버려. (The Son-of-a-Gun Petered Out) |
| 학습 방법 | 다음은 흔히 사용되는 표현 목록이다. 여러분에게 친숙한 사전을 찾아 이 단어의 유래를 학습해 보자. |

> a. nail-biter (손톱 깨무는 버릇이 있는 사람) 조마조마한 이야기
> b. knee-slapper (기막힌 농담)
> c. hand-me-down (기성복) 헌옷
> d. back-breaker (몹시 힘든 일, 맹렬히 일하는 사람)
> e. rule-of-thumb (주먹구구)
> f. peter out (용두사미)
> g. son-of-a-gun (나쁜 놈) 구두쇠

1. 여러분이 이해한 이 용어의 의미는 무엇인가?
2. 이 구절은 어디에서 유래한 것인가? 어떻게 언어가 생기는지에 대해 이 용어는 무엇을 말해주는가?

***** ***** *****

탐구 활동 19   신이 주신 선물
학습 방법   우리가 사용하는 많은 단어들이 그리스와 로마에 뿌리를 두고 있다. 여기 놀라움과 관련된 많은 단어가 있다. 왼쪽의 단어가 어디서 유래했는지 학습하기 위해 사전을 활용해 보자.

현대어	신	정의
lunar (달의)		
flora (식물분포지)		
volcano (화산)		
insomnia (불면)		
psyche (유리령)		
mercurial (수은)		
cereal (곡물)		
vulcanize (경화하다)		
tantalize (애타게 하다)		
fortune (부, 운)		
terrain (지역)		

탐구 활동 20　Halibut[8]만을 위한 것.
학습 방법　우리가 사용하는 단어는 다양한 곳에서 얻을 수 있다. 사전을 사용하는 것을 좋아한다면, 다음의 일반적 용어의 출처를 찾아 보자.

---

a. caravan(이동주택, 마차)　　　b. exit(출구)
c. boulevard(큰 길)　　　　　　d. fettucine(파스타)
e. petite(작고 맵시있는)　　　　f. diploma(졸업 증서)
g. gelatin(젤라틴)　　　　　　　h. hors d'oeuvre(전채)
i. salon(응접실, 초대회)　　　　j. orchestra(관현악단)
k. violin(바이올린)　　　　　　 l. typhoon(태풍)
m. mustache(코밑수염)　　　　 n. knapsack(배낭)
o. robot(로봇)　　　　　　　　　p. beret(베레모)

---

[8] 역주 : 핼리벗, 북방 해양산의 큰 넙치

제 6 장

문법, 철자, 좋은 영어

머리가 깨질 듯이 아프고 걱정이 태산같을 때에는 어떤 표현을 사용해도 괜찮아 보인다.
—W. S. Gilbert, 〈이오란〉(*Iolanthe*)[1]

> **이 장을 읽기 전에**
>
> 나와 함께 가자. 15분 간 휴식 시간에 자판기 커피나 차를 마시는 교사 휴게실에 실제로 가 보자. 여러분이 앉아 있으면, 다른 교과의 교사가 질문을 할 것이다. "요즘 어떤 영어 유형을 가르치세요? 전 *lie*와 *lay*의 차이를 모르거나, 혹은 *between*과 *among*을 언제 쓸지 전혀 모르는 학생들을 맡고 있어요. 그들은 대부분 *sic'em*의 철자를 쓸 줄 몰라요. 대부분 제가 중학교에서 배웠던 내용인데 말이죠! 더 이상 올바른 영어를 가르치고 있지 않나요?" 여러분은 무엇이라 말하겠는가? 전문가가 되어야 한다.

6.1. 들어가기

다음에는 여러분이 회의에 참석할 것이다. 회의가 시작되기 전까지 여러분은 다른 참석자과 가벼운 사회적 대화를 나눌 것이다. 만약 여러분이 성

---

[1] 역주 : 1882년에 영국 사보이 극장에서 초연한 코믹오페라.

공적인 대화 시작 표현이 필요하다면, 여기에 몇 가지 제안을 하겠다.

- 여러분은 임신중절 합법화를 찬성합니까? 아니면 반대합니까?
- 학교에서는 진화론을 가르쳐야 합니까? 아니면 창조론을 가르쳐야 합니까?
- 학교에서 문법을 충분히 가르치고 있나요?

이러한 화제는 여러분이 찾고 있는 이야깃거리를 제공한다(Andrews, 2001 : 38). 몇몇 사람들은 문법에 관한 화제를 자신의 종교적, 정치적 신념과 같이 깊은 수준으로 끌어올릴 것이다. 앞서 지적했듯이 TV 광고에서 들은 방언 혹은 능숙한 작문 실력과 같은 영어의 어떤 측면에 대해 직장인들이 논의할 때마다, 그 대화는 15분에서 20분 내로 "올바른 영어(Proper English)"혹은 "좋은 문법(Good Grammar)"으로 귀결될 것이다.

많은 사람들은 무엇이 "올바른 영어"를 형성하는지에 대해 강한 의식을 가지고 있다. 여기에 널리 알려진 신문의 칼럼으로 실린 "애니의 우편함(Annie's Mailbox)"이라는 최근의 예가 있다.

> 친애하는 애니 : 당신은 "less"와 "fewer"의 부적절한 사용에 관한 어떤 사람의 불만을 실었습니다. 제 글도 실어 주세요. 저는 두 가지를 지적하고 싶습니다. 첫 번째는 생략 부호의 잘못된 사용입니다. 소유격을 쓸 때 잘못 생략("the dogs tail")하거나, 비소유격의 복수형("table's for sale")에 잘못 쓰이는 경우가 있습니다. 두 번째 불만은 쉼표 오용(the comma splice)인데요, 두 개의 완전한 문장이 쉼표에 의해 연결되지만, "or", "and", "but"과 같은 대등 접속사들은 없어집니다. ("The water was cold, Jill went swimming anyway."). 저희 영어 교수님 중 한 분은 보고서가 아무리 훌륭하더라도 쉼표 오용이 있으면 바로 "F" 학점을 주시곤 합니다.
>
> — 버몬트에서 필자 —

친애하는 필자 : 편집 마지막에 문법 교열 기사가 있어서 교정의 우려가 있지만, 우리는 당신의 편지를 실을 것입니다. 그리고 우리 신문사는 사람들이 구두점 사용에 보다 주의를 기울이기를 바라고 있습니다. 우리는 생략 부호의 오용이 무척 짜증나는 것이라는 점에 동의합니다.[2]

애니의 우편함만이 언어 문제에 대한 공적인 알림 게시판으로서 역할을 하는 것은 아니다. *The Atlantic Monthly*의 "단어 법정(Word Court)"이라는 칼럼에서도 "She graduated high school."이라는 표현에 이의를 제기한 한 독자의 이야기가 실려 있다. 그 칼럼의 편집자는 "*Graduate*는 타동사이지만, 교육기관이 그 동사의 목적어로 오는 것('The school graduated her with honors.')은 허용하지 않는다."라고 대답하였다.[3]

인쇄 매체의 이러한 논평에 공감하는 것은 단 한 가지 이유 때문이다. 즉, 언어적 불만에 대해 공식적으로 편지를 쓸 만큼 어법에 대해 걱정하고 있는 사람들이 대중 속에 있다는 사실이다. 그들은 문법적 잘못을 저지른 어떤 독자이든지(그리고 그들이 누구인지 자신들도 알고 있다. 그렇지 않은가?) 행동을 변화시킬 수 있고, 향상될 수 있으리라는 희망을 가지고 있다.

다른 한편으로, 이 장의 서두에 쓴 W. S. Gilbert는 우리의 어법이 "올바른지" 그렇지 않은지에 대해 고려하지 않고, 자유롭고 풍부하게 언어를 사용하는 시대에 살고 있다고 하였다. 만약 여러분에게 치통이 있다면, 여러분은 치과 의사 또는 그 밖의 누군가에게 이를 어떻게 "올바르게" 설명할지에 대해서는 특별히 주의를 기울이지 않는다. 이는 여러분이 문법적 승인을 원하는 것이 아니라 치통의 완화를 원하기 때문이다.

친구와 커피나 콜라를 마시거나, 영화를 보고 나서 피자나 맥주를 먹거나, 테니스나 골프를 치거나, 또는 명절에 저녁 식사를 하면서 가족과 이야

---

2) Annie's Mailbox, *Lincoln (NE) Journal Star*, November 21, 2004.
3) Word Court, *The Atlantic Monthly*, July 1996, 112.

기를 나눌 때, 우리에게 가장 중요한 것은 우리가 말한 내용이지 문장의 형식이 아니다. 문장의 형식은 심오한 관찰 대상이 아니다. 여러분은 이러한 사실을 수십 번도 더 경험해서 알고 있을 것이다. 그럼에도 불구하고, 언어 사용에 있어 '정확성에 대한 단일 표준(a single standard of correctness)'에 대한 믿음은 영어권 세계의 사람들을 사로잡고 있다. 앞서 언급했던 비공식적이고 편안한 대화를 한 사람들 역시 그러하다.

나를 당혹스럽게 만들고 긴장시키는 표현이 두 가지가 있다. 첫째는, "온도가 적절한가요?"이며 둘째는 "오, 영어를 가르치세요? 당신 앞에서 주의해서 말해야겠군요."이다. 첫 번째 질문에 대해 암묵적으로 필자가 할 수 있는 대답은, "글쎄요, 사실은 그렇지 않답니다. 난 육체적 불편함을 즐기는 편이에요."이다. 두 번째 질문에 대한 암묵적인 대답은, "맞아요. 난 내 주변에 지저분한 언어가 있는 것이 싫어요."이다. 그러나 나는 실제로 이런 얘기를 하지 않는다. 나는 웃으며, 야구나 배스 낚시와 같은 실제적인 문제에 관한 주제로 화제를 바꾼다.

내가 런던 대학의 초빙교수로 있을 때, 일요일 오후에는 친구 집에서 차를 마시곤 했다. 지역 종합 학교(미국의 "고등학교")에서 최근에 퇴직한 교장(미국의 "교장")이 나에게 다음과 같이 물었다. "Andrew 교수님, 미국 사람들이 언어를 망치는 방식은 정말 끔찍하다고 생각하지 않으세요?" 그녀는 영국에서 유명한 식료품 체인점인 Sainsbury's에서 만났던, 대화 중에 분리 부정사를 사용하는 시카고인 여행객에 대한 이야기를 계속했다.

우리가 나누었던 대화의 주제 중에서 그녀는 식료품점 농산물 코너에서 겪었던 분리 부정사 사용에 대한 주제를 선택했다. 그리고 그녀는 분리 부정사 사용을 미국 사람들에게 일반화시켰으며, 그것이 매우 유감스러운 일이라는 것에 대해 내가 동의하기를 원했다.

언어 사용에 있어 '정확성에 대한 단일 표준'의 개념은 종종 매체에 의해 유지되기도 한다. 앞에서 읽었던 애니의 우편함, 그리고 〈The Atlantic

Monthly〉의 기사와 같은 종류의 또 다른 글을 살펴보자.

> 친애하는 애비 : 제 손녀가 계속 강아지에게 "lay down"이라고 말하기에, 저는 "lie down"이라고 해야 한다고 손녀한테 말했어요. 그러자 손녀는 "어쩐지 강아지가 내 말을 안 듣더라."라고 대답했답니다.[4]

버몬트 주의 필자는 애니의 우편함에 잘못 사용된 생략 부호와 쉼표의 오용에 대해 글을 써서 자신의 불만을 표현하였다. "네, 이것은 정말로 가장 짜증나는 것입니다."라고 하였다. 그리고 〈*The Atlantic Monthly*〉의 칼럼에서 "교육 기관은 동사의 목적어로 올 수 없다."라고 하였다. 마지막으로, 여러분은 3번째 편지에서 그 개가 *lie/lay*의 구별을 할 수 있다고 생각하는가? 대부분의 사람들은 전혀 이해하지 못할 것이다.

이 세 가지 논제가 가지는 공통점은 정확한 언어 사용의 '단일 표준'에 대한 신념이다.

여기에 여러분을 위한 간단한 퀴즈가 있다. 이것은 몇몇 학생들, 부모님, 선생님, 친구들이 나에게 물었던 것이다. 의심할 여지없이, 여러분도 비슷한 사람들로부터 비슷한 질문을 받게 될 것이다.

6.2. 간단한 영어 어법 시험[5]

1부 지시사항 : 다음 문장에서 구두점, 철자, 대문자를 정확하게 쓰시오. 그리고 각각의 수정 사항에 대해 규칙을 제시하시오.

1. new york is in the Largest of all american Cities.

---

4) Dear Abby, *The Lincoln (NE) Journal Star*, August 4, 1992.
5) 이 시험은 Dennis Baron(1994 : 15-20) 이후에 저자에 의해 추가된 것이다.

2. a man named john right appeared in vue and was scene by sevral nabors he bore in his rite hand a peace of pottrey and a pain of glass to which he had no rite.

2부 지시사항 : 다음 문장을 고치시오. 그리고 고친 이유를 각각 제시하시오.

3. Which do you like best, white meat or dark meat?
4. Yes, Your Honor, it was him who I saw.
5. Turn your hand this way, like I do.
6. Share the remainder between Tom, Dick, and Harry.
7. The wisdom and justness of his decision is now apparent.
8. None of the newer books were on the bargain table.
9. The whole team lost both it's cool and it's resolve

여러분이 다른 사람과 이 시험에 대해 논의한다면, 오류와 오류가 아닌 것에 대해 의견이 일치하지 않을 것이라는 데 확신한다. 필자가 이 시험을 수업 시간에서 사용했을 때, 다음과 같은 이야기를 들었다.

- 이 문장들은 정말로 시시하다.
- 나는 who와 whom의 차이를 전혀 모르겠다.
- 사람들이 it's에 대해 잘못 사용하는 건 참을 수 없다. 그것은 나를 미치게 만든다.
- 누가 상관하겠어? 이 규칙들을 배운 적도 없고, 지금은 그렇게 하려고 하지도 않는다.
- 내가 학생의 보고서에서 이러한 표현을 본다면, 바로 'F'이다.

이러한 말들은 고등학교 졸업한 사람이나, 영어 교사가 되기 위해 4년 동안 공부를 한 사람이나, 영어 교과를 수 년간 가르쳐 온 사람들이 한 것이다. 그들의 반응이 이렇게 차이를 보이는 이유는 무엇인가?

그런데, 예비 또는 현직에 있는 수학 선생님이 "난 구구단을 배워본 적도 없고 지금도 그럴 생각도 없다."라고 말하는 것을 상상할 수 있을까? 또는 지질학이나 사회 교과 교사가 "이 지도들은 정말로 시시하다."라고 말하는 것을 상상할 수 있을까?

나의 수업을 듣는 학생들은 4학년 혹은 5학년에서 시작해서 고등학교까지 간단한 어법 시험을 수백 번도 더 보았지만, 정말 놀라울 정도로 일관되지 않은 반응을 보이고 있다. 어떤 사람들은 '오류'를 귀찮은 것으로 보지만, 대체로 사소한 언어적 실수로 본다. 또 다른 사람들은 오류를 참을 수 없는 혐오물로 보기도 한다. 이들의 언어 학습 경험이 모두 같거나 비슷하다는 사실이 주어지면, 이러한 다양한 반응을 어떻게 설명할 수 있을까?

잠시 다른 측면에서 생각해 보자. 아마도 이것이 임계점일지도 모른다. 하여튼 학생들이 겪는 곤경에 대해 생각해 보자. 어떤 선생님의 수업에서 한 학생이 lie/lay, its/it's 그리고 between/among 등을 부주의하게 사용하고 헤매고 있지만, 한 번도 이것을 구별해서 사용하라는 지적을 받지 않았다. 다음 해에 학생은 lie/lay, its/it's 그리고 between/among을 항상 또는 실수하지 않고 정확하게 사용하는 능력만이 영어를 능숙하게 사용할 수 있다는 유일한 기준이라고 생각하는 선생님을 만난다고 가정해 보자. 어떤 선생님이 옳은가? 이전에 언어 사용에 대해 지적받아 본 적이 없던 학생은 혼란스러워 할 것이다. 그 학생은 무엇을 믿고 해야겠는가?

우리가 1, 2, 3장에서 살펴보았던 다양한 이유들 때문에, 미국 대부분의 학교 영어 프로그램은 타 언어 교육과정에서 실제적으로는 배제되었고, 학교 언어 교육에서 가장 어렵고 추상적이며 생산성이 낮은 문법을 강조하였다. 전통적 문법 교수법이 비효율적이라는 것을 증명하는 증거 때문에 결국 학교 언어 교육에서 문법을 강조하는 것은 말이 되지 않는다.[6]

---

[6] Richard C. Braddock, Richard Lloyd-Jones, and L. Schoer, *Research in Written Composition* (Champaign-Urbana, IL : National Council of Teachers of English, 1963) ; Stephen

학생들의 구어와 문어 수행 능력을 향상시키기 위해 어휘적, 통사적 용어의 수를 늘리는 것을 목표로 하는 전통적 문법 교수법은 학생들의 쓰기와 말하기 능력을 개선시키는 데 아무런 효과가 없었다. 전통적인 품사의 명칭과 규범적인 어법에 대한 규칙("전치사로 문장을 끝내지 마라.", "교육 기관은 동사의 목적어로 허용하지 않는다.")을 학생들에게 가르치는 것은 품사의 명칭을 배우거나(전형적인 예로 분리부정사를 피하는) 영어에 적합하지 않은 규범적인 규칙들을 배우는 데 도움이 될지 모른다. 혹은 사회적 에티켓이나 사회적 계급주의(언어차별주의)를 배우는 데 도움이 될지 모르나, 더 나은 작가나 화자가 되는 데는 도움이 되지 않을 것이다.

몇몇의 영어 교사는 내가 방금 이야기한 것에 이의를 제기하고, "난 다만 도식화된 문장을 좋아했을 뿐이에요."라고 반박할 것이다. 나는 그들의 경험을 부정할 권리도 없고 그러고 싶지도 않다. 그러나 분명한 사실은 대부분의 학생들이 도식화된 문장들을 좋아하지 않는다는 것이다. 영어 교육을 제외한 다른 분야에서 무작위로 선정된 10명의 성인에게 물어보아도 마찬가지일 것이다.

우리는 1장뿐만 아니라 이 장에서 앞서 언급했던 언어 학습에 대한 전통적인 접근법의 몇 가지 단점을 추출해 낼 수 있다. 그것들을 하나의 넓은 범주로 묶으면, 몇몇 사람들이 믿는 것을 구성하는 것에 대해 단 하나의 기준이 있다는 잘못된 믿음은 "좋은 영어(good English), 올바른 영어(proper

---

Sherwin, *Four Problems in the National English : A Critique of Research*(Scranton, PA, International Textbook Company for the National Council of Teachers of English, 1966) ; Arthur N. Applebee, *Contexts for Learning to Write : Studies in Secondary School Instruction*(Norwood, NJ : Ablex Publishing Corporation, 1984) ; George Hillocks, *Research on Written Composition : New Directions for Teaching*(New York : National Conference on Research in English, and Champaign-Urbana, IL : ERIC Clearinghouse on Reading and Communication Skills, 1986) ; Rei R. Noguchi, *Grammar and the Teaching of Writing : Limits and Possibilities* (Champaign-Urbana, IL : National Council of Teachers of English, 1991)를 살펴보라.

English) 또는 표준 영어(standard English)"로 설명된다. 일부 사람들이 믿는 "좋은 영어, 올바른 영어, 표준 영어"를 나타내도록 구성하는 단일 표준이 있다는 것은 잘못된 신념이다.

6.3. 표준 영어에 대한 잘못된 개념

"표준 영어"는 누구든지 그것이 의미하는 바를 이해하는 것이 당연하다고 여기는 독선적인 몇몇 사람들이 사용하는 용어 중 하나이다. 우리는 이것이 사실이 아니라는 것을 이 텍스트의 앞부분에서 이미 살펴보았다. 미국 영어의 몇몇 방언 중에 '표준 미국 영어(SAE)'라 불리는 것이 정확한 어법(correct usage)의 모델로서 자주 사용되고 있다. 이 모델은 가장 영향력 있는, 사회적, 문화적, 정치적, 경제적 리더들이 사용하는 언어의 방식에서 기원한 것이다(Andrews, 1998 : 128).

SAE는 권위와 힘이 있는 사람들의 언어이다. 이러한 사람들이 언어를 사용하는 방식이 SAE의 모델이다. 결론적으로, SAE는 "**사회적으로 정확한**" 것이고, 사회적으로 인정받으려는 사람들이 이를 사용한다. SAE 노선을 따르는 어떤 곳에서는 사회적 정확성 그 이상의 의미를 가진다. 또한 언어적으로도 정확한 것으로 여겨지기도 한다. 오늘날 SAE는 사회적으로 우위에 있는 것으로 여겨질 뿐 아니라, 다른 방언들보다 언어적, 표현적, 논리적, 심미적으로 더 우위에 있는 것으로 받아들여지고 있다(Andrews, 1998 : 129). 그러나 SAE는 사람들이 믿고 있는 것처럼 고정된 것이 아니다. SAE는 정밀한 특징을 정확하게 서술하는 것이 불가능한 편의의 추상적 개념이다 (Andrews, 1998).

세상에 살아있는 다른 언어들처럼, 영어는 지속적으로 변화하고 있다. 대부분의 학교 문법 교재나 언어 입문서는 출판됨과 동시에 최근의 변화 때문에 일부분은 시대에 뒤떨어지고 만다. 언어의 지속적인 진화와 권위 있는 위치나 힘이 있는 상류층 구성원들의 필연적인 물갈이는 상류층의 발화 전체를 기록하고, 체계적으로 정리하는 것을 근본적으로 불가능하게 만든다 (Andrews, 1998).

예를 들어, "*nuclear*(핵)"라는 단어를 생각해 보라. 나는 그 단어를 [NUKE-lee-er]라고 발음한다. 그것은 발음하기 어려운 단어도 아니고, 대부분의 사람들이 그렇게 발음한다. 그러나 George W. Bush 대통령은 [NUKE-ya-ler]라고 발음한다. *Nuclear*는 *likelier*와 비슷하며, [LIKE-ya-ler]라고 발음하는 사람을 결코 본 적이 없을 것이다. 그 전 Bush 대통령은 나와 같은 방법으로 발음했었다. 그렇다면, Dubya(현 부시)는 그의 [NUKE-ya-ler]를 어떻게 익히게 된 것인가(Nurberg, 2004 : 59-60)? 분명 그의 가족으로부터 익힌 것은 아닐 것이다. 확실한 권위와 힘을 지닌 인물인 미국 대통령의 [NUKE-ya-ler]라는 발음이 보다 인정받을 수 있고, 보다 "표준"적인 것으로 여겨지는가?

이와 비슷하게 SAE를 배우는 학생들이 'Mary, merry, marry'의 세 단어가 3가지 방식으로 발음된다는 것을 한꺼번에 배웠다. 오늘날 이 단어들은 지역적 방언을 제외하고는 미국에서 거의 구별되지 않는다. 마찬가지로 오늘날 명사 '*loan*'과 동사 '*lend*'는 동의어로 사용된다. 우리 부모님이 학교를 다녔을 때는 그렇지 않았지만, 오늘날에는 "Loan me a pencil"과 "Lend me a pencil"은 동등하게 받아들여진다.

사람들이 '올바른 영어'의 모든 규칙을 지켜야 한다는 전통적인 주장은 다만 잘못된 것이다. 사실 어떠한 언어든 모국어 화자들은 사회 공동체와 조직으로부터 무의식적이고 자동적인 방법으로 학습한 관습을 따르는 것처럼 모국어 문법을 말하고 쓴다.

미국의 모국어 화자는 사람들이 도로 우측에서 운전하는 이유를 "그것이 우리가 하는 방식이다."라고 말하는 것 이외에 다른 것을 들지 못하고, 고기한 조각을 자른 후에 포크를 오른손으로 바꿔 잡으면서도 왜 칼은 오른손에 잡고 포크는 왼손에 잡는지에 대한 이유를 설명하지 못한다. 그리고 모국어 화자는 문장에 제시된 단어의 품사를 분류할 수 없더라도, 그들의 언어 조직에서 사용하는 문법적 유형에 맞는 문장을 만들 것이다.

사실, 어느 누구도 유아들에게 언어 구조가 어떻게 작용하는지에 대해 직접적으로 가르치지 않는다. 갓난아기와 유아들은 몰입, 관찰, 실험, 시도를 통해 그리고 그들을 둘러싼 언어에 적극적으로 참여하고 연습해서 언어 구조를 배운다. 기성세대와의 지속적인 상호작용을 통해서 언어가 어떻게 구성되는지를 배운다.

나의 조카 카메론 킬고어는 최근에 우리집을 방문했다. 1년 11개월의 나이에, 그는 많은 것들을 이미 배웠다. 우유나 주스를 마시고 싶을 때 유리잔을 어디에서 꺼낼지, 깨끗한 양말이 어디에 보관되어 있는지, 깨끗한 접시가 어디에 있는지, 포크와 숟가락이 어디에 있는지, 자신의 책이 어디에 있는지 등을 알고 있다. 카메론은 이 모든 것을 엄마, 아빠, 누나, 형이 어디에 치우고 필요할 때에 어디서 가져오는지 관찰을 통해서 배웠다. 카메론은 그들의 행동을 관찰한 후 마시고, 먹고, 입고, 읽는 활동에 참여한 뒤, 반복을 통해서 학습한 것이다. 이것은 또한 카메론이 언어를 배우는 방법이기도 하다.

카메론은 아주 간단한 이유로 프랑스어, 스페인어, 우르두 어를 할 줄 모른다. 그의 직계가족, 이웃, 친척들은 영어를 말하지, 프랑스어나 스페인어, 우르두 어를 말하지 않기 때문이다. 카메론은 그에게 말할 때 아무도 "book a have I"와 같은 문장 구조를 모델화하지 않았기 때문에, 그렇게 말하지 않는다. 그는 계속해서 자신에게 사용되는 문장 유형을 배우고 사용할 것이며, 우연히 그리고 간접적으로 문장 유형을 배울 것이다.

반대로, SAE가 모국어인 화자는 "My mother is a housewife."라고 말하지만, 스페인어가 모국어인 라틴 아메리카인은 새로운 언어로 영어를 배운 경우에는 "My mother is the wife of the house."라고 말할 것이다. 일반적인 의미에서 두 문장은 분명히 관련되어 있지만, 두 번째 문장은 스페인어 문법을 따른 것이다. 반대로 영어 모국어 화자는 자신이 배웠던 영어 문법 구조대로 첫 번째 문장을 만든다.

설령 그렇지 않더라도, 만약 카메론 또래의 영어 모국어 화자가 "I live in a house white."와 같은 구조를 말한다면, 돌봐주시는 어른이 "카메론, 영어에서 형용사는 그것을 수식하는 명사 '앞'에 나온다는 것을 기억해야 해. 로망스 어에서 명사 '뒤'에 형용사가 나온단다."라고 말하지 않을 것이다. 오히려 돌봐주시는 어른은 "그래 맞아, we live in a white house."라고 말함으로써, 어른들의 모델링을 통한 관습적인 문법 유형을 보여줄 것이다.

나와 아내가 조카 카메론을 완벽한 언어 천재라고 생각하지만, 우리 아이들을 통한 이전 경험과 나의 전문 지식은 그가 대부분의 영어 모국어 학습자들이 여행하는 언어적 숙달 경로를 똑같이 따르고 있다는 것을 일깨워준다(그럼에도 불구하고, 그는 굉장히 똑똑하다).

카메론과 같은 아이가 공식적인 학교 교육을 시작할 때, 비록 이국적이지 않더라도 다른 세계가 자주 존재한다. 즉 아이들이 언어 구조를 이해하지 못했다거나, 이해한다고 생각하는 언어는 아무래도 불완전하거나 손상되거나 또는 터무니없이 부정확하다고 가정하는 세상이다.

다음은 주 단위 성취 기준(state standard)의 일부이다. 이 두 가지에 대해 생각해 보라. :

12.2.1 12학년을 마친 학생은 영어 구조에 대한 지식과 문장 구조, 어법, 구두법, 대문자 사용, 철자법에 관한 표준 영어 관습을 명확히 알고, 설명하고, 적용할 수 있다.

12.2.3 12학년을 마친 학생은 자신의 작문을 수정하고 편집한 후에 조직, 내용, 어휘 선택, 어조, 문장의 유창성, 표준 영어 관습에 있어서 향상되었음을 보여줄 것이다.[7]

이 성취 기준은 미국 전 지역의 교육청(교육위원회), 교육 기관 등이 채택한 수백 가지의 성취기준과 유사하다.

성취 기준 12.2.1은 영어 구조에 대한 지식을 요구한다. 출판된 문법 참고서나 교육용 문법 텍스트, 규범적 문법 텍스트가 영어 구조 지식의 필요성에 대한 입장이 각기 다르기 때문에, 교육과정의 이러한 기술은 지나친 것이다. 그러나 성취 기준은 항상 올바른 것으로 보이고 모든 정치가들이 옹호하고 지켜내야 하는 아주 오래된 학문적 엄격성을 가진 것으로 보인다. 성취기준 12.2.1의 후반부에서는 문장 구조, 어법 등에 있어서의 표준 영어 관습에 대해 장황하게 이야기하고 있다. 그렇지만 우리가 쉽게 구할 수 있는 참고서들을 보면 성취기준에 담긴 이와 같은 언어적 신념과 많은 차이가 있음을 알 수 있다.

성취 기준 12.2.3에서는 학생들이 그들의 글을 수정하고 편집함으로써 여러 측면에서의 작문 능력을 향상시킬 수 있다고 기술한다. 여러 학문적 활동과 연구를 통해 이러한 수정과 편집 단계의 관습들을 명료화하려는 학자들이 많다. 그렇다면 그 학자들 사이의 의견 불일치가 있음은 당연하다. 그러나 성취 기준은 너무나 그럴 듯하게 보이고, 모든 정치가들이 지지하고 지켜야 하는 훌륭하고도 고풍스러운 학문적 엄격성을 가진 것으로 보인다. 하지만 나는 좋은 필자라면 반드시 따라야만 하는 이러한 관습들을 자주 어기곤 한다.

내가 정반대의 입장에서 주 단위 성취기준을 비난하려고 이 장을 쓰는 것은 아니다. 그건 다른 문제이다.

학교구별로 성취 기준을 달성했다는 것을 증명하기 위해, 교사가 학생들을 준비시키는 전략이 여러 가지 있다. 여러분이 그 계획을 따르지 않을 때 받게 되는 정치적, 경제적 부담이 너무 크기 때문에, 그 계획을 따를 수 밖

---

7) *Nebraska Reading/Wring Standards, Grades K-12*(Linclon : Nebraka State Board of Education, 1998).

에 없다. 교사로써 여러분에게 주어진 과제는 고부담을 안고 좀 더 효과적인 교육과정을 제공하는 방법을 고안하는 것이다.

주 단위 성취 기준에서 가장 문제가 되는 사항은 다음과 같다.

1. 주 단위 성취 기준은 100년 전에도 효과적이지 않았던 어법에 대한 낡은 관점을 고집하곤 한다.
2. 주 단위 성취 기준은 영어 사용과 영어 어법 간의 차이를 지속적이고, 위태롭게 혼동시킨다.

6.4. 영어 사용과 영어 어법

학생들은 "I like ice cream."과 같은 기본적인 S-V-O 영어 문장을 어떻게 (문장 성분으로) 분류하고 만드는지 배운다. 이것은 이상적인 문장이자, 문법적이다. 이와 같은 문장을 만들 수 있다는 것은 그 학생이 문법 능력(usage)을 가지고 있다는 뜻이다. 심지어 사용하는 실재 상황에 벗어나서 살펴보더라도, 영어 문법에 익숙한 사람이라면 누구나 "I like ice cream."을 적격한 문장으로 인식할 것이다.

만약 여러분이 학생 한 명에게, "What part of town do you live in?"이라고 묻는다면, 학생이 "I like ice cream."이라고 대답하든 "ice cream like I"라고 대답하든 차이가 없을 것이다. 왜냐하면 둘 다 언어의 정확한 사용을 보여주는 답이 아니기 때문이다.

고부담 평가를 위해 학생들을 준비시킬 때에 사용되는 문법적 반복 학습과 학습지의 전형적 약점은 학습자의 영어 어법에 있어 능력을 갖도록 도움을 줄지는 몰라도, 실제적이고 유의미한 목적을 위해 언어를 사용하는 능력을 길러줄 수 없다는 것이다(Andrews, 2001 : 41). 이것은 우리가 앞에서 보았던 "언어 기능보다 형식을 강조하는 것은 의심스러운 교육이다."라는 화제와 유사하다.

언어 사용과 기능보다 어법과 형식을 강조하는 것은 새로운 것이 아니다. 여태껏 행해졌던 전통적 영어 교육과정은 학생들의 언어 행위를 당연히 잘못된 것으로 여기고 고치려고 노력하였다. 이런 수정의 노력은 미국식 영어가 어떻게 쓰이는지 발견하기 위해 교재나 논리를 보거나 라틴어와 같은 다른 언어를 살펴보아야 한다고 생각하였다. 이로 인해 사람들이 실제로 다른 맥락에서 다양한 목적을 위해 언어가 어떻게 사용되는지 살펴보지 못했다. 이러한 잘못된 생각은 "언어는 순수하지만 사람은 불순하다."라는 말을 더욱 당연한 것으로 받아들이게 했다.

이러한 잘못된 가정과 생각으로 인해 초기 교육과정 개발자는 라틴어를 통해 이 문제를 해결하고자 하였다. 라틴어는 학교 과목이 되었으며, 앞 장에서 읽었던 것처럼 라틴어를 배우기 위한 방법론이 영어를 가르치기 위한 방법론이 된 것이다. 이러한 접근법이 채택되고, 영어에 라틴 문법의 규칙들을 강제로 적용한 것은 볼링공을 가지고 골프를 치는 것과 같은 이치이다.

6.5. 전치사를 어디에 넣을 수 있는가

라틴어로부터 빌려온 학교 문법의 전통적 규칙 대부분이 영어 문법을 타당하게 설명하지 못한다. "전치사로 문장을 끝내지 마라."라는 것은 성숙하고 "올바른" 영어 사용자들에게 관찰되는 규범적 주의사항이다. 어디에서 이러한 규범적 규칙이 왔는가? 바로 라틴어이다.

라틴어의 경우, 시간과 장소에서 관계나 위치를 나타내는 단어들(in, on, between, after와 같이 전치사라 부르는 단어들)이 문장 끝에 오는 것은 물리적으로 불가능하다. 이 때문에 후치사가 아니라 전치사라고 부른다. 그러나 모두가 아는 바대로, 영어에서는 시간과 장소에서 관계나 위치를 나타내는 단어를 문장 끝에 두는 것이 가능하며, 전치사는 한 문장을 끝낼 수 있는 단어이다.

전치사를 문장 끝에 두지 않도록 학생들에게 이야기하는 것은 규범적 결정이지, 실제로 영어가 어떻게 사용되는지에 관한 정확한 서술이 아니다. 이 규범은 사회 계층과 엘리트주의적인 규칙일 뿐, 수업에서 가르쳐야 할 정당한 이유는 없다. 그런데 왜 이것을 고집하는가? Hill은 "미국인들은 언어적 문제와 관련하여 전통적인 청교도주의를 포기하는 데 매우 더디다."라고 주장했다(Yajun, 2002 : 59). 게다가 Birch는 미국인들이 패션, 기술 그리고 미디어에 있어서는 지속적인 혁신을 추구하면서, 문법 표준에 있어서는 왜 확고하게 과거를 고집하는지 의아해 하였다(Yajun, 2002).

보다 더 규범적인 수업을 받은 학생들은 여러 세대에 걸쳐 "분리 부정사를 사용하지 마라."라는 말을 들어왔다. 대부분의 현대 언어학자들은 더 이상 이러한 어리석은 충고를 하지 않지만, 많은 수업에서 이러한 규범은 아직도 살아있다. 라틴어, 스페인어, 프랑스어 혹은 다른 로망스 어계 방언에서 부정사를 분리하는 것은 그것이 한 단어이기 때문에, 물리적으로 존재하는 것이 불가능하다. 그러나 영어에서의 부정사는 두 단어로 나타나고(to run, to read, to eat) 분리될 수 있다.

라틴어에서는 부정사를 분리하는 것은 불가능하다. 그래서 초기 권위자들이 만들어 영어에서도 부정사는 분리될 수 없었다. 왜 그런가? 우리가 부정사를 분리해서는 안 되는 이유는 로마인들이 자동차와 비행기를 이용하지 않았기 때문에 우리도 자동차와 비행기 여행을 해서는 안 된다는 것 이상의 이유가 없다(Bryson, 1991 : 128).

6.6. 부정사를 분리하는 방법

두 단어로 된 영어 부정사 'to read'는 스페인어에서 'leer'라는 한 단어 부정사이다. 특별히 강조하기 위하여, 나의 수업 중 하나인 "I want to carefully read pages 105 to 108 in chapter 12."를 이야기하고자 한다. 스페인어 회화 수업에서 교사는 절대 이렇게 말하지 않을 것이다. 스페인어로 고쳐보면, 'le con cuidado er'와 같은 동사가 된다. 스페인어에 익숙한 사람이라면 누구든 이러한 구조가 소음일 뿐이라는 것을 인식하게 될 것이다.

전치사가 문장 끝에 위치한다는 규범처럼 "부정사를 분리하지 말 것"이라는 진술은 영어 문장이 구성되는 방식을 정확하게 설명하지 못한다. 문법적으로, 이러한 진부한 생각들은 거짓 '규칙들'이다. "Where are you from?" [문장 끝에 오는 전치사에 주목하라]는 거의 매일 듣는다. "Is it going to really snow?" [분리 부정사에 주목하라]는 내가 사는 곳에서 겨울철에 쓰는 일반적인 질문이다. 이러한 규칙들을 반드시 지켜야 한다고 주장하는 교사는 영어에 대해 정확한 언어적 진술을 하는 것이 아니라 사회적 진술을 하는 것이다.

6.7. 실제 사람들이 범하는 언어 오류들

Nunberg(2004 : 59)는 '인쇄상 오류(*typos*)'와 '생각의 오류(*thinkos*)'라는 두 가지의 언어적 과실(misstep)을 제시하였다. 인쇄상 오류는 생각과 타이프를 치는 과정에 침입한 단어 처리 결함이다. 이것은 우리를 우습게 만들지만, 지적으로나 윤리적인 부족함을 드러내는 것은 아니다. 이것은 생각을 잘못 표현하는 문장과 잘못된 생각을 표현하는 문장의 차이인 것이다.

다음은 실수(mistakes), 오류(errors), 생각의 오류(thinkos)의 예이다.

- 나는 최근에 책상 옆에 있는 선반의 책을 잡으려고 손을 뻗쳤다. 나는 다른 책을 집었다. 이것은 실수(mistake)이다. 별 거 아니다.
- 나는 예전에 우리 집 안뜰에서 유명한 학자에게 술을 몇 번 대접했었다. 그리고 나는 최근에 읽었던 책이 그의 저서 중 하나임을 잊어버리고선 의문스러웠던 것들에 대해 풍자적인 평(물론 내가 생각한 것은 정말 현명하고, 재미있는 것이었다.)을 무심결에 해 버렸다. 이것은 사회적인 실책(social blunder)이고 실제 생각의 오류(thinkos)였다.
- 만약 사람이나 재산에 피해를 주지 않는다면, 많은 실수는 심각하지 않다. 사회적인 실책이나 생각의 오류는 종종 거만하고 때때로 바보스럽다. 그리고 거의 항상 무례한 것이다. 또한 당황스럽기까지 하다.
- 나의 지난 소프트볼 경기 중에, 공이 외야에 있는 나에게 날아왔다. 나는 잘못 판단하여 공을 글로브로 잡지 못했다. 공은 나의 손목을 치고 바닥으로 떨어졌다. 쉽게 아웃시킬 수 있었던 것이 점수판에 오류(error) (E-8)로 기록되었다.

오류는 때로 바보같고, 무례하고, 당혹스럽다. 그러나 오류는 또한 정확한 행동의 기준을 암시하기도 한다. 중견수로서 해야 할 기준과 정확한 행동은 날아오는 공을 잡는 것이다. 만약 날아오는 공이 선수가 잡을 수 있는 범위 내에 있었지만, 그것을 잡지 못했다면 그 선수는 잘못된 행동 즉, 기준에서 벗어난 오류를 저지른 것이다.

우리는 실수, 실책, 오류의 개념을 언어 사용에도 적용할 수 있다. 예를 들어, 언어적 실수는 '직소 퍼즐'이라 해야 할 것을 "난 crossword 퍼즐[8]을 누가 만들었는지 궁금해."라고 말하면, 실언(slips-of-the-tongue)했다고 한다. 또 다른 실언의 예는 '나비 유충(caterpillar)'을 가리키면서, "fuzzy

---

8) 역주 : jigsaw 퍼즐, cross word 퍼즐.

patter-killer(솜털같이 생긴 도둑-킬러)를 보라."라고 하는 것처럼 반전되는 경우가 있다(Aitchison, 1987 : 18-19).

언어적 실수의 다른 예를 살펴보자.

1. Houston is the Capital of Texas. (휴스턴은 텍사스의 주도이다.)
2. Hopefully, it won't rain on our parade.
   (아마, 퍼레이드 때 비가 오지 않을 거야.)
3. Pass the damn salt! [at a church potluck dinner] (빌어먹을 소금 좀 줘! [각자 음식을 마련해 오는 교회에서의 저녁 식사 중에서])
4. Cleaning ladies can be fun.
   (청소하는 아주머니는 즐거울 수 있다.)
5. The missionary was ready to eat. (선교사는 먹을 준비가 되었다.)[9]

이 다섯 문장을 검토할 때에, 어느 것을 실수, 실책, 오류로 분류할 것인가?

6.8. 언어학에서 거머리를 이용하여 죽은 피 뽑아내기

몇몇 학교 교육과정이 전통적 문법 용어와 문장 분석에 대한 교수를 강조하는 이유는 좀 황당하다. 언어 문제가 제기될 때, 미국인들은 보수적인 청교도주의를 고수한다는 점을 이미 살펴보았다. 하지만 포용은 자동차, 주방기기, 자동응답기, 1시간 사진 현상기, 손바닥 크기의 디지털 제품에서 다르게 나타난다. 나는 이 책의 1, 2, 3장에 묘사되어 있는 것에 대해 몇 가지 추측을 하고 있다. 이러한 추측 모두가 설명이 가능하고, 논리적으로 생각

---

[9] 필자는 1990년 4월에 런던 대학에서 열렸던 intercollegiate linguistics seminar에서 Henry Widdowson가 예로 제시한 Sentences 4 and 5를 들었다. 그들에게 매우 감사하다.

될 수 있었으면 한다. 그러나 이런 추측들은 단어의 객관적인 의미에 대해 사실이나 확실성을 증명할 수 없다.

만약 내가 무릎에 만성 통증을 겪고, 고통을 덜기 위해 의사에게 갔다고 가정해 보자. 의사가 거머리를 이용하여 죽은 피를 빨아내는 것이 무릎의 고통을 낫게 할 것이라고 말하면서 팔에 거머리를 올려놓으려 한다면, 나는 가능한 빨리 병원에서 빠져나오려 할 것이다. 거머리를 이용하여 죽은 피를 빨아내는 것은 Lowth가 *A Short Introduction to Grammar*를 출판한 1762년과 같은 시대에 행해졌던 시술이다(Lowth, 1967). 의료 기술은 1762년 이후로 혁신적으로 발전했다. 언어학자들은 언어학이 거머리를 이용하여 죽은 피를 뽑아내는 것과 똑같은 행동에서 벗어나 진일보해야 할 때라고 말한다. 인위적인 문장들의 연속체와 관련된 교실 활동에서 각 단어의 품사를 확인하는 문장 분석은 언어학적으로나 사회적으로 두드러진 문제에 대한 치료법이 아니다.

6.9. 보다 현대적인 태도

LEA 접근법에서는 언어 사용에 있어 단일 준거(*a single criterion*)라는 가설을 세워 '정확한(correct)'과 '틀린(incorrect)'의 잘못된 개념 대신에, '관습적인(conventional)'과 '적절한(appropriate)'이란 용어를 사용한다. 언어 수행에 대해 보다 현대적인 태도를 유지하기 위해서는 **관습적이거나 적절한**(이것의 반대말은 **관습적이지 않거나 부적절한**) 언어 사용은 오직 늘 변화하는 상황 속에서 사용되는 언어를 **관찰함**으로써 가능하다. LEA는 어떤 사람의 개인적 수행에 대한 잘못된 정보나 진술을 관찰하여 얻어진 **정보**로 바꾼다. 게다가 이러한 접근은 "정확한" 언어 사용을 결정하기 위한 **단일 표준**(*single standard*)을 대신해 언어 사용자에게 좀더 언어적 민감성과 인식을 요구하는 다양한 기준(multiple stanards)을 요구한다. Lowth의 *A Short Introduction to Grammar*(1762)는 지금까지 출판된 가장 중요한 영어 문법 텍스트 중 하나이다. 서문에 Lowth는 다음과 같이 썼다.

> 어떤 언어의 문법 설계 원리는 그 언어에 대해 우리 스스로 올바르게 표현하도록 우리에게 가르치는 것이다. 그리고 모든 구, 구조의 형식을 그것이 옳은지 그른지 판단할 수 있게 가르치는 것이다. 이렇게 하는 것이 규칙을 정하는 명확한 방법이다(Fairman, 2002 : 58 재인용).

Bill Bryson은 Lowth의 문법이 그의 모국인 영국과 해외에서 "지루하고, 지독하게 영향력 있는 삶"을 즐겼다는 점을 지적했다. 우리는 Lowth가 그의 서문에서 언급한 규칙들에 대해 다양한 규범적 진술의 방향을 찾아낼 수 있었다. 즉, 여러분이 different to나 different than보다 different from을 말해야만 하는 규칙, 이중 부정이 긍정이 된다는 아이디어, heaviest를 써서 말하면 안 되고, 비교급 heavier로 말해야 한다는 규칙, shall과 will의 구분, between은 단지 두 사물에만 사용되고, 셋이나 그 이상의 것에는 among이 사용될 수 있다는 믿음 등을 들 수 있다(Share the money *between* Mike and Larry V.S. Share the money *among* Ruthie, Linda, and Marti)(Bryson, 1991 : 132).

Lowth는 사람들이 언어를 어떻게 사용해야만 하는지에 대해 이론화했다. 그는 문법 텍스트를 썼고, 그 과정에서 사람들이 그의 문법 기준과 어떻게 다른지를 설명했다. 이런 접근을 '실행을 위한 이론 모델(theory-to-practice model)'이라고 한다. 즉, 이론을 만들고, 그것이 실제 실행과 일치하는지를 살피는 것이다.

이러한 접근법이 타당하기 위해서는, 모든 13살의 8학년 학생들은 똑같은 어휘력을 가지고 있고, 그들의 어휘력은 같은 크기여야 하고, 학생들은 어휘집에 똑같은 단어들을 가지고 있어야 한다. 지금 New York, Boston,

Dallas, Atlanta, Miami, San Francisco, Los Angeles, Minneapolis, Chicago, Denver, East Thermopolis, Wyoming 출신의 실제 13살짜리 8학년을 생각해 보라. 여러분은 13살의 어휘 이론을 얼마동안 지지할 수 있겠는가?

요즘 언어학자들은 '이론을 위한 실행 모델(practice—to—theory model)'을 따른다. 그들이 제기하는 근본적인 질문은 "어떻게 언어가 실제로 작용합니까?"와 관련된다. 예를 들어, 현대 언어학자들은 화자가 평소에 *will*과 *shall*을 구분하는지, 그렇지 않은지 그리고 평소에 *different from, different to* 또는 *different than* 등을 말하는지를 분명히 하기 위해, 다양한 맥락에서 다양한 화자를 관찰할 것이다. 그리고 나서 그들은 화자나 결과에 대한 판단에서 벗어나 그들의 관찰 결과를 발표할 것이다. 시간이 지나, 이론은 실행에 대한 이와 같은 분석을 통해 만들어진다.

언어 연구에서 이러한 접근은 언어 행동의 한 가지 형식이 다른 것보다 본질적으로 우수하다고 제안하지 않는다. 언어학자는 무엇이 있어야만 하는지를 설명하지 못하고, 무엇인지를 설명한다는 것을 보여주는 오래된 격언이 있다. 언어 사용에 대한 "정확하고", "틀리고", "우수하고", "열등한 것"에 대한 판단은 언어학자가 하는 것이 아니라 일반 사람들이 하는 것이다.

6.10. 좋은 영어의 정의

"'좋은 영어'란 무엇인가?" 즉, 어떤 영어 어법이 정확한가 그렇지 않은가, 혹은 우수한가 열등한가는 반복되는 질문이다. 이 글의 앞부분에서 이러한 질문에 대해 대답하고자 할 때, 어떻게 몇몇 사람들이 언어 사용의 단일 표준을 옹호하고 실행하는지에 대해 이야기하였다.

Sampson(1987)은 이 문제가 언어적 자신감이 부족한 미국인 화자와 작가들 때문에 나타나는 미국만의 독특한 것이라고 주장하였다. 이러한 자신감의 부족은 미국 인구 중 영어를 유창하게 사용하는 사람들이 하나 또는 두 세대에만 존재하는 데에서 기인한다. 반면에 Robert G. Carlson은 〈*The Americanization Syndrome : A Quest for Conformity*〉에서 미국에서 사람들의 차이를 형식화하는 것에 대한 오랜 두려움과 캠페인의 결과를 어두운 그림으로 표현했다(Sampson, 1987 : 50). 이러한 캠페인은 동일성이나 동질성을 위해, 또는 교리의 일치와 개인적 습관, 개인적 외모, 언어와 같은 쉽게 눈에 띄는 면에 대해 정통성을 그린 것이다(Carlson, 1987 : 2). Carlson에 따르면, 우리는 우리와 다른 외모와 음성을 가진 사람들을 신뢰하지 않는다.

"좋은 영어란 무엇인가?"는 또한 여러분의 교실에서 탐구를 위해 적합한 질문이기도 하다. 이 절의 마지막에 제시되는 **다양한 준거**(*multiple criteria*)를 활용하여, 학생들은 이런 질문에 관한 토론을 통하여 **인간 행위로서의 언어**에 대해 좀 더 깊이 있게 학습할 수 있다. 그들은 많은 사람들이(단지 미국뿐만 아니라) 사회적 지위의 표지로서 언어 수행을 하고, '이것이 정당한 것인가?'에 대해 관심을 가지고 있다. 더 응용된 단계에서는 부모님, 교사, 예상구매자와 고용주에게 "좋은 영어란 무엇인가?"라고 종종 물어본다. 이러한 질문에 대해서 그들은 학교에서 배운 규범에 의존해서 대답한다.

이러한 질문에 대한 대답 즉, 이 책에서 옹호하는 언어 학습에 대한 접근법과 유사한 것은 Pooley가 주장한 것이다.

> "좋은 영어"는 성공적인 언어 선택에서 나타난다. 그래서 많은 사람들이 선택에 어려움을 느끼는 것이다.

이 정의는 다음과 같은 "좋은 영어"를 의미한다(Pooley, 1974 : 5).

화자/작가의 의도에 적합해야 한다.

우리의 언어 사용 목적은 대단히 공식적인 경우에서부터 지극히 비공식적인 경우에까지 이른다. 이 정의에 따르면 "좋은 영어"의 사용자는 강의와 일상적인 대화의 차이를 인식한다. 좋은 영어의 사용자는 가까운 친구에게 그녀의 아버지 건강에 대해 물을 때 친근하며 비공식적인 언어 문체를 사용한다. 그러나 학교 채권 발행과 관련된 다음 달 투표의 중요성에 대해 지역 사회 모임에서 연설할 때에는 보다 격식적인 문체를 사용한다. 이러한 두 가지의 예에서 언어 선택의 목적을 혼동할 경우 친구에게 상처를 주거나 놀라게 할 수 있으며, 청중들에게 실망감을 주거나 투표 지지자를 잃을 수도 있다.

강의와 일상 대화의 이분법적 사고로 돌아가 보자. 지속적으로 공식적인 언어를 사용하거나, 한결같이 대화체를 사용하는 사람은 사회에서 주의 깊게 듣지 않는 무례한 사람이나 버릇없는 사람이라고 평가받는다. 두 가지 경우 모두 당황스럽고, "나쁜 영어(bad English)"의 본보기가 된다.

상황에 적합해야 한다.

만약 여러분이 학교에서 교무 회의 때 위원장인데, 학생들에게 말하는 방식으로 동료들에게 말을 한다면, 당신은 명백히 상황에 부적합한 언어를 선택한 것이다. 어느 날 저녁 나는 자기 자신을 3인칭으로 지칭하는 2학년 선생님("카터는 2개의 다이아몬드를 걸겠다.")과 같이 카드 게임을 했다. 그녀는 농담이 아니었다. 이것은 지루한 카드 게임이었다.

만약 당신이 교육위원회에 보고를 할 때, 당신이 그저 "보통 남자"라는 것을 보여주기 위해서 골프장에서 친구들과 사용하는 언어 양식을 사용한다면, 다른 맥락을 무시한 것이다. 당신이 한 언어 선택은 주위를 혼란스럽게 한다. 또한 당신은 "나쁜 영어"를 사용한 것이고, 위원회는 당신이 미쳤거나, 어리석거나 혹은 둘 다라고 생각할 것이다.

화자와 청자가 편안해야 한다.

아마도 이러한 기준을 설명하는 가장 좋은 방법은 유추를 통한 것일 것이다. 만약 여러분이 저녁에 손님을 초대한다고 가정해 보자. 향을 피우는 것이 그들 중 한 사람에게 재채기를 일으킬 수 있고, 손님 중 한 사람이 새우에 알레르기가 있다는 사실을 여러분은 알고 있다. 그렇다면, 여러분은 손님들을 보다 정중히 대하려 할 것이고, 향을 피우지 않거나 새우를 대접하지 않을 것이다. 유사하게, 여러분이 몇몇 친구들에게 4개 철자로 된 금기어를 일반적으로 사용할지 몰라도 목사, 신부, 랍비에게는 쓰지 않을 것이다.

"좋은 영어" 사용자는 의사소통의 의도와 의사소통이 이루어지는 맥락에 민감해야 할 뿐만 아니라 대화 상대가 무슨 말을 할 때, 어떻게 말했을 때 어떻게 반응하는지에 민감해야 한다. 사람들이 여러분이 선택한 언어를 편안하다고 느낄 때, 의사소통은 더욱 쉽게 이루어질 것이다. 반대로, 만약 여러분의 언어 선택이 사람들을 불편하게 한다면, 이유야 어찌되었든, 산만해질 것이고 잘못된 의사소통이 분명히 뒤따를 것이다. 이것이 "나쁜 영어"이다.

예를 들어, "모든 사람은 평등하다(All *men* are created equal)."나 "학생들은 각자의 책을 가져와야만 한다(Each student should bring *his* book)."에서처럼 남성 명사와 대명사의 지속적인 사용에 대해 몇몇의 청중이나 대화 상대자는 혼란스러워 할 것이다. 성차별주의자로 여기게 하는 언어에 대한 개인적인 감정들을 고려하지 않고, 어떤 사람이 혼란스러워 한다는 것을 알면서도, 이런 언어를 계속 사용하는 것은 "나쁜 영어"이다.

만약 언어 사건에서 참여자가 화자나 작가의 언어적 선택 때문에 혼란스러워 한다면, 의사소통은 힘들어질 것이다. 만약 참여자가 아이디어가 제공되는 **방식**에 대해 혼란스러워 한다면, 무엇을 말했는지에 대해 주의를 덜 기울일 것이다. 참여자가 화자/작가의 언어적 선택에 의해 혼란스러워 한다면, 그들은 화자/작가를 무례하거나, 신뢰할 수 없거나, 자만하거나, 지적으로 모자라거나, 또는 명백한 멍청이라 판단할 것이다. 비록 이러한 판단이 정확하지 않더라고, 그들은 계속해서 옳다/그르다에 대한 판단을 계속할 것이다. 이러한 판단은 사회적 부담(social tax)을 의미한다.

사회적 부담은 사회 규범이나 그것의 기대를 저버린 사람에게 사회가 부가하는 것이다. 만약 어떤 사람이 좋은 레스토랑에서 저녁 식사를 먹을 때 스프를 시끄럽게 소리내며 먹는다면, 그들이 식탁에 앉아 있는 것은 식사 예절이 없거나 쓰레기 더미같은 지독한 사람으로 평가될 것이다. 즉, 지독히 소리내어 먹는 사람으로서 사회적 부담을 져야 한다. "하지만, 그것이 내가 스프를 먹는 방법이에요."라고 그 사람은 말할 것이다. 좋다. 소리 내면서 먹으라. 다만 사회적 부담에 대해 준비하라. 그것은 당신의 선택이다.

화자/작가가 언어를 사용하는 데 있어 사회가 요구하는 방식을 위반할 때, 사회는 그것을 어긴 사람에게 사회적 부담을 부가한다. 사회적 부담은 대부분 종종 경멸, 조소, 비웃음, 회피의 형식으로 나타난다. 이들 중 어떤 사람은 높은 비용을 부담해야 할 것이다.

지금쯤 **다양한 기준**이 어떻게 정확한 언어 사용에 대한 **단일 표준**을 대체할 수 있는지 보다 잘 이해하게 되었을 것이다. '좋은 영어'와 '나쁜 영어'의 구분은 전통적 수업의 정의와 다르다. 언어 학습에 대한 이 시대의 사고는 언어를 **대상**으로 보는 것이 아니라, 특정한 **목적**을 위해 특정한 **상황** 속에서 일어나는 **인간적 사건**으로 본다. 언어 연구에 대한 보다 현대적인 태도는 **참여자, 의도, 목적, 상황**을 언어 사용과 분석, 언어 사용에 대한 효과성 검토 면에서 분리할 수 없는 요소로 본다.

마지막 분석에서 이것이 의미하는 바는, 언어 사용의 적절성에 대한 일상적인 질문은 그때 그때 상황에 따라 살펴보아야만 한다는 것이다.

언어를 학습할 때 새롭게 강조하는 것은 맥락 없이 사용하는 고립된 단어나 문장을 학습하는 것에서 벗어나게 된 것이다. 보통의 사람들은 고립된 단어나 문장을 사용하지 않는다. 고립된 단어나 문장을 말하거나 쓰는 사람들은 대개 양극성 장애나 정신분열증으로 진단된다. 예를 들어, 여러분이 복도에서 또는 통로에서 누군가를 지나갈 때 "좋아. 난 스크래블 시합할 준비됐어. 저 덩어리를 맞는 곳 어디든 집어넣어. 이번 판이 흥미롭지 않니, 스탠?"이라고 말하는 것을 듣는다고 생각해 보자(Snodgrass, 1987 : 38). 이러한 문장들은 "좋은 영어"가 무엇인지 설명하기 위한 최신 영어 입문서의 한 부분에 실려있지만 고립되어 있고 맥락이 없다. 다만 같다는 것은 사양한다. 제 정신인 사람들은 이러한 방법으로 언어를 사용하지 않는다.

언어 사용에 대한 효과성이나 적절성, 합법성 또는 정확성에 대해 문제를 제기할 때, 이 글은 보다 폭넓은 관점을 옹호한다. 단일 표준을 대신하는 다양한 기준은 **의도, 목적, 참여자, 상황**을 고려해야만 한다. 단일 표준의 사용은 의도, 목적, 참여자, 상황에 따라 언어가 **달라진다**는 사실을 관습적으로 무시한다.

몇몇 사람들이 이 글에 제시된 정의와 "좋은 영어"에 대한 논의를 읽을 때, "이제 알았어. 내 학생들이 종종 규칙을 어기는 것은 괜찮은 거야."라고 말하는 것을 들을 것이다. 그건 아니다. 지금 그들은 알지 못했다. 이렇게 말하는 사람들은 정확성에 대한 단일 표준에 대한 믿음으로 여전히 절뚝거리는 것이다.

내가 말하고자 하는 것은 규칙의 단 하나의 세트를 사용하는 것 대신에, 규칙의 다양한 세트를 사용해야 한다는 것이다. "좋은 영어"를 지배하는 규칙이 지켜져야만 하고, 사회적 부담이 부과될 것이고, 규칙은 상황에 따라 바뀌게 된다.

이 책에서 말하는 "좋은 영어"에 대한 정의는 제멋대로 할 수 있다고 의미하는 것은 아니다. 단일 표준으로 표현된 극단적으로 단순한 관점은 작용하지 않는다. 왜냐하면 인간은 무한한 수의 상황이나 상태에서 언어를 사용하기 때문이다. 그리고 각각의 상황이나 상태는 마지막 것이나 다음 것과는 정도 면에서 차이가 있다. 이것이 우리가 이 장에서 설명한 다양한 기준을 사용하는 이유이다. 그렇다. 단일 표준을 적용하는 것은 언어 수업을 더 쉽게 만들 것이다. 또한 그것은 사기다. 여러분은 그것보다 더 나은 유산을 원한다.

언어의 다양성을 설명하는 또 다른 방법은 영어과 교육과정을 계획하는 데 사용될 패러다임을 생각하고, 보다 최근의 것을 고려하는 것이다. 예전 패러다임은 4개의 전통적 언어 교과의 꽤 단순한 목록으로 구성된 언어 교과 교육과정을 계획하는 데 사용되었다. 능숙한 교사들은 그림 6.1.와 같은 4개의 칸으로 이루어진 표를 쉽게 인식할 것이다.

	구어	문어
표현	말하기	쓰기
이해	듣기	읽기

[그림 6.1] **4가지 전통적 언어 교과들**

6.11. 일반 방언 변이와 특이 방언 변이

그림 6.1.이 한때는 유용했을지도 모르나, 그것은 설명하는 것보다 설명하지 못하는 부분이 훨씬 더 많이 남아 있다. 예를 들어 우리의 언어적 선택에 영향을 주는 상황, 목적, 의도를 변화시킬 수 있는 증거라 할 수 있는 언어 변화의 핵심적인 원리를 설명하지 못한다. 그러나 폭넓은 수준에서 언어 변이는 설명될 수 있다.

1. 일반 방언 변이(Dialect variation). 이것은 발음, 단어 선택, 문법에 있어 개별 언어 사용자뿐만 아니라 지역적, 사회적, 세대적 차이에 의한 언어의 변이를 설명하는 용어이다.

2. 특이 방언 변이(Diatype variation). 이것은 사용에 의한 언어 변이를 설명하는 용어이다. 이것은 때로 사용역(register)과 문체(style)와 동의어로 사용된다. 언어 사용에 의한 방언은 언어 사용장(field), 언어 참여자(tenor), 언어 양식(mode)과 역시 관련된다.

Halliday(1975 : 130-32)는 언어 사용장, 언어 참여자, 언어 양식을 텍스트의 환경적인 결정 요인으로 보고 있다. 예를 들어, 언어 사용장은 배경과 주제 또는 화제, 활동의 장을 가리킨다. 이온과 쿼크[10]의 활동을 설명하는 학술적인 잡지에서의 과학적 담화는 뜨개질이나 정원 가꾸기에 대한 논의와는 다른 언어적 선택을 요구한다. 참여자의 관계는 어머니와 딸, 교장과 교사, 경찰과 보행자, 판사와 피고와 같은 대화자 사이의 사회 정치적 관계를 말한다. 이러한 관계는 다른 언어적 선택을 요구한다. 마지막으로, 언어 양식은 구어나 문어, 신문이나 텔레비전, 전자우편이나 편지 등의 전달의 경로를 말한다. 각 언어양식은 예측 가능한 다른 언어적 선택을 요구한다.

일반 방언 요소와 특이 방언 요소를 사용하는 것은 8장에서 보다 자세히 논의하겠다. Stubbs는 전통적 4가지 언어 교과와 다른 패러다임을 제시하였다(그림 6.2.를 보라).

---

10) 역주 : 물리학 용어로 가설상의 궁극입자.

	일반 방언		특이 방언		
	지역	사회	언어 사용장	언어 참여자	언어 양식
음운론					
형태론					
어휘론					
문 법					
의미론					
담 화					
정서법					

[그림 6.2] 언어 변인의 영역(Stubbs, 1986 : 20 – 25)

그림 6.2가 설명하고 있는 것은 우리가 변화로서 언어 사용을 살필 수 있고, 일반 방언과 특이 방언의 두 가지 큰 영역에 의해 언어가 변한다는 것이다. 일반 방언 변이는 언어의 사용자를 살핌으로써 알 수 있고, 특이 방언 변이는 언어의 사용에 대해 살핌으로서 알 수 있다.

Stubbs의 그림은 "좋은 영어"와 "나쁜 영어"에 대해 더욱 정확히 알 수 있도록 설명하고 있다. 언어 사용장, 언어 참여자, 언어 양식은 우리가 하게 되는 언어적 선택의 유형에 분명히 영향을 준다. 예를 들어, "너 뭐하고 있었니?"와 같은 간단한 질문은 상황에 따라, 대화 상대자에 따라 다른 반응이 요구된다.

생각해 보기

다음 질문에 대해 각각의 맥락에서 "좋은 영어"라 할 수 있는 대답이 무엇이라고 생각하는가?

질문 : 뭐 하니? / 무엇을 하시나요?

1. 도서관에서 교수가 학생에게
2. 엄마가 새벽 2시에 들어온 딸에게
3. 사무실 야유회에서 고용주가 직원에게

4. 랍비가 유대 교회에 6개월 동안 오지 않은 사람에게
  5. 사회사업가가 가석방된 사람에게
  6. 아버지가 방학 중에 집에 온 아들에게
  7. 코치가 다섯 번째 파울볼을 친 야구 선수에게
  8. 고모가 2년 동안 못 본 조카에게
  9. 건물 소유주가 경비에게
 10. 오빠가 서랍 안에 무언가를 숨기는 동생에게

 사회적 과정으로 언어를 인식할 때, 그리고 학습자가 관찰한 언어적 사건들을 교실에서 탐구하기 위해 대화의 기회를 반복적으로 가질 때, 그들은 '좋은 영어'에 대한 설명을 수용하게 될 것이다. 그러나 그것은 보다 크고, 보다 도전적이고, 보다 정확한 관점을 가질 때에나 가능한 것이다. 게다가 이러한 활동처럼 분석을 통해 경험한다면, 학습자는 언어 사용에 대한 형식적이고 임의적인 규범에 의존하지 않고, 민감하고 재빠른 언어 관찰자와 언어 사용자가 될 것이다.
 이 장의 끝에는 학습자 활동이 몇 가지 제시되어 있다. 이것은 여러분과 학습자를 위한 언어 탐구의 출발점이 될 것이다. 그러나 이러한 활동은 단지 예일 뿐이다. 보다 좋은 언어 탐구는 여러분이 매일 일상에서 듣는 라디오 청취, 텔레비전 시청, 신문과 잡지, 광고판, 메뉴판 읽기와 같은 일상적 활동뿐만 아니라 매일매일 여러분이 참여하는 수백 가지의 대화를 통해 여러분과 여러분의 학생들이 발견할 수 있다. 이러한 사건들의 분석은 여러분의 학생들이 자신을 둘러싸고 있는 언어의 힘을 더욱 더 인지할 수 있도록 도울 것이다.
 학생들의 어법이 경험 내에서 극도의 변화량을 갖는다면, 여러분은 무엇을 해야 할까? 아마 몇 가지 답이 가능하다.
 먼저 영어 교사를 유혹하는 전문적인 시도를 피하려고 노력해야 한다. 다

른 사람의 언어를 수정하거나 고치지 마라. 만약 학생이 한 어법 항목을 계속해서 쪼개어 분석한다면, 그 학생을 한 쪽에 데려가 개인적으로 또는 교사—작자 회의에서 그 문제를 논의하자. 질문에 나타난 용법에 대해 사회가 부가하는 무거운 오명(앞서 설명한 사회적 부담)을 학생에게 설명하라. 그리고 학생이 듣기를 원한다면, 그의 어법을 변화시킬 필요가 있다고 말한다. 여러분의 충고를 받아들일 것인지 말 것인지와 언제 여러분의 충고에 주의를 기울일지는 학생이 결정할 것이다.

학생들은 자신이 쓴 글의 의미가 불명확할 때, 잘못된 어법에 더 집중하는 경향이 있다. 우리는 학생들의 작문에서 발견되는 가장 흔한 오류와 관련된 좋은 생각을 가지고 있다. 여러분이 학생의 보고서를 읽을 때, 모든 어색한 표현에 주의를 기울이기보다는, 몇 가지 한정하여 지도하기를 바란다. 그래서 학생 작문을 빨간색 잉크투성이로 만들기보다는, 아래와 같은 항목들에 주의를 기울여라.

1. 도입 요소 뒤에 쉼표 없음
2. 불분명한 대명사 지시
3. 복합문에 쉼표 없음
4. 틀린 단어
5. 틀리거나 빠뜨린 변형 요소
6. 비제한적 요소에 쉼표 없음
7. 틀리거나 빠뜨린 전치사
8. 쉼표 오용
9. 소유격 표시의 오류
10. 시제 이동
11. 인칭에 있어 불필요한 옮김
12. 주요 성분들이 빠진 문장
13. 잘못된 시제나 동사 형태
14. 주어 서술어 일치

15. 나열에서 쉼표를 빠뜨림
16. 대명사 일치
17. 불필요한 쉼표
18. 다음 행까지 이어지는 긴 문장이나 혼란스러운 문장
19. 현수 수식어나 잘못 위치한 수식어
20. Its/It's 혼동

이러한 20가지 요소는 문어에서 매우 자주 일어나는 오류이다. 학생들과 개별적으로 작문 지도를 할 때, 여러분들이 강조하는 문어 관습의 목표로 이와 같은 요소들을 사용할 수 있다. 만약 학생들이 이 20가지 유형을 익힌다면, 성공적인 필자로 가는 길에 서게 될 것이다(Connors & Lunsford, 1988 : 395-409).

6.12. 철자 문제는 무엇인가?

"철자 교육의 문제점은 무엇인가?"라는 말은 학교를 비판하는 사람들에게서 자주 들을 수 있는 것이다. 어느 누구도 25년 또는 30년 전에 배웠던(물론, 성공적으로) 방법으로 철자를 가르쳐야 한다고 믿지 않는다. '철자 문제'는 '문법 문제'와 마찬가지로 기본으로 돌아가자는 운동을 하는 사람들이 가장 좋아하는 논쟁거리이다. 어느 누구도 더 이상 정확한 언어를 고려하지 않는다. 또한 철자를 더 이상 가르치지 않는다. 진보주의(자유주의, 교육 전문가 등등)는 '무엇이든 흘러가는 대로' 결정하라고 한다.

정확한 문법처럼 정확한 철자는 종종 학생들의 도덕적 코드를 보여주는 창문으로 생각된다. 비평가들은 철자를 잘못 쓰는 사람들을 게으르거나, 공격적이거나, 반항적이거나, 중요하지 않은 사람으로 바라본다. 만약 그들이 보다 노력했다면, 또는 그들을 충분히 노력하게 만드는 교사를 만났더라면

더 잘 했을 것이다. 비평가가 가장 자주 제안하는 간단한 해결책은 모든 사람들이 접할 수 있는 주와 국가 수준의 성취 기준을 근거로 철자 단어를 선택하여 쓰기 시험을 보게 하는 것이다. 예전에 유행했던 훌륭하고 고풍스러운 학문적 엄격함은 오래 전의 유행이었다. 그러나 지금의 비평가들은 한물 갔다고 말한다.

내가 일상적으로 읽는 신문은 철자 대회(spelling bees)의 결과를 보도하였다. colluvies 라는 철자를 쓰지 못한 여성과의 경기에서 sarcophagus(묘석)이라는 철자를 정확히 써서 우승한 13살 아이의 이야기가 인물기사(human interest)로 실었다.11) 만약 여러분이 인쇄 매체에서 이러한 이야기들을 보지 못했다면, 여러분은 ESPN-TV에서 철자 대회를 **생방송**으로 볼 수 있을 것이다. 심지어 내가 살고 있는 시의 도심에 위치한 술집 중 한 곳은 매년 열리는 철자 대회를 후원하기도 한다. 철자는 뜨거운 감자이다.

철자의 성공 여부가 이와 같은 공공의 관심을 받는 이유는 철자 때문이 아니라 분명히 의사소통에 더 많은 영향을 주는 구두법 때문이다. 나는 구두법 대회나 구두법을 시합하는 대회에 대해 듣거나 읽어 본 적이 없다. 구두법은 새로운 것이 아니다.

관습적인 영어 철자는 스페인어의 철자법처럼 규칙적이지 않지만, 또한 임의적이지도 않다. 사실, 영어 철자는 하나의 체계가 아닌 다양한 체계를 가지고 있다.

현대 영어 철자는 다양한 역사적 영향을 받았다. 바이킹이 고대 스칸디나비아 사람들이 습격한 결과로 남아 있는 철자는 현재 영국에서 쓰이는 것을 바꾸는 데 영향을 주었다.

앵글로, 색슨, 그리고 주트족은 우리가 영어라 부르는 것에 토대가 되는 기본적 문법을 남긴 유사한 침략을 했다. 1066년에 정복자, 노르망디의 공

---

11) Associated Press, "Wrong Turn on Foul Word Spells Loss", *The Lincoln (NE) Star,* September 24, 1991.

작 윌리엄은 헤이스팅스 전쟁에서 승리를 거두었고, 교회, 정부, 학교 그리고 '사회'의 공식적인 언어로서 프랑스어와 라틴어를 공포하였다. 프랑스어와 앵글로색슨 어가 결합된 결과, 많은 철자들이 오늘날 볼 수 있는 형태로 바뀌었다. 예를 들어, 게르만 또는 앵글로색슨족의 복수형(house, housen ; shoe, shoen)은 s를 첨가하는(house, houses ; shoe, shoes) 프랑스의 복수 형식 관습으로 바뀌었다. 앵글로색슨 어의 복수형 중 단지 몇 개만이 오늘날까지 남아있다(ox, oxen ; foot, feet ; tooth, teeth ; child, children).

앵글로색슨어를 넘어선 프랑스어의 승리는 역시 다른 철자법에 영향을 주었다. 그래서 앵글로색슨의 cween은 프랑스어 영향을 받은 queen이 되었고, cwellen은 quell이 되고, cwencan은 quench가 되었다.

영어에 작용하는 철자법 체계에 대한 신기한 혼합을 더 살펴보기 위해, 다음의 단어를 살펴보자. ate, rain, gauge, ray, steak, veil, obey는 각각 단어 bay에서 들을 수 있는 길게 발음하는 a 소리를 포함하고 있다. 여기서 같은 소리를 철자로 상징화하는 다양한 방법을 볼 수 있다. 이와 같은 단어 어원학은 몇몇 언어의 철자 영향을 반영한다. 사전에서 어원을 읽는 것은 가치가 있다.

모음 발음의 기호뿐만 아니라 자음 발음 철자 역시 수많은 영향의 결과이다. 단어 shut을 발음할 때 처음 들을 수 있는 자음 발음을 어떻게 기호화하는지 생각해 보자. 그리고 shoe, sugar, issue, mission, notion, suspicion, ocean, conscious, chaperon, schist, fuchsia, pshaw도 생각해 보자. 사전을 이용하여 이들 단어의 어원을 읽어 보면, 영어 철자법이 다양한 영향물의 산물이라는 것을 알 수 있다.

물론 이와 같은 설명은 영어 철자가 단일 체계가 아니라는 것을 보여준다. 대조적으로 동시에 사용되는 몇몇의 체계가 있다. 이러한 예시는 물론 또 다른 중요한 사실을 설명한다. 즉 미국 영어 철자는 학교 비평가들이 우리를 믿게 한다고 해서 해결될 문제는 아니다.

6.13. 철자의 가치

"철자가 중요해요?"라는 말을 들어본 적이 있는가? 이는 대부분 과학이나 사회 또 다른 내용 교과의 숙제나 보고서를 쓰는 학생들이 하는 질문이다. 질문에 대해 다양한 대답이 가능하지만, 우리는 두 가지에만 집중하고자 한다.

첫째, 사회학적 관점에서 보면, 철자는 분명히 중요한 것이다. 미국 문화는 무엇보다 문자 언어에 높은 가치를 둔다. 이러한 점을 알고 있는 영어 교사들은 오랫동안 지속되어 온 의사소통적 가치에 대해 지나치게 과장하여 생각한다. 하지만 그것은 계속해서 존재한다. 미국 문화는 관습적인 철자를 사용하지 않는 사람(심지어 그들은 스스로를 '철자법에 도전'하는 문화의 구성원 중 하나라고 한다.)에게 무거운 사회적 부담을 준다.

둘째, 학교에서 완성한 학생들의 작문 관점에서 보면, 철자는 작문의 용도, 상황, 목적에 따라 중요하게 생각될 수도 있고, 그렇지 않을 수도 있다. 예를 들어, 짧은 시간 내에 자유롭게 쓰는 경우는 완성된 연구 보고서처럼 정확한 철자를 요구하지 않는다.

주 단위 성취 기준에 도달하기 위해 많은 학교가 월요일 예비시험과 금요일 철자 시험을 다시 부활시켰다. 이와 같은 철자 프로그램은 철자 텍스트의 편집자들에 의해 선택된 단어들을 써서 포장하여 만들어진다. 편집자는 전통적으로 Boston, Dallas, Chicago, Los Angeles 등에 있는 출판사에 소속되어 있다. 편집자는 한 학년을 주별로 나누어 각 주마다 20개의 단어 목록을 개발한다. 주마다 제시된 20개의 단어 목록과 학생들이 실제로 알아야 하는 철자의 관계는 자의적이다. 미국의 6학년이나 8학년 또는 11학년의 모든 학습자가 9월 3째주나 4월 2째주에 알아야 하는 철자의 20개 단어 목록을 살펴보자. 어서 해 보자. 하지만 New York, Boston, Goshen, Vermont, Osage Beach, Missouri, Seattle, Washington, San Antonio, Texas 등 모든 곳에 사는 6학년이나 8학년 또는 11학년 모두를 포함해야 한다는 것을 기억하자. 이것은 상업적인 철자 프로그램을 인정하지 않는 도전이다.

대안적 접근법은 학교가 그 학교만의 철자 목록을 만드는 것이다. 그 목록이 학생들이 필요로 하는 내용 교과에 기초한 것이고, 언제든지 수정할 수 있는 것이라면 쓸 만한 계획이 될 수 있다. 만약 만들어진 목록이 수정 없이 고정된다면, 미리 정해지거나 상업적으로 준비된 목록에 비해 나을 게 없어진다.

언어 연구의 또 다른 측면과 마찬가지로, 철자는 역시 맥락적이어야 한다. 예를 들어 내용 교과 교사들은 어휘와 그들이 사용하는 어휘 단어의 철자를 가르치는 데 책임을 져야 한다. 영어 교사가 아닌 수학 교사는 학생들이 'exponential(지수)'이라는 단어를 정확히 사용하고, 철자를 알게 할 책임이 있다. 다른 내용 교과에도 이와 비슷한 유형의 단어들은 있을 것이고, 그 과목을 담당하는 교사는 그것을 가르치는 것이 그들이 해야 할 일인 것이다.

이 장의 끝부분에 3번째 학생 탐구 활동은 '철자 일지'의 사용법을 설명하고 있다. 나는 이것을 강력히 추천한다. 이제 그것을 살펴보라. 철자 일지를 사용하는 것은 학생들이 자신의 철자 프로그램을 만들고, 유지시키는 훌륭한 방법이다. 철자 일지는 언어 사용자와 함께 통제, 책임감, 책무를 담고 있다.

다시 보기

REVIEWING THE CHAPTER

이 장에서 읽은 것과 여러분이 알고 있는 것을 기초로 하여, 다음 질문에 답하라.

01. 언어 사용의 성숙에 대한 전통적인 언어 연구 방법은 얼마나 효과적인가?

02. 미국 영어의 지역 방언 중 어느 것이 가장 우세한가? 왜 그런가?

03. 표준 미국 영어를 사용하는 것이 언어적, 사회적, 경제적, 또는 정치적 목적인가?

04. 어린이들은 언어의 어떤 부분을 간접적으로 배우는가? 어떤 부분은 직접적으로 배우는가?

05. 언어학의 황금률12)이 교사인 여러분에게 의미하는 바는 무엇인가?

06. 언어적 오류와 사회적 오류 사이에 어떠한 차이가 있는가?

07. Robert Lowth는 누구이고, 그는 왜 중요한가?

08. 언어 어법의 이론 중 어떤 것이 현대 언어학에 계속 이어지고 있나?

09. "좋은 영어"는 왜 그때 그때에 기초하여 결정되는가?

10. 복잡성은 다양성과 함께 증가하는가 감소하는가?

---

12) 역주 : 황금률을 가지고 있는 사람

학생 탐구 활동

탐구 활동 1   라디오 대화
학습 방법   15분 동안 당신이 가장 좋아하는 라디오 방송을 들으라. 그리고 당신이 전에 들어본 적이 있다는 것을 모르는 친구와 라디오 방송을 들어보자. 노래 가사에 쓰인 언어, 광고에 사용된 언어, 진행자가 사용한 언어에 특별히 집중하라.

1. 두 라디오 방송에서 사용하는 언어의 분명한 차이는 무엇인가?
2. 방송 청취자에게 올바른 언어를 어떻게 사용하는가?
3. 이러한 분석이 언어, 사태, 상황 사이의 관계를 이해하는 데 도움이 되는가? 언어와 사람은?

***** ***** *****

탐구 활동 2   냄비 요리, 다시? (울며 겨자 먹기)
학습 방법   비록 소중한 당신 친구가 자기 어머니의 참치찌개 솜씨를 자랑하지만, 당신은 참치찌개를 싫어한다. 그들의 저녁 식사에 초대받았을 때, 참치찌개가 나오리라 짐작할 수 있다. 엄청난 자제력이 필요하지만, 여러분은 참치찌개를 먹었다. 이와 같은 경험을 다음에 따라 어떻게 설명할 수 있을지 기술하시오.

a. 제일 친한 친구에게
b. 부모님께
c. 할머니께
d. 소중한 당신의 사람에게

제6장 문법, 철자, 좋은 영어   223

1. 여러분의 설명은 어떻게 달라졌는가?
2. 상대방과 당신의 관계에 따라 당신의 언어적 선택이 어떻게 달라지는가?

***** ***** *****

탐구 활동 3   철자 일지 쓰기

학습 방법   철자 능력을 신장시키기 위해 할 수 있는 방법 중 하나는 철자 일지를 쓰는 것이다. Richard VanDeWeghe는 다음과 같은 일지 사용을 추천했다. 여러분은 자신만의 일지를 만들 수도 있고, 아마도 여러분의 선생님이 학생들 모두를 위해 준비해 주실 수도 있다. 여러분의 작문 초고와 함께 일지를 써 보자. 그리고 필요할 때 일지에 기록하자. 일지의 첫 번째 장에 대한 예문이다.

관습적 철자	나의 철자	왜 그 단어를 혼동했는가	기억을 도와주는 것
1. meant	ment	소리나는 대로 썼다.	men이 아니라 mean의 과거시제이다.
2.			
3.			

***** ***** *****

탐구 활동 4   언어 일기

학습 방법   하루 동안 여러분의 언어 사용을 기록하는 언어 일기를 써 보자. 여러분은 여기에 제시된 언어 일기 양식을 사용할 수 있다. 여러분이 일기를 쓸 때, 여러분이 할 수 있는 만큼 완결하라. 여러분이 완성된 일기를 학급 친구들과 돌려보고, 아래의 질문을 사용하여 분석해 본다.

1. 특정한 날 동안, 여러분은 여러분의 주된 언어 사용 대상자에 대해 무엇을 관찰했는가?
2. 주제와 언어 사용 대상자, 주제와 시각, 언어 사용 대상자와 목적, 목적과 시각 사이에 관계가 있는가?
3. 잠자리에서 일어날 때, 아침밥 먹을 때, 학교 갈 때, 학교에서, 방과 후에, 집에서의 언어를 비교하여 보자. 얼마나 많은 차이가 있는가?

언어 일기

날짜 _____

시각	언어 사용 대상자	언어의 목적	말했던 것
1.			
2.			
3.			
기타			

***** ***** *****

탐구 활동 5   속어
학습 방법   자신이 가장 자주 쓰는 속어 표현 목록을 만들어 보자.

1. 이러한 표현은 누가 사용하는가? 이런 표현을 쓰는 다른 사람의 (a) 이름과 (b) 자신과의 관계(친한 친구, 이웃, 삼촌 등)를 적어보자.
2. 절대 사용하지 않지만 매일 들을 수 있는 친근한 속어 표현이 있는가? 이유는? 그것을 쓰는 사람은 누구인가?
3. 여러분의 목록에 있는 단어들을 쓰지 않는 날이나 주가 있는가?
4. 언제, 어디서, 누구와 속어 표현을 써야 하는지 말아야 하는지를 사람들은 어떻게 판단하는가? 사람들은 속어를 어떻게 정의하는가?

***** ***** *****

탐구 활동 6　"오래 되었지만 좋은" 속어
학습 방법　자신의 속어 목록을 부모님이나 부모님과 비슷한 나이의 사람과 함께 살펴보자.

1. 부모님이나 다른 어른이 여러분의 목록에서 알고 있는 단어는 몇 개나 되는가? 그들이 알고 있고, 사용하는 것은 몇 개나 되는가?
2. 부모님이나 다른 어른들이 여러분의 나이였을 때, 똑같거나 비슷한 생각을 표현하기 위해 사용한 어구나 구절은 무엇인가?
3. 조부모님과 여러분의 목록을 함께 살펴보고, 똑같은 질문을 해 보자.
4. 나이가 다른 집단이 다른 속어 표현을 사용하는 이유는 무엇일까? 여러분이 생각하기에 새로운 속어와 오래된 속어 중 보다 정확하거나 보다 표현력 있는 어구는 무엇인가?
5. 언제, 어디서, 누구와 속어 표현을 써야 하는지, 말아야 하는지를 사람들은 어떻게 판단하는가?

***** ***** *****

탐구 활동 7　기어 바꾸기
학습 방법　여러분이 좋아하지 않고 입어본 적 없는 옷(셔츠나 블라우스, 청바지)이 있다. 사실 새로운 것처럼 보이지만 그렇지는 않다. 그럼에도 불구하고 몇몇의 사람을 만날 때, 여러분은 그 옷을 입고 있다. 다음과 같은 사람들이 '새 옷이네.'라고 말할 때, 여러분은 무엇이라 답(공정하게, 정직하게) 할 것인가? 왜 여러분의 대답은 달라지는가?

> a. 제일 친한 친구
> b. 여러분의 목사님, 신부님이나 랍비
> c. 여러분이 좋아하는 선생님

d. 아버지의 친한 친구분
e. 여러분이 좋아하는 고모나 삼촌
f. 이웃
g. 교장 선생님
h. 강한 인상을 주고 싶은 사람
i. 좋아하지 않은 사람

***** ***** *****

탐구 활동 8　좋은 영어와 나쁜 영어
학습방법　여기에 몇 가지 대화가 있다. 여러분의 관점에서 어떤 것이 "좋은 영어"인가? 그렇게 판단하게 된 이유는 무엇인가? "나쁘다"는 대답이 "좋다"는 대답이 될 수도 있는가? 자신의 입장을 변호할 준비를 해 보자.

1. A : 몇 시인지 아십니까?
   B : 네, 10시 30분입니다.
2. A : 몇 시인지 아십니까?
   B : 아마도. 나는 시계가 있습니다.
3. A : 몇 시인지 아십니까?
   B : 네, 당신은?
4. A : 몇 시인지 아십니까?
   B : 물론이지. 우리가 즐길 시간이야.
5. A : 몇 시인지 아십니까?
   B : 시간… 매우 추상적이고 자의적인 개념이야. 사로잡지 않으면, 우리가 포로가 될 것이야.

여러분의 대답과 여러분이 들은 다른 사람의 대답을 기초로 하여, 좋은 영어와 나쁜 영어에 대한 정의를 내려보자.

***** ***** *****

탐구 활동 9　'나쁜 문장"은 무엇인가?
학습 방법

　여러분은 아마도 다른 사람의 언어 사용에 대해 사람들이 불만하는 것을 들어본 적이 있을 것이다. 종종 문장은 언어 비평가들에 의해 "나쁜 문법을 씀"으로 설명된다. 때로는 문장들은 "무례하다"고 기술하기도 한다. 아무튼, 다음 문장들 중 "틀린" 것은 무엇인가?

---

a. The farmer drove the barn into the cows.
b. Females dominate conversations.
c. We was happy to be able to watch the movie.
d. St. Louis is east of New York.
e. The chicken was too hot to eat.
f. Males are more decisive.
g. Thanksgiving Day always falls on November 24.
h. Everyone should bring his money tomorrow.
I. The cow jumped over the moon.
j. One cannot always believe everything on hears.
k. She gave the dog it's food.

---

1. 문장에서 확인된 "오류"를 분석하고, 그들을 범주화할 수 있을지 살펴보자. 얼마나 많은 다양한 유형의 오류를 확인할 수 있는가?
2. 심각성에 따라 "오류"의 순위를 정해보자. 다른 것들보다 더 중요한 오류가 있는가?
3. 아마도 오류인지 아닌지 그리고 그 오류가 중요한지 그렇지 않은지에 대한 학급 친구들의 생각이 다를 것이다. 왜 그런가?

***** ***** *****

탐구 활동 10   "미안하지만…"을 말할 수 있는 다양한 방법
학습 방법   환경에 따라 사과할 수 있는 다양한 방법이 있을 것이다.
         여기에는 몇몇의 예시가 있다. 예를 읽고 다음 질문에 답해
         보자.

> 여러분은 학교에 30분 늦게 도착하였다. (버스가 늦게 와서) 그리고 여러분은 교실로 가기 전에 교장 선생님께 숙제를 제출해야 한다.
> 여러분은 친구와 약속에 30분 늦었다.
> 여러분은 반 친구들과의 학습 모임에 30분 늦었다.
> 여러분은 이번 주 2번째 회사에 30분 늦었다.
> 여러분은 야채 가게로 어머니를 모시러 가는 데 30분 늦었다.

1. 각각의 환경에 따른 사과 표현을 만들어 보자.
2. 여러분의 사과 방법이 얼마나 다른가? 비슷한 것은 얼마나 있는가?
3. 보다 다른 형식의 사과를 요구하는 환경을 생각해 낼 수 있는가?
4. 왜 이러한 환경에서 다른 사과 표현을 사용하는가? 환경이 우리의 언어적 선택에 어떻게 영향을 주는가?

***** ***** *****

탐구 활동 11   억양은 의미를 갖는다.
학습 방법   여기에는 5가지의 간단한 예문이 있다.

> 제프는 케이트를 사랑한다.
> 우리는 그들을 때렸다.
> 람보는 학교를 좋아한다.
> 발드는 아름답다.
> 레이지는 치킨을 먹는다.

1. 첫 단어를 강조, 두 번째 단어를 강조, 마지막 단어를 강조하는 세 가지 방법으로 각각의 문장을 읽어보자. 강조 유형이 의미에 어떻게 영향을 주는가?
2. 비록 문자 언어에서는 억양이 없지만, 이는 분명히 문장의 의미에 영향을 준다. 어떤지 설명하라.

***** ***** *****

탐구 활동 12　글쎄, 어, 저 있잖아. 너도 알다시피
학습 방법　하루 동안, 사람들이 대화에서 사용하는 간투어를 녹음해 보자. 간투어에는 '음', '에', '글쎄', '저 있잖아' 등으로 표현된다. 교실에 관찰된 목록을 가져오자.

1. 여러분 또래의 화자들이 가장 많이 사용되는 간투어는 무엇인가? 좀 더 나이가 많거나 어린 화자들이 자주 쓰는 간투어는 어느 것인가?
2. 여러분의 관찰을 바탕으로, 왜 사람들이 간투어를 사용한다고 생각하는가? 화자는 항상 간투어를 사용하는가? 그들은 어떤 환경에서 사용하고, 다른 경우에는 사용하지 않는가?
3. 여러분이 조사한 것에 기초하여, 구어에서 간투어는 어떤 역할을 하는가?

***** ***** *****

탐구 활동 13　"정확하고" 올바르게 말하기
학습 방법　여러분의 언어 사용을 마지막으로 고쳐준 사람을 생각해 보자. 아마도 선생님, 부모님, 친구가 여러분이 잘못 쓴 단어에 대해 또는 부정확하거나 섣부르게 쓴 것에 대해 말해 주었을 것이다. (a) 언어 어법이 "정확한" 것이 무엇인지, (b) 교정의 결과 어떤 느낌이 들었는지를 설명하는 한 단락의 글을 써 보자.

1. 여러분이 쓴 단락을 모둠에서 공유하고, 왜 사람들이 여러분의 언어를 고치려고 하는지 논의해 보자.
2. 성공적으로 여러분의 언어를 고치려고 시도하였는가? 여러분의 모둠 보고서에 다른 사람은 무엇을 했는가? 그들은 자신의 언어를 바꾸었는가?
3. 다른 사람의 교정이 여러분의 언어 사용을 변하게 하는가? 그렇게 생각하는가? 언제 교정이 성공적인가? 성공적이지 않을 때는? 우리는 언어 사용을 다른 방법으로 어떻게 배울 수 있을까?

***** ***** *****

탐구 활동 14   일상어와 전문어
학습 방법   어떤 단어는 매일, 일상적인 대화에서 배우고 쓴다. 다른 단어는 특별한 경우에 배우고, 사용한다. 여기에 사람들이 일상어/전문어로 간주하는 몇몇의 단어쌍이 있다.

| 뚱뚱한/과체중 | 말하기/발화 | 바보/무지한 |
| 불/화재 | 어린이/아동 | 여윈/수척한 |

1. 다른 것에 비해 이런 단어들을 사용할 때, 어떤 차이점이 있는가? 여러분의 모둠에서 다른 것과 차이가 있었는가?
2. 사전에서는 이런 단어의 사용과 의미 사이에 구별을 하고 있는가?
3. 어떤 사람들은 두 가지 중 특정 단어만 사용하는 이유가 무엇이라고 생각하는가?

***** ***** *****

탐구 활동 15 여행
학습 방법 여러분은 방금 주말 여행에서 돌아왔다. 여러분은 친구와 함께 시간을 보내고 다양한 볼거리와 여러 가지를 경험했다. 여러분이 집에 있을 때, 친구, 선생님, 부모님 등은 여러분의 모험담을 듣고 싶어 한다.

1. 여러분이 갔었던 굉장한 파티에 대해 여러분은 어떻게 이야기할 것인가?
2. 여러분이 방문했던 유적지에 대해 어떻게 이야기할 것인가?
3. "여행은 좋았니?"라고 물을 때, 질문을 하는 사람에 따라 여러분의 대답은 어떻게 달라질까?

***** ***** *****

탐구 활동 16 당신에게 동의를 한다는 표시는 어떻게 하는가?
학습 방법 다음은 모두 동의를 표현하는 것이다.

a. Yes	b. Yeah	c. Yep	d. Uh-huh
e. Affirmative	f. Correct	g. Sure	h. OK
i. Fine	j. All right	k. Okey-dokey	l. Right on
m. I agree			

1. 여러분은 이것들 중 어떤 것을 사용하는가? 어떤 것은 절대 사용하지 않기도 한다. 그리고 왜 그런가?
2. 여러분은 각각의 표현을 누구에게 사용할 것인가?
3. 어떤 표현이 적절한지 혹은 적절하지 않은지를 어떻게 판단하는가?

***** ***** *****

탐구 활동 17 여러분은 '토마토'라고 말하지만 나는 '토메토'라고 말한다.
학습 방법   가장 옳다고 생각하는 표현에 동그라미 하시오.

> shall / will
> different from / different than
> less / fewer
> anyway / anyways
> like / such as
> that / which
> you saying / your saying
> It's me / It is I
> yours and Sam's / your's and Sam's

1. 여러분의 짝과 함께 대답을 비교해 보자. 여러분은 동의하는가?
2. 여러분은 무엇을 근거로 "옳다"고 선택했는가?
3. 한 상황에서 "옳은 것"이 다른 상황에서 "옳지 않은 것"일 수 있는가?

***** ***** *****

탐구 활동 18 고마워. 고마워. 고마워.
학습 방법   우리는 다른 많은 방법으로 말할 수 있다. 어떤 경우에 "올바른" 것이 다른 상황에서 "올바르지" 않을 수 있다. 아래의 상황에서 "고마워"를 보자. 아래 경우, "고마워"를 표현하기 위해 어떻게 말하는 것이 가장 좋을까?

> — 여러분에게 경고장을 건네주는 경찰에게
> — 여러분의 생일 날 여러분에게 5달러를 주는 친척 어른에게
> — 자신이 씹던 껌을 여러분에게 건네는 3살짜리에게
> — 여러분에게 두통을 주는 학급 친구에게
> — 선물을 주는 학교나 교회의 산타클로스에게

- 여러분이 좋아하는 CD를 빌리고, 2개월 후에 주는 친구에게
- 잃어버린 지갑에 돈까지 그대로 돌려주는 낯선 사람에게

1. "고마워"라고 말하는 가장 좋은 방법을 결정할 때, 여러분은 어떤 요소를 고려하나?
2. 입장과 참여자가 어떻게 언어적 선택에 영향을 주는가?
3. 우리가 감사한 마음을 표현하지 않을 때, 어떤 대가를 치러야 하는가?

제 7 장

일상적 담화와 사회적 관습

"난 해리야." 또는 "이분은 화이트씨예요."라고 하거나, 또 흑인 성인 남성을 "소년", 성인 여성을 "소녀"라고 하지 않는다. 이렇게 우리는 종종 의식하지 못한 채 사람들이 선호하는 방식으로 그들을 부르곤 한다.
— Baron, D. 『몰락하는 문법』(*Declining Grammar*) —

이 장을 읽기 전에

레스토랑에서 웨이터가 와서 "당신은 도대체 뭘 원하세요?"라고 말한다면 여러분은 뭐라고 답하겠는가? 콘서트나 운동 경기를 보러 갔는데 시작을 알리는 안내 방송이 "축복이 가득한 오늘 우리는 여기에 모여…"라고 한다면 여러분은 어떤 생각이 들겠는가? 두 발화 모두 문법적으로 틀리지는 않았다는데, 무엇이 잘못된 것일까?

7.1. 들어가기

〈하비〉[1]는 내가 좋아하는 영화 중 하나다. 지미 스튜어트라는 배우가 마음씨 좋은 술주정뱅이 엘우드 다우드 역을 맡았다. 엘우드 다우드는 어딜

---

1) 역주 : 1950년 헨리 코스터 감독의 영화. 자기가 상상으로 그린 한 마리의 토끼 '하비'를 벗으로 삼아 살아가는 어느 사나이의 이야기. 매리 체이스의 퓰리처상 수상 무대극을 영화화한 것으로, 무대와 영화에 걸쳐서 스튜어트의 최고 명연으로 꼽힌다. (홍성진, http://movie.naver.com/movie/bi/mi/detail.nhn?code=14059)

가든 친구 하비와 늘 함께 다닌다. 하비는 다른 사람들의 눈에는 보이지 않으며 키가 6피트, 둘레가 3인치인 하얀 토끼이다. 나는 "마음씨 좋은 술주정뱅이"라는 표현에 편견이 담겨 있다는 것을 알고 있다. 그리고 이러한 표현을 누구에게나 쓸 수 있다고 주장하려는 것도 아니다. 영화에 대해 이야기해 보자.

다우드는 다음의 예처럼 언어를 글자 그대로 사용한다.

바텐더 : What can I do for you, Mr. Dowd? (무엇을 원하십니까? 엘우드.)
엘우드 : What did you have in mind? (무슨 생각하고 있어요?)
남 자 : We should have lunch sometime.(나중에 우리 점심 식사나 합시다.)
엘우드 : Yes. When?(좋습니다. 언제 먹을까요?)

첫 번째 대화를 보면 엘우드는 바텐더의 질문을 이해하지 못하고 있다. 바텐더는 "무엇을 드시겠어요?"라는 질문 대신에 좀 더 친근하고 간접적인 질문을 선택했다. 두 번째 대화에서는 엘우드가 일반적인 작별 인사 방법을 이해하지 못한 것이다. 퉁명스럽고 무례하게 들릴 수 있는 "이제 가야겠어요."라는 말 대신에, 대화 속 남자는 일상적으로 자주 사용되는 상투적 표현을 선택한 것이다. 엘우드는 이 점을 놓치고 남자가 초대를 한 것이라고 생각한 것이다.

위의 예들은 사람들이 사회적 담화에서 흔히 볼 수 있어서 판에 박힌 표현으로 인식하는 것들을 보여준다. 점원이 손님을 맞으면서 "무엇을 원하십니까?"라고 하는 것은 "무엇을 도와드릴까요?"만큼 자주 쓰인다. 대화를 끝맺을 때 사람들은 "나중에 우리 점심 식사나 합시다."를 "조만간 커피 한 잔 하자."처럼 일반적으로 사용한다. 엘우드 다우드는 이것을 이해하지 못하였다. 이와 같은 극적 아이러니가 웃음을 유발한 것이다.

이 부분을 통해, 사람들 간의 의사소통이 언어의 주요한 기능 중 하나임을 알 수 있다. 물론 우리가 사람들을 만났을 때, "안녕?"이나 "만나서 반갑습니다." 또는 "좋은 아침이에요. 그린 씨." 등과 같이 말하곤 한다. 이러한 표현들은 실제적이거나 실질적인 내용을 전혀 담고 있지 않은 채 쓰인다. 앞에서 보았던 "나중에 우리 점심 식사나 합시다."와 같은 사교적 표현의 일부로서 유의미하다. "안녕?"이나 "만나서 반갑습니다.", "좋은 아침이에요? 그린 씨." 등이 구체적이거나 중요한 정보를 제공하는 것은 아니다. 그럼에도 불구하고 이러한 표현들은 그 밖의 중요한 어떤 것을 전달한다. 이러한 표현들은 우리가 다른 사람들과 상호작용하는 방식을 결정할 때 사용하는 규칙의 예들이다. 이것이 관습이다.

제2장에서 우리는 엘리베이터를 타는 방법에 대해 이야기했다. 엘리베이터의 뒤쪽 벽이 아니라 출입문 쪽을 보고 서있는 것이 사회적 관습이다. 식사 시간 동안 냅킨을 무릎에 두는 것도 사회적 관습이다. 사회적, 정치적 지위를 막론하고 줄을 서서 차례를 기다리는 것("먼저 온 사람이 우선이다.")은 미국에서 따르는 또 다른 사회적 관습이다.

7.2. 일반적인 사회 관습

영어권의 일부 지역에서 줄을 서는 것을 줄서기(queuing)라고 한다. 이것은 간단한 사회적 관습처럼 보이지만, 보다 복잡한 문화적 가치를 바탕으로 한다. 줄서기라는 어휘는 세계 1, 2차 대전 동안 영국에서 사용되기 시작하였다. 그리고 점차 미국, 캐나다, 몇몇 유럽 국가에서 용인되며 사용되는 사회적 관례로 수용되었다(Gladwell, M., 1992 : 38).

어떤 이론은 **시간**을 중요하게 생각하는 나라에서 서비스를 받기 위해 줄을 서고, 시간을 중요하게 생각하지 않는 문화권에서는 줄을 서지 않는다고 주장한다. 줄을 서지 않는 것으로 알려진 브라질 사람들은 발달 수준이 비슷한 다른 문화권의 사람들보다 시계나 손목시계를 적게 소유하고 있다는 연구 결과도 있다(Gladwell, M., 1992 : 38). 이것이 그 이론을 뒷받침한다.

　줄서기에 관한 보다 중요한 요인은 문화권에서 평등을 어느 정도 가치롭게 여기느냐이다. 예를 들어 남자보다 여자를 사회적 지위가 낮다고 보는 아랍의 어떤 나라에서는 매표소나 줄을 서야 하는 곳에서 이미 줄을 서 있는 여자 앞으로 남자가 끼어드는 것이 일반적이다. 이는 북미에서는 상상할 수도 없는 관례이다(Gladwell, M., 1992 : 38).

　이스라엘에서는 더 복잡한 줄서기 관습을 볼 수 있다. 이스라엘은 일반적으로 획일화에 반대하지만 공평함과 평등을 실천하는 것을 소중하게 생각한다. 결과적으로 이스라엘에서 버스를 기다리는 사람들이 줄을 서는 것에는 반대하지만, 버스가 도착하면 먼저 온 사람이 우선이라는 원칙에 따라 버스에 탑승한다(Gladwell, M., 1992 : 38).

　줄을 서는 관례에 대한 이러한 설명은 간단한 사회적 관습이 문화의 근본적인 가치에서 유래하고 있음을 보여준다.

　알다시피, 문화 안에서 우리는 수많은 사회적 관습을 따른다. 우리는 일상적으로 나이프, 포크, 숟가락을 사용해 식사를 한다. 샌드위치나 피자와 같은 "손으로 집어먹는 음식"을 제외하고서는 손가락으로 음식을 먹지 않는다. 반면에 몇몇 문화권에서는 나이프, 포크, 숟가락 대신에 젓가락을 사용한다. 또 다른 문화권에서는 매일 손가락을 사용해 음식을 먹는다.

　미국에서는 도로의 오른쪽에서 운전을 한다. 하지만 몇몇 문화권에서는 왼쪽에서 운전을 한다. 중요한 사람이 방으로 들어왔을 때, 우리는 일어선다. 인사를 할 때에는 악수를 한다. 하지만 다른 문화권에서는 이러한 관습을 따르지 않는다(Anthony, E., 1996 : 1).

　나는 겨울에 모자를 쓴다. 그리고 교회에 들어갈 때에는 항상 모자를 벗는다. 프로테스탄트는 경의의 표시로 모자를 벗는다. 반면에 독실한 유대교도 남자들은 유대 교회나 때로는 집에서도 머리에 야물커[2]라는 것을 쓴다. 이것도 경의의 표시이다. 경의라는 동일한 근본적 가치가 어떤 문화권에서는 모자를 쓰게 하고 다른 문화권에서는 벗게 한다.

미국 부시 대통령이 자신의 두 번째 취임식에서 했던 텍사스식 손인사는 스칸디나비아에서 전혀 다른 의미로 이해된다. 노르웨이인들은 그의 손동작을 사탄 숭배 의식으로 해석하고 충격을 받았다. 집게손가락과 새끼손가락을 들어 올리는 것을 노르웨이 사람들은 이처럼 해석하는 것이다. 텍사스 사람들에게 이와 같은 동작은 텍사스 대학교에 대한 애정의 표시이고, 스포츠 경기에서 "Hook 'em Horns(뿔을 잡아라.)"라고 외칠 때 함께 쓰이기도 한다. 노르웨이에서는 이 동작은 사탄을 숭배한다는 표시이다.[3] 똑같은 동작이 두 문화권에서 확연한 차이를 보인다.

> **생각해 보기**
> 내가 사는 곳에서는 남자가 실내에서 야구 모자를 쓰는 것은 흔한 일이다. 때때로 그 모자를 거꾸로 쓰기도 한다. 8~10명에게 이런 관례에 대해서 어떻게 생각하느냐고 인터뷰해 보자. 그것을 유행이라 말할 수 있을까? 나이 제한이 있는가? 남자 교수님께서 수업 시간에 모자를 쓰셔야 하나? 모자가 결례를 드러내는 표지인가? 남자다움의 과시? 관습이란 정말 무엇인가?

우리는 다른 사람과 얼마나 가까이 서 있느냐에 있어서도 관습이 지배하고 있음을 볼 수 있다. 미국에서는 친밀한 사이가 아니면 "팔이 닿는 거리"의 원칙을 따른다. 하지만 라틴, 이탈리아, 프랑스에서는 훨씬 더 가까운 거리일 때 편안하게 대화를 한다. 절대적인 의미에서 특정 관습만이 **옳다**고 볼 수 없다. 관습이 다르다는 것은 단지 다른 문화적 가치를 반영하는 것에

---

2) 역주 : 유대교에서 남자가 기도할 때 쓰는 작은 테 없는 모자.
3) "Longhorn Salute Is Devilish in Norway", *Lincoln (NE) Journal Star*, January 22, 2005.

불과하다(Anthony, E., 1996 : 23).

관습적으로 레스토랑에서는 점원이 손님을 맞이하고 테이블까지 안내해 준다. 하지만 즉석음식점이나 패스트푸드점에서는 레스토랑과 마찬가지로 의자와 테이블이 갖춰져 있는 경우라 하더라도 손님이 스스로 자리를 찾아 앉는다. 이것은 워싱턴의 식약청에 의해 설치된 연방 지침 때문이 아니다. 좌석을 안내해 주는 점원의 유무는 사회적 관습에 의한 것이다.

언어를 관습과 다르게 사용해서 얻을 수 있는 효과에 대해 살펴보았지만, 정반대의 경우도 존재한다. 왜냐하면 우리가 반드시 지켜야 하는 언어 관습들도 존재하기 때문이다. 사회적 담화에서 이러한 관습을 어길 경우 사회적 부담을 치러야만 한다.

7.3. 미국의 전화 관습

예를 들어 미국의 가정집에서 전화를 받을 때 관습적으로 "여보세요."라고 간단히 말한다. 때때로 "여보세요. 앤더슨네입니다."나 "앤더슨 집입니다."라고 집 전화를 받는다. 이중 "여보세요."가 가장 일반적일 것이다. 이러한 전화 응답 방식이 미국에서 일반적이지만, 영국에서는 전화를 받을 때 전화번호 끝자리 4개의 숫자를 대는 것이 보편적이다. 내 친구 그레이엄 쇼는 런던의 집에서 "여보세요, 7894입니다."라고 전화를 받는다.

영어권 국가 중 일부에서도 전화 관습이 이와 다르지만, 다른 언어권에서는 매우 큰 차이를 보인다. 나의 딸 샐리는 1년 동안 스페인에서 살았고, 2년 동안 볼리비아에서 살았다. 여기서는 스페인어권 가정에서 사용되는 집 전화 관습에 대해 샐리가 관찰한 것들을 살펴보자.

7.4. 스페인의 전화 관습

일반적인 스페인 가정에서는 다음과 같이 전화를 받는다. 미엘이 카르멘에게 전화한 경우를 살펴보자.

카르멘: Diga. (말씀하세요.) [이것은 전형적인 응답이다.]
미 엘: ¿Está Javier? (하비에르 있나요?)
카르멘: Sí, ¿quién es? (네, 누구신가요?)
미 엘: Soy Miguel. (미엘입니다.)
카르멘: Sí, un mometo ; ahora se pone. (네 잠시만 기다리세요. 곧 올 겁니다.)
Javier, ponte ; es Miguel. (하비에르야, 전화 받으렴. 미엘이야.)

스페인에서는 전화 대화의 응답이 미국에서 관습적으로 사용하는 것보다 공식적으로 시작한다. 스페인어에서는 *Diga*나 *Digame*라는 말로 전화를 받는 데, 이는 '말씀하세요.'라는 의미를 가지고 있다. 이것은 가정에서나 직장에서 전화 응대 방식이 세계 보편적인 것은 아니지만 일반적이라는 것을 보여준다. *Diga*나 *Digame*은 둘 다 전화를 건 사람에게 말하라고 명령하는 것이며, 질문을 하는 것이 아니다.

하지만 스페인어를 사용하는 또 다른 국가들에서 이러한 인사말은 달라질 것이다. 예를 들면 멕시코에서는 *Bueno* (좋아.)라고 응답하고, 라틴 아메리카의 일부 국가에서는 *Hablame* (말씀하세요.)나 *Aloh* (여보세요의 변이형)가 일반적인 전화 인사말이다.

스페인어권 국가들의 대부분은 전화비가 매우 비싸기 때문에, 많은 가정에서 전화기를 가지고 있지 않다. 전화비는 시내 통화에 대해 부가되고, 미국에서 장거리 전화와 유사하게 분당 계산된다. 스페인에서 전화 관습은 이러한 경제적 문화의 특성을 반영하고 있기 때문에, 전화는 보수적이면서도 검소하게 사용된다. 화자는 전화를 빨리 끊기 위해 업무를 직접적이고 빠르게 처리해야 하고 "잡담"은 최소화한다. 비공식적인 대화는 카페나 파티와 같은 사회적 행사에서 면 대 면으로 이루어진다.

7.5. 미국 사무용 전화 관습

하지만 미국에서 사무용 전화 응답을 할 때에는 다르게 설정된 관습을 따라야 한다. 기업이나 조직의 이름을 관습적으로 밝힌다. "남부고등학교입니다.", "제1 장로교회입니다.", "무어 슈퍼마켓입니다."와 같이 대답하거나 "당신의 편의를 위해 24시간 열려 있는, 3번가에 위치한 발도에 전화 주셔서 감사합니다. 저는 얀입니다. 무엇을 도와드릴까요?"와 같이 길고 상냥하게 대답하기도 한다.

만약 집에서 전화를 받을 때 "여기는 브라운의 빌, 베티, 밤비, 브루스네 집입니다. 무엇을 도와드릴까요?"라고 한다면 당황할 것이다. 만약 여러분이 은행에 전화를 했는데 "응, 누구야?"라고 응답한다면 깜짝 놀랄 것이다. 나의 야간 수업을 듣는 학생인 루이스 휘트모어는 낮에는 은행에서 일하는데, 그곳에서 누군가는 이런 식으로 전화를 받을지도 모른다고 말했다. 하지만 오직 딱 한 번뿐일 것이라고 덧붙였다.

최근에는 대기업을 중심으로 사무용 전화기가 발달해, 사람이 주로 담당했던 전화 교환을 컴퓨터 조정 응답 장치로 대체하고 있다. 대기업에 전화하는 사람들에게 "Acme 출판사에 오신 것을 환영합니다. 원하시는 부서의 내선 번호를 아시거나 전자식 전화기로 전화하셨을 경우, 내선 번호를 눌러주세요. 주문을 원하실 경우 1번을 눌러주시고, 이용할 수 있는 책 제목에 대한 질문을 하실 경우 2번을 눌러주세요. 판매 대표자와 통화를 원하실 경우 3번을 눌러주시고, 전화번호 안내는 5번을 눌러주세요."라고 응답하는 것이 일반화되었다. 이런 행정적 관례는 좀 더 효율적이고 경제적인 면을 고려한 것이다. 컴퓨터 조정 응답과 전화 응답 장치는 더 이상 새로운 것이 아니다. 이러한 것들이 '담화 관습'을 대표한다고 생각하지는 않는다.

어떤 사람들은 자동화된 시스템이 지루하다고 생각한다. 또 다른 사람들은 자동화된 시스템의 효율성에 감사한다. 여러분은 어떻게 생각을 하는가? "지기[4]"라는 만화에서 한 번은 네모 칸 전면에 지기를 두고 배경에는 피어오르는 연기를 보여준 적이 있다. 지기는 헤드폰을 쓰고 있었고, 다음과 같은 말풍선을 볼 수 있다. "여기는 소방서입니다. 기름에 의한 화재는 1번, 지하에 불이 난 경우 2번, 고양이가 나무에 있는 경우는 3번, 당신이 불 속에 있는 경우 4번을 눌러 주세요."[5]

7.6. 맥락에서의 일상적 담화

6장에서 언어의 환경적인 결정 요소로 언어장(field), 참여자(tenor), 언어 양식(mode)의 특이 방언(diatype)[6] 특징에 대해 설명했다. 우리가 사용하는 언어는 언어 사건의 배경, 환경 또는 맥락에 의해 결정된다는 사실이 중요

---

[4] 역주 : Tom Wilson의 만화 http://en.wikipedia.org/wiki/Ziggy_%28comic%29
[5] "Ziggy", The Lincoln(NE) *Journal Star November* 15, 1997, 15.
[6] 언어학자인 Michael Gregory(1967 : 177-197)는 언어 변이를 그것이 사용되는 사회적 목적에 따라 2가지로 하위 구분하였다. 즉 언어 사용자에 의해 만들어지는 '일반 방언(dialect)'과 언어 사용에 의해 나타나는 변이형인 '특이 방언(Diatype)'으로 나눠진다는 것이다. '일반 방언'의 경우는 어떤 지역에서 쓰이는가(Geographical), 어떤 집단이나 사회적 공동체에서 쓰이는가(Social), 어느 시기에 쓰였는가(Temporal)에 의해 결정된다. 하지만 '특이 방언'은 언어장(field), 참여자(tenor), 언어 양식(mode)에 의해 결정된다는 점에서 차이를 보인다. 예를 들어 '일반 방언'은 특정 지역 사람들이 쓰는 언어이며, '특이 방언'은 학술지에 실린 특정 용어라 할 수 있다.

하다. 우리가 언어를 선택할 때에는 자동적으로 언어 사용장, 참여자 관계, 언어 양식에 의해 영향을 받는다. 하지만 화자가 "어디 보자. 빵과 우유를 사러 갈 거예요. 그래서 나는 집에 자동응답기를 켜둘 겁니다."라고 말할 것이라 믿는 것은 언어 사용장, 참여자 관계, 언어 양식이 영향을 주는 방식에 대해 잘못 이해하고 있는 것이다. 이는 명백히 드러나는 것이 아니다.

담화와 담화 분석은 최근 사회언어학적 연구에서 매우 많이 다루어지고 있는 주제이며, 언어학의 일부이다. 하지만 LEA를 학교 교육에 적용하기 위해, 우리는 담화를 사회적이고 기본적인 구어 대화와 일상 표현에 국한하고자 한다.

이 말을 내 딸이 들으면 또 지나치게 반복한다고 나를 놀리겠지만, 나는 여러분이 LEA가 **사람**과 함께하는 **사회적** 활동으로서 언어를 강조한다는 점을 떠올렸으면 한다. LEA에서 연구하는 언어란 실제적인 사람이어야 하며, 실재 사람의 맥락에서 발현되어야 한다.

사회적 담화 연구에 있어, 앞에서 언급한 사항 외에도 몇 가지 필수 사항이 있다. 그 중의 하나가 연결된 언어(connected language)이다. 우리가 경험하는 언어 사건의 대부분이 두 개 혹은 그 이상의 연속된 발화로 이루어진다. 6장에서 보았듯이 보통 사람들이 단 한 개의 문장으로 끝나는 경우를 발견하는 것은 쉽지 않을 것이다.

연결된 언어를 교환(exchange)하는 것은 아침에 사무실에 들어설 때 접할 수 있는 것처럼 단순하다.

대화 교환 1.
(1) 샤론 : How's Larry this morning? (래리 씨, 안녕하세요?)
(2) 래리 : Fine, thanks. And you? (네. 안녕하세요?)
(3) 샤론 : I'm fine. (네.)

또는 어제 내가 했던 전화 통화처럼 교환이 보다 복잡할 수 있다.

대화 교환 2.
(1) 래리 : 여보세요, 저는 래리 앤드류라고 합니다. 책 반납 때문에 전화 드렸습니다.
(2)   ·   오늘 학교 메일로 공지를 받았습니다.
(3) 메리 : 네, ID번호가 어떻게 되시죠?
(4) 래리 : 628411입니다.
(5) 메리 : 네, 잠시만 기다려 주세요. (도서관 컴퓨터에 번호를 입력한 후 기다린다…)
(6) 메리 : 네, 여기 있네요. 질문이 무엇인가요?
(7) 래리 : 저는 "*Aging in America*"라는 책을 빌린 적이 없거든요. 그런데 공지에 보니 제가 책을 빌리고
(8)   연체되었다고 합니다.
(9) 메리 : 네, 반납된 걸로 바꿔드리겠습니다.
(10) 래리 : 감사합니다. 이제 되었나요?
(11) 메리 : 네.
(12) 래리 : 감사합니다. 안녕히 계세요.

연결 언어의 예를 잘 보여주는 위의 두 대화는 지극히 평범하고 일상적인 대화라는 점에서 공통된다. 직접 발화의 예들이 들어 있어, 별도의 해석도 거의 필요하지 않다. 이 두 대화 교환은 이번 주에 여러분과 필자가 참여하였던 유사한 수많은 대화 교환을 대표한다. 그렇지만 이 속에서 우리는 특정한 관습을 엿볼 수 있다.

대화 교환 1에서 샤론은 도입말로 (1)을 말한다. Finegan & Besnier가 지적했듯이, 대화는 사회적으로 받아들여지고 인정된 방식으로 시작한다. 인사말이나 도입말은 우리가 사회 생활 중에 "내가 당신을 알아봤다." 혹은 "나는 당신이 누구인지 알고 싶다."라고 말하기 위해 사용하는 방법 중 하나이다(Finegan, E. & Besnier, N., 1989 : 344). 이는 공손한 방법이다.

공손성(politeness)은 우리 사회에서 중요하게 여기기 때문에 관습적으로

지켜야 한다. 비록 말하거나 쓰지 않더라도, 대화 상대방은 예의 바르고 정중하게 대답함으로써 도입말로 시작된 인사를 **받아들인다**. 따라서 (2)와 같은 발화는 이러한 암묵적인 사회적 요구를 충족하고 있다.

대화 교환 1의 문장들은 공식적일 뿐 실제적인 의미는 거의 없다. 하지만 **사회를 결속시키는 접착제 역할을 한다는** 점에서 의의를 찾을 수 있다.

대화 교환 2에서는 다른 종류의 도입말을 볼 수 있다. 이 경우 (1)과 같이 자신의 신분을 밝히면서 시작하는 도입 인사말은 일상적인 전화 대화에서 빈번이 사용된다. 신분 밝히기는 화자를 알리는 역할 뿐만 아니라 (3), (5), (6)과 같이 청자의 관심을 끄는 역할도 한다.

전화상에서 신분 밝히는 도입말("여보세요. 래리 앤드류입니다.")을 사용하는 것은 미국의 백인 문화에서는 관습적으로 자주 일어나는 반면 흑인 문화에서는 그렇지 않다. 미국 흑인은 비공식적인 전화 통화에서 수화기를 들자마자 "여보세요."라고 말한 후 바로 대화를 시작한다.

왜 이런 차이가 있는 것일까? 미국의 백인 문화는 예절을 중시하여, 친구에게 전화를 할 때 자신을 밝히는 것이 예의바르다고 생각한다. 흑인 문화에서는 예절 못지않게 **연대감**이나 **공동체 의식** 등을 중요시하기 때문에, 미국의 흑인이 친구에게 전화를 걸 때 자신을 밝힐 필요가 없다고 생각한다. 전화를 건 사람이 말을 하면 전화를 받는 사람은 누가 전화했는지 쉽게 알아차릴 수 있다. 모두가 '가족'이라는 전제 하에서 전화를 건 사람이 누구인지를 묻는 것은 실례가 될 수 있다.

몇몇 미국 백인들은 친구에게 전화를 걸 때 자신의 신분을 밝히지 않고, 흑인 중에서도 전화를 할 때 자신의 신분을 밝히는 경우가 있다. 하지만 이 경우는 신분이 우회적으로 드러난다. 예를 들면 우리 집에 자주 전화를 거는 아내의 30년 지기(知己)는 간접적으로 자신을 밝히곤 한다. 만약 내가 전화를 받으면 "선생님"이라고 말하는데, 이는 그녀가 대학에서 필자의 강의를 수강했기 때문이다. 그녀는 "안녕하세요, 래리 씨. 저는 마를린입니다.

루스 집에 있나요?"라고 말하지는 않는다.

우리 집에 전화를 하는 또 다른 흑인의 경우도 간접적으로 자신을 밝힌다. 내가 전화를 받으면 "My brother, how you doin'? (형님, 잘 지내세요?)"라고 말한다. 우리는 미주리 주 중심부에서 함께 자랐고 야구 게임을 했었다. 30년이 지난 지금도 같은 도시에 살고, 같은 교회에 다니고, 사회적 행사에서 자주 만나는 매우 가까운 사이이다. 그래서 그는 "안녕하세요? 래리 씨. 저는 데이비드입니다."라고 말하지 않는다.

7.7. 인접쌍과 발화쌍

도입말과 맺음말과 같이, Finegan, E. & Besnier, N.(1989 : 314-344)은 몇 가지 인접쌍을 제시하였다. 인접쌍은 사회적 대화를 조직하는 데 있어 유용하다고 생각되는 구조적 기제이다. 초대와 수락 등과 같은 예를 다음의 질문과 대답에서 살펴볼 수 있다.

질문/대답 발화쌍
화자 1 : 조간 신문이 어디 있지?
화자 2 : 식탁 위에.

초대/수락 발화쌍
화자 1 : 토요일 저녁 식사 모임을 갖고자 하는데 오실 수 있으세요?
화자 2 : 감사합니다. 좋습니다.

평가/반대 발화쌍
화자 1 : 윌슨 선생님은 여기서 대단한 분이셔.
화자 2 : 너는 그에 대해 잘 몰라.

사과/수락 발화쌍
화자 1 : 어젯밤 너무 늦은 시간에 전화했지요. 죄송해요.
화자 2 : 괜찮아요. 신경 쓰지 마세요.

부름/응답 발화쌍
화자 1 : 저기, 데이브!
화자 2 : 응?

만약 대화 참여자들이 좋은 영어라고 정의된, 성공적이고 편안한 대화를 하기 위해서는 인접쌍이 정해진 순서를 따라야 한다. 첫째, 대화쌍은 **인접해 있어야** 하고, 두 명의 화자가 있어야 한다. 한 명의 화자가 질문에 대한 답이 주어지기 전에 관련없는 말을 하게 되면, 상대방을 혼란스럽거나 화나게 할 수 있다. 다음의 예를 보자.

화자 1 : 조간 신문이 어디에 있지?
화자 2 : 오늘밤에 눈이 온다고 하네. 커피가 다 떨어졌어. 내 차 열쇠 봤어? 식탁 위에 있구나.

반면에 전형적인 질문과 답의 관계가 아니더라도 관련된 대답이라면 받아들여질 수 있다.

화자 1 : 조간 신문이 어디에 있지?
화자 2 : 요즘 신문이 점점 늦게 오는 것 같아.

둘째, 인접쌍은 분명한 순서가 있다. 질문은 대답 앞에 와야 하고, 그 반대는 안 된다(TV 프로그램 〈Jeopardy[7]〉를 제외하고). 수락은 초대 다음에 제시되어야 한다. 아직 하지도 않은 사과를 수락하는 일은 불가능하다.

---

7) 역주 : 미국 CBS에서 방송하는 인기 있는 퀴즈 프로그램

셋째 인접쌍은 서로 **잘 어울려야** 한다. 인접쌍의 첫 번째 발화가 다음 발화에 이어져 나오면 어색한 대화가 되고 만다.

화자 1 : 토요일 저녁 식사 모임을 갖고자 하는데 오실 수 있으세요?
화자 2 : 괜찮아요. 신경 쓰지 마세요.

Elaine Chaika는 발화쌍에 대해 연구하는데, 이는 인접쌍과 유사하다. 발화쌍도 대화의 연속으로, 첫 번째 발화는 정해진 반응을 유도한다. Chaika에 따르면 보통의 발화쌍은 다음과 같다(Anderew, L., 1998 : 169−170 재인용).

인사 : 인사
질문 : 대답
불평 : 변명, 사과, 부인
요청/명령 : 수락/거절
칭찬 : 감사 표시
작별인사 : 작별인사

도입말 인사는 정해진 대답으로 다른 인사를 이끌어 낸다. 질문은 대답을 이끌고, 불평은 용서, 사과, 거절을 이끌어 낸다.

음성 언어가 사회적으로 사용될 때 중요한 특징 중 하나는 우리가 대화를 시작한 사람에게 대답을 해주어야 한다는 의무감을 느낀다는 점이다. 이는 발화쌍 연구를 통해서도 증명되었다. Lobov, W. & David Fanshell, D.는 적혀 있거나 말하지 않더라도 발화 과정 중에 존재하는 담화의 전제 조건이라 하였다. 예를 들어 질문을 할 때, 질문자는 질문을 할 권리와 의무를 갖게 되고 질문을 받은 사람은 대답을 할 책임과 의무가 있다(Anderew, L.,1998 : 170 재인용).

이러한 질문 : 대답의 전제 조건은 우리 사회의 모든 사람들에게 암묵적으로 받아들여진다. 이로 인해, 우리는 누군가 질문을 했을 때 대답이 없으

면 불편함을 느끼게 된다. 우리가 믿는 것을 대답해야 하고, 적절하게 대답해야 한다. 전제 조건에 따라 판정 의문문에는 "예"나 "아니요" 중 하나를 이용해 적절하게 답해야 한다. "당신은 아직도 당신의 배우자를 때립니까?"라는 질문은 전제 조건을 바탕으로 한 상투적인 표현이다. 전제 조건은 대답을 강요하여 "예"나 "아니요" 중 하나로 답해야 한다.

Chaika는 Labov & Fanshel이 연구한 질문의 전제 조건을 모든 발화쌍에 적용하고자 확대하였다. 결과적으로 Chaika는 질문자가 질문할 권리와 책임을 가지고 있듯이 인사하는 사람은 인사할 권리와 책임을, 불평하는 사람은 불평할 권리와 책임을 가지고 있다고 하였다(Anderew, L., 1998 재인용). 수정된 담화의 전제 조건을 다음과 같이 요약할 수 있다.

일상 담화의 전제 조건
I. 첫 번째 화자는 발화할 권리 또는 의무가 있다.
II. 두 번째 화자는 대답할 책임 또는 임무가 있다.

맺음말은 도입말만큼 중요하다. 맺음말은 대화 참여자 중 한 명이 대화를 끝낼 준비가 되어있을 때 사용할 수 있다. 대개 맺음말의 시간을 정하는 것은 매우 민감한 문제이다. 대화 참여자들은 말을 짧게 끊거나 꾸물거리는 것으로 보이길 원하지 않는다.

"나는 이 문제에 대해 더 이상 할 말이 없습니다."나 "이 대화는 끝났습니다."와 같이 말할 수 없다. 이렇게 무례함을 드러내는 것보다 사회적으로 용인되는 암시어구(*code word*)[8]을 이용해 대화가 끝나간다는 것을 암시한다. '자(Well)…', '그러니까(So)…', '좋습니다(OK)'와 같은 말들이 흔히 볼 수 있는 예이다.

---

8) 역주 : 표면적으로는 온당하지만 공격적 의미(의도)를 숨긴 말이나 완곡적 표현.

화자 1 : Well, it's been good seeing you. (자, 당신을 만나서 좋았습니다.)
화자 2 : Yeah! Tacke care (네, 안녕히 가세요.)

화자 A : So, do you think you can make it? (그럼, 할 수 있겠어요?)
화자 B : Sure! Thanks. (네! 감사합니다.)

화자 I : O.K. well, I think I'd better… (좋습니다. 그럼 내 생각에는…)
화자 II : Yeah, I need to get going, too (네, 저도 시작해야겠습니다.)

언어의 여러 가지 변화들처럼 용인된 관습에서 유래한 변이는 사회적 또는 언어적 타락(decay)을 보여주는 것으로 해석된다. 다음은 최근에 신문사 상담 칼럼니스트가 받은 항의문이다.

무슨 일이 있어도 "Goodbye"는 "하느님이 당신과 함께 한다."의 약어로 완벽하게 좋은 단어이다. 하지만 이유도 없이 'Goodbye'가 사라지고 있다. 그 대신 마지막 줄을 장식하는 "좋은 하루 되세요."를 볼 수 있다. 이런 진부한 문장을 어디에서나 들을 수 있다니! 이런 케케묵은 표현에 적절한 대응은 없는 것인가?[9]

"좋은 하루 되세요."는 "Goodbye."나 "그럼 다음에 뵙겠습니다."나 "안녕."을 대체해도 무방해 보인다. 하지만 그 편지는 언어적 관습이 변할 때 사람들이 얼마나 짜증을 내는지 보여준다.

반면에 어떤 사람들은 언어적 관습을 가지고 유희를 즐긴다. 흔한 예로, 비서들은 상사에게 전화를 한 사람에게 관습적으로 "누구시라고 전해 드릴까요?(May I tell him who's calling?)"라고 물어본다.

---

9) "Have a Nice Day Raises Hackles", *Omaha (NE) World-Herald*, June 26, 1994.

필자의 친구는 이 질문에 "네."라고 한 마디로 대답한다.

그것뿐이다. 그는 더 이상 말하지 않는다.

때때로 "왜요? 그가 오늘은 누구와도 대화하지 않나 보죠?"라고 변화를 주기도 한다.

다른 친구도 집에 전화가 오면 이와 비슷한 장난을 한다. 전화 건 사람이 "롤랭(그의 아들) 있나요?"라고 물어보면 그는 "네."라고 답하고 전화를 끊는다.

나도 이러한 장난에 동참해 본 적이 있다. 나와 아내가 다른 부부와 함께 음식점에 갔을 때, 우리의 대화는 손님들에게 자신의 이름을 말하며 자신을 소개하는 웨이터들의 행동으로 옮겨졌다. 우리 넷은 이런 관습이 따분하다고 생각하고 장난을 치기로 했다.

우리가 자리에 앉자, 웨이터가 와서 "안녕하세요? 저는 맥스입니다. 오늘 제가 준비를 맡게 되어서 기쁩니다."라고 말했다. 우리는 계획한 장난을 치기 위해, 일어나서 인사의 표시로 손을 내밀며 차례대로 말했다. "안녕하세요, 저는 짐입니다.", "안녕하세요, 저는 미니입니다.", "안녕하세요, 저는 래리입니다.", "안녕하세요, 저는 루시입니다."

웨이터는 14번 테이블에 앉은 우리를 이상한 사람이라고 생각했을 것이다.

7.8. 호칭어의 관습

성(姓)을 부를 것인지, 이름을 부를 것인지 그리고 둘 다 무방한 때는 언제이고, 직책을 불러야 할 경우는 또 언제인가 등의 문제는 우리 언어적 행동을 형성하는 또 다른 사회 문화적 관습이다. 예를 들어 내가 자란 문화에서는 처음에는 부모님을 부를 때 "엄마", "아빠"라는 호칭을 사용하라고 배웠다. 내가 부모님에 대해서 이야기를 할 때("너랑 영화 보러 못 가. 아빠가 잔디를 깎아야 한다고 하셨어.")나 부모님에게 이야기할 때("아빠, 잔디 깎는 기계를 쓸 수 있게 도와주세요.") 이런 호칭을 사용하는 것은 문화적 규범이었다.

5학년 어느 날 수업을 마치고 친구 집에 갔을 때, 그 친구가 아버지의 이름을 부르며 "레스! 래리와 제가 콜라를 마셔도 될까요?"라고 말했을 때 나는 정말 깜짝 놀랬다. 저런 버릇없는 짓을 하다니! 내 친구가 이렇게 버릇없는 애였어?

사실, 내 친구는 자신만의 방식이 아니라 그의 가족 고유의 상대적인 언어 사용 양상을 따르고 있었던 것이다. 어린이가 어머니, 아버지, 엄마, 아빠 등과 같은 친족 명칭을 사용하는 것은 미국에서 종종 볼 수 있는 관습이지만 보편적인 것은 아니다.

세계적으로 잘 알려진 언어학자 Hudson은 언어 문화 토론 모임(Language & Culture Discussion Group)의 구성원들과 함께 인터넷으로 가족 호칭에 대해 비공식적인 조사를 실시하였다. 질문에 대한 답을 분석한 후, 그는 집안의 연장자들에게 이름을 부르는 것이 여전히 어려울 것이며, 통계적으로도 극소수일 것이라고 예측하였다. 나는 Hudson 교수의 비과학적인 조사에서 응답자를 영국이나 미국뿐만 아니라 다른 나라 사람들까지 포함시켜야 한다고 생각한다.

게다가 미국, 특히 남부 지역의 아이들은 부모님의 이름을 부르는 경우가 절대 없을 것이라고 생각한다. 미국의 다른 지역에서도 이러한 관습을 볼 수 있을지 모르지만, 흔하지 않다.

여러분과 여러분의 학생들은 호칭에 대한 관습에 대해 다음 표를 이용하여 좀 더 깊이 있게 학습할 수 있을 것이다. 이 표는 나의 학생 빌 콜린스가 만든 것이다. 조사에 참여하는 대상의 수가 많을수록 관습적인 호칭에 대해 보다 분명한 유형을 볼 수 있을 것이다.

호칭어

용어	용례	상황(언제, 누구에게 사용하는가?)
Nickname only		
First name only		
Mr.+last name		
Miss+last name		
Mrs.+last name		
Ms.+last name		
Ma'am		
Sir		
Title+last name		
Last name only		
Family relation+first name		
Family relation+last name		

7.9. 교실 담화

3장에서 보았듯이, 메리, 게리, 마크는 교실 담화를 배웠고 어른들의 지시나 중재 없이도 교실에서 적절한 역할을 맡을 수 있었다. 교실 담화에 몇 번 참여한 후, 그들은 어떻게 교사가 말하고 학생들이 답하는지 암묵적으로 학습한 것이다. 그들에게 그러한 역할은 예측했던 방식을 따르는 것이었다.

다양한 교실을 관찰하고 연구한 것을 바탕으로 관습적인 교실 담화를 설명하고자 한다. 다음에 제시될 설명은 현상을 반영한 것일 뿐 반드시 이렇게 되어야 한다는 것은 아니다.

1. 교실 내에서 이루어지는 말하기의 대부분을 교사가 한다. Edwards, D. & Mercer, N.(1987 : 20)은 교사, 교실, 국가 등 조사 대상의 수를 늘리더라도, 교사가 전체 발화의 65% 정도를 수행한다고 하였다.

2. 교사는 수많은 질문을 던지고, 대부분의 질문에 대한 답을 이미 알고 있다. Forestal, P.(1990 : 159)은 교사 발화의 60%가 질문이라고 밝혔다. 그리고 이 중 대부분은 하나의 정확한 답을 요구하는 "전시용" 질문이라 하였다. 이러한 질문을 수반하는 토론 활동 역시 사실 알고 보면 토론을 가장한 강의일 뿐이다.
3. 교사는 학습자가 반응할 때까지 기다리지 않는다. Forestal, P.(1990 : 159)은 평균적으로 교사는 학습자가 대답할 때까지 1초 정도를 기다린다고 지적하고 있다. 여러분은 1초 만에 생각하고 반응하여 어떤 대답을 할 수 있겠는가? 어떤 질문에 1초 만에 반응할 수 있는가? 이는 별로 중요하지 않은 질문인 경우에나 가능할 것이다.

이 자료를 바탕으로 전형적인 교실 담화를 간단한 공식으로 설명해 보면 I-R-E라고 할 수 있다.

    I = 교사의 질문을 통한 도입
    R = 학생의 대답
    E = 학생의 대답에 대한 교사의 평가

이를 도식화하면 I-R-E, I-R-E, I-R-E, I-R-E…이 가능할 것이다. 여러분이 이런 교실 담화 틀에서 벗어날 수 있을 것이라 믿는다.

생각해 보기

토론이 예정된 수업을 오디오 테이프나 비디오 테이프를 이용해 관찰해 보라. 다음과 같은 점에 유의해 살펴보자.

1. 누가 가장 많이 말하는가?
2. 교사가 질문에 대한 학생의 답을 "기다리는 시간"은 얼마나 되는가?
3. 모든 학생의 대답에 대해 교사가 평가하고 논평해 주었는가? 학생들이 생각해 볼 수 있는 기회가 되었는가?

이런 점에 초점을 두고 교실 담화를 보는 것이 왜 중요한가?

7.10. 협력의 원리

사회적인 대화의 성공과 실패 요인을 명확하게 구분하기 위해, 대화를 기술하고 분석하는 또 다른 방법으로 협력의 원리가 있다. 구어적 의사소통의 복잡성에 초점을 맞추어 화자와 대화 상대방이 어떻게 서로 협력하는지를 기술하는 것이 다음과 같은 Grice, P.(1989 : 26)가 제시한 협력의 원리이다.

> 우리는 참여하고 있는 대화에서 용인된 목적이나 방향에 따라, 대화의 각 단계에서 요구되는 만큼 대화에 기여해야 한다.

협력의 원리는 양, 관계, 태도, 질의 네 가지 격률로 나눌 수 있다.

양의 격률. 양의 범주는 비교적 간단하다. 화자는 (a) (현재의 대화 목적에 맞게) 요구되는 만큼의 정보를 주되 (b) 요구한 것보다 많이 주지는 않아야 한다(Grice, P., 1989 : 26).

예를 들면, 우리가 마를린에게 "애완 동물 키우고 있니?"라고 물었다면 그녀는 "응, 고양이 한 마리를 키우고 있어."라고 대답할 것이다. 양의 범주에 따르면 그녀는 고양이 외에 다른 동물은 없다고 가정할 수 있다. 우리는 그녀의 답변이 협력의 원리 중 양의 범주에 충실할 것이라 믿는다. 만약 우리가 나중에 마를린이 앵무새, 개, 햄스터를 가지고 있다는 것을 알게 된다면, 우리는 속았다고 생각할 것이다. 양의 범주를 위반함으로써 마를린은 협력의 원리를 위반한 것이다. 그녀는 더 이상 협력적인 대화 상대자가 아닌 것이다.

이와 반대의 경우도 양의 범주를 위반한 것이다. 때때로 대화 상대자는 질문 받은 것보다 괴로울 정도로 아주 많은 정보를 주기도 한다. 예를 들면 우리가 일상적으로 메리에게 "일요일에 쇼핑하러 갈래?"라고 물었을 때 다음과 같은 지루한 답이 따라 오는 경우이다.

> 쇼핑? 너 지금 농담하는 거지. 다음 주에 아침 7시 모임으로 시작하는 내 스케줄을 네가 모르는구나. 월요일은 우리 엄마 생신이야. 작년에 엄마 생신이 일요일이었는데, 그만 전화하는 것을 잊어버려서 아주 혼쭐 났지 뭐야. 나의 스케줄에 다른 일정을 어떻게 넣어야 할지 모르겠어. 먹고 잘 시간도 부족해.

이런 지루하고 귀찮은 대답은 당신이 "어떤 차를 운전하세요?"라고 물었는데 차가 어떻게 만들어지는지를 완벽하게 설명해 주는 것과 같다. 그들은 우리가 정말로 알기 원하는 것보다 더 많은 것을 이야기한다. 양의 범주를 위반하는 것은 화자를 비협력적이고 지루한 대화 상대자로 만든다는 것을 알 수 있다.

반면에 지나치게 적은 정보를 제공하여 양의 범주를 위반하는 사람은 비밀이 많은 사람 혹은 거짓말쟁이가 된다. 그리고 필요한 것보다 많이 말하는 사람은 수다쟁이, 교양 없는 사람, 허풍쟁이가 되기 쉽다. 사회는 이런 사람들에게 시간 초과에 대한 무거운 짐을 부과한다.

Grice, P.(1989 : 26-27)는 필요한 것보다 많은 정보를 주는 것에 대한 논의에 있어 중요한 시사점을 덧붙였다. 예를 들어 말을 많이 하는 것은 원칙의 위반이 아니라 시간의 낭비라고 주장한다. Grice는 과도한 정보는 주변적인 화제를 거론하기 쉽고 간접적 효과가 생기기 때문에, 청자들이 과잉 정보 속에 무언가 중요한 점이 있다고 오해하게 만든다고 말했다.

관계의 격률. 관계의 범주는 진행 중인 대화 내용에 적절하고 관계있는 것만을 이야기해야 함을 가정한다(Grice, P. 1989 : 27). 앞에서 살펴본 질문/대답의 발화쌍은 관련된 대답의 예이다. "조간 신문이 어디 있지?"라고 질문할 때, "테이블 위에"라고 답하는 것이 관련된 대답이다. 반면에 만약 "토요일에 저녁 식사를 하는데 오실 수 있을까요?"라고 초대했는데 "테이블 위에"라는 답은 관련이 없다.

"다음 주 금요일에 영화 보러 갈래?"는 관련되고 예측할 수 있는 유형의 답을 요구하는 질문/초대이다. "폭우가 오네. 나는 프레디 삼촌에게 전화를 해야 해."는 협력적이지도 않고 관련된 반응이 아니다. 이런 대답은 혼란스럽게 하거나 심지어는 좌절하거나 분노하도록 한다.

태도의 격률. "조직화"는 화자가 분명하고 순서에 맞게 말하는 것을 가정하는 방법의 범주를 논할 때 사용가능한 동의어라고 할 수 있다(Grice, P. 1989 : 27). 맥머리 대학의 영어과 교수이자 미국 지역 사회 사무총장인 Allan Metcalf 박사는 부시 대통령을 영웅적 위치에 있는 언어 얼간이라고 불렀다. 그는 태도의 범주를 위반한 부시 대통령의 다음과 같은 연설을 지적했다.

> 그리고, 내가 말하는 것은—내가 말하는 연합—혹은 주—내가 말하는 국가, 여러분이 국가라고 부르는—나는 4000년을 달라고 미국인들에게 요청하는—다음에는 4000시간—당신의 여생을—미국을 위해 봉사하는. 내가 말하는 바는—4000시간(Metcalf, A., 2004 : 103-04).

빌 클린턴 전 대통령은 언변에 능하기로 유명하다. 몇몇은 지나치게 유창하다고 생각한다. 국무부 장관의 자질에 대한 기자의 질문에 클린턴이 즉석으로 답한 문장을 예로 들 수 있다. "우리는 지속성과 변화에 대해 의무가 있음을 이해하는 국무부 장관을 원합니다. 또한 국내 안전과 국외 정책의 기본적인 중심이 다르지만, 여전히 강력한 국방력과 지구촌 성장을 위한 협의회, 경제적 재건이 필요합니다. 민주주의와 자유를 지지하는 세계의 유일한 강대국으로서 대량 무기의 확산을 막는 우리의 책임을 수행해야 합니다 (MeManus, L. E., 1993 : 14)."

무엇을 말하고 있는가? 이와 같이 늘어진 문장은 몇몇 정치가가 한 단락으로 질문에 답한다는 것을 보여준다. 클린턴의 경우 태도의 범주와 양의 범주를 모두 위반한 것이라 할 수 있다.

질의 격률. 일반적으로 화자 혹은 저자는 사실이거나 증명할 수 있는 것에 대하여 이야기한다고 믿는다.10) 대화 상대방이 양의 범주, 관계의 범주, 태도의 범주를 모두 지켰다 하더라도 질의 범주를 어겼다면 사회적 판단에 의해 전체 대화(글)의 가치가 없어진다. 물론 농담이나 유머의 차원이라면 질의 범주는 적용되지 않아도 되지만, 이를 제외한 절대 다수의 일상 대화에서 질의 범주는 매우 중요하다.

질의 범주를 위반하는 사람은 그 결과를 감수해야 한다. 때때로 농담을 자주 하는 사람으로 보거나("당신이 진지한 적이 있나요?"), 진지하게 받아들여 주지 않을 것이다. 때로는 과장해서 말하는 사람("그럼 근거를 말해 봐.")으로 인식될 것이다. 만약 질의 범주를 위반하는 것이 고의적이고 상습적이라면, 거짓말쟁이로 낙인 찍혀 모든 사람이 피할 것이다.

협력의 원리는 일상적으로 위배된다. 때로는 수다쟁이, 체계적이지 못한 사람, 말 잘 못하는 사람, 거짓말쟁이라고 생각하는 사람에 의해서 위반된다. 또 다른 "위반"은 심각하지 않고 단순한 음성 담화나 대화의 일상적 특징이기도 하다.

1장과 7장에서 살펴본 예들로, 의문문으로 분류되는 문장이 어떤 구어 담화에서는 의문문이 아닌 경우가 있다.

  화자 1 : 콘서트 티켓을 가질래?
  화자 2 : 진짜야? (Is the Pope a Catholic?)

질문에 대해 또 다른 질문으로 답하는 것은 인접쌍에 작용하는 협력의 원

---

10) Grice, *Studies in the Way*, 27.

리를 위반하는 것이다. 하지만 위의 예에 화자 2의 답변은 질문으로 해석되지 않는다.

심지어 응답자가 비협력으로 보일 때에도, 대화 상대자가 조정해서 협력의 원리가 계속 적용된다. 간접 발화 행위가 "쓰이는" 이유 중 하나는 개인적, 문화적 지식과 공감하는 경험의 양 때문이다. 이는 마치 행간에 대해 이야기하는 것과 같다.

간접 발화 행위의 복잡한 특징에는 공손하고 평등한 사회에 대한 미국의 문화적 가치가 작용한다. 비록 우리가 예의바르거나 공손하게 행동하는 것을 원치 않고 개인적으로 어떤 사람들이 다른 사람보다 더 우위에 있다고 믿을지라도, 우리는 좋은 미국 사람이라 여겨지는 대로 모든 창조물이 평등한 것으로 여기고 행동해야 한다는 것을 알고 있다.

결론적으로 인접쌍은 종종 변화되어서 문화적 가치에 부합하기도 한다. 예를 들어, 수업 시간에 좀 더 동등한 분위기를 조성하기 위하여 요청/명령 : 수용/거절의 일상적인 발화로 도입하는 것을 피하고, 학생들에게 질문/대답 쌍을 통해 요청한다. 예를 들어 학생들에게 "우리 교재의 99쪽을 보시겠어요?"라고 말한다.

이유는 단순하다. 우리 문화에서는 독재적인 것과 명령하는 것은 나쁘기 때문이다. 반면에 교실에서 질문하고 제안하는 것은 좋다. 하지만 실제로는 학생들에게 "99쪽을 봐."라고 말하고 알려준 것이지만 '명령'을 숨기고 있다.

유사하게 "집에 가는 길에 커피 한 잔 마시기 위해 잠시 멈춰줄 수 있어요?"라는 질문은 질문을 숨긴 요청/명령이다. 때때로 "실례지만, 집에 가는 길에 커피 한 잔 마시기 위해 멈춰줄 수 있을까요?"나 좀더 부드럽게 "미안한데요, 집에 가는 길에 커피 한 잔 마시기 위해 멈춰줄 수 있어요?, 여보?"의 첨가로 위장(僞裝)이 강해지기도 한다.

우리는 항상 위장한 요청/명령을 들을 수 있다. 다음의 요청/명령은 필자의 집에서 최근에 수집한 것들이다.

"브루벡 CD 볼륨을 줄여 줄 수 있어요?"
"낡은 스웨터를 바꿀 필요가 있나요?"
"파티에 갈 때 입고 갈 게 저거야?"
"오늘 아침에 학교 가는 길에 세탁소에 내 옷 좀 맡겨줄 수 있어?"

확실하게 말할 수 있는 것은 이런 유사 질문(실제는 요청/명령)이 필자에게 요구하는 답변은 무조건 화자의 말에 복종하는 것이다.

때때로 우리는 요청을 위장시킨다. 왜냐하면 체면이 깎이는 것을 싫어하기 때문이다. 예를 들어 우리가 잃어버렸거나 잊어버리고 또는 바보 같다는 것을 인정하는 대신에, 다른 사람에게 방향을 물어본다. "새너제이 시로 가는 길을 아세요?" 혹은 "죄송하지만 시간 괜찮으세요?"라고 말한다. 우리 문화에서 어떤 사람들은 담화의 이러한 자질을 함축적으로 이해한다. 이것은 그들이 "예", "아니요"와 같은 간단한 표현으로 질문에 답하지 않는 이유이다. 그러나 이 장의 앞 부분에서 살펴보았던, 관습을 언어 유희에 활용하는 사람들도 있다.

겸손은 성취에 대해 개인적 감정을 배제한, 공적인 가치 중 하나이다. 직업 홍보, 새 옷, 재치있는 의견 등에 자부심을 가질수록 "허풍떨지 마라."라는 말을 들었을 것이다. 결국 우리에게 칭찬 : 감사 표시의 발화쌍은 문화적 에티켓 문제이기도 하다.

겸손이라는 사회적 가치 때문에, 몇몇 사람들은 칭찬을 받아들이지 못하거나 어떻게 받아들여야 하는지 모른다. 그들은 과시하는 것으로 보이고 싶어하지 않는다. 예를 들어 나의 친구 마샤(실제 그녀의 이름은 베티이지만 그리스 성경에서 마샤가 항상 부엌에서 고생하는 것을 본 후에 마샤라고 부른다.)는 놀라운 요리사이다. 그녀가 준비한 식사가 끝난 후에 사람들은 항상 마샤를 칭찬한다. 그녀의 음식은 항상 놀라울 정도로 완벽하고 훌륭하다. 칭찬을 받아들이는 데 있어 마샤는 항상 그녀만 알 수 있는 메뉴의 약점을 지적함으로써("달걀을 옆집에서 빌려왔어야 했는데."나 "우리 집 냉장고에서 각 얼음이 좀 더 잘 얼었으면 좋겠어.") 칭찬을 비껴간다.
　언어 사용자는 무언의 불문율과 같은 수많은 약속을 감수해야만 한다. 언어를 정확하고 정교하게 그리고 자발적으로 사용할 수 있는 능력은 우리를 해방시키고 힘을 갖게 했다. 그러나 능력있는 언어 사용자라면 본능적으로 담화의 일상적 표현에 대한 규칙과 사회적 사실 그리고 협력 원리 등도 알고 있어야 한다. 만약 이러한 규칙들을 무시할 경우, 그것은 전적으로 그들의 선택이긴 하지만 사회적 대가를 치르기 위한 준비를 해야만 한다.

7.11. CmC와 "문자" 대화

　CmC는 컴퓨터를 매개로 한 의사소통(Computer-mediated communication)이라는 뜻의 약자이다. 전자 우편을 쓴다는 것은 CmC를 사용한다는 것이다. CmC는 몇 년 동안 컴퓨터 사용자들이 경험한 가장 널리 알려지고 널리 사용되는 기술적 진보이다. 모든 사람들이 CmC를 사용하고 있다고 볼 수 있다.
　전자 우편은 학생들과의 교류를 본질적으로 변화시켰다. 예전에는 학생들이 나에게 질문을 하거나, 과제를 묻거나, 대화를 나누기 위해서는 연구실 앞에서 기다려야 했다. 그러나 오늘날 그런 일이 거의 없어서, 그때가 그립다. 이런 변화의 이유는 전자 우편 때문이다. 오늘날 학생들은 질문이 있으면 전자 우편을 보낸다. 결국 학생들과의 연구실에서의 대화를 전자 우편이 대신하고 있지만, 예전보다 더 많은 학생들과 이야기하고 있다.
　전자 우편은 앞에서 설명한 것보다 훨씬 더 큰 영향력을 가지고 있다. 초기에 추산된 것을 바탕으로 할 때, 전 세계의 8억 2천 9백만 명 이상이 사용하는 것으로 볼 수 있다(Li Lan, 2000 : 23). 사람들은 집에서 개인 사업 상 전자 우편을 보내기도 하고, 교육적인 목적을 위해 전자 우편을 이용하기도 한다. 그리고 회사 조직 체계에서 사용되는 전자 우편도 있다. 전자 우편이 "공식적인 문서에서 한 문장의 인사말에 이르기까지 모든 것을 대체하고 있으며, 집단 수신 기능과 파일 첨부 기능으로 인해 회보, 공고, 보고서의 역할까지 맡고 있다(Li Lan, 2000 : 23)."

전자 우편은 사업 기반 시설을 통해서 널리 퍼져서, 많은 조직들은 회사 업무에서 전자 우편 사용의 제한을 위해 이를 통제하는 정책을 세웠다. "어떤 조직은 개인적인 전자 우편과 인스턴트 메시지 사용을 완전히 금지하고 있다. 몇몇은 제한적으로 사용을 허용하고 있다. 개인적 사용이 금지되었는데, 개인적 이유로 전자 우편을 사용할 경우 해고 사유가 될 수도 있다."[11]

초기 기술적 발달에 대해 설명하면서, Postman(1985 : 65)은 Samuel F. B. Morse가 전보를 만들어 준 사이의 경계를 없애고 전체 지역들을 하나로 묶었으며, 정보망이 북미 대륙으로 덮었다고 지적했다. 이와 유사하게 CmC가 전 세계의 경계를 없애고 전체 대륙들을 하나로 묶었으며, 지구를 정보망으로 덮었다고 생각한다.

CmC는 이렇게 단시간에 전 세계적으로 확산되었지만, 그 전달 수단은 지금 이 문장을 읽는 순간에도 끊임없이 보완되고 발전하고 있다. 지속적인 변화의 상태에서 CmC에 대한 이러한 설명도 금방 진부하고 시대에 뒤떨어진 것이 되고 말 것이다. 비록 CmC를 관리하는 관습도 매우 불안정한 상태에 있지만, 이러한 새로운 대화 형식에 나타나는 관습을 만드는 데는 양적으로 충분하다.

앞의 문장에서 "대화"라는 단어에 주목하길 바란다. 여러분이 컴퓨터 모니터 상에서 CmC 메시지를 읽고 문자로 된 언어로 읽을 때, "대화"라는 말은 낯설 것이다. 그렇지만 CmC는 중요한 특징 중의 하나는 발화가 자연스럽다는 것이다. 비록 CmC가 문자 언어라 하지만, 이는 음성 언어의 특징을

---

11) "Watch What Is Written in E-Mails, Instant Messages", *Lincoln (NE) Journal Star*, July 26, 2004.

보이는 것이다(Murray, 1990 : 42).

브라이언과 레스의 "대화"를 보자(Murray, D., 1990 : 42).

  B1 : 너 월요일 밤에 바로 DC로 가는 거 맞아?
     (you flying directly to DC on Monday night, right?)
  B2 : 너 월요일 밤에 DC에 가는 거야?
     (you still flying to DC Monday night?)
  L1 : 현재로는 그래. 수요일에 회의야?
     (as it stands now, meeting on weds?)
  L2 : 화요일 대신에(instead of tues)
  B3 : 멍청한 헤스는 화요일 아침에 있다고 생각하던데.
     (idiot Hess seemed to think you were there tues morning)
  B4 : 모임은 9시부터 10시야.
     (thot that mtg from 9 to 10 would solve)
  B5 : 네가 뉴욕에 없으면 모임을 수요일로 변경해 볼게.
     (if you not in ny I'm going to have mtg changed to wedne)

이 대화는 활자화된 언어가 가지는 여러 가지 관습을 무시하고 있는 반면 동시에 전형적인 구어 대화에서 나타나는 관습을 보이고 있다. 브라이언과 레스의 주고받은 문자 언어에서는 다음과 같은 구두 언어의 관습을 살펴볼 수 있다(Murray, D., 1990 : 42).

- right를 부가의문문처럼 사용(B1)
- 불완전한 문장(L1)
- 인칭대명사 사용에서 보이는 인간적 관계 형성
- 비격식적 어휘("idiot")
- 철자법 준수에 대한 필요성 부재("ny", "mtg", "wedne")
- 간결성 전략

부가의문문 사용은 일반적이지만 물론 항상 그런 것은 아니며 구어 담화에서 주로 사용된다. 우리는 음성 담화나 대화에서 "새로운 다이에나 크롤12) CD가 좋아. 그렇지 않니?"라고 자주 말한다. 이 경우 "그렇지 않니?"라는 부가 의문문이 순서 교대를 나타내는 표지(turn-taking maker)이다.

구어 대화들은 S-V-O의 전형적 유형에서 벗어난 불완전한 문장으로 되어 있다. 전형적인 대화에서 우리는 다음과 같은 발화를 들을 수 있다.

  화자 1 : 피곤한 밤?
  화자 2 : 응. 바쁜 하루야.

대화는 비공식적 어휘로 구성되어 있다. 이 책에서 제시한 예들을 문자 언어적 측면에서 살펴보면, "멍청이"(B3)같은 경멸적인 단어를 사용하지 않았다. 1, 2, 3장에서 규범 문법학자들 중 몇몇이 제시한 언어 사용 견해에 대해 이의를 제기하였지만, 나는 그들을 "멍청이"나 "정신지체", "대머리 나치"라고 부르지 않는다. 이런 단어는 〈Howard Stern〉나 〈Don Imus〉, 〈Rush Limbaugh〉, 〈shock-jokes〉 같은 라디오나 TV 프로그램에서 구어로 사용되기도 하지만, 대부분의 사람들은 대학 수준의 교재에 있는 설명적인 구절에서 등장하는 것을 싫어한다.

구어 사용에서 우리는 종종 관습적인 철자에 주의를 기울이지 않는다. 관습적 문자 철자와 관습적 언어 사용은 구분되는 것이다. 예를 들어 우리는 종종 철자를 쓸 수 없는 단어를 말하지만 철자를 쓸 수 없는 단어를 쓰지는 않는다.

브라이언과 레스의 대화에서 살펴보았듯이, 간략함이 중요하다. 이는 대부분의 우리 대화에서 적용된다. 한 관찰자가 언급했듯이, 대화 같은 전자

---

12) 역주 : Diana Krall. 1964년 11월 16일 캐나다 니나일모 출생의 보컬 겸 피아니스트. 1999년 국내에서 공연하며 많이 알려졌다.

우편, 간결한 문체, 짧은 항목, 간단한 논평, "한 줄 짜리 재담"은 개인적 CmC에서 종종 생각의 단위가 될 수 있다(Cumming, D. J., 1995 : 7). 예를 들어 나는 최근에 학생서비스센터에서 지도 교수를 요청하는 전자우편을 받았다. 우편함에 학생 상담 양식을 넣어달라고 요청했다. 나의 요구에 대해 "래리, 그럴게요. 로리"라는 "대화적" 전자 우편을 받았다.

간략함의 가치를 증명하는 또 다른 예로, 몇몇 전자 우편 사용자들은 Thanks나 Thank you를 "Thx"로 By the way를 "BTW"로, 일반적 표현에 약자를 사용한다.

이외에도 전자 우편에서 새로운 언어를 사용하는 경우도 있다. 전자 우편에서 이탤릭체나 밑줄을 사용해 강조하고 싶은 부분을 나타내는데 만약 이것이 불가능할 경우에는 "You MUST turn in your assignment on time."처럼 대문자로 표기하거나 별표(*)를 사용해 "You *must* turn in your assignment on time."처럼 나타내기도 한다(Gao Liwei, 2001 : 18).

구어 대화에서 우리는 항상 우리가 의도한 의미를 분명히 하거나 강하게 하기 위해 눈썹을 올리거나, 어깨를 으쓱하거나, 윙크 등과 같은 비언어적인 다양한 신호를 사용한다. 목소리 억양의 미세한 변화나 몸짓이 컴퓨터 모니터 상에는 없지만 전자 우편의 응답은 의도된 농담을 위해 옆으로 웃음 표시 : -) 를 포함하여 "smile" 같은 인쇄된 문자를 첨가하여 보여준다. 불쾌함은 옆으로 누운 찌푸린 얼굴 표시 : -(로 강조한다(Bolton, W., 1991 : 35). 한 연구에서는 매 32 단어마다 한 번은 이런 특별한 CmC의 특징이 나타난다고 보고하고 있다(Lewin, A, B., & Donner, Y., 2002 : 34).

완전히 새로운 담화 형식인 CmC는 사회적, 개인적, 사업적으로 아직 발전 중이다. CmC의 관습은 여전히 유동적인 상태이고, 아직 정리되지 않아 우리가 말하는 것과 비슷하도록 컴퓨터 모니터 상에서 형태를 잡아가고 있다.

| 생각해 보기 | 다음과 같은 언어 행위들에서 관찰되는 담화 관습(불문율)을 정리해 봅시다.

1. 동성의 또래 친구 사이의 전화 대화 ; 12살짜리와 이모나 삼촌과의 전화 대화
2. 슈퍼마켓 계산대 줄에서 여러분의 지도 교수, 교장, 교육감을 만났을 때
3. 학부모-교사 간담회
4. 당신이 가르치길 원하는 우수한 학교의 인사위원들과의 면담

다시 보기

1부. 이 장에서 언급하고 있다고 생각하는 항목에 V표 하세요.

___1. 사회적 관습이란 규칙과 정책보다 좀 더 보편적이다.
___2. 사회적 관습은 사회적 가치에서 도출된다.
___3. 담화 관습 위반자는 그러한 불복종을 인정받는다.
___4. 진정한 친구는 협력의 원리를 위반하지 않을 것이다.
___5. 언어 관습은 우연히 학습된다.

2부. 이 교재의 내용과 호응한다고 생각되는 항목에 V표 하시오.

___6. 환경이 옷을 선택하는 데 영향을 주듯이 언어 선택에도 영향을 준다.
___7. 협력 원리와 담화의 전제 조건은 서로 연관되어 있다.
___8. 응집성 문제는 문어에서보다 구어에서 더 중요하다.
___9. '구어 전자우편'이라는 말은 용인될 수 있는 모순이다.
___10. 화자의 나이가 달라도 동일한 담화 규칙을 따른다.

3부. 이 장을 통하여 알게 된 사실과 자신이 알고 있는 바에 근거하여 동의하는 항목이 있으면 V표 하시오.

___11. 로마에 가면 로마법을 따르라.
___12. 새로운 것을 받아들이는 일에는 최초도 최후도 되지 마라.
___13. 옷차림도 전략이다.
___14. 팀워크와 개인주의는 양립할 수 없다.
___15. 책의 표지로 그 책을 판단할 수 있다.

학생 탐구 활동

탐구 활동 1   X+Y = Z
학습 방법   비공식적인 대화에서는 좀처럼 사용하지 않고, 수학 시간에만 사용하는 단어를 찾아 목록을 만들어 보자.(예 사인, 몫, 로그)

1. 수학에서 특별한 의미를 가지고 있는 단어가 있는가? 또한 이는 비공식적 대화에서도 사용되는가?
2. 특정 내용이나 과목에서만 사용되는 단어들이 존재하는 이유는 무엇이라고 생각하는가?
3. 학교에서 배우는 모든 과목은 그 과목에서 사용되는 언어에 의해서 정의된다고 생각하는가? 왜 그렇게 생각하는가? 혹은 왜 그렇지 않다고 생각하는가?

***** ***** *****

탐구 활동 2   그건 당연히 담화지.
학습 방법   다음은 누구에게 하는 말이라고 생각하는가?

> A. 야, 뭐 하냐? 있다 볼래? 근데 셔츠 끝내준다!
> B. 안녕하세요. 잘 지내세요? 잠시 후에 찾아 뵈어도 될까요? 그런데 셔츠가 참 멋있네요.
> C. 만나서 반갑습니다. 시간이 되신다면 이야기를 하고 싶습니다. 셔츠가 참 멋지십니다.

1. 사람에 따라 이야기하는 방법을 어떻게 결정하는가?

2. 위의 예에서 다른 언어가 의미 차이를 만들어 내는가?
3. 대화 상대자에 따라 우리가 사용하는 언어가 바뀌는 이유는 무엇인가?

***** ***** *****

탐구 활동 3   호칭어
학습 방법   같은 채널의 10시 뉴스와 11시 뉴스를 1주일 동안 시청하라. 특히 언어 사용에 주의를 기울이면서 보라. 방송인들과 기자들은 어떤 상황에서 어떻게 사람들을 칭하는가? 주지사를 항상 주지사라고 부르는가, 시민들의 경우에는 항상 'Mister', 'Mrs.', 'Ms.'를 붙이는가? 인터뷰 받는 사람들의 이름만을 부른 경우도 있는가?

1. 남녀 모두에게 직함이나 호칭을 사용하는가?
2. 성, 인종, 종교를 막론하고 모든 사람에게 호칭어를 사용하는가?
3. 뉴스에서 이름만으로 사람을 부르는 경우가 있다면 누구이며 어떤 상황인가?
4. 호칭을 가장 많이 부르는 집단은 어디인가? 지방이나 주, 국가의 고위 관리인가? 군관계자인가? 아니면 성직자인가?
5. 방송국의 호칭 정책에 대한 여러분의 관찰을 통해 얻어낼 결과는 무엇인가? 이러한 정책에 의해 모든 사람을 공평하게 대하고 있다고 생각하는가?
6. 수천 명의 시청자가 매일 밤, 매주, 매월 이러한 뉴스를 시청하고 있다는 사실을 감안하면 방송인들의 언어 습관이 인터뷰를 받는 사람들과 그들이 대표하는 집단에 대한 시청자의 태도에 영향을 미친다고 생각하는가?

***** ***** *****

탐구 활동 4	이런 말 들어보셨나요?
학습 방법	여러분의 방에 어른이 들어와 "이걸 보고 깨끗하다고 할 수 있어?"라고 묻는 경우를 겪은 적이 있는가? 또는 학생들끼리 떠드는 소리로 가득한 교실에 기대치 않게 들어온 교사를 본 적이 있나? "이 방에서 내가 시끄러운 소리를 들어야 겠니?"라고 교사가 말한다. 이와 같은 질문은 **질문**이 아니다. 이것은 무엇인가?

1. 언급한 것(표현 형식과 의미가 다른 것)과 유사한 몇몇의 예를 생각할 수 있는가?
2. 우리는 왜 종종 간접적(어떤 것을 말할 때 실제적으로 다른 의미를 가지도록)으로 말하는가?

***** ***** *****

탐구 활동 5	예측하기
학습 방법	여러분이 종종 말하는 사람이 어떻게 문장을 끝내는지 예언할 수 있는 것을 알고 있는가? 말하는 사람을 잘 알고 있거나 화제에 대해 많이 알고 있기 때문에, 여러분은 문장이 끝이 나는 방법을 알고 있는 것이다. 아래에 제시된 각각의 항목을 통해 (1) 누가 말하는지, (2) 어디에서 또는 어떻게 사용되는지, (3) 진술이나 메시지에 대해 의도된 수신자는 누구인지 확인하라. 여러분이 준비한 특정한 답을 지키기 위해 준비하라.

a. 친애하는 배심원 여러분
b. 탱고 778, 오버.
c. 이 자격증에 의하여
d. 신랑과 신부는

e. 기온이 계속해서 상승하여
f. 잠시 후에 다시 돌아오겠습니다.(방송에서)
g. 마지막 할인
h. 도와드릴까요?
i. 차에 탄 채로
j. 여성들
k. 겨울철 미용 상식
l. 꺼짐
m. 적절한 줄 간격
n. 마시기 전에 흔들어 주세요.
o. 녹을 때까지 저어 주세요.

***** ***** *****

탐구 활동 6   언어 전략

[교사에게 : 이 활동을 위해서 학생들에게 다양한 잡지를 가지고 오게 하라. 종류가 다양할수록 좋다.]

학습 방법   주어진 잡지 중 하나를 선택하라. 잡지에 게재된 광고를 자세히 살펴본 후에 다음 질문에 대해 토의하라.

1. 그 잡지의 주요 독자는 남성인가 여성인가? 그 잡지에 사용된 언어는 남성에게 더 잘 통할 것 같은가 여성에게 잘 통할 것 같은가? 그렇게 생각하는 이유는 무엇인가?
2. 소모임에서 광고에 대한 관찰을 공유해 보자. 당신이 찾은 광고의 유형에 대해 모임의 친구들이 동의하는가? 모임에서 동의와 반대가 여자와 남자와 관련이 있는가?
3. 잡지에서는 주요 독자층을 고려하여 특정 언어 유형을 사용한다고 생각하는가? 이는 적절한 언어 사용이라고 생각하는가?

***** ***** *****

탐구 활동 7   전화 담화
           [교사에게 : 임무 카드가 이 활동에서 필요하다. 예를 들어
           (a) 파티에서 피자 주문하기, (b) LA에 있는 LA Gear 매장
           전화번호 알아내기, (c) 고속도로 상황을 파악하기 위해 고
           속도로 순찰대에 전화하기, (d) 900 청소년 전화에 전화하
           기, (e) 좋아하는 사람이 있는데, 그 사람이 당신을 좋아하
           는지 알아보기 위해 전화를 걸어줄 수 있는지 친한 친구에
           게 전화해서 물어보기 등이 포함될 수 있다.]
학습 방법   교실에서 두 대의 소품 전화기를 사용하여, 교실 앞에서 교
           사가 무작위로 뽑은 임무 카드를 이용하여 전화 대화 역할
           놀이를 한다. 활동을 하기 위해 상대방이 필요하다. 모든
           대화를 실시한 후에 다음 질문에 답해 보자.

1. 각기 다른 전화 대화에서 사용되는 언어의 차이점을 어떻게 설명할 수
   있는가? 당신의 대답을 설명할 수 있는 특별한 예를 보여 주라.
2. 다른 대화에서 언어 사용 변화에 영향을 주는 환경은 무엇인가?
3. 적절한 언어 사용은 어떻게 결정되는가? 다른 맥락에서 말하는 방법을
   결정하는 요소는 무엇이 있는가?

***** ***** *****

탐구 활동 8   잡지 인터뷰
학습 방법   도서관, 미디어 센터, 신문 가판대, 편의점 등에서 정치인,
            인기 가수, 영화 배우, 체육 인사 등의 인터뷰가 실려 있는
            잡지를 찾아라. 인터뷰를 읽고 다음 물음에 답하라.

1. 인터뷰의 목적은 무엇인가? 취재 기자는 유명인의 이미지 뒤에 숨어있
   는 진짜 모습을 보여주려고 애쓰고 있는가? 그 인물에 대해 알려지지

않은 모습을 찾는 것이 목적인가? 아니면 다른 목적이 있는가?
2. 취재 기자의 역할은 무엇인가? 기자는 질문을 많이 하는 편인가? 이 기자는 기사의 한 부분을 차지하고 있는가, 아니면 드러나지 않은 배경 역할을 하고 있는가?
3. 인터뷰를 하고 나서 잡지에 나올 때 어떤 불문율이 작용한다고 생각하는가?

***** ***** *****

탐구 활동 9	다시 말하기
학습 방법	〈Barney〉, 〈Mister Rogers Neighborhood〉, 〈Reading Rainbow〉를 보라. 이 프로그램의 진행자들이 사용하는 언어에 주의를 기울여보자.

1. 진행자들이 사용하는 말하기 유형을 설명할 수 있는가? 시청자를 고려할 때, 진행자의 말하기 유형이 적절하다고 생각하는가?
2. 만약 진행자들이 프로그램에서 말하는 대로 식당에서 말한다면 어떨 것 같은가? 또는 자동차 정비소에 가서 그 목소리로 자동차 고장에 대해 이야기하는 것은 어떨 것 같은가?
3. 말하는 목소리의 변화가 언제 받아들여지고, 언제는 받아들여지지 않는가?

***** ***** *****

탐구 활동 10	오류 찾기
학습 방법	어떤 텔레비전 광고는 사실이라고는 믿기 어려울 정도로 대단하다. 한 달 안에 변신할 수 있는 운동기구가 있는가 하면 운동을 안 하고도 운동한 것처럼 될 수 있는 연고나 약도 있다. 사실일 거라고 생각하는가?

1. 이 광고에 사용된 언어는 어떠한가? 기대치만큼 과학적인가? 아니면 의학적이거나 기술적인가?
2. 이런 광고에 나오는 말이 **모두** 진실이라고 생각하나?
3. 광고는 언제나 진실만을 말해야 한다고 기대하나? 아니면 **대체로 진실**, 혹은 **경우에 따라** 진실을 말해야 한다고 기대하나? 당신의 기대치는 어느 정도인가?

***** ***** *****

탐구 활동 11   황색 저널리즘13)은 언제인가?
학습 방법   환상적인 사건이나 유명한 사람들의 비밀을 싣고 있는 타블로이드판 신문 2~3부를 읽고 모아보자.

1. 기사에 실린 정보의 출처를 밝히고 있는가? 이야기들은 실제 근거를 바탕으로 하고 있는가?
2. 기사의 내용은 전부 사실인가? 대부분 사실인가? 아니면 사실이라고 볼 수 없는가? 어떻게 알 수 있는가?
3. 의심하지 않은 독자로 하여금 기사가 100% 진실이라고 믿게 만드는 특정한 언어를 찾아보자.

***** ***** *****

탐구 활동 12   곰 세 마리 : 땅딸보 포유류 삼인방
학습 방법   "Goldilock과 곰 세 마리"를 듣고 4명이 한 조가 되어 3조를 만든 후 각각의 일화를 재연하도록 한다. 조에서 선택한 장면을 맡도록 한다. 하지만 이야기의 요소 중 시간과 공간의

---

13) 역주 : Yellow Journalism. 대중의 원시적 본능을 자극하고 호기심에 호소하여 흥미 본위의 보도를 하는 센세이셔널리즘 경향을 띠는 저널리즘.

배경은 바뀐다. 한 조는 원작의 배경 그대로 재연합니다. 다른 조는 1860년대 오클라호마 국경을 배경으로 재연한다. 나머지 조는 오늘날 호화로운 콘도미니엄을 배경으로 재연한다.

1. 등장 인물이 사용한 언어가 어떤 방식으로 나이, 지역, 관계를 반영하고 있는지 이야기해 보자.
2. 우리의 언어 사용에 가장 큰 영향을 주는 것이 무엇이라고 생각하나? 나이, 사는 곳, 함께하는 사람들?

***** ***** *****

탐구 활동 13 칭찬해 줘서 고맙다.
학습 방법 칭찬을 잘 받아들이지 못하는 사람들은 왜 그런가? 칭찬을 들었을 때("멋있는 셔츠네.") 가볍게 "고마워요."라고 하지 못하고 "뭐라고? 이거 오래된 건데."라고 말하는 사람들은 왜 그럴까? 하루 동안 학교, 버스, 상점 등 여러분이 가는 곳에 사람들이 하는 칭찬의 말에 주의를 기울여 보라. 하루 동안 칭찬의 말을 수집한 후, 친구들과 다음 질문에 답해 보라.

1. 칭찬을 얼마나 많이 관찰했는가? 매우 많은가 적은가?
2. 칭찬은 여자가 많이 하는가, 남자가 많이 하는가? 나이가 많은 사람이 많이 하는가, 적은 사람이 많이 하는가?
3. 칭찬을 받은 사람은 어떻게 반응하는가? 그들은 좋아하는가 불편해 하는가?
4. 왜 칭찬을 받은 사람들 중 많은 수가 "고맙다."라고 말하지 않았다고 생각하는가?

***** ***** *****

탐구 활동 14   문학 자격증

학습 방법   햄릿의 죽음에 대한 독백이나 〈허클베리핀〉에서 노예 짐을 살리기로 한 결정과 같은 유명한 문학 작품의 한 부분을 고르라. 교사와 학생들이 모두 알 만한 작품 몇 개가 모일 것이다. 그것을 토대로 하여 아래 제시된 항목 중 최소한 두 가지 이상이 나타나도록 다시 써 보자.

- 신문의 고민 상담
- 연애 소설
- 교재
- 텔레비전 드라마
- 라디오나 텔레비전 광고
- 액션 모험 영화의 한 장면
- 뮤직 비디오

1. 어떻게 바뀌었으며 왜 그렇게 했는가?
2. 독자층을 바꾼 것이 목적이나 어휘, 어조 등에 어떤 영향을 주었는가?
3. 글쓰기 유형은 몇 가지 정도가 있다고 생각하는가? 유형이 다르면 지켜야 할 규칙도 달라지는 이유가 무엇이라고 생각하는가?

***** ***** *****

탐구 활동 15   언어 흉내내기

학습 방법   텔레비전(지금까지 계속하는 〈Sature Night Live〉)에서 자주 흉내 내는 유명인—정치인, 운동 선수, 연예인—을 선택하라. 코미디언들이 흉내내는 언어적 혹은 비언어적 특징들의 목록을 작성해 보라.

1. 알아낸 언어적 특징과 비언어적 특징은 무엇인가?

2. 여러분이 만약 유명인이라면 코미디언들이 여러분의 어떤 부분을 흉내낼 거라고 생각하는가?
3. 유명인은 어떤 습관이나 규칙을 따르고 있다고 생각하는가? 여러분은 어떠한가?

***** ***** *****

탐구 활동 16   무엇을 말하고 어떻게 말해야 하는가?
학습 방법   좋아하는 텔레비전 프로그램을 3~4개 선택해서 출연자들의 언어를 주의 깊게 관찰하라. 그리고 출연자들이 말한 것 중에 기억나는 것이 있으면 어떻게 말했는지 써 보라.

1. 각 프로그램의 주요 시청자는 누구인가? 출연자들이 사용하는 언어는 시청자들에게 얼마나 적절한가?
2. 대본을 비롯한 출연자들이 사용한 언어가 어떤 방식으로 시청자들에게 맞추고 있는가?

***** ***** *****

탐구 활동 17   누군가 이걸 가지고 나를 도와줄 수 있을까?
학습 방법   짝과 함께, 아래에 주어진 한 두 개의 상황을 어울리는 어조를 활용하여 즉흥적으로 연기해 보라.

- 밖에 나가는 길에, 쓰레기를 쓰레기통에 버려줄 수 있겠어?
- 개가 밖에 나가고 싶어 하는 것 같은 데 좀 살펴봐 줄래?
- 나 오늘 너무 피곤한데 화장실 청소가 꼭 필요하네.
- 전화 오네. 내 전화는 아닐 텐데.
- 오늘 허리를 다쳤어? 네가 앉아 있는 의자는 편안해?

1. 우리는 왜 항상 우리가 의미하는 바를 정확하게 말하지 않는가?

2. 왜 우리는 종종 말하고, 묻고, 지시하는 것을 피하려 하는가?

***** ***** *****

탐구 활동 18　O.J.T = 직장에서 말하기(On-the-Job Talking)
학습 방법　대부분의 직장이나 특정 관심 분야(취미 같은)에서는 특별한 언어를 사용한다.

1. 여러분이 일하는 장소나 즐기는 취미 생활이나 참여하고 있는 과외 활동을 생각해 보자. 다른 곳에서는 사용하지 않고 오직 거기에서만 사용하는 단어의 목록을 만들어 보자.
2. 왜 이런 용어들이 중요하게 되었다고 생각하는가? 그런 말은 꼭 알아야 하는가, 아니면 몰라도 좋은가? 왜 그렇게 생각하는가?

***** ***** *****

탐구 활동 19　문자로 어떻게 윙크할까?
학습 방법　구어에서는 말하는 내용의 의미를 강조하기 위해서 어깨를 들썩이거나, 윙크를 하거나, 웃거나 아니면 눈썹을 올리거나 눈을 굴릴 수 있다. 문자 언어에서는 이렇게 할 수 없다. 문자 언어 의사소통에서는 이런 강조를 어떻게 할 수 있을까?

1. 의사소통을 할 때의 작가가 강조하기 위한 방법의 목록을 만들어 보자. 종종 그들은 대문자를 사용하거나 이탤릭체를 사용하거나 굵은 글씨체를 사용하기도 한다.
2. 이러한 문자 언어 관습은 독자에게 어떤 도움을 주는가?

***** ***** *****

탐구 활동 20   내가 그것을 할 수 있는 맥락
학습 방법   다음 인용구를 읽어 보라.

> - "사람들이 나를 Mr. Tibbs라고 불러요."(⟨In the Heat of the Night⟩ 중에서)
> - "대장, 나에게 잘해주는 것을 이제 그만했으면 좋겠어."(⟨Cool Hand Luke⟩ 중에서)
> - "죄송합니다. 신부님. 저는 몰랐습니다."
>   "왜 죄송하다고 하죠? 제가 신부라서요? 아니면 나에게 제게 어울리는 말로 바꿔야한다고 느꼈기 때문인가요? 그러지 마십시오. 우리 둘 다 거짓 말쟁이가 될 뿐입니다."(⟨Going My Way⟩ 중에서)
> - "네, 아빠. 아니요, 아빠. 상관없어요, 아빠."
>   "아들아, 아버지라고 불러도 좋고, Jake라고 불러도 좋아. 원한다면 개자식이라고 불러도 좋아. 하지만 한 번만 더 아빠라고 부르면 엉덩이를 차 버릴 테다."(⟨Big Jack⟩ 중에서)
> - "네, 경관님, 우리는 그냥 여기 앉아서… 쉬다가…. 저하고 Daisy하고…. 우리는 아무 짓도 안했어요."
>   "누구를 속이려고? 흑인이랑 늙은 유대인 여자가 같이 여행을 한다고? 세 상에."(⟨Driving Miss Daisy⟩ 중에서)
> - "법정에서는 나를 판사님이라고 불러라. 그렇지 않으면 쫓겨나고 법정모 독죄로 잡혀갈 거야."(⟨Perry Mason⟩ 중에서)

1. 여러분이 읽은 대사나 영화 또는 텔레비전에서 알고 있는 것을 바탕으로, 사람들이 어떻게 자신보다 권위 있는 사람을 부르는 방법을 배우는지 이야기해 보자. 만약 부적절한 호칭을 사용하면 어떤 일이 생기겠는가?

***** ***** *****

탐구 활동 21   네, 아니요, 글쎄요, 아마도
학습 방법   "아니요"라고 말하고 싶은 다음과 같은 상황을 생각해 보고, 물음에 답해 보자.

- 어머니께서 동생을 공원에 데리고 가라고 하셨다.
- 새로운 직장 상사가 근무시간을 2교대 하라고 했다.
- 선생님께서 우리 반을 대표하여 학생회에 나가라고 하셨다.
- 옆 집 사람들이 며칠 집을 비우는 동안 우편물을 받아달라고 했다.
- 할머니께서 이번 추수감사절에 만나고 있는 사람을 집으로 데리고 오라고 했다.

1. 여러분은 각 상황에서 어떻게 "아니요"라고 말하겠는가?
2. 어떤 상황에서 "아니요"라고 말하는 것이 쉬운 이유는 무엇인가, 더 어려운 이유는 무엇인가?
3. 맥락에 따라 우리가 사용하는 언어가 달라지는 이유는 무엇이라고 생각하는가?

제 8 장

지역적, 사회적, 역사적 변이

> 언어는 진공 상태에서는 존재하지 않는다. 언어는 이 사회에 존재하는 모든 삶, 다양성, 변화, 부분 등을 반영한다.
> — David Crystal, 『누가 영어 어법을 걱정하는가?』(*Who Cares About English Usage?*)

이 장을 읽기 전에

여러분의 언어학적 태도에 대하여 조사해 보자. 여러분이 보통 발음하는 어떤 단어를 누군가가 다르게 발음하는 것을 들었을 때, 여러분은 어떻게 반응하는가? 여러분은 어떻게 느끼는가? 사람들이 다르게 발음하는 것에 대하여 어떻게 생각하는가? 여러분의 반응은 어디에서 기인하는가?

8.1. 단어, 도구, 변이

교사가 **단어**와 **도구**를 비교하는 것은 전혀 이상하지 않다(Andrews, L., 1998 : 195). 우리집 차고에는 네 개의 선반이 있는데 모두 다른 도구들을 위한 저장 공간이다. 한 선반은 집 밖과 안의 페인트칠을 위한 도구를 위한 공간이다. 또 다른 선반은 낚시 도구를 보관하기 위한 것이다. 또 한 선반은 집수리용 도구를 위한 공간이고 마지막 네 번째 선반은 자동차 세차와 수리를 위한 도구를 모아둔 공간이다.

나는 해야 할 일에 따라 그 작업에 맞게 붓이나 롤러를 선택한다. 내가 손질하고 페인트칠을 하는 곳이 차고 문 주변이냐, 연구실 벽이냐에 따라 선택하는 붓이나 롤러가 다를 것이다. 지역 호수에 배스를 낚시하러 가느냐 이웃 주(州)로 크래피1)를 잡으러 가느냐에 따라, 가장 적합한 낚시대와 내가 잡고 싶은 물고기를 가장 잘 유인할 미끼가 들어 있는 낚시 가방을 고를 것이다. 새로운 그림을 벽에 걸거나 물이 새는 수도꼭지를 교환할 때 다른 도구들이 필요한 것과 마찬가지로, 자동차 세차와 같은 다른 작업에는 다른 도구가 필요하다. 그러나 내 친구 루스와 나퓨는 내가 집수리할 때 사용했던 것과 같은 도구를 사용하겠지만, 그들은 내가 사용했던 방법과는 다른 방법으로 기술을 써서 그 도구를 사용할 것이라는 사실은 호기심을 자극한다. 이와 유사하게, 장인어른과 나는 같은 낚시대와 미끼를 선택하고서도, 그것들을 서로 다른 방법으로 사용할 것이다.

위의 예화는 사람들이 목적에 따라 다른 도구를 사용한다는 것을 보여 주며, 사람들이 단어들 또한 서로 다르게 사용할 것이라는 것을 짐작하게 한다. 시, 쇼핑 목록, 정부의 법률, 친구들끼리의 편지, 단편소설, 소설, 보고서, 현금영수증, 유언장, 교재 등과 같은 것들을 보면서, 단어라고 하는 도구를 가지고 언어적 창조물을 얼마나 다양하게 생산해 내는가를 생각해 보자.

한 화가가 붓과 물감을 가지고 자신의 상상력을 그려내는 방법은 작업실마다 매우 다를 것이다. 화가의 재능과 기술은 자신의 예술적 "서명"이 담긴 초상화나 풍경화를 창조할 수 있게끔 한다. 예를 들어, 반 고흐, 고갱, 램브란트의 작품들은 이를 쉽게 증명해 준다.

이 특징적인 **서명**에 대한 생각은 음악을 즐기는 사람들에게도 익숙하다. 재즈 팬들은 데이브 브루벡과 팻츠 월러의 피아노 연주를 한 순간에 구분할 수 있다. 같은 재즈 팬들은 조니 아담스나 조 터너의 노래, 또는 듀크 엘링

---

1) 역주 : 미국 5대호 지방에 사는 작은 담수어

턴, 스탄 켄튼, 카운트 베이시, 우디 허먼과 같은 빅밴드의 음악들을 거의 혼동하지 않을 것이다. 컨트리음악 팬들은 트레이스 에드킨스나 조지 스트레이트, 레바 메켄타, 사라 에반스의 목소리를 결코 혼동하지 않는다.

  1장의 내용을 돌이켜 보고, 사람들은 다른 사람들이 언어를 사용하는 방식 그대로 언어를 사용하지 않는다는 점을 기억하라. 예를 들어, 화가나 음악가처럼 작가는 자신의 재능을 활용하여 예술적 **서명**이 담긴 작품을 창작할 수 있도록 자신의 도구, 즉 단어를 바꾸어 가면서 자신의 상상력을 펼칠 것이다. 만약 디킨스나 모리슨의 문학 전집을 읽는다면, 이 둘의 차이점을 금방 알 수 있을 것이다. 이 두 작가는 독특하고 서로 다른 방식으로 언어를 사용하며, 그 작가의 독특한 언어 사용은 곧 자신의 **서명**을 낳게 될 것이다. 그러나 전문 작가들만이 독특하게 개인적인 방법으로 언어를 사용하는 것은 아니다.

  어떤 눈송이의 모양도 같지 않다는 것을 우리는 잘 알고 있다. 이와 유사하게 모든 사람들은 각각 독특한 지문을 가지고 있다. 개인이 언어를 사용하는 방식에도 이와 같은 원리가 적용된다. 여러분과 나, 그리고 여러분들이 아는 모두가 이 원리에 적용되는 것이다. 개인 방언(idiolect)이라는 용어는 개인이 문자 언어와 음성 언어를 사용하는 독특한 방식을 기술하기 위해 사용된다. 각 개인은 여러 가지 방식으로 다른 사람과 자신을 구분하는데, 개인적인 언어 사용과 그들의 개인어는 이 때 아주 중요한 역할을 한다. 개개인이 방식의 다양함 속에서 다른 사람들과 자신을 구분하고, 개인적 언어 사용이나 개인 방언을 구분하는 것은 중요한 일이다.

  우리가 들었던 최근의 대화를 떠올려 보자. "너도 알지, 피트 삼촌이 말했던 걸 나도 알아들을 수 있어!"나 "그래, 그건 엄마가 말했던 것이랑 똑같아." 등에서 화자와 작가가 각자 독특한 방법으로 언어를 사용한다는 사실을 알 수 있다. 피트 삼촌, 엄마, 그리고 우리가 좋아하는 또 다른 사람들의 언어 속에서 관찰할 수 있는 개인의 독특한 언어 사용을 우리는 수용할 뿐만 아니라 즐기고 기뻐한다. 이와 반대로, 어떤 사람들은 다른 사람들과의 언어 차이로 동요되기도 하고 심지어 참을 수 없게 되는 것을 발견할 수 있다. 다른 한편으로 학급, 직장, 교회 등 다른 공공 포럼에서 보고서를 제출해야 할 때 어떤 화자들은 종종 불안해하기도 한다(3장에 제시되어 있는 자발성(spontaneity)에 대한 교육과정 목표와 관련된 논의를 참조). 그들은 자신이 사용하는 언어 발음이 자신들을 당황스럽게 만들지 모른다는 것에 두려워한다. 이것은 언어학적 변이의 부정적인 면이다.

8.2. 미국 영어와 방언

여러분도 알다시피 미국에서 가장 널리 쓰이는 언어는 미국 영어이다. 언어학자들은 **영국** 영어나 **캐나다·호주** 영어 등과 구별하기 위해 이렇게 부른다. 미국 영어에는 수많은 방언이 있다.

몇몇 사람들이 미국 영어에서 **미국**이라는 용어에 반대하는데, 그 이유는 이 말이 미국에 살지 않는 북미의 시민권자까지 포함한다고 생각하기 때문이다. 하지만 전 세계 대다수의 언어학자들이 그 용어를 미국에서 널리 쓰이는 언어를 지칭하는 데 사용하기 때문에 나는 미국 영어를 사용할 것이다.

두 개의 변이형을 다른 언어로 볼 것인지 아니면 동일한 언어의 방언으로 볼 것인지를 결정하는 것은 거의 모든 언어의 주제로 떠오를 만큼 자주 논쟁되어 왔다. 대체로 언어학자들은 리트머스 실험 같은 상호 이해 가능성의 기준을 사용한다. 만약 두 개의 언어로 분리해서 서로 이해할 수 없다면, 즉 화자가 각각을 이해하지 못한다면, 보통 그 변이형들은 독립된 언어로 간주된다. 다른 한편으로, 만약 그 변이형을 공통적으로 이해할 수 있다면, 즉 두 화자가 어떤 단어들을 다르게 발음하거나, 동일한 사물을 명명 또는 증명하고 묘사하거나 의미할 때 다른 단어를 사용할지라도 서로 이해할 수 있으면 이것은 동일 언어의 방언으로 이해할 수 있다.

만약 여러분이 미국 영어란 용어 속에 나타나 있는 **전형적인 미국인**을 기술하려 한다면 다음 중 누구를 선택하겠는가? 아틀란타에 있는 백화점 직원? 부르클린의 교사? 미니애폴리스의 목수? 댈러스의 편의점 직원? 디모인의 신문사 기자? 로스엔젤레스의 부동산업자? 투손의 경찰관? 보스턴의 미용사?

이 모든 사람들이 미국에 살고 있다. 더욱이 그들을 미국 영어의 원어민 화자라고 가정한다면, 그들이 미국 영어를 사용하는 방식은 어느 정도 다를 것이다. 그들이 미국 영어를 사용하면 서로 이해할 수 있겠지만, 그들이 언어를 사용하는 방식은 서로 다를 것이다. 그들은 *bird*나 *park, either*와 같은 단어를 서로 다르게 발음할 것이다. 그들의 저녁 식사는 *supper* 또는 *dinner*가 될 것이다. 만약 그들이 식사로 닭고기를 먹는다면, *a fry pan*이나 *a frying pan*이나, 또는 *a skillet*을 준비할 것이다. 동일한 사건, 대상, 생각에 대하여 다르게 발음을 하거나 다른 단어를 사용하는 것이 그들의 전형적인 미국인의 지위를 손상시키지는 않을 것이다. 이것이 미국인들이 사용하는 실제 예이며, 그들의 언어 사용에서 관찰되는 차이점은 그들이 같은 언어, 즉 미국 영어의 다른 방언을 말한다는 사실을 보여준다.

이러한 논의는 어디를 향하는가? 자, 본 장의 목적에 따라 우리는 미국 영어를 미국에서 가장 널리 쓰이는 언어라고 정의한다. 그리고 미국 영어는 여러 다른 방언들로 구성되는데, 이는 미국 영어가 독자적이고 단 하나의 체계로 이루어지는 언어 행위가 아니라는 것을 의미한다. 미국 영어는 우리가 앞서 언급한 전형적인 미국인들이 사용하는 혼합적인 여러 방언으로 구성되어 있다.

8.3. 미국 영어 속의 변이

몇몇 사람들은 **표준 영어**가 보다 순수한 형태의 언어로부터 기원한다고 믿고 있다. 그래서 만약 이 나라에 다양한 방언들이 있다면 어느 한 가지는 "표준"이고, 다른 것들보다 우위를 점한다는 것이 그들의 생각이다. 또한 몇몇 사람들은 표준 영어가 영국 영어와 직접적인 관계가 있다고 믿는다. 영국 영어는 17세기 식민지 시대에 미국으로 건너와 미국의 "기초 언어"가 되었고, 표준적이며 그렇다고 일컬어지기 때문이다. 그러나 우리가 앞서 살펴보았듯이 표준 영어는 정확하게 규정하기 어렵다.

McArthur, T.(1992 : 982)에서는 표준 영어가 "쉬운 정의에 반대하여 널리 사용되는 용어"라고 여러 언어학자들의 공통적인 입장을 요약하여 말하였다. 또한 그는 "몇몇은 그것의 의미를 자명한 것으로 간주한다."고 덧붙였다. 반면에 또 다른 이들은 표준 영어를 "사회적 엘리트주의와 교육적 특권을 바탕으로 세워진 편리한 허구"로 본다. 사람들이 표준 영어의 정의에 대해서 동의하지 않는 것처럼, 미국 영어의 정의에 대해서도 동의하지 않는다.

Demo, D. A.는 "표준 영어는 교육을 위해서 특히 유용한 구조를 갖고 있지만 그것은 다양한 방언들을 포함한다."라고 말하여 논의점을 명확하게 제시하였다. 사전이나 문법에 나오는 공식적이고 표준적인 영어는 문자 언어와 연관되어 있지만 누구나 그렇게 말하는 것으로 볼 수 없다. 발화 공동체는 좀 더 다양하고 융통성 있는 비공식적인 표준을 사용한다[2].

나의 관점에서 보면, 미국 영어의 개념은 **피자의 정의**만큼 다양하다. 피자를 구성하는 재료들은 여러분들이 뉴욕이나 시카고, 샌프란시스코, 세인트루이스, 샌안토니오 등 어디에서 주문하느냐에 따라 달라질 것이다. 나이

---

[2] Demo, D. A., 〈교육에서의 방언〉, http : //www.cal.org/resources/RGOs/dialects.html 참고.

에 맞는 패션 스타일은 시애틀이나 LA, 라스베가스, 휴스턴, 뉴올리언스, 탤러해시 등 어느 도시에서 옷을 사느냐에 따라 달라질 것이다. 이러한 다양성의 예들은 미국 문화에서 인간 행위 양식의 거의 모든 부분에 적용할 수 있다. 그러나 우리는 이에 대해 이미 알고 있다. 우리가 음식이 준비되는 방식과 옷을 입는 방식이 다양할 것이라는 사실을 받아들인다면, 미국 영어를 사용하는 방식 또한 다양할 것이라는 것 또한 받아들일 수 있을까? **표준 미국 영어**(Standard American English, SAE)라는 용어는 이상적인 개념이다. 표준 미국 영어는 다른 방언들로 구성된 통합체이다. 물론 그 방언들 사이의 유사점은 차이점보다 훨씬 많을 것이다. 하지만 차이점 또한 분명하다. 요점은 표준 미국 영어가 단일하거나 고정된 언어 기호가 아니라는 것이다.

> **생각해 보기**
>
> 미국에서 전통적인 추수 감사절의 저녁 식사로 보통 칠면조, 드레싱, 으깬 감자, 고기 국물 등이 포함된다. 이런 요리에 더하여, 많은 가족들은 공식적인 추수 감사절 저녁 식사를 하기 위해서 저녁 식탁에 **반드시** 요리를 추가한다. 여러분의 가족은 이런 추가 요리를 먹은 적이 있는가?
> "반드시 먹어야 하는" 추가 요리가 있는지 사람들에게 조사해 보라. 이러한 활동을 미국 영어에 대한 논의와 어떻게 관련지을 수 있을까?

8.4. 아프리카계 미국인의 방언

미국 영어의 공헌 중에는 흥미롭지만 종종 간과되어 온 사실이 있다. 미국 영어가 초기 식민지 시대에 미국 땅으로 건너온 노예들에 의해 만들어졌다는 것이다. 미국 내에서 세 번째로 많은 소수민족인 아프리카계 미국인들은 미국에서 독특한 문화와 언어적 역사를 가지고 있다. 그들의 서아프리카 선조들은 미국이 영국의 식민지가 끝난 이후 수십 년 동안 미국이란 곳으로 끌려오기 시작하였다. 유럽의 이주민들은 자발적으로 미국에 와서 미국에서의 새로운 기회를 찾은 반면에, 서아프리카인들은 강제로 쇠사슬에 묶여 본의 아니게 와서, 단지 노예의 삶을 살 수밖에 없었다(Conklin, N. F. & Lourie, M. A., 1983 : 23).

앵글로-유럽인 이주자들은 서아프리카인들의 미국 도착을 지시하였을 뿐만 아니라, 서아프리카인들이 어디서 어떻게 살지에 대해서도 명령하였다. 결과적으로, 노예 제도는 노예들이 앵글로-유럽인 이주자들이 했던 것처럼 지배 문화로 동화되는 것을 불가능하게 만들었고, 또 앵글로-유럽인 이주자들이 했던 것처럼 노예들이 선택하는 환경 속에서 그들의 문화를 유지하는 것도 불가능하게 만들었다. 따라서 이러한 조건들 때문에, 때로는 흑인 영어 방언(Black English Vernacular, BEV) 또는 에보닉스(Ebonics)라 불리는 아프리카계 미국인 방언(AAVE)은 다른 미국 영어의 변이형과는 다르게 발전하였다(Conklin, N. F. & Lourie, M. A., 1983 : 23).

그래서 AAVE가 미국 영어에 영향을 준 것보다 훨씬 더 많이 미국 영어에 의해 영향을 받았다고 가정할 수 있다. 그러나 *jazz, tango, jumbo, impala, zombie, limber, samba* 등과 같이 미국 영어 단어의 상당수가 그 어원적 뿌리를 서아프리카 용어들에 두고 있다(Wade-Lewis, M., 1993 : 26).

5장에서 보았듯이, 미국 영어는 다른 언어로부터의 많은 차용어를 포함하고 있다. 다른 언어로부터 단어를 빌려온 것은 미국 영어 어휘부가 스스로 계속 재발명하는 한 가지 방법이다. 5장의 논의에서 살펴보았던, 차용어의 예에는 *kangaroo*(호주 원주민어), *commando*(남아프리카의 공용 네덜란드어), *moccasin, squash, igloo*(미국 인디언어), *admiral*(아라비아어), *Santa Claus, luck*(독일어), *sauna*(핀란드어), *coach*(헝가리어), *blarney*(게일어),

Sabbath, Satan, hallelujah(희랍어) 등이 있다(Rebert Hendrickson, R., 1986 : 25~29).

여러분은 초기 노예들의 서아프리카 언어에서 빌려온 단어를 추가하여 차용어 목록을 보완할 수 있을 것이다. 즉 *goober*(땅콩), *chigger, sweet talk, banjo* 등이 예이다(Rebert Hendrickson, R., 1986 : 25~29). 노예들은 미국 영어를 배웠을 뿐만 아니라, 미국 영어에도 공헌을 한 것이다.

8.5. AAVE의 발전

AAVE는 남북전쟁 끝 무렵 이후 오랫동안 발전을 지속해 왔다. 나의 관점에서는 비록 AAVE가 SAE의 한 방언은 아닐지라도, 미국에서 들을 수 있는 영어의 또 다른 변이형을 보여준다. AAVE의 두드러진 몇몇의 특징은 아래와 같다(Crystal, D., 1997 : 35).

- 3인칭 단수 시제에 '-s' 어미가 없다(he walk, she come).
- 한 문장에서 연결 동사로 사용될 때, 현재 시제에서 "to be" 동사를 사용하지 않는다(They real fine, If you interested.).
- 습관적 행동을 표시하는 데 be 동사를 사용한다(Sometime they be walkin round here.).
- "will have"의 의미로 be done을 사용한다(We be done washed those cars real soon.).
- SAE에서 "there"가 나타내는 "존재의 의미"를 표현하기 위해 it을 사용한다(It's a girl in my room called Kenetta.).
- 문장의 시작부에서 조동사를 포함한 이중 부정을 사용한다(Won't nobody do nothin bout that.).

이러한 AAVE의 예들이 쇠퇴하는 언어를 보여주는 것은 아니다. 이것은 영어의 규칙화 패턴과 다른 경로를 따르는 영어의 다양한 사용을 보여준다.

SAE처럼 **이상화된** 개념으로서의 AAVE가 모든 아프리카계 미국인들이 사용하는 것이 아니라는 것 또한 중요하다. 이는 마치 보스턴에서 태어난 사람이 자동적으로 보스턴 영어를 사용하지 않는 것과 마찬가지이다. 아프리카계 미국인으로 태어난 사람은 AAVE를 사용해야 할 운명을 타고난 것이 아니다. 아프리카계 미국인이 AAVE를 사용하거나 SAE를 사용하는 것은 그 사람의 환경, 사회적 지위, 직업적 역할과 위치 등등과 같은 것들에 의해서 결정된다(Crabtree, M. & owers, J., 1991 : 381).

더욱이, AAVE 화자가 문맥에서 SAE가 요구될 때에는 SAE를 사용하는, 즉 사용역을 바꾸는 것이 매우 일반적이다. 예를 들어, 나에게는 내과 의사인 아프리카계 미국인 친구가 있다. 다른 아프리카계 미국인 친구는 대학의 법률 사무소의 변호사이다. 또 다른 아프리카계 미국인 친구로 석사 학위를 취득한 중·고 교사, 중학교 교장, 대학의 취업정보센터 소장 등이 있다. 이들이 다른 AAVE 화자와 함께 생활하는 사회적 환경 속에서 AAVE를 사용하는지를 관찰해 보았다. 그들은 그들의 전문적인 역할 때문에 모두 일상적으로 SAE를 사용하였다.

8.6. 언어적 편견

어떤 사람들은 미국 내에서 기득권이 적은 문화에 대하여 부정적인 편견을 가지고 있다. 여기서 소수 문화는 아프리카계 미국인이나 라틴아메리카인, 베트남인, 남부 미개척지 주민이든지, 또다른 인종적 집단이나 지리적인 집단을 말한다. 정치적 정의가 실현되는 오늘날, 공개적으로 비난하는 의견이 이 사회에서 수용되지 않는다는 것을 그들은 알고 있다. 예를 들어,

모든 사람이 평등하게 창조된 나라인 미국에서는 선량한 시민들은 민주적이고 평등한 방법으로 행동하며, 또한 편견을 가지고 행동하는 것을 피해야 한다는 것은 보편적으로 받아들여진다. 결론적으로 "어떤 화자들은" "효과적인 의사소통이 쉽게 이루어질 것 같지 않은" "꽤 다른" 언어 사용에 대해 비난받을 수 있다.

이와 같이 편견이 담긴 불평이 의사 언어학적 용어(pseudo-linguistic terminology)로 위장되는 동안, 그들은 종종 사회적 감시를 운좋게 통과할 수 있다. 실제로 우리가 어떤 지역에 살고 있더라도 다른 지역 화자의 말을 거의 대부분을 이해할 수 있다. 심지어는 그들의 말이 그들이 속해 있는 지역 공동체의 독특한 발음과 단어로 길들여졌다 해도 거의 모두를 이해할 수 있다. 편견이 담긴 진술이 만들어질 수 있음에도 불구하고, "효과적인 의사소통"에 대한 논평으로 위장되거나, "표준 영어", 또는 "학문적 표준"의 보존을 위한 구실로 포장되어 일부 사람들이 믿거나 일부에게 제공된다. 이러한 위장을 사용하는 사람들은 어떻게 해서든지 정당화되고 입증된다고 느낀다. 왜냐하면 그들은 자신들의 관점, 사회, 정치, 또는 경제적 우월성을 유지해야 하기 때문이다.

또 다른 사람들은 보다 개방적이고 직접적이다. 특정한 지역의 변이를 입증하기 위해서 나의 수업 시간에 한 단어에 대해 가능한 발음들을 제시하면, 어떤 발음은 꽤나 "우스워" 가끔씩 폭소가 쏟아졌다. 나는 "어떤 사람이 *wash* 대신에 *warsh*라고 말하는 것을 들으면, 난 미칠 것 같아."라고 어떤 사람들이 말하는 것을 교내외에서 종종 듣는다. 우리는 어떤 사람의 피부색이나 그들의 종교관에 대하여 동일한 판단을 할 수 있는가?

8.7. 초기 언어적 편협성

언어적 차이와 변이에 대한 부정적 태도는 최근의 경향이 아니다. 사람들은 항상 언어적 차이에 대하여 과민 반응했던 것 같다. 이에 대해 기록한 것들 중 이른 시기에 쓰인 것이 개혁 성경(RSV)이다. 예를 들면, 사사기 12장 5~6절에는 에브라임 사람들이 요르단 강을 건너서 길르앗 사람들로부터 달아날 수 있었다는 기록이 있다.

> 길르앗 사람이 에브라임 사람보다 앞서 요르단 나루턱을 장악하고 에브라임 사람의 도망하는 자가 말하기를 청하건데 나를 건너가게 하라 하면 길르앗 사람이 그에게 묻기를 네가 에브라임 사람이냐 하며 그가 만일 아니라 하면 그에게 이르기를 쉽볼렛이라 발음하라 하여 에브라임 사람이 그렇게 바로 말하지 못하고 십볼렛이라 발음하면 길르앗 사람이 곧 그를 잡아서 요단 강 나루턱에서 죽였더라 그 때에 에브라임 사람의 죽은 자가 사만 이천 명이었더라. (대한 성서공회, 『성경전서(개역 개정판)』 2001. 삿 12 : 5~6)

에브라임 사람들은 히브리의 방언을 사용하였다. 에브라임 사람들은 '쉽볼렛(shibboleth- 이삭)'의 어두 /sh-/를 발음할 수 없기 때문에 쉽게 구별될 수 있었다. 에브라임 사람들은 그 지역 표준 방언인 '쉽볼렛(shibboleth)'이란 용어의 발음을 어두의 /sh/ 발음 대신 /s/ 발음을 사용하여 '시볼렛(sibboleth)'으로 발음하였던 것이다.

이와 유사한 것이 마태복음(KJV) 26 : 70절의 그리스 성서에 기록되어 있다. 시몬 베드로는 예수로부터 자신을 떼어놓으려 했다. 그래서 그는 예수를 알지 못한다고 하면서 그를 부정하였다. 즉, "베드로가 모든 사람 앞에서 부인하여 가로되 나는 네 말하는 것이 무엇인지 알지 못하겠노라."라고 말했다. 『개신 옥스퍼드 주석 성경』(The New Oxford Annotated Bible)에 마태복음 26 : 27-73절의 베드로의 부정이 나오는데, 좀 더 익숙한 언어로 옮겨보면, "그리고 그는 다시 그의 맹세를 부정하였다. 잠시 후, 구경꾼들이 와서 베드로에게 너의 악센트를 보니 확실히 너는 그들 중 하나야."라고 말했다. 방언과 언어적 변이는 새로운 것이 아니다. 이러한 것들은 고대 유대교와 그리스도교의 성서에도 기록되어 있다.

이러한 예들의 음운적 차이는 비슷한 의미의 단어를 달리 발음하는 것과 유사하다. 예를 들어, 내가 버몬트 주의 여름 캠프에서 4차례에 걸쳐 일했던 학부 시절에 우연히 알게 된 미국의 식물인 옻나무(*sumac*)라는 단어를 살펴보자. "나는 10월에 옻나무(*sumac*)(나는 'SUE-mack'으로 발음한다.)가 아름다울 것 같다."라고 어느 날 버몬트 출신의 고용주에게 말했다. 그는 "그래, sumac(그는 'SHOE-mack'이라고 발음하였다.)은 참 다채롭지."라고 말하였다. 그는 단지 습관대로 *sumac*을 발음한 것이며, 내가 마들랜드의 방언으로 발음했다고 해서 그가 버몬트의 오터클리크3)의 둑에서 나를 밀어버리려 하지 않은 것에 대해 감사한다.

8.8. 모든 언어는 다양하다.

언어가 다양하다는 사실은 새로운 생각이 아니다. 앞서 제시한 성경의 인용에서와 같이 방언은 고대 히브리에서는 일상적인 특질이었다. 그러나 역사적인 전례들이 젊은 사람들에게 항상 수용되는 것은 아니다. 언어 변화의 일상성을 증명하기 위해서, Hazen, K.가 고안하였고 학생들과 함께 사용할 수 있는 다음의 활동을 살펴보자. 이것은 학생들의 나이에 적절할 것이다.4)

---

3) 버몬트 주 남서쪽에서 북쪽으로 흐르며 러틀랜드 카운티(Rutland County)와 애디슨 카운티(Addison County)를 흘러 페리스버그(Ferrisburgh)에서 챔플레인 호(Lake Champlain)로 흐르는 강. http : //100.naver.com/100.nhn?docid=843478

> **생각해 보기**
>
> 다음 단어들은 모두 규칙 동사들이다. 세 개의 다른 음성 형식 /t/, /d/, /Id/와 함께 쓰이는 과거 시제 표지 〈-ed〉가 있다.
>
> 1. hop(뛰다)　　　　　2. knit(짜다)
> 3. kick(차다)　　　　　4. score(기록하다)
> 5. stretch(늘이다)　　　6. bag(불룩하게 하다.)
> 7. bat(~을 치다)　　　8. explain(~을 분명하게 하다)
> 9. need(~을 필요로 하다)　10. side(찬성하다)
> 11. flex(구부리다)　　　12. burn(타다)
>
> 위 단어 각각의 발음을 과거 시제로 크게 소리 내어 발음하여 보자. 특히 각각 단어의 〈-ed〉 과거 시제 표지의 소리에 주목하라. 과거 시제 표지가 사용된 것에 따라 세 개로 분류하라.
>
> /t/　　　　　/d/　　　　　/Id/
> _____　　　_____　　　_____
> _____　　　_____　　　_____
> _____　　　_____　　　_____

이 활동은 언어 변화가 아주 일상적이라는 것에 대한 학생들의 이해를 돕는다. 즉 언어 변화는 모든 영어 화자가 관여하는 어떤 것이다. 그들이 〈-ed〉를 말하는 것에는 하나 이상의 방법이 있으며, 그것을 선택하는 데는 일정한 패턴이 있다고 본다. 만약 어근의 끝이 /t/, /d/가 오면, 어미 〈-ed〉는 /Id/로 발음된다. 만약 어근 끝에 /d/가 아닌 다른 유성음이 오면, 어미 〈-ed〉는 /d/로 발음된다. 만약 어근 끝에 /t/가 아닌 무성음이 오면, 어미는 /t/로 발음된다. 만약 유성음과 무성음이라는 용어가 낯설다면 각주 5번을 참고하라.[5]

---

4) Hazen, K., 〈방언에 대해 가르치기〉, 2001년 10월. http : //www.cal.org/resources /digest/ 0104dialect. html 참고.
5) Crystal, D., 『캠브리지 백과사전』(The Cambridge Encyclopaedia), 1997, p.289. 유무성의

이러한 활동은 언어 변화가 우연히 일어나는 것이 아니라는 것을 보여준다. 즉 언어 변화는 어떤 패턴을 따른다는 것이다. 친숙한 또 다른 예가 "Well, the idear of it!"처럼 말할 때처럼 어떤 말 속에서 들리는 /r/ 삽입이다. 단어의 끝 /a/에 붙는 삽입의 /r/은 동부 뉴잉글랜드와 뉴욕시의 화자들의 발음에서 다음 단어가 모음으로 시작할 때에는 보편적인 것은 아닐지라도 아주 일반적인 것이다. 이러한 패턴으로, 우리는 "Well, the idear of it!"이나 "Chinar is in Asia."를 발음을 예상할 수 있다. "Well, the idea can't work."나 "China will sell thousands of cars this year."에서는 삽입의 /r/을 기대할 수 없다. 삽입의 /r/ 또한 어떤 패턴을 따르는 것이다.

 많은 사람들이 **자신의 모국어가 최상의 언어**라는 인종언어학적 태도를 가지며 성장한다. Cruz, I. R.(1991 : 17)는 이러한 태도가 "세계의 모든 언어의 모국어 화자들의 생득권 – 모국어가 다른 어떤 언어보다 더 좋다."는 생각을 주장하는 데에 밑바탕이 된다고 재치있게 기술하였다. 사람들이(여러분도 아니고, 물론 나도 아니고 **그들이**) 다른 사람들이 사용하는 "이상한" 용어를 듣거나, "별난" 방법이 아닌 "기묘한" 방법으로 어떤 단어들을 발음한다는 것은 진부하다. Cruz, I. R.(1991 : 17)는 다음과 같은 태도를 취하였다.

> 다른 모든 사람들과 마찬가지로, 비록 나의 모든 미국 친구들이 내가 강한 필리핀 악센트를 가지고 영어를 말하고, 나의 '순수' 타갈로그인인 모든 친구들이 내가 마닐라 악센트를 가지고 영어를 한다고 생각할지라도, 나는 내 자신이 악센트를 가지고 있다고 생각하지 않는다. 악센트를 가지지 않은 지미 카터 전 미국 대통령과 같은 미국 남부 사람들이나, 비틀즈가 미국 악센트에 매료되어 우스꽝스러운 악센트

확인 방법. 엄지손가락을 울대뼈(후골喉骨)에 가져다 대고, [zzz]나 [sss] 소리를 내어 보시오. 울대뼈 뒷부분에 접혀있는 후두에서 만들어지는 소리로서 진동을 내는 [zzz]는 유성음이고, [sss]는 무성음이다. 엄지손가락을 울대뼈에 대고 time과 dime을 발음해 보시오. time의 시작부의 /t/는 무성음이고, dime의 시작부의 /d/는 유성음이다. kong과 gong에서도 동일한 결과를 얻을 수 있을 것이다.

를 쓴다고 생각하는 미국 팬들처럼, 나는 나만의 개인 언어적인 개성
에 대해서는 완전히 귀머거리이다.

런던 대학(나중에는 프린스턴 대학)의 역사학계의 거물 학자인 Lewis, B.(2003 : 39)는 감정과 이성을 조화시키려고 노력하는 영어 원어민 화자들에게 이러한 것에 대한 유사한 논평을 제시하였다. "나는 인류가 사고와 감정을 표현하려고 고안한 가장 정제된 도구가 영어라고 생각하지만, 다른 언어들도 그들의 언어에 대하여 똑같이 느낄 것이라고 생각한다."

모국어에 대한 자긍심은 잠시 접어둘 때, 우리는 중국인이 중국어를 말하고 독일인은 독일어를 말하며 프랑스인은 프랑스어를 말하고 스페인 사람들은 스페인어를 말한다는 사실을 인정하고 용인할 수 있다. 그래서 한 어족에서 다른 어족까지 세계 곳곳을 돌아볼 수 있는 것이다. 어족이 존재한다는 것은 다른 사람들과 함께 이야기하는 사람들이 상대방이 말하는 것처럼 이야기한다는 것을 보여준다(Finegan, E. & Besnier, N., 1989 : 383).

이러한 원리의 반대 원리 또한 명백하다. 즉 다른 사람들과 함께 이야기하지 못하는 사람들은 상대방이 말하는 것처럼 이야기하지 못한다는 것이다. 결론적으로, 우리가 언어 세계에서 찾는 것은 서로 관련 있는 사람들 사이에서의 용법 유사성이며, 서로가 조금 또는 전혀 연관이 없는 집단들 사이에서의 몇몇 용법 차이이기도 하다.

Finegan, E. & Besnier, N.(1989 : 383)에서는 평범한 사람들조차 어떤 사람이 보스턴의 강세로 말하거나 남부사람들의 독특한 느린 말투로 말하거나, 또는 브룩클린의 어투로 말하거나 할 때, 미국에서의 언어 변이를 인식한다고 하였다. 이러한 논의들은 정의하기 쉽지 않은 표준 영어를 포함해서 언어가 지역적인 변이를 가지고 있다는 사실을 인지하고 이에 대하여 관심을 가져야 한다는 것이다.

8.9. 음운적, 문법적, 어휘적 변이

보편적으로 인정되는 언어적 원리 중 하나는 모든 사람들이 악센트를 가지고 말하고, 보다 큰 언어 집합 속에 있는 방언으로 말한다는 것이다. 그러나 악센트와 방언은 유사어가 아니다. 악센트는 단지 방언의 보다 넓은 개념 속에서 발견되는 하나의 자질이다. 악센트는 단지 변별적인 발음을 나타내는 데 반해서, 방언은 악센트의 차이뿐만 아니라, 어휘 사용과 문법 내의 변이를 포함한다(Crystal, D., 1997 : 24).

방언은 3가지 기본적인 언어 자질에서 볼 수 있는 변이에 의해서 특징지어 진다.

1. 어휘적 변이 (집단 또는 개인)
2. 음운적 또는 악센트 변이
3. 문법적 변이

관찰될 수 있고 확인 가능한 어떤 언어적 다양성이 온전한 방언으로서의 지위를 얻기 위해서는 반드시 독특한 문법적 자질을 가지고 있어야 한다. 즉, 방언은 화자들이 (a) 유사한 발음, (b) 유사한 단어 선택, (c) 다른 지역적 또는 사회적 화자 집단과 문법적으로 차이를 보이는 문장들을 사용함으로써 언어적 다양성을 갖는다(Andrew, L., 1998 : 203).

> **생각해 보기**
>
> 단어의 다양한 발음에 대한 자료를 얻기 위해 현장에 방언학자 팀에 보낼 수 있을 만큼 충분한 예산안이 없다 하더라도, 방언에 관하여 배우기 위해 사전을 이용할 수 있다. 대학생용 탁상 사전 속에서는 다음 단어들에 대해 최소 두 개 이상의 발음을 발견할 수 있을 것이다.
>
> 1. tomato(토마토)
> 2. diapers(기저귀)
> 3. aunt(숙모)
> 4. often(흔히, 종종)
> 5. garage(차고)
> 6. greasy(기름이 묻은)
> 7. get(얻다)
> 8. police(경찰)
> 9. across(~을 가로질러)
> 10. iron(철)
> 11. pecan(피칸)
> 12. acorn(도토리)
> 13. roof(지붕)
> 14. herbal(풀의, 초목의)
> 15. when(언제)
> 16. sure(확신하는)

음운적 차이는 *idear*와 *idea*, *wash*와 *warsh*, *dinner*와 *dinna*, *humor*와 *yumar*, *human*과 *yuman*, *toosday*와 *tyusday*, *white*와 *wite*, *duty*와 *dyuty*와 같이 단어에 대해 여러분이 들어본 다른 발음들로 살펴볼 수 있다. 언어학적으로 말하자면, 이러한 각각의 발음들은 다른 발음만큼 "좋거나" 또는 "정확한" 것들이다. *toosday*의 데드라인은 *tyusday*의 데드라인과 마찬가지로 마지막에 있다. 의무(duty)를 수행하는 사람은 *dyuty*를 수행하는 사람처럼 똑같이 책임감을 가진다. 의미적 측면에서, 이러한 발음은 동등하다. 음운적 변이를 고려한 판단에서는 언어적 평가가 아니라 사회적 평가가 이루어진다.

문법적 차이는 예를 들어, 2인칭 대명사의 사용에서 명확하다. 미국에서 어떤 화자가 "Are *y'all* ready?"라고 질문하는 것은 남부 방언의 특징이다. 내가 살고 있는 북중부 내륙 방언에서, 화자들이 동일한 질문을 할 때에 형태는 약간 다르지만 "Are you ready?"라고 할 것이다.

이러한 차이를 통해 얻을 수 있는 유일한 결론은 이미 제시되었다. 즉, 다른 사람들과 **함께** 이야기하는 사람은 그 사람들**처럼** 말한다는 것이다. y'all을 대명사로 사용하는 언어망 내의 다른 사람들 때문에 그 사람도 y'all을 대명사로 사용한다. 영국인들은 그들의 언어망 내 구성원들로부터 배웠던 언어적 사실 때문에 종종 한정 대명사를 생략하곤 한다. 어떤 문법적인 패턴은 다른 문법적인 패턴보다 월등하지도 않고 열등하지도 않다. 그것이 분명하다면 어떤 패턴들은 사회적으로 비난을 받게 되겠지만, 그것은 언어적 판단이 아니라 사회적 판단이다.

어휘적 차이는 방언의 또 다른 양상이다. 예를 들어, 닭을 튀기는 무거운 프라이팬을 *frying pan*이나 *fry pan*, 또는 *skillet*라 부를 것이다. 의미적 차원에서, 이 어휘들은 동등하다. 즉, 닭은 그것을 튀기는 용기를 무엇이라고 부르든지 상관없이 맛있게 요리될 것이다. 더더욱, 지렁이를 가리킬 때 *earthworm*, *angleworm*, *red worm*, *fishing(fish) worm* 중 어떤 것을 사용하든지 간에 – 나의 다양한 경험적 연구를 근거로 – 당신이 5파운드짜리 베스를 잡을 기회는 똑같을 것이다.

8.10. 지역적 방언과 사회적 방언

방언을 설명하는 문법적, 음운적, 어휘적인 변이에 대하여 수백 가지의 예들을 들 수 있다. 사실상, 지역적 변이의 패턴은 구분할 수 있기 때문에 그것들을 지도로 나타낼 수도 있다. 언어적 변이가 어떻게 지역권으로 묶이는지와 언어 변이가 언어 지도에 어떻게 나타나는지를 보여주는 예는 매우 다양하다.[6]

---

6) 이러한 예들은 다음과 같은 자료에서 찾아볼 수 있다. Hans Kurath, *A Word Geography of Eastern United States* (Ann Arbor : University of Michigan Press, 1949) ; Hans Kurath,

이것만으로는 충분치 않다. 즉, 지역적 방언은 단어를 발음하거나, 문법적으로 문장을 배열하든지, 또는 생각, 대상, 물건 등을 명명하거나 구분하기 위한 합법적이고 선택적인 방법이다. 그러나 앞에서 제시했던 것처럼, 다른 방언으로 말하는 사람들에 대해 만들어낸 편협성도 여전히 존재한다. 이러한 부정적인 태도에 대한 근거는 어떠한 방언도 다른 방언으로 간주될 수 있기 때문에 반어적이다. 한 나라의 다른 곳에 가 보라. 그러면 당신도 또 다른 방언 화자일 수밖에 없다.

여러분이 실제로 한 나라의 또 다른 곳을 가보지 않고도 이러한 편협성을 또 다른 방법으로 관찰할 수 있다. 여러분이 과거에 어떤 집단에 속해 있었고 그 집단의 표준 발음과 다르게 어떤 단어를 다소 달리 발음했었다는 점을 회상해 보라. 다양한 발음은 다른 사람들에게 웃음을 주고자 하는 집단의 구성원 중 몇몇이 한 것이거나, 다함께 웃기 위해 만들어진 것이다. 우리 가족들이 런던에 살고 있을 때, 내 딸 학급 친구들은 내 딸에게 친절한 태도로 "샐리, 양키[7]에 대해 뭐든 말해봐. 재밌을 거야."라고 꽤 자주 말하곤 했다. 그러나 내 경험상으로는 때때로 그러한 웃음은 친절한 것이 아니다.

언어적으로, 지역적 선택 중 하나는 다른 것을 선택하는 것만큼 유용하다. 그럼에도 불구하고, 어떤 것은 선호될 것이고, 또 어떤 것은 비난을 받게 될 것이다. 그러나 이러한 가치 판단은 사회-계층에 대한 언급이며, 교묘히 위장된 언어적 평가는 아니다. 마치 방언이 어떤 나라의 한 지역에서

Studies in Area Linguistics, (Bloomington : Indiana University Press, 1972) ; Hans Kurath and Raven McDavid, The Pronunciation of English in the Atlantic States (Ann Arbor : University of Michigan Press, 1961) ; William Labov, Language in the Inner City (Philadelphia : University of Pennsylvania Press, 1972) ; Roger Shuy, Discovering American Dialects (Champaign-Urbana, IL : National Council of Teachers of English, 1967) ; Frederick G. Cassidy, ed., Dictionary of American Regional English (Cambridge, MA : Belknap Press of the Harvard University Press, 1985) ; and Craig M. Carver, American Regional Dialects (Ann Arbor : University of Michigan Press, 1987).

[7] 역주 : 영국에서는 미국 사람을 속되게 Yank라고 한다. 여기서는 미국 사람을 낮잡아 이르는 '양키'로 번역하였다.

다른 지역까지 다양한 것처럼, 또한 사회적 방언의 형태도 어떤 사회의 한 사회 계층에서 다른 계층까지 다양하다는 것을 알고 있다. 이것이 내가 살고 있는 곳에서의 진실이고, 여러분 도시에서도 이러한 진실이 유지된다고 확신하는 바이다.

사회 계층에 따른 언어 변이를 탐구하는 초창기와 최근의 전형적인 연구 중 하나가 Labov, L.(1966)이다. 뉴욕 사람들을 대상으로 car, far, jar와 같은 단어의 끝에 오는 /r/을 발음하는지, 그렇지 않은지를 관찰하였다. Labov, L.(1966)는 뉴욕 화자들이 발음할 때 모음 다음에 오는 /r/의 존재와 부재를 조사하였다. 세 곳의 상점에서 ― 비싼 가격대의 고급 상가, 중급 가격대의 중급 상가, 노동자층의 소비자들이 가장 많이 이용하는 할인매장 ― 자료를 수집하고, Labov, L.(1966)는 모음 다음에 오는 /r/의 존재와 부재를 발견하였는데, 이는 사실상 세 상점의 소비자들이 갖는 사회적 지위와 상당히 밀접한 관련을 맺고 있었다. 고급 상가 직원들은 /r/ 발음이 훨씬 더 지속적이었다. 그리고 저급 상점 직원들은 /r/이 거의 발음되지 않았다. 중급 상가 직원들은 고급과 저급 상가 직원들의 /r/ 발음 사이의 중간 정도이었다.

미국에서 모음 다음에 오는 /r/ 탈락은 경우에 따라 사회적 지위가 낮은 화자와 연관되어 있다. 다른 한편으로, 미국에서 높은 사회적 지위에 놓인 사람들은 대체로 이 /r/을 발음한다. Labov, L.(1966)의 자료는 이러한 사회적 관례와 태도를 확신케 한다.

그러나 영국에서는 일반적인 사회적 판단이 **정반대**이다. 높은 사회 계층 출신보다 "세련된" 사람들은 모음 다음에 오는 /r/을 발음하지 않는 반면에, 세련되지 못하고 무례하고 무식하다고 생각되는 사람들은(낮은 사회 계층에 대한 완곡어법) 그것을 발음한다. 사회 계층의 구분에 따른 모음 다음에 오는 /r/의 발음 여부는 매우 상대적이다(Andrew, L., 1998 : 206).

모음 다음에 오는 /r/의 존재 여부는 단지 사회 계층에 따른 언어 변이 방법(사회 방언 sociolect)의 일례일 뿐이다. 자료에서 제시한 대로 영국은 완전히 반대이다. 한 도시에서는 /r/을 발음하는 것이 상류층이라는 것을 보여주고, 다른 도시에서는 /r/을 발음하는 것이 하류층이라는 것을 보여준다. 여기에서 도출되는 중요한 일반화가 있다. 즉, 언어 용법의 문제에 부딪혔을 때에는 "논리"나 "상식"이라고 불리는 것들을 살피지 말고 그 언어를 사용하고 있는 사람들을 보라는 것이다.

여러분은 관찰을 통해 다른 사람들이 발음하는 방법, 예를 들어 "this"와 "dis"의 /th/음(this woman과 dis woman), 또는 "running"과 "runnin"의 /-ing/음을 발음하는 방법에 따라 몇몇 사람들이 다른 사람들을 판단하고 평가한다는 것을 알고 있다. 다른 사람들이 언어를 사용하는 방법에 대해 의견과 결정에 이르는 것은 광범위한 활동이다. 사실상 어느 유명한 사회언어학자는 대부분의 언어 사용자들이 주로 관심 갖는 것이 평가라고 단언하였다(Cameron, D., 1995).

사회 계층의 차이는 단지 음운적 자질에서만 아니라 다른 언어적 자질들 속에서 나타날 것이다. 예를 들어, 여러분이 속해 있는 공동체에서 *lunch*와 *dinner* 또는 *supper*와 *dinner*의 어휘 선택시 차이가 무엇인가? 또는 either란 단어의 첫 모음의 발음은 무엇인가? EEE-ther인가, 아니면 EYE-ther인가? 여러분이 속해 있는 공동체가 미국 내의 다른 공동체와 다르지 않다면, 다른 사회 계층들은 전형적으로 다른 것이 아닌 위의 것 중 어느 하나를 사용할 것이다.

이것에 대한 이유는 간단하다. 즉, 어떤 방언은 다른 방언보다 더욱 우세한 위치에 있다. 왜냐하면 특정 방언의 **화자**들이 더욱 우세하기 때문이다. 바꿔 말하면 방언 자체가 높거나 낮은 세력을 유지하는 것이 아니라, 그 방언의 화자들이 높거나 낮은 세력을 가진 것이고, 이 세력이 그들의 말 속에 일반화되는 것이다.

또한 이러한 현상의 관찰을 통해, 나는 때때로 더 많은 세력을 가진 방언의 화자들이 보다 적은 세력을 가진 방언 화자들의 말을 이해하기가 어렵다고 주장할 수도 있다. 반대로, 보다 적은 세력의 방언 화자들은 많은 세력을 가진 방언 화자들의 말을 이해하기 어렵다고는 거의 주장하지 않을 것이다. 나는 여러분에게 이것이 언어에 대한 논쟁인지, 사회 계층에 관한 논쟁인지를 묻고 싶다.

　대체적으로 말하면, 일반적인 뉴잉글랜드 사람들과 몇몇 보스톤 사람들은 보다 교육을 잘 받았고, 더욱 도시적이고 더 점잖고 세련되어서, 중서부 사람들은 뉴잉글랜드 사람들의 말이 보다 우세한 위치에 놓여 있다고 중서부의 미국인들은 가정한다. 일부 중서부 사람들은, 그 지역에서 보다 일반적인 NEE-thur 대신에 NIGH-thur로 발음하는 것처럼, 뉴잉글랜드 사람들의 도시성과 세련됨을 나타낸다고 믿는 발음을 그대로 받아들여 그것을 따라하기도 한다.

　더욱이, 일반적인 미국인들은 영국 영어가 보다 올바르다고 생각한다. 왜냐하면 영국 사람들이 아무래도 보다 올바를 것이라고 생각하기 때문이다. 영화나 TV 상영물에서 세계적인 등장 인물이 영국 영어의 악센트를 가진 경우 보다 나은 지위와 매력을 가졌다고 받아들인다.

　음운, 어휘, 철자법, 문법 등에서 영국 영어와 미국 영어는 수많은 차이점이 있다. 몇몇 차이점들은 흥미롭다. 표 8.1은 몇몇 어휘적 차이점을 제시한 것이다.[8]

[표 8.1]　영국과 미국의 어휘적 차이점

정의	영국 단어	미국 단어
		Eggplant

---

[8] http://www.krystal.com/ukandusa.html과 Hargraves O.(2004 : 52)에서 첨가한, 내 개인 노트에서 가져온 것이다.

영국 영어와 미국 영어 사이에 철자법에도 커다란 차이가 있다. 캐나다에서 한 학기 동안 미국에 온 학생이 있었는데, 그 학생은 영국 영어의 전통 속에서 자라왔다. 그녀는 학기 말에 내가 자신의 영국 철자법(theatre, centre 등)을 일일이 세지 않은 몇 안 되는 교수들 중의 한 명이라고 말하면서 고마워했다. 내가 런던대학교에서 재직하는 동안 나의 딸 샐리는 런던 종합 학교에서 9학년에 상당한 과정을 마쳤다. 그녀는 어느 날 낮에 눈물을 흘리면서 집으로 돌아왔다. 그녀는 인간 재생산 과목의 시험에서 "D" 학점을 받았는데, 그녀가 영국 영어 철자인 foetus 대신에 미국 영어 fetus를 계속해서 썼기 때문이었다. 나는 여러분이 다른 문화권에서 온 학생들을 좀 더 현명하게 대처 했으면 좋겠다.

거칠게 말한다면, 미국에서 일부 사람들은 다른 사람들보다 꽤 높은 것으로 간주된다. 높은 사회적 존경으로부터 경제적, 문화적, 정치적으로 더욱 많은 이익을 누리는 이들이다. 여러분은 그러한 것은 정당한 것도 아니요 옳은 것도 아니라고 믿고 이러한 사실에 반대하려 하겠지만 현실은 그렇게 하고 있다. 한 사람의 사회적 지위와 언어 사이에 사회언어학적 관계를 적용하면, 어떤 언어 용법들은 누가 그것을 사용하느냐에 따라 "좋거나" 또는 "나쁘거나"로 판단된다.(Conklin, N. F. & Lourie, M. A., 1983 : 115)

사회언어학의 저명한 교수인 Wolfram, W.이 "우리가 한 사람의 언어나 방언, 심지어 한 개의 단어를 근거로 그 사람이 놓인 배경, 성격, 의도까지 확대하여 판단한다는 것을 안 것은 충격적이다."[9]라고 하였다. 예를 들어, 초기에 ain't는 am not에 대해 온전히 수용할 수 있는 단축형이라고 간주되었다. 오늘날 ain't가 인간의 정상적인 발화 패턴의 하나로 사용되지만(특별한 강조나 유머로 ain't를 사용하는 것은 여기서 배제한다.), 그것의 지위는 약화되어 비표준 발화의 표지로 사용된다. Conklin, N. F. & Lourie, M.

---

9) Wolfram, W. 〈사회언어학〉(*Sociolinguistics*). Linguistic Society of America, http://www.lsadc.org/web2/ socioling. html.

A.(1983 : 115)는 ain't의 규칙적인 사용을 "ain't 사용자는 비표준 영어를 말할 뿐만 아니라 [사회로부터] 무지하고 무분별하고 벙어리와 다름없고 심지어 하류층 사람들의 전형처럼 더러운 것으로 판단된다."와 같이 기술하고 있다. 다른 한편으로, 만약 화자들이 관습적인 발음을 하고 빠르고 유창하게 말하고 (ums, ers와 같은) 머뭇거림이 없다면, 그 화자들은 사회로부터 보다 능통하고 사회적으로 저명하다고 판단될 것이다(Crystal, D., 1997 : 23).

8.11. 방언의 합병

우리의 방언은 몇몇 영향력의 산물이다. 우리는 언어망(speech network) 속에 태어나서, 우리를 돌보는 사람들이 사용하는 언어 방식을 따른다. 매우 가까운 사람들과 언어망은 - 어머니, 아버지, 손위 형제, 또는 다른 보모들 - 최초의 언어 모형을 제공한다. 그리고 이전에 말했던 것처럼, 다른 사람과 함께 말하는 사람들은 그 사람들처럼 이야기한다.

극소수의 사람들만이 그들의 사회적 접촉을 촘촘히 짜여진 집이라는 범위로 제한하고서 일생을 보낸다. 한 사람의 사회적 환경이 팽창함에 따라 그 사람의 언어망도 그만큼 증가한다. 친구나 또래들과 학교도 가고 교회도 가며, 같이 공부하고 놀면서 접촉의 범위를 보다 넓히고, 결과적으로 우리의 언어도 확장되는 것이다. 우리의 사회망은 이러한 관계를 통해서 창조되며, 각각의 망 속에서 사람들의 언어적 자질이 - 음운적, 어휘적, 통사적 자질 - 닮아가는 것은 우리의 언어를 사용에 영향을 준다.

그래서 방언은 주어진 망이나 사람들의 공동체 또는 **지역적**이나 **인종적** 또는 **사회적** 집단에 의해서 사용되는 언어의 다양성으로 간주될 수 있다. Handrickson, R.(1986 : 17)은 미국 내에서 단지 세 개의 주요 지역 방언 구역이 있다고 주장하였으나, Kurath(1949)에서는 그보다 더 많다고 주장하였다. Hendrickson, R.(1986)의 책은 일반인을 대상으로 쓰여진 것이고 반면에 연구 분야의 확장 결과를 보여준 Kurath의 보고서는 대체로 전문 언어학자에게, 특히 방언학자에게 더욱 관심을 끌었다. 미국의 지역 방언 구역의 실제 수는 정의를 어떻게 내리는가에 달려 있다.

일반 학생들에게 지역 방언의 전체 수는 중요한 것이 아니다. 이유는 비교적 간단하다. 사실상, 각 지역들은 독특한 방언 형태를 가지고 있다. 중부 미주리 주에서 자랄 때, Again Street(AA-gun으로 발음됨)에 살았던 고등학교 친구가 있다. 내가 살던 곳에서 남쪽으로 30마일 정도 떨어진 곳에서 Beatrice(Ree-AT-truss로 발음됨) 도시를 찾을 수 있을 것이다. 집 근처의 초등학교 교실에서 어린 언어 사용자들이 "pert(활발한)"라는 단어를 발음하는 것을 들었다. 몇몇 뉴욕 사람들은 지겹게 참견하는 사람에게 "You're driving me crazy(넌 참 나를 미치게 만든다.)."라고 말하지 않고 "You're driving me to Poughkeepsie(넌 참 나를 정신병원으로 가게 만든다.)."라고 말한다. 포킵시(Poughkeepsie)는 정신병원이 있는 곳이다(Hendrickson, R., 1986 : 194). 최소한의 현지 조사를 통해서, 여러분이 머물고 있는 곳의 독특한 언어 사용 양상을 발견할 수 있을 것이다.

실제로 어떤 방언이 다른 방언보다 더 좋다거나 더 나쁘지는 않다. 몇몇 다양성에 대한 사회적 지위에 집착하고 다른 사람들을 깎아내리는 사람들 존재할 뿐이다. 그러나 이것은 언어적 판단이 아니라 사회적 판단이다. 또 다른 전형적인 형태인 사회적 판단을 대체할 수 있는 방법과 그 이유는 여러분의 수업 시간에 이루어질 토론에서 중요하게 다뤄져야 한다.

8.12. 언어와 문화

　이 책(5장 참고) 곳곳에서, 언어와 문화 사이의 고유한 관계에 대해서 말하였다. 이런 관계의 중요성이 주어지고, 지방이나 지역, 사회 계층에서 언어 변이가 존재한다는 사실이 주어진다면, 우리는 **문화적 방언의 양상으로서** 언어와 문화에 초점을 두어야 할 것이다.

　이러한 주제의 도입으로, 최근에 관찰한 제2언어(ESL) 학급에 5급(고급) 영어를 시험 치르게 해보자. 교사와 학생들은 비공식적인 "수업의 상태"에서 토론에 참여하게 되고, 그들은 상대적으로 짧은 시간에 학생들이 영어를 얼마나 배울 수 있는가에 대하여 이야기하였다.

　교사 마를린 데프는 학생들에게 "여러분들이 처음 배운 영어 단어를 기억해 봅시다."라고 말하였다. 학생들 중의 한 명이 그의 어머니와 함께 식료잡화점에 갔었던 것을 회상하였다. 이 회상의 결과로, 그가 처음 배운 영어구 가운데 하나가 "종이요? 아니면 플라스틱이요?"였다. 그의 가정 문화 속에서는 그러한 질문은 대답할 수 없었다.

　문화 변이는 ELS 학급뿐만 아니라 국가적 차원에서도 살펴볼 수 있다. 1995년 5월, 미 국무장관 워렌크리스토퍼는 최근 클린턴 대통령의 모스크바 순방에서 수행 성과가 거의 없다는 공화당의 비난에 대해 응답하였다. 모스크바에서 크리스토퍼는 "외교 정책에서, 종종 안타를 쳐서 점수를 내기도 한다. 그리고 대통령은 훌륭하고 견실한 연속 안타를 쳤으며, 많은 점수를 얻었다고 생각한다."라고 말했다(Liu, D. & Farha, B., 1996 : 36). 대부분의 미국인들이 야구에서 인용한 언어를 이해할 수 있을 만큼 크리스토퍼의 논평은 충분히 명확했다. 그러나 야구의 은유에 친숙하지 않은 대부분의 모스크바 청중들은 크리스토퍼가 무엇이라 말했는지 궁금해 할 것이다.

또 다른 문화적으로 특징적인 은유를 보자(Liu, D. & Farha, B., 1996 : 37).

- 계단을 하나씩 차례차례 올라가서, 우리의 제안을 여러분이 발전시킬 수 있는지 보라.
- "삼진 아웃 제도"는 법을 세 번 어긴 범죄자들을 수감시키는 범칙금에 대한 미국 국회의원들에게서 차용한 구이다.
- 어떤 논평자들은 일본을 세계 경제의 "빅 리그"의 "메이저급 선수"라고 언급한다.

세계의 많은 사람들에게 이러한 야구 은유는 – 상대적으로 야구와 야구 용어가 잘 알려진 미국에서는 일반적 용법 – 거의 의미가 없다.

우리가 해 본 영국 영어와 미국 영어에서 몇몇 단어들의 비교 역시 문화적 차이를 반영한다. 다양한 예 중 여기서는 한 가지만 제시하겠다. 어느 날 런던대학교의 동료를 따라 술집 한 쪽 구석에서 점심을 먹었다. 나는 반 파인트의 라거 맥주와 구운 쇠고기 샌드위치를 주문하는데, 종업원이 나에게 "샐러드도 주문하시겠습니까?" 하고 물었다. 싱싱한 샐러드를 구운 쇠고기 샌드위치와 함께 먹으면 좋겠다 싶어, 그녀에게 샐러드도 달라고 말하였다. 주문한 샌드위치가 식탁에 왔을 때, 상추 한 조각, 양파 한 조각, 토마토 한 조각이 따로 접시에 놓여있었다. "샌드위치에 이것들(샐러드)을 넣어드릴까요?"라고 종업원이 말했다. 런던의 술집에서 **샐러드**는 보다 제한된 정의로 쓰였던 것이다!

언어 조사에 의하면, 집에 더 가까울수록 교실 문화의 언어는 더욱 다양해진다. 40-50년 전의 초기 연구에서는 교실에서의 구어적 상호 작용을 조사하였다. 즉 학생들은 어떤 종류의 발화를 하는지, 교사들의 발화를 하는지, 질문인지? 대답인지? 학생들이 시작하는 발화인지? 단지 대답만 하는 것인지?

이민자나 피난민의 아이 수가 미국 학교에서 지속적으로 증가하고 있고, 아동 낙제 방지법에 따라 그룹별로 수집한 자료보다는 학생 개개인의 수행에 초점을 두기 시작했다. 이에 따라 학교 문화의 언어와 학생 가정 문화의 언어 간의 차이가 교수-학습을 계획하는 데 중요해지기 시작했다.

일반적으로 말하면, Duranti는 "사회 계급의 많은 부분이 그 사회 체계를 지지하고 대표하는 언어에 대한 이해 없이는 그 사회 체계에 대한 연구가 불가능한 말을 통하여 표현되기도 하고 예시되기도 한다."라고 하였다.[10]

교실에서 사회, 문맥, 인지는 일상의 대화를 통하여 단단히 연결되어 있다. 그러나 학교에서는 말하기의 한 가지 방법과 승인된 담화 규칙 중 하나가 제일 먼저 만들어졌다. 이러한 규칙들은 거의 직접적으로 가르쳐지지는 않지만, 특정 문식적 전통을 통해 길러진 중간 계층의 학생들이 학교에 가져오는 사회문화적 지식의 일부이다.[11] 또 다른 스포츠 은유를 사용하는 것은, 어떤 학생들에게는 비탈진 운동장을 만드는 것과 같다. 비록 이 분야를 탐구하는 데 뛰어난 소질을 가지고 있다 하더라도, 충분하지는 않다.

8.13. 통시적 언어 변이

언어가 한 도시에서 다른 도시까지 다양한 것처럼, 어떤 지리적 지역에서 다른 지역으로, 어떤 사회 계층에서 다른 사회 계층으로, 한 국가에서 다른 국가로, 한 세대에서 다른 세대로 변화한다.

역사 속에서 현대 미국 영어의 뿌리를 추적할 때 얼마나 거슬러 올라갈 수 있을까? 대략 5,000년 전 이상으로 거슬러 올라갈 수 있다. 놀랍지 아니한가! 현대의 언어학이 상당히 정밀해졌지만, 조합 신문의 유머 작가 배리가 만들어낸 가공의 인물인 "Mr. Language Person"이 제안한 영어 역사만큼

---

10) Rymes, B., "Eliciting Narratives : Drawing Attention to be Margins of Classroom Talk," *Research in the Teaching of English*, February 2003, p.381.
11) Ibid.

은 아니다. 즉 "영어는 심각한 음주 문제를 가지고 있던 그리스족과 라틴족, 앵글로족, 클랙스톤족(Klaxtons), 켈트족, 다른 많은 고대 민족들의 말로 함께 짜여진 풍부한 동사의 벽걸이 융단이다."(Steven Pinker(1994), *The Language Instinct*. New York : Morrow & Company, p.246.)

우리는 아주 먼 역사로 되돌아가지는 않을 것이다. 현재 미국이라고 부르는 곳에 영어가 처음 사용된 때부터 시작하자. 언어 변이는 미국 땅에 최초 식민지 정착민들이 들어온 후에 시작되었다. 초기 현대 영어― 밀튼과 셰익스피어의 언어(EMnE) ―를 사용했던 미국 식민지 정착민들은 17세기 초에 도착하였는데, 신대륙에서 자신들의 경험을 기술하는 어휘에 새로운 많은 단어를 추가하였다. catalpa(개오동나무), hickory(히코리, 북미산 호도나뭇과 나무), pecan(페칸, 히코리의 일종), squash(호박), tamarack(아메리카 낙엽송), hominy(굵게 간 옥수수), succotash(강낭콩과 옥수수(귀리와 보리)를 끓인 콩요리), chipmunk(줄다람쥐의 일종), muskrat(사향뒤쥐), opossum(주머니쥐), raccoon(미국 너구리), skunk(스컹크), woodchuck(마멋) 등은 대부분 아메리카 원주민의 단어에서 온 것들이다.[12]

더욱이, 이주민의 고국 언어는 대체로 "고정되어" 있다. 다시 말하면, 이주민은 그들이 이주한 곳에서 "고국"의 언어에 발생한 변화로부터 격리된 상태에서 고국의 언어를 계속해서 사용하였다. 결과적으로, 미국 식민지 정착민들은 영국 영어의 변화를 일으키는 영국으로부터 너무 떨어져 있었던 것이다.[13] 예를 들어, 식민지 정착민들은 17세기 동안 영국에서 사용되었던 druggist(약제사)란 단어를 가져왔다. 18세기 중엽, 영국은 druggist를 chemist로 대신하기 시작하였는데, 미국에서는 오늘날에도 사용하고 있다.[14]

---

[12] Conklin and Lourie, *A Host of Tongues*, 75.
[13] Ibid., 76.
[14] Ibid.

사람들이 "고국으로 돌아가는" 시기에, 영국에서는 fall(가을)이라는 단어를 autumn이란 단어로 대체하기 시작하였다. 이러한 변화를 인식하지 못하고, 식민지 정착민들은 fall이란 단어를 계속해서 사용하였다. fall이란 단어는 영국 영어 대부분의 화자들이 고어체로 간주하는 계절 용어이다.[15] 미국에서의 화자들은 오늘날에도 fall이란 단어를 계속 사용하고 있다.

또한 이 기간 동안에 발생한 발음의 변화도 있었다. 식민지 정착민들은 오늘날 미국 영어에서 아직도 현저하게 나타나는 derby(더비)[16], clerk(사무원), Berkeley(버클리)의 모음 소리를 가져왔다. 18세기 중엽에 영국 영어의 화자들은 이 단어들에서 모음 소리를 바꾸기 시작하였다. 그래서 그들은 dark에 사용된 모음처럼 발음하였다. 오늘날, 영국 영어의 화자들은 derby 단어를 darby로 표현해서 발음한다. clerk이란 단어는 "clark"으로 표현하고, Berkeley는 "Barkely"로 말한다.[17]

지역적 다양성은 비교적 추적하기에 용이하다. 즉, 수년에 걸쳐 발생하는 언어 변화는 쉽게 인식할 수 없다. 그것들은 성장하는 인간의 변화와 같다. 예를 들어 사진을 찍거나 아이들을 키재기 자로 재서, 멈췄을 때만이 변화가 발생한 것에 주목하는 것과 같다. 언어 변화는 피할 수 없으며 지속적이고 엄연하고 느리다. 그것은 느리지만 완고하게 만들어진 빙산이 조금씩 변하는 것처럼 움직인다.

---

15) Ibid.
16) 역주 : 영국 더비셔의 주청 소재지.
17) Conklin and Lourie, A Host of Tongues, 76.

> **생각해 보기**
>
> 어원 분석의 허상[18]은 앞선 또는 오래된 단어의 의미가 나중의 의미보다 더 정확하다고 보는 것으로 잘못된 생각이다. 사실상, 사람들은 오래된 의미를 바꾸면서 다음 세대에서 단어를 다르게 사용할 것이다. 다음 단어들이 시간이 지났는데도 그 주어진 의미를 어떻게 다르게 지니고 있는지를 대학생용 탁상 사전에서 찾을 수 있을 것이다.
>
> marshal(육군원수)   steward(스튜어드)   hussy(말괄량이)
> minister(성직자)   lord(지배자)   nice(좋은)
> lewd(추잡한)   lust(욕망)   stupid(어리석은)
> bonfire(모닥불)   angel(천사)   nate(궁둥이)

심지어 영어 성씨에서 기원된 예들을 접할 수 있다. 예를 들어, 일부 영어의 성씨는 색깔에서 파생되었다. Brown, White, Green은 아주 일반적인 세 가지 예들이다. 그러나 Red나 Yellow의 성씨는 아직까지는 보기 힘들다. 나의 동료 중에 Bob Brown이란 이름을 가진 사람이 있다. 나는 TV에서 Betty White를 본 적이 있다. 내 아내가 다니는 회사 사장의 이름은 Gray Green이다. Roger Red나 Yvonne Yellow란 이름을 가진 사람을 알고 있는가? 아마도 Reed나 Golden란 이름은 있을지언정, Red나 Yellow는 없을 것이다.

이러한 명명(命名) 관습은 성씨가 애칭에 기초한 중세 때부터 시작되었다. (영어의 성씨가 어떻게 시작되었는가에 대한 매혹적인 이야기를 하는 캔 포렛의 소설 〈*Pillars of Earth*〉을 참조하시오.) 다양한 애칭들이 갈색이나 검정색의 머리 색깔처럼 외모에 따라 지어졌다. 다른 이름은 그 사람의

---

18) 역주: 단어의 의미를 이해하기 위해 그 단어의 어원을 찾아보는 것이 도움이 될 수도 있지만, 단어의 어원과 실제 사용되는 의미가 다른 경우도 많으므로 어원에 너무 집착하지 말라는 뜻. 예를 들어, 영어의 nice는 프랑스어의 silly(우둔한)과 라틴어의 ignorant(무지한)를 어원으로 삼고 있어, 영어의 의미와 전혀 다르다는 것을 알 수 있다. — 리스닝스페셜(2004.8, 한국교육방송공사 출판) 참고

직업이나 가족들의 지리적인 위치에 따라 지어졌다. 직업에 따른 성씨의 예로는 Arrowsmith, Barber, Carpenter, Cook, Cooper, Fletcher, Flower, Forester(또는 Forrester), Mason, Merchant, Miller, Skinner, Smith, Tailor(또는 Taylor), Tanner, Wheeler, Warden 등이 있다. 따라서 Green은 "by the green"에서 기원하였다. 19) Underhill이란 이름을 가진 사람을 아는가?

8.14. 통시적 연구를 위한 성서의 이용

본 장의 앞부분에서 나는 성경의 세 가지 다른 번역을 인용했었다. 방언에 관한 중요한 점을 지적하기 위해서 이 인용을 이용한 것이다. 기억하겠지만, 그 인용을 하면서 나의 종교적 신념에 대해서 언급조차 하지 않았다. 그러나 성경을 인용하였을 때, 그 반응은 종종 혼재된다.

종교 분리는 미국에서 헌법의 문제이다. 불행히도, 많은 교사들은 종교적인 주제에 대한 토론을 피하기 위해서 뒤쪽으로 등을 돌린다. 결과적으로, 언어 역사의 보물 상자는 사용되지 않고 있다. 그럼에도 불구하고, 영어의 역사적 변화를 연구하기 위해서 성경의 다른 번역을 사용하는 것은 가능하다. 더욱이, 개신교도들의 찬송가에는 영어가 어떻게 수년 동안 변화되었는가를 보여주는 훌륭한 예들이 많다. 학생들에게 특별한 신학이나 종파를 수용하라는 중재나 전도의 노력 없이도 이 예들을 교실로 가져올 수 있다. 잠재적인 부모들의 불만을 없애기 위해서 이 교재를 사용하는 것에 대하여 학교 교장에게 알려야 할 것이다.

예를 들어, 매주 수천 명의 신도들이 어떤 단어의 역사적 사용이나 의미에 대하여 최소한의 관심도 없이 찬송가를 부른다. 그럼에도 불구하고, 학

---

19) "Q & A," *The Atlantic Monthly*, October 1992, 14.

생들이 다음과 같은 찬송가를 시험볼 때, 영어의 역사적 변화에 대하여 배울 수 있다는 것을 고려해 보라.

- Just as I am, without one plea,
  기도하지 않는 날 위해
  but that thou blood was shed for me,
  주 보혈 흘려주시고
  And that thou **bid**st me come to thee,
  또 나를 오라 하시네
  O lamb of God…
  오 주여…

- Happy the man whose hopes rely on Isreal's God
  소망을 이스라엘의 하나님께 둔 자는 행복하여라
  ha made the sky, And earth and seas with all their **train**…
  그는 하늘과 땅과 바다를 계속하여 만드셨도다.

- Beneath the cross of Jesus I **fain** would take mu stand…
  십자가 그늘 밑에 나 쉬기 원하네…

- For the Lord our God shall come,
  우리 주 하나님이 오시리라
  And shall in that his harvest home ;
  그의 추수할 집에 거하리라
  From his field shall in that day All offenses purge away,
  그날 그 들판에서 모든 악한 죄가 깨끗이 씻어지리라
  Give hid angels charge at last In the fore the **tares** to cast,
  그의 천사를 보내시어 면전에서 가라지를 솎아내시고
  But the fruitful ears to store In his **garner** evermore.
  풍부한 이삭을 그의 창고에 영원히 쌓아두며.

〈축복의 샘으로 오라〉(Come Thou Fount of Every Blessing)라는 찬송가

에서 두 번째 행은 "Here I raise mine Ebenezer…(여기 나의 에벤에셀을 높이노라"로 시작한다.20) 수천의 성도들이 아주 정연하게 찬송가를 부른다. 성도들은 에벤에셀이 누구인지, 무엇인지, 어디에 있는지 알 필요도 없다. 우리는 더 이상 에벤에셀이라는 말을 사용하지도 않는다.

어떤 대학생용 탁상 사전을 보더라도, 앞의 목록에서 볼드체로 강조한 단어의 초기 의미를 학습할 수 있을 것이다.21)

8.15. 누가 이러한 변화를 만드는가?

사람들이 변화를 창조하기 때문에 언어는 계속 변한다. 어떤 새로운 언어 형태가 필요할 때마다, 사회는 그것을 창조할 것이라는 것이 언어학자들의 공리이다. 반대로, 어떤 언어적 형태가 더 이상 필요하지 않으면, 사회는 그것을 더 이상 사용하지 않을 것이다. 예를 들어, 약 40-45년 전, 음악을 녹음하고 듣는 것을 즐기는 가정에서 빅터 축음기(victrolas)는 녹음기(record player)로 대체되었다. 녹음기는 후에 차례로 스테레오(stereo)로 대체되었다가 하이파이(hi-fi)로 대체되면서, 대형 휴대형 카세트 라디오(boom box)가 되었고, 그리고 마침내 시디 플레이어(CD player)가 되었다. 동일한 시간과 틀 속에서, 아이스박스(icebox)는 전기냉장고(frigidaire)로 대체되었고, 그 후에 냉장고(refrigerator)로 대체되었다. 이와 유사하게, 아이콘(icon), 마우스(mouse), 패드(pad), 드래그(drag)와 같은 단어들은 수백 년 동안 영어 사용자들에게 사용되어 왔다. 그러나 컴퓨터의 등장으로 이런 기

---

20) 역주 : 에벤에셀은 주의 도움으로 이스라엘인들이 승전한 것을 기념해 사무엘이 세운 돌을 가리킴. 사무엘상 7장 12절
21) 역주 : bidst는 '말했다'(told, asked), train은 '시종, 수행원'(retinue), fain은 '기꺼이'(willingly), tare는 '가라지', garner는 '창고'를 뜻하는 고어임.

존의 단어들이 새롭게 사용되었다.

　스페인어 화자들은 최근에 또 다른 유전적 물질에서 나온 생명체를 형성하는 클로닝(cloning)이라는 새로운 과학적 발전에 의해 창조된 도전에 직면해 있다. 스페인어는 이미 clone(un clon)이란 단어에 대한 한 개의 명사를 가지고 있지만, 동사 형태는 없다. 본 장을 쓰면서, 스페인어에서 "to clone"이란 동사 형태가 clonar와 clonear로 표현하였다. 동시에, 이러한 부정사("to clone")들 중에 하나는 표준 형태가 될 것이다.

　영어 화자는 전화를 통해 이와 유사한 도전에 직면한다. dial(다이얼)이란 단어는 명사와 동사로 모두 사용될 수 있다. 버튼을 누르는 전화기가 기계식 전화기를 대체하면서, 더 이상 실제로 동사 dial을 사용하지 않았다.(전화기의 다이얼을 돌리지(v) 않았다.) 언어 사용의 대법원에서는 - 그 언어를 사용하는 사람들 - 아직 동사 dial을 다른 단어로 대체하여 정착시키지 못했다. 나는 select, press, enter, touch 등을 들어보았는데, 이들은 아주 잠깐 동안 쓰일 것이다.

　이들이 세대 내 또는 세대 간에 발생하는 분명한 단어 변화 예들이다. 그러나 개별 단어들은 단지 언어적 특질의 변화를 조건으로 하지는 않는다. 시간 변화의 또 다른 양상은 발음에서 발견할 수 있다. 어떤 사람이 "NUKE-lee-ar"를 "NUKE-kya-ler"로 말하는 것을 들을 때마다 격렬히 반응하는 친구가 있다. "NUKE-kya-ler" 발음이 규칙성을 강조하는 것으로 들릴 수 있고, 표준 발음이 될 수도 있다. 부동산업자(rea ltor)라는 단어도 살펴보자. 여러분이 살고 있는 사회에서 둘 또는 세 음절로 된 단어를 발음하는 것을 들어 보았는가?

　발음이나 철자들이 언어 사용에 있어서 가장 느린 변화를 보인다고 할지라도, 이미 발음의 변화는 시간이 지났을 뿐 아니라, 철자의 변화 또한 종료되었다. 예를 들어, Greenbaum, S.(1969 : 109)은 "Could-be, he'll be here Friday."에서 could-be처럼 새롭게 철자된 형태의 사용이 증가하는 것을 분석하였다. Could-be는 일반적이고 비격식적인 발화이며, 그 철자 사용의 증가는 이것이 더욱 널리 수용될 것이라는 것을 입증한다. 사용하였을 때 더 이상 고개를 돌리지 않을 정도로 이미 널리 퍼져있는 wanna-be가 이러한 could-be의 사용의 선조인 것처럼 보인다.

이와 유사하게, 단어 data가 단수 명사로 쓰인 것을 볼 수 있다. 심지어 저명한 학술지에서조차 "이 자료는 결정적이지 못하다(the data *is* inconclusive)"라고 쓰여 있었다. 필자의 대학원 시절에, 그것은 항상 "the data *are* inconclusive"이었다. 다른 점이 있다면 무엇을 말하고 쓸 때에 죽음의 키스, 그 당시로 돌아간다는 것이다22).

때때로 사회는 이미 존재하고 있는 단어가 새로운 의미에 귀속되게 한다. 만약 그 새로운 의미가 획득되고 일정 시간이 지나더라도, 우리는 또 다른 시간의 변이에 놓여 있다. 예를 들어, 라디오가 발명되기 이전의 미국에서, broadcast란 단어는 "broadcast the seeds over plowed land(경작된 땅위에 씨를 뿌려라)"와 같이 농업에서 사용하는 것으로 크게 제한되어 있었다. 라디오가 발명된 이후에, 존재하던 단어는 보다 새로운 의미를 가지게 되었다. crash(굉음, 시스템 폭주)도 컴퓨터의 등장과 더불어 이와 유사한 역사적 진화를 보였다.

이런 것과 같은 변화들은 가장 최근의 영어 사전인 옥스포드 영어 사전(OED) 안에 기록된다. OED는 수 세기에 걸쳐 영어 단어들이 발전하면서 그 의미의 역사도 기록한다. 일부 탁상용 사전에서 제공하는 어원은 단어의 역사를 제한적으로 등재한다. 이 어원들은 많은 단어가 수년에 걸쳐 상당히 변화되어 왔다는 것을 드러낼 것이다. 사실상, 의미 속에서 어떤 변화들은 상당히 널리 퍼져있어 다음과 같은 방식으로 기술될 수 있다.

---

22) 역주 : 최근에 사람들이 data를 단수로 인식하기 시작하였지만, 필자가 대학원생일 때만 해도 복수로 인식되었다. 그때와 지금의 차이는 복수형을 말하거나 쓰는 것이 이미 쓰이지 않는(죽음에 입맞춘) 것을 다시 되돌려 쓰는 것이라는 의미이다.

1. 고양(elevation) : 의미가 더욱 고상하게 되고, 더욱 고급스러워졌다. "Nice(좋은)"는 "ignorant(무지한)"나 "not knowing(모르는)"을 의미했었다. "economist"는 "housekeeper(가정주부)"나 "house manager(극장 지배인)"를 의미했다. 오늘날, "nice"는 좋은 단어이고, "economist"는 과학자를 의미한다.
2. 타락(degradation) : 의미가 더욱 가치가 떨어지거나, 비난하거나, 또는 부정적인 의미로 떨어지는 것이다. "Smirk(능글맞은 웃음)"는 "smile(미소)"을 의미했고, "gossip(잡담)"은 원칙적으로 "godparent(대부)"를 의미했으며, "awful(무서운)"은 "awe-inspiring(장엄한)"을 의미했었다.
3. 일반화(generalization) : 특별한 의미는 더욱 일반적인 의미로 된다. "butcher(푸줏간)"은 "slayer of goat(수사슴 도살자)"를 의미했었다. 오늘날, "butcher(푸줏간)"은 모든 종류의 고기들이 준비되어 있는 곳을 의미한다. "zone(지역, 지구, 지대)"은 "belt(지역)"보다 더 넓다.
4. 특성화(specialization) : 일반적인 단어는 의미에서 더욱 명확하거나 특별하게 된다. "starve(굶주리다)"란 단어는 원래 "to die(죽다)"를 의미했다. "angel(천사)"는 단지 "messenger(심부름꾼)"를 의미했다.

(Crabtree, M. & Powers, J., 1991 : 327)

아마도 영어에서 가장 중요한 변화는 1066년 헤스팅 전투에서 발생하였다. 정복자 윌리엄이 앵글로-색슨족을 패배시켰을 때, 그는 주요 관직에 노르만-프랑스족의 동료들로 임명하며 자신의 군(郡)과 자치제도를 설립하였다. 이와 더불어, 교회, 법원, 학교는 윌리엄이 임명한 노르만-프랑스족에 의해 관리되었는데, 이들은 대부분이 제1언어로 프랑스어를 사용하였다. 그리하여, 영국에서 공언하지는 않았지만 프랑스어는 재빠르게 "공식적인" 언어가 되었다.

장황하고 매우 흥미 있는 이야기를 실망스럽게도 짧은 이야기로 만든다면, 오늘날 영어에 앵글로 색슨어, 독일어, 프랑스어, 그리스어, 라틴어의 특질들이 놀라울 정도로 잘 배열된 그 이유가 바로 1066년의 사건 때문이다. 영어는 로망스어의 수많은 단어를 가지고 있는 독일어 문법 체계 위에 세워졌다. 정복자 윌리엄에 의해서 야기된 강제적인 언어 결합은 loving(*amorous*, 애정있는), cow(*beef*, 소고기), deep(*profound*, 깊은), sharp(*poignant*, 신랄한), hut(*cottage*, 산장)와 같이 앵글로-색슨어에도 존재하는 단어들을 로망스어의 대용어로 사용하게끔 만들었다.[23]

프랑스어가 영국의 "공식적인" 언어로 되었으므로, 프랑스어가 영국의 "사회적"-특히 상류 사회- 언어가 되는 것은 그리 놀랄 일이 아니다. 이것이 앞에서 괄호 안에 이탤릭체로 강조하면서 쓴 용어들이 앵글로-색슨어의 유의어들보다 높은 지위를 가지게 된 이유이다. 그것들은 오늘날에도 많은 사람들에게 그렇게 여겨지는데, 더욱 "세련된" 단어들이다. 왜냐하면 그것들은 "더 좋은" 사람들에 의해서 사용되었기 때문이다. 심지어 오늘날, 노르만 정복 이후 약 1000년이 지났고 그 이후에 발생한 프랑스어가 우세한 사회적 지위로 승격되었다. 만약 한 화자가 자신이 소유한 **임기응변** 재치를 보이고자 한다면, 그들은 자신들의 언어 속에 프랑스어 표현을 넣을 것이다.

8.16. 언어 속의 사용역

우리의 삶을 통틀어서, 우리는 언어의 많은 변이형을 배운다. "언어 변이형"은 또한 언어의 사용역이 될 수 있다. 사용역은 사람들의 특정 집단에서 사용되는 언어의 변이형이다. 어떤 사용역은 직업적 사용역이다. 왜냐하면 동일한

---

[23] Albert C. Baugh and Thomas Cable, *A History of the English Language*, 3rd ed.를 참조. (Englewood Cliffs, NJ : Prentice-Hall, 1978) ; Elisabeth McCrum, William Cran, and Robert MacNeil, *The Story of English* (New York : Elisabeth Softon Books-Vaking, 1986). 특히 인간의 관심은 Norman 정복에 대한 이야기인데, 이것은 David Howarth, *1066 : The Year of the Conquest* (New York : Dorset Press by arrangement with Viking-Penguin, 1978.)에도 묘사되어 있다.

직업 속의 사람들이 유사한 언어를 사용하기 때문이다. 즉, 교사는 교사처럼 말하고, 내과 의사는 내과 의사처럼 말하고, 변호사는 변호사처럼 말하며, 기술자는 기술자처럼 말한다(Richards, J. & Platt, J. & Weber, H., 1989 : 242).

어떤 사용역은 특별한 관심에 기초한다. 나의 친구 매그루더와 함께 낚시를 할 때, 우리는 *Rooster Tail*(물보라), *drag*(예인망), *shad*(청어), *cast*(낚싯줄을 던지다), *jig*(지그 낚시)와 같은 용어들을 사용한다. 이러한 용어들은 브리지[24]나 수영, 야구, 축구가 아닌, 일반적으로 낚시에서 사용된다. 내가 낚시에 관련된 것들을 아는 것만큼 여러분의 특별한 관심이나 취미 속에는 여러분이 아는 그것들만의 언어, 변이형, 사용역이 있다.

몇몇 사용역들은 사회적이다. 어떤 사회적 역할 속에 있는 사용역은 "집단"의 구성원이 관습적으로 그 집단에 "적절한" 언어적 행동을 사용하는 것에 의해서 기대된다. 권위 있는 지역 클럽에 가입하기를 열망하지만, "ain't(안 돼.)", "It don't matter to me(상관없어.)", "We was hoping to join this club(우리는 이 클럽에 참여하고 싶어 했었지.)"과 같은 언어를 지속적으로 사용하는, 경제적으로 성공한 사람들은 십중팔구 그 클럽에 가입하지 못할 것이다.

우리는 많은 사용역이나 기호 체계를 배울 뿐만 아니라, 또한 문맥적으로 적절함을 유지하도록 하나의 기호 체계나 사용역에서 다른 기호 체계나 사용역으로 바꾸는 기술도 배운다. 예를 들어, 여러분을 기억하려고 하는 사람은 아무도 없다고 할 때, 여러분은 학교에서 교장선생님께 하나의 변형체로 이야기한다. 하지만 여러분은 사랑하는 사람한테 말할 때나 목사님에게 말할 때, 슈퍼마켓에서 상품을 차로 가져오는 사람이나 트렁크에 싣는 사람에게 말을 할 때, 여전히 또 다른 변이형을 사용한다.

기호 체계의 빠른 전이를 보여주는 좋은 예는 최근에 나의 가족에게 일어난 사건이다. 왼쪽 뒤꿈치에 난 뼈 돌기로 고생하고 있는 아내가 족병(足病) 전문의에게 갔다. 족병 전문의는 아내와 같은 아프리카계 미국인 여성이었

---

[24] 역주 : 카드 놀이의 일종.

다. 족병 전문의는 내과 의사의 SAE 사용역(기호 체계)을 사용하면서, 아내에게 직업적인 인사를 하였다. 그리고 그녀는 의학적으로 적절한 방법을 활용하여 증상에 대해 적절하고 전문적인 질문을 하였다. 고통의 증상이나 그 비슷한 것에 대해서도 학문적으로 물어보았다. 그러고는 진찰의 결과에 대해서, 그녀는 아내에게 진찰실 끝으로 걸어가라고 하고는, 그 의사는 자신의 의자에 앉았다.

족병 전문의는 아내의 걷는 방법을 관찰하면서, 아프리카계 미국인 여성들 사이에서 관습적으로 사용되는 더욱 구어체적이고 비격식적인 사용역("자매 대화(sister talk)")으로 바꾸었다. 그리고 그녀는 AAVE로 "Girl, I can't tell which crazy way you walkin.(소녀여, 난 당신의 미친 걸음걸이에 대하여 할 말이 없어요.)"라고 아내에게 외쳤다.

진찰이 계속되는 동안에, 그들은 앵글로-유럽인들 사회에서 지배적으로 살아가는 아프리카계 미국인 여성들의 상호 관심사에 관하여 이야기하였다. 즉 머리 하는 곳이 어디인지, 화장품 사기에 가장 좋은 곳은 어디인지 등등이다. 문맥과 언어 사용역은 변화된다.

8.17. 언어 변이와 변화에 대한 태도

언어 사용에 관한 몇 개의 신화가 있는데, 그중 어떤 것은 언어의 다양성과 변이와 직접적으로 관련이 있다. 예를 들어, 어떤 사람들은 미국 내에 라틴 아메리카 사람들의 인구수가 크게 증가하는 만큼 학교에서도 이주민과 피난민의 아이들 수가 증가하지만, 미국에서 영어의 지배력은 여전히 아주 위협적이다. 어떤 사람들은 영어 문식율이 낮은 이유를 소수 언어권 학생들이 영어를 배우려고 하지 않기 때문이라고 믿는다. 아마도 또 다른 신화를 들은 적이 있을 것이다. 예를 들면, 미디어가 영어 용법을 파괴하고 있다, 여자는 말이 너무 많다, 아이들은 더 이상 적절한 말을 하거나 쓰지 않는다, 흑인 아이들은 언어적으로 빈곤하다, 단어의 의미는 바뀌거나 변화를 허용하지 않는다 등이 그것이다.25) 현재 활동 중인 대부분의 언어학자들은 앞에서 언급한 신화 모두를 반대한다. 그러나 그들의 관점은 지역 신문사의 편집자에게 보내는 편지에 거의 표현되지 않을 것이며, 현재 그들의 관심에 대하여 목소리를 높일 수 있는 교육 모임에 대한 학교 게시판에도 나타나지 않을 것이다. 결과적으로, 신화는 그것이 진실이 아닐지라도 살아남는 경향이 있다.

  언어 변화는 피할 수 없으며, 정상적이며, 대부분 달팽이처럼 느리게 움직인다. 실제로 언어 전체의 아주 작은 부분만이 주어진 순간에 인지할 수 있는 변화를 겪는다. 그러나 변화를 겪고 있는 가시적인 부분은 상당한 움직임을 만들어낼 수 있다. 언어 변화를 변화로 인정하거나 그것에 대해 강한 느낌을 가지고 있지 않거나 또는 언어 변화를 꺼려해서 쇠퇴라고 부르고자 한다면, 언어 변화를 **진화**로 생각하는 것이다.

  언어 속에서 변이와 변화에 대한 사람들의 반응은 아마도 긍정의 한 끝에서 부정의 다른 끝까지 퍼져있는 연속체를 따라 놓여질 것이다(가운데는 누구의 책임인가?). Aitchison, J.(1985)은 자신의 책인 『언어 변화 : 진화 또는 쇠퇴(Language Change : Progress or Decay)』의 목차만큼, 이 주제에서 두 관점의 본질을 능숙하게 포착하였다.

  light(가벼운)에 대한 최근의 철자인 lite는 다소 불평을 야기하였다. shit (똥누다)란 단어를 거리낌 없이 사용하는 보다 젊은 언어 사용자들 사이에 뚜렷한 세대적 차이가 존재하는 반면에, 다른 한편으로 외설적인 금기어를 모든 사람들이 피한다고 생각하는 보다 나이 먹은 화자들은 도덕적으로 타

---

25) Terrence C. Wiley, *Myths about Language Diversity and Literacy in the United States* (Washington DC : ERIC Clearing house, ED407881, 1997)과 Laurie Bauer and Peter Trudgill, eds., *Language Myths* (New York and London : Penguin Books, 1998)을 참고.

락한 그들을 제외한다.

내가 학교 복도에서 shit란 단어를 말하는 것을 들었다면, 교사들은 나를 며칠 동안 학교에 못 나오게 하려고 교장선생님께 말하였을 것이다. 오늘날 shit는 학교 현관, 운동장, 주차장 등에서 너무 자주 듣기 때문에, 이것은 비정상적인 단어가 아니다. 시간, 사람, 그리고 언어는 변화한다.

[그림 8.1] light의 새로운 철자

오늘날 **콘돔**이란 단어의 대중적 사용은 일부 사람들에게는 기꺼이 수용되지만, 다른 사람들에게는 그렇지 못할 것이다. 그럼에도 불구하고, 몇몇 TV 코미디언들이 관찰하였듯이, "언어 변화에 대한 증거가 필요한가? 옛날에 약국에 가서 '담배 한 갑 주세요.' 그리고 [속삭이는 목소리로] '콘돔 한 갑도요.'라고 말할 때를 기억해 보라. 같은 약국에 가서 '콘돔 주세요.' 그리고 속삭이는 목소리로, '담배 한 갑도요?'라고 말하는 것을 생각해 본 적이 있는가?" 사회적 사용은 이 두 단어에 대한 반응을 극적으로 변화시켰다.

언어 속에서의 이러한 변화들을 변화라 부른다. 그러나 실제로 변화하는 것이 본질적으로 언어가 아니라고 생각한다. 더욱 정확하게 말하면, **사람들**(공동체, 망, 세대)이 자신들의 언어 사용, 언어에 대한 반응, 언어에 대한 태도가 변화하는 것이다.

8.18. 문학 속에서 언어 변이

구어와 문어 학습의 구분이 학교 교육과정 속에서 더욱 불분명해지면서, 교사와 학습자들은 문학 자료가 학생들의 메타언어적 인식에 큰 도움을 줄 것이라고 보고 있다. 교사들은 몇몇 고전 자료들을 인용하고, 등장인물들의 지역적이고 사회적 말하기의 유형을 가능한 정확하게 표현하기 위해서, 찰스 디킨스, 조시 빌링스, 마크 트웨인의 작품들을 다루려 할 것이다. 이러한 말하기의 유형은 등장 인물의 맥락, 동기, 그리고 그들이 직면해 있는 문제들을(성공적이든 실패적이든) 해결할 수 있는 능력에 대하여 독자들이 이해하는 데 도움을 줄 것이다.

많은 현대 작가들은 그들의 작품에 언어적 측면을 응용하여 일부 주목할 만한 성과를 이루었다. 논의하고자 하는 책들은 다양한 연령층의 학생들이 수년 동안 독서를 좋아하게 만들었다.

Hogan, W.(1980)의 〈*Quartzsite trip*〉에서는 영어 교사인 코퍼를 이야기한다. 그는 서로 아무런 관계를 맺고 있지 않은 고등학교 3학년 학생들을 모아 매년 봄방학(소설 속에서는 부활 주일 방학) 동안 황무지로 가는 여행에 참여하도록 하였다. 학생들은 "좋은 일"에만 초대되는 것이 아니다. 초대는 "주어지는" 것이다. 소설의 언어는 장소명, 등장 인물의 이름, 날짜와 같은 것들을 반복하면서 이러한 종교적인 주제를 뒷받침한다. 이와 유사하게, 소설은 단락화하거나 생산하기, 이미 언급되었던 성서적인 어조로 언어 요소들을 연결하기를 통해 운문과 같은 구조를 나타낸다. 종교적인 주제는

Hogan의 작품을 통해서 예술적으로 발전되었다.

Atwood, M.(1985 : 26)의 〈The Handmaid Tale〉란 작품에서도 유사한 논평을 볼 수 있다. 이 추리 소설은 미래를 무대로 하고 있으며, 여성 등장 인물인 길레아드 공화국의 아이들을 돌보는 일을 하는 하녀 Offred에 의해서 이야기된다. 길레아드의 여성들은 태어날 때 주어진 이름을 더 이상 사용하지 않고, Offred, Ofwarren, Ofglen 등등과 같이 남성화되고 다시 명명된 이름을 사용한다. 요리하고 기숙사를 청소하는 하녀들은 단지 "the Marthas"(신약 성서를 참고)로 불려진다. 하녀들 사이의 공공연한 담화는 제례적(祭禮的)이다.

"전쟁이 잘 되어간다고 들었어." 그녀가 말한다.
"잘 됐네.(Praise be)" 나는 대답했다.
"좋은 날만 보냈으면."
"난 반색하며 맞이한다."(Which I receive with joy)
"어제 이후에 더 많은 반군들을 물리쳤데."
"잘 됐네.(Praise be)" 나는 말했다.

Westall, R.(1989)의 〈Blitzcat〉란 작품은 제2차 세계대전 동안 자기 집으로 가는 길을 찾으려고 노력하는 고양이의 영웅적 이야기이다. 그뿐만 아니라 영국 영어가 미국 영어로부터 어떻게 변화하였는가를 보여주는 많은 언어 용법을 관찰할 기회를 제공한다. Westall은 영국인인데, 몇몇에 이름을 붙이기 위해서 *defenceless, learnt, favour, pyjamas, paralysed* 등의 표준 영국 영어의 철자를 사용하면서, 그에 따라서 쓴다. 어휘 변이 또한 명백하다. 즉, *windscreen*(자동차 앞뒤 유리), *fortnight*(2주일), *potty*(하찮은, crazy, dotty, daft), ("poor sods"로서) *sods*(잔디) 등이다. 다른 영국 영어 용법들은 이 책을 통해 독자가 단지 책상에 앉아서 언어적 "현장 조사"를 완수함으로써 언어 관찰을 할 수 있게 한다.

Peck, R. N.(1972)의 〈A Day No Pigs Would Die〉란 작품은 소설을 "찾는

(discovers)" 각각 세대들에게 지속적으로 읽히고 사랑받는다. 이 소설은 독자들이 언어의 몇몇 양상을 관찰할 수 있는데, 특히 젊은이들의 언어가 나이 많은 사람들의 언어와 어떻게 다른가를 관찰할 수 있게 해준다. 소설의 화자이면서 헤이번 펙의 아들인 롭은 보수적이고 퀘이커 교도인 아버지의 전통적인 언어를 그대로 담고 있는 언어와 속어(*heck* 지옥, *damn* 제기랄, *darn* 아 씨! 놀람이나 경멸 표시)를 사용한다.

이 논의는 무한하게 확장될 수 있으나, 나는 한 명의 작가를 더 언급할 것이다. 나는 내가 가장 좋아하는 작가들 중 한 명, Molly Ivins를 함께 읽기 위해 당신을 초대할 것이다. 신문과 잡지 기사에 나오는 그녀의 작품, 〈Molly Ivins Can't Say That, Can She?〉에서 Ivins의 위트와 통찰력은 텍사스 사람의 방언을 사용하여 지역과 국가의 정치가들이 벌이는 소행들을 좀 더 날카롭게 묘사하고 있다. 그녀는 Meskin(Mexican, 멕시코인), bidness(business, 사업), lookahere(look here, 여기 봐), bob war(barbed wire, 가시 있는 철사), gennlemen(gentlemen, 신사), wimmin(women, 여성), how yew?(how are you?, 잘 지내?), hail fahr(hell fire!, 집어치워!)와 같이 재철자화된 텍사스 방언을 사용하였다.

이 책들은 양서이다. 또한 이 책들은 교사와 학생들에게 문학 작품에서 정상적인 언어 변이를 완벽하게 볼 수 있는 기회를 제공한다.

다시 보기   REVIEWING THE CHAPTER

01. 악센트와 방언의 차이는 무엇인가?

02. 어떤 한 개인 언어의 형성에 도움을 줄 수 있는 변이는 무엇인가?

03. 격리는 현 상태에 도전하는 경향이 있는가, 아니면 보존하려는 경향이 있는가?

04. SAE에 정통하는 것이 언어 과목의 교육과정의 주된 목표로 남아야 할 것인가?

05. 어떠한 세 개의 언어 변이가 방언을 구성하는가?

06. 사회적, 지역적 변이가 동시에 발생한 적이 있는가?

07. 언어와 문화는 어떤 관계에 있는가?

08. 오래된 단어의 정의는 정확한가 정확하지 않은가?

09. 발음 변화와 철자 변화 중 더 빠른 변화는 무엇인가?

10. 필요와 발명은 어떤 관계에 있는가?

학생 탐구 활동

탐구 활동 1   언어 변화

학습 방법   어떤 사람들은 언어 변화가 언어를 해체하거나 종말로 이끈다고 믿는다. 언어가 변화한다는 것은 사실이다. 이 변화에 호의적이라면, 그 변화를 진화라 부를 것이다. 그렇지 않다면, 변화를 쇠퇴라 부를 것이다.

1. 조부모나 그 연배의 사람들과 이야기해 보라. 그들이 자신들의 일생동안 영어가 어떻게 변화하였는지를 보았을 때 어떤 차이가 있는가? 또 그들은 그 변화에 찬성하는가 반대하는가?
2. 부모나 그 연배의 사람들과 이야기해 보라. 그들이 자신들의 일생동안 영어가 어떻게 변화하였는지를 보았을 때 어떤 차이가 있는가? 또 그들은 그 변화에 찬성하는가 반대하는가?
3. 여러분이 생각하기에, 세대가 다른 사람들이 언어 변화를 다르게 생각하는 이유는 무엇인가?

***** ***** *****

탐구 활동 2   사악함, 매혹적임, 근사함(Wicked, Groovy, Rad)

학습 방법   여러분이 사용한 적이 있지만 더 이상은 사용하지 않는 속어 목록을 작성해 보라. 부모님이나 조부모님이 속어를 사용했었다는 것을 증명할 수 있는가?(그들에게 질문하여 보라.)

1. 부모님과 조부모님이 이러한 속어를 배운다면, 여러분은 어떻게 하겠는가?
2. 여러분이 속어를 사용하지 않게 만든 것은 무엇인가?

3. 속어는 "안"에 있는 것인가, "밖"에 있는 것인가?
4. 언어 표현이 어느 정도면 적당한 것이라고 누가 결정하는가?

***** ***** *****

탐구 활동 3 　식사로, 또는 저녁으로 무엇을 먹는가?
학습 방법 　먹는 것을 묘사하는 데 사용되는 여러분이 알고 있는 모든 단어를 생각해 보라. : 식사, 저녁, 점심, 스낵, 차, 아점 등 (*dinner, supper, lunch, snake, tea, brunch*).

1. 음식을 먹으려고 하는 시간에 따라서 목록을 작성해 보라.
2. 어떤 단어가 식사 시간보다 더 의미를 가질 수 있는가?
3. 오직 한 개의 이름만 가지는 식사 시간이 있는가?
4. 격식적인 식사나 비격식적인 식사의 이름으로 어떤 것을 제안할 수 있는가?
5. 식사 시간의 이름에 대하여 누가 결정하는가?

***** ***** *****

탐구 활동 4 　찬송가 언어
학습 방법 　잘 알려진 찬송가를 찾아 아래 〈보기〉에서 이탤릭체로 된 단어의 의미를 조사해 보자.

―――――〈보기〉―――――
A. "Amazing grace, how sweet the sound, that saved a *wretch*(가련한 사람) like me ……"
B. "Rock of ages, *cleft*(쪼개다) for me……"
C. "Before Jehovah's *awful* throne…..”
D. "Now let the *vault*(천장) of heaven resound……"

1. 오늘날 여러분은 이들 중에 어떤 단어를 사용하는가?

2. 이 단어들과 정의는 어떻게 설명되며, 언어 변화는 어떻게 종료되는가?

***** ***** *****

탐구 활동 5　동요 시간

학습 방법　아래에 한 단어를 이탤릭체로 표시한 잘 알려진 동요 몇 행이 있다. 사전에서 이탤릭체의 단어를 조사해 보라.

> A. "Ring around the *rosie*……"
> B. "Sing a song of *sixpence*……"
> C. "A *diller* a dollar, a ten o'clock scholar……"
> D. "*Pease*(완두콩) porridge hot……"
> E. "Ride a *cockhorse*(목마) to Banbury Cross……"

1. 여러분이 찾은 정의 가운데 여러분을 놀라게 하는 정의는 어떤 것인가?
2. 단어의 정의가 동요를 보다 더 잘 이해할 수 있게 도움을 주는가?
3. 오늘날 이러한 단어들이 더 이상 일반적으로 사용되지 않는 이유는 무엇인가?

***** ***** *****

탐구 활동 6　수학 코드

학습 방법　보통의 대화에서 사용하는 단어 목록이 있다. 이것들은 수학 공부를 할 때에도 사용된다. 두 환경에서 각 단어는 무엇을 의미하는가?

a. square(정사각형) b. cube(육면체) c. root(근, 해)
d. table(표) e. base(밑변) f. power(거듭제곱)
g. real(실수) h. domain(정의역)
i. rational(유리수) k. property(공리)

1. 이 단어들이 서로 달리 사용될 때 차이점은 무엇인가?
2. 다른 교과목에서 특별한 용법으로 사용되는 다른 단어들을 생각할 수 있는가?
3. 사람들이 단어의 "의미"에 관하여 이야기할 때, 이러한 활동들이 의미하는 것을 명확하게 하는 데에 도움을 주는가?

***** ***** *****

탐구 활동 7   이름 속에 무엇이 있는가?
학습 방법   사전은 언어에 관한 흥미로운 사실들을 밝힐 수 있다. 사전을 정상적으로 사용하거나, 사전을 미디어 센터나 외국어 교사로부터 빌려와서 사용할 때, 가족 이름들이 원래 의미하였던 것은 무엇이라고 생각하는가?

Armstrong, Abbot, Aguilar, Armour, Arrowsmith
Baker, Brewer, Brewster, Barber
Chen, Cooper, Carter, Cutler, Carpenter, Chandler, Cook
Dale, de Leon
Elder
Flores, Fischer, Fuller, For(r)ester, Fletcher, Fowler
Goldschmidt, Garland, Granger
Hidalgo, Hunter, Huerta
Issacson
Jardine
Kaplan, Kaiser, Knox, Knight, Kaufmann

Lansberg, Laine, Li
Miller, Merchant, Mason, Masterson
Nelson
O'Donald
Palmer, Pei
Quentin
Rodriguez, Radcliffe, Roth, Rosenberg
Schneider, Silverberg, Schwarz, Skinner, Smith, Santos
Tanner, Tailor(Taylor)
Underhill
Vinter
Wheeler, Wu, Wright, Warden
Xavier
Yates, Yin, Young(Younger)
Zimmer

여러분의 가족 이름에 대한 이야기는 어떤가?

***** ***** *****

탐구 활동 8
학습 방법

에이번 강(The Water River)

avon이란 단어는 켈트 어에서 "물"을 의미하는 단어이다. 윌리엄 셰익스피어는 영국의 스텐포드에서 태어났는데, 그곳은 에이번 강(또는 영국에서 "the River Avon"으로 말하기도 함)에 위치해 있다. 켈트 어에서는 이 강을 "the Water River"라고 부르는데, 이것의 의미는? 여러분이 살고 있는 곳의 고속도로 지도를 조사해 보라. 특히 읍과 시의 이름을 살펴보라. '—polis, —ton, —ham, —ley, field, —worth, —ing'처럼 유사한 어미를 가진 지명(地名) 몇 개를 찾을 수 있을 것이다.

1. 여러분이 살고 있는 군(郡)과 주(州)에서 가장 자주 사용되는 지명은 무엇인가?
2. 여러분이 생각하기에, 또 사전을 통해 볼 때, 이 지명들이 의미하는 것은 무엇인가?
3. 사람, 장소, 사건 뒤에 명명된 읍과 시가 있는가?
4. 이러한 읍과 그들이 현재 살고 있는 거주지의 이름 사이에서 어떤 인종적 관계가 있는가?
5. 조사의 결과가 나왔을 때, 여러분이 연구한 지명과 그 지역에 원래부터 정착해 있던 사람들에 대해서 어떤 결론을 내릴 수 있는가?

***** ***** *****

탐구 활동 9　　TV 숙제
학습 방법　　　1주일 동안에, 미스테리, 의학 프로그램, 변호사와 가족에 관한 프로그램, 낚시 프로그램, 시트콤 등 등의 TV 프로그램과 같이 많은 에피소드들을 지켜보라. 여러분이 선택한 프로그램의 유형에 상관없이, 그 프로그램들은 모두 유사한 등장 인물들이 등장하는 것을 알 수 있을 것이다. 즉, 엄격한 판사, 적대적인 증인, 퉁명스러운 의사, 친절한 간호사, 영웅적이고 유머 있는 탐정 등등. 이 등장인물들은 프로그램에 관계없이 몇몇 언어적 특질을 가지고 있다.

1. 이러한 특질들은 무엇인가?
2. 한 유형의 "모든" 등장 인물이 왜 이러한 언어적 특질을 사용하는가?
3. 또 다른 등장 인물에서도 이러한 반복적인 언어적 특질을 사용하는 효과는 무엇인가? 다른 관점은?
4. 이러한 탐구가 언어의 전형성에 대하여 믿게끔 하는가? 아니면, 언어 집단이나 공동 사회?

탐구 활동10	펜팔 #1
학습 방법	교사, 교장, 학교 관리자의 도움 없이, 될 수 있으면 먼 다른 주에 여러분과 동급생인 펜팔 친구를 사귀어 보라. 여러분이 정의한 속어 목록을 그들에게 보내 보라.

1. 여러분이 작성한 목록의 용어나 구를 펜팔 친구들이 인식하는가? 그 중에 그들이 실제로 얼마나 사용하는가?
2. 펜팔 친구들이 직접 정의하고 작성한 속어 목록을 여러분에게 보내달라고 요청하고, 그 목록들을 분석해 보라. 그들의 목록 중에서 얼마나 인식하는가? 실제로 여러분은 그 목록 중에서 얼마나 사용하는가?
3. 여러분 생각에, 그 목록이 다른 이유는 무엇인가?

***** ***** *****

탐구 활동 11	펜팔 #2
학습 방법	교실에서 읽었던 3~4개의 시를 고르라. 그리고 그 시와 오디오 테이프를 펜팔 친구에게 보내라. 펜팔 친구에게 여러분이 보낸 시를 직접 읽으면서 녹음해달라고 요청하라. (또한 여러분은 교실에서 읽은 시를 녹음해서 그 사람들에게 보내야 한다.)

1. 그 펜팔 친구들이 읽은 시를 들었을 때, 그들이 시를 읽는 방법에서 어떤 차이점이 들리는가? 그들이 다른 단어를 강조하는가?
2. 그들이 한 행이나 문장의 끝 부분에서 다른 억양을 사용하는가?
3. 그들이 개별적인 단어를 다르게 발음하는가?
4. 발음이 바뀌는 것이 단어를 발음하는 방법에서 그들이 잘못됐고 여러분이 맞다, 또는 그들이 맞고 여러분이 잘못됐다는 것을 의미하는가? 아니면 다른 어떤 중요한 변이가 있는가?

탐구 활동 12   펜팔 #3
학습 방법   펜팔 친구에게 교실의 다른 오디오 테이프를 보내고, 그들에게 보낸 간략한 질문에 대답할 때 비격식적으로 말해 보라고 요청하라. 예를 들어, 여러분은 그들의 학교, 좋아하는 선생님, 좋아하는 노래, 록그룹, 가장 좋아하는 영화 등 등을 묘사하도록 요청하는 질문을 써야 한다. 테이프가 되돌아 왔을 때, 이전 탐구 활동 펜팔 #2에서 했던 것처럼 그들의 말을 분석하라.

1. 그들이 다른 단어를 강조하는가?
2. 그들이 한 행이나 문장의 끝 부분에서 다른 억양을 사용하는가?
3. 그들이 개별적인 단어를 다르게 발음하는가? 왜?
4. 발음이 바뀌는 것이, 단어를 발음하는 방법에서 그들이 잘못됐고 여러분이 맞다, 또는 그들이 맞고 여러분이 잘못됐다는 것을 의미하는가? 아니면 다른 어떤 중요한 변이가 있는가?

***** ***** *****

탐구 활동 13   다른 발음
학습 방법   사전은 단어에 대하여 많은 정보를 포함하고 있다. 즉, 사람들이 사용하는 단어들에 대한 여러 다른 의미, 한 단어가 원래 파생된 언어와 다르게 발음되는 것 등이다. 사전에 다음 단어들에 대하여 어떤 발음을 표시하고 있는가?

---

again(다시, 또)   garage(차고)   orange(오렌지)   roof(지붕)
strength(세기, 힘)   tower(탑, 망루)   wash(씻다)

---

1. 사전의 발음과 여러분이 정상적으로 각 단어를 발음하였을 때에 어떻

게 해야 가장 가까워지는가?
2. 사전이 이러한 단어들에 대하여 한 개 이상의 발음을 포함하는 이유는 무엇인가?
3. "최초의 발음이 선호하는 발음이다."라는 진술에 대하여 여러분의 반응은 어떤가?

***** ***** *****

탐구 활동 14   옛 단어에 대한 새로운 방법
학습 방법
때때로 사람들은 친숙한 단어를 새로운 철자로, 새로운 발음으로, 심지어 새로운 의미를 부여할 것이다. 다음 페이지의 '새 언어 기록장'을 사용하여 옛 단어(예를 들어, lite를 light로 대체한 단어를 사용하는 것)를 사람들이 사용하는 새로운 방식으로 기록한 것을 하루 동안 지켜보라. 여러분이 언어를 관찰하는 기간이 끝나면, 완성된 기록을 교실로 가져가라. 그리고 다음과 같은 질문에 대답하라.

1. 여러분이 관찰한 새로운 언어에서 가장 빈번한 유형(철자, 발음, 의미)은 어떤 것인가?
2. 다른 유형보다 이 유형이 더 많은 예들이 있다고 제안한 이유가 무엇인가?
3. 만약 새로운 언어를 사용했다면, 여러분이 학교에서 쓰기 활동을 하는 데 어떤 일이 발생하겠는가?
4. 새로운 언어 사용과 여러분의 친구들과 함께 그것에 대한 토론을 한 것에 대한 관찰을 토대로 하였을 때, 언어의 변화에 대하여 사람들이 어떻게 반응할 것이라고 기술할 것인가?

새 언어 기록장

관찰 날짜 : _____

예	관찰 장소	사용한 사람	사용 이유

***** ***** *****

탐구 활동 15   "……그들이 거짓말을 하다……"
학습 방법   언어 속에서의 변화는 속어나 일반적인 어휘처럼 제한되지 않는다. 성경은 언어 변화를 보여 준다. 여기에 King James 가 번역한 성경에서 다섯 개의 문장이 있다. 특히 이탤릭체로 된 단어에 주목하라.

> A. 형제들아 내가 여러 번 너희에게 가고자 한 것을 너희가 모르기를 원하지 아니하노니 이는 너희 중에서도 다른 이방인 중에서와 같이 열매를 맺게 하려 함이로되 지금까지 길이 막혔도다.(로마서 1 : 13)
> B. 그들은 먹을 것을 찾아 유리하다가 배부름을 얻지 못하면 밤을 새우려니와(시편 59 : 15)
> C. 그가 또 너희의 아들들을 천부장과 오십부장을 삼을 것이며 자기 밭을 갈게 하고 자기 추수를 하게 할 것이며 자기 무기와 병거의 장비도 만들게 할 것이며(사무엘1 8 : 12)
> D. 거짓말하는 자들을 멸하시리이다 여호와께서는 피 흘리기를 즐기는 자와 속이는 자를 싫어하시나이다(시편 5 : 6)
> E. 그들의 눈이 가리어져서 그인 줄 알아보지 못하거늘(누가복음 24 : 16)

1. 이들 문장에서 각 하나의 문맥 안에 이탤릭체로 된 단어의 의미가 무엇이라고 생각하는가?

2. 또 다른 번역 성경(New English Jerusalem, Revised Standard Version, Philips 등) 속에 이 단락들의 각 하나씩을 위치시켜 보라. 그리고 선택된 번역 성경이 여러분이 이탤릭체로 된 단어를 이해하는 데 도움을 줄 수 있는지 찾아보라.
3. 마지막으로, 여러분의 사전을 참고하라. 이탤릭체로 된 단어를 조사하고, 이탤릭체로 된 단어가 수년 동안 어떻게 변화되어 왔는지를 결정할 수 있는지를 알아보고, 오늘날 여러분에게 더욱 친숙한 의미를 적용할 수 있는지를 알아보자.

***** ***** *****

탐구 활동 16 초대된 변이(Invited Variation)
학습 방법 원래 이 나라의 다른 지역 출신인 어떤 사람을 교실로 초청하라. 그 수업에서는 정상적인 언어 변이를 공부한다고 손님에게 설명하라. 손님한테 가장 선명하게 말하는 방법을 결정할 수 있을 것이다. 손님에게 가족, 특별한 취미, 직업 등을 기술하도록 질문하라.

1. 손님의 발음과 단어 선택 방법이 여러분의 방법과 다른 특별한 방법은 무엇인가? 여러분의 방법과 유사한가?
2. 여러분의 공동 사회에서 사용된 지역적 발음, 단어 선택이나 또는 다른 표현들이 일반적으로 사용되었는지를 이상하거나 다르다고 보이는지 손님에게 질문하는가?
3. 이러한 변화는 특별한 공동 사회 속에서 "표준" 또는 "기대되는" 방법에 관하여 여러분이 믿도록 유도하는 것은 무엇인가?

***** ***** *****

| 탐구 활동 17 | 언어 지문(Fingerprints) |
| 학습 방법 | 정상적이고 자연적인 언어는 본질적이라는 것에 대한 관찰을 설명하지 않고, 하루 수업일 모두 여러분이 잘 알고 있는 사람을 관찰하라. 그 사람이 누군가에게 말하는 것을 언어 기록장에 기록하라. 그 사람이 그 날 하루를 통틀어서 지속적으로 사용하는 순환적인 단어, 표현, 또는 발음에 특별한 의미를 부여해 보라.

1. 여러분의 기록에서 마지막 노트를 친구들과 나누라. 그 기록의 내용들은 각각의 개인이 말하는 독특한 방법인 여러분 친구의 개인 언어를 기술하는데 도움을 줄 것이다.
2. 여러분 친구와 함께 그 기록에 대하여 토론해 보라. 여러분의 친구는 그들의 개인 언어에 대하여 어떤 영향(다른 친구들, 부모님, 친척, 교사)에 대하여 설명할 수 있는가?
3. 언어를 사용하는 아주 개인적인 방법을 어떻게 발전시킬 수 있는가? 모든 사람의 언어처럼, 어떤 사람들의 언어처럼, 그리고 어떤 누구의 언어도 아닌 것처럼 우리의 언어에는 어떤 방법이 있는 것인가?

***** ***** *****

| 탐구 활동 18 | 여러분은 "Goodbye"라고 말하고, 나는 "Hello"라고 말한다. |
| 학습 방법 | 비슷하거나 연관된 감정을 표현하는 동안에, 여러 인사 방법은 사람들에게 특별한 영향이나 특색을 만들 수 있게 한다. 우리가 말하는 "Hello"와 "Goodbye"의 다른 방법들을 생각해보라. 사람들이 여러분을 만났을 때 하는 방법과 사람들이 떠날 때 하는 방법, 두 개의 다른 인사 방법을 관찰해 보라.

1. 아래의 표현들을 얼마나 자주 듣는가?

"Hello"의 표현	"Goodbye"의 표현
Hi	Bye
Howdy	Bye-bye
How do	See ya
Hullo	Ciao
How are you?	Farewell
What's going on?	Adieu
Hey	Toodle-oo
Hola	Cheerio
How's it going?	See you later
What's happening?	Fare you well
What's up?	Good night/evening
Good morning/afternoon	Be seeing you
Hey, dude	Adios

hello/goodbye 표현의 목록에 여러분이 더 추가할 것이 있는가?

2. 이 표현들을 실제로 얼마나 많이 사용하는가? 여러분은 이러한 표현들을 어디에서 들어보았는가? 나이 든 화자가 사용하는 표현은 어떤 것인가? 젊은 화자는 어떤 것을 사용하는가?

3. 격식적인 표현, 비격식적인 표현은 각각 어떤 것인가?

4. 이러한 용어들 가운데 일부는 다른 언어에서 차용되었다. 원래의 언어를 증명할 수 있는가?

5. hello와 goodbye라고 말하는 것에 대하여 많은 쓸모 있는 의견들이 있는데, 이것이 얼마나 유용할까?

***** ***** *****

탐구 활동 19　단어 Right(옳은)와 Write(쓰다)
학습 방법　　아래에 있는 단어들의 목록을 조사하라.

> a. 여러분이 일반적으로 사용하는 단어에 ○ 하라.
> b. 여러분이 생각하기에 나이 든 화자들이 사용하면 이상하다고 생각하는 단어 옆에 * 하라.
> c. 여러분이 결코 사용하지 않는 단어들 옆에 × 하라.
>
> truant(무단결석자)
> hooky(꾀부려 결석하기)
> smidgen(미량)
> humongous(거대한)
> micro(아주 작은 것)
> pone(물주)
> cornbread(옥수수빵)
> bread(빵)
> hare(산토끼)
> lightbread(밀가루 발효빵)
> Johnnycake(옥수수빵, 얇게 구운 밀가루빵)
> hollow(속이 빈)
> booze(술을 많이 마시다)
> skunk(스컹크)
> cave(굴)
> moonshine(달빛)
> heck(지옥)
> polecat(경찰차)
> rumble(우르르)
> whiskey(위스키)
> bag(자루, 가방)
> kinfolk(친척)
> fight(싸우다)
>
> ditch(버리다)
> mongo(몽고 화폐)
> grass widow(별거 중인 아내)
> corn(곡물)
> poke(찌르다)
> sack(자루)
> snob(속물)
> squash(으깨다)
> uppity(뽐내는)
> jack rabbit(미, 산토끼)
> feud(불화)
> divorcee(뗏장, 잔디 조각)
> reckon(세다)
> play-pretty
> redneck(백인노동자)
> gleek(카드 게임)
> guess(추측하다)
> toys(장난감)
> figger(무화과)
> cushaw(수세미호박)
> bunny(유아어, 토끼)
> conceited(자만심이 강한)

1. 교실에서 다른 학생들과 여러분의 응답을 비교해 보라. 여러분이 표시한 단어 중에 흥미롭고 놀랄 만한 차이점이나 유사점이 있는가?

2. 이 목록에서 단어들을 사용해 보면, 교장 선생님은 학생이 무단결석자라고 보고할 것이고, 부모는 학생이 꾀를 부려 결석한 것이라고 말할 것이며, 학생은 교장이 학교를 버렸다고 말할 것이다. 여러분은 유사한 단어 무리를 찾을 수 있는가? 여러분이 보인 단어 무리에서 누가 그 단어를 사용하는가?
3. 다른 화자들은 비슷한 생각을 소통하기 위해서 왜 다른 용어를 선택하는가?

***** ***** *****

탐구 활동 20 일부 방언의 현장 조사
학습 방법 다음을 읽고, 여러분이 보통 또는 종종 말하는 것을 반영하는 대답을 선택하라.

- 물을 어디에서 얻는가?
  a. 수도꼭지(tap)   b. 물꼭지(faucet)   c. 마개(spigot)
- 계란을 무엇으로 프라이를 하는가?
  a. 프라이팬(fry pan)   b. 냄비(skillet)   c. 프라이팬(frying pan)
- 운동 경기에서 무엇을 먹는가?
  a. 프랑크 소시지(frank)   b. 비엔나 소시지(wiener)   c. 핫도그(hot dog)
- 아침으로 무엇을 먹는가?
  a. 핫케이크(hotcake)   b. 팬케이크(flapjacks)   c. 팬케이크(pan cake)
- 선술집(tavern)이 무엇인가?
  a. 바(bar)   b. 샌드위치(sandwitch)   c. 여인숙(inn)
- 채찍(whip)이 무엇인가?
  a. 감초(licorice)   b. 가죽끈(strap)   c. path(작은 길)
- 사람들이 점심은 언제 먹는가?
  a. 정오(noon)   b. 아침(morning)   c. 오후(afternoon)

1. 교실에서 다른 학생들과 당신의 응답을 비교해 보라. 사람들이 동일한 생각이나 물체에 대한 용어를 다르게 사용하는 이유에 대하여 토론해 보라.
2. 당신의 가족 중에서 이 단어들 중에서 어떤 단어를 사용하는 것을 들어 본 적이 있는가? 누가? 그의 나이는 얼마인가? 그는 어디에서 사는가?
3. 동일한 생각과 물체에 대하여 용어를 다르게 사용한다면, 이전의 문제에 추가할 수 있을까?
4. 여기 단일문 안에서 사용될 단어들은 어떻게 결정하는가? 또 그 결정은 어떻게 만들어지는가?

***** ***** *****

탐구 활동 21	비버와 바트는 떠나라.
학습 방법	조심스럽게 TV를 보는 것은 언어에 관하여 많은 것을 배울 수 있게 한다. "비버는 떠나라."라는 에피소드와 "심슨 가족"이라는 에피소드를 지켜보라. 여러분이 관찰하면서 사용할 수 있는 언어 속에서 얼마나 많은 특별한 차이점이 있는가? 예를 들어, 비버가 그의 아버지에게 어떻게 인사를 하는가, 바트는 호머에게 어떻게 인사를 하는가?

1. 에피소드 안에서 속어는 무엇인가?
2. 비버의 친구들과의 대화는 바트가 그의 친구와 대화했던 방식과 어떻게 다른가?
3. 비버와 월리 사이의 대화와 바트와 리사 사이의 대화는 어떻게 다른가?
4. 두 프로그램에서 부모님들은 자신의 아이들에게 어떻게 이야기하는가?
5. 여러분이 관찰했던 이 프로그램들에서 언어 차이점에 대한 이유는 무엇인가?

***** ***** *****

탐구 활동 22   좋은가 나쁜가, 아니면 불쾌한가?

학습 방법   조부모님이나, 오늘날 사용되는 언어 방식에서 관찰할 수 있는 변화에 대해 조부모님처럼 충분한 나이가 드신 분들을 방문해 보라. 그들은 변화가 진화의 예가 된다고 생각하는가? 아니면 쇠퇴의 예가 된다고 생각하는가? 여러분은 아래 사항에 대하여 이야기할 수 있을 것이다.

1. "금기"시 된 단어들은 무엇인가? 이 단어들은 오늘날 TV 속의 대화에서 더 일상적으로 사용되는 것처럼 보인다. 이것을 수용할 수 있는가?
2. fireman 대신에 fireperson과 같은 중성 단어에서 강조하는 것은 무엇인가?
3. 남자와 여자를 위한 "생산은 비밀리에" 광고는 공개적으로 이것은 좋은 생각인가?
4. 언어 변화에 대한 여러분의 응답은 무엇인가?

***** ***** *****

탐구 활동 23   이름 속에 무엇이 있는가?(⟨Great Expectation⟩를 바탕으로 문학을 이용한 실증적인 언어 탐구 활동)

학습 방법   Charles Dickens는 다양한 목적으로 언어를 사용하는 것을 즐겼다. ⟨Great Expectation⟩에서, 조 부인은 본인이 "ticker"라고 부르는 막대기로 조와 함께 핍을 때리는 데 사용한다. 하비샴 양의 이름은 샴이라는 단어를 포함하고 있다. "샴"은 다른 사람을 속이기 위한 시도로 속임수이다. 자, ⟨Great Expectation⟩란 작품 속에서 더 많은 단어들을 생각해보자.

1. Estella는 누구이며, 무엇인가? 사전에서 stellar란 단어를 찾아보라.

2. "Satis House"는 무엇인가? 사전에서 status, 또는 satisfy란 단어를 찾아 보라.
3. 잠시 동안 Joe Gargery를 생각해보라. 사전에서 gargantuan이란 단어를 찾아보라.
4. 문학에서 사람, 장소, 사물의 이름이 문제가 되는가? 그 이유는? 또는 왜 안 되는가?

***** ***** *****

탐구 활동 24   사회적 상승, 상승, 사라짐(Social Climbing Up, Up, and Away)

학습 방법   다음의 단어 집단, 또는 개개의 집단을 읽으라. 그것들을 더 많이 사용할 것 같은 것을 고르시오.

간이용 책상(davenport)	소파(sofa)	카우치(Couch)
상향식 수도꼭지(bubbler)	하향식(drinking fountain water fountain)	
사이다(soda)	코카콜라(coke)	펩시콜라(pop)
화장실(restroom)	목욕실(bathroom)	변소(john)[26]
아점(brunch)	점심(lunch)	정찬(dinner)

1. 이 단어들 중에서 여러분은 얼마나 많이 사용하는가? 여러분이 결코 사용하지 않았던 것은 어떤 것인가?
2. 동일한 생각을 표현하기 위해 사용된 단어들이 왜 다른가?
3. 단어들은 사용하는 데에 더 적절해야 하는가, 아니면 덜 적절해야 하는가에 대한 여러분의 생각은 어떤가?

---

26) 《구어》 변소(toilet), 남자용 공중 변소

제 9 장

의미와 일반 의미론

인간이 기대는 개념은 오직 지각(知覺)과 언어에서 연유한다. 지각이 이전부터 갖고 있던 개념들에 의해서만 수용되고 해석되기 때문에, 인간은 언어로 지은 집에서 사는 생명체에 가깝다고 볼 수 있다. 그 위치 역시 언어가 그린 지도로 표시되기 때문이기도 하다.
— Russell F. W. Smith, 『언어학의 이론과 실제』(*Linguistics in Theory and Practice*)

이 장을 읽기 전에

다음과 같은 문제들을 생각해보자. 무엇이 'dirty'이라는 단어를 **더러운**(의미)으로 만드는가? '국기를 태우는 사람'에게는 어떠한 조치가 가해져야 하는가? 왜 그렇게 생각하는가? '점원'과 '의류 중개인' 중 누구에게서 옷을 사겠는가? 그 이유는 무엇인가? '화장실에 가다'는 뜻의 라틴어계 말은 그에 상응하는 앵글로 색슨계의 말보다 더 적절할까? 그 이유는 무엇인가?

9.1. 이름에는 무엇이 있을까? 말의 마법!

Starbuck은 Herman Melville의 1851년 소설, ⟨*Moby Dick*⟩의 등장인물이다. Starbuck은 Pequod의 첫 번째 친구이며, 제정신이 아닌 Ahab 선장의 지휘로 배를 침몰시키는 역할을 한다. 이 인물은 강하고, 끈질기며, 충성스럽기까지 하다. 결국 Ahab 선장과 배와 함께 침몰하게 된다. Starbuck은 연극 〈The Rainmaker〉의 등장인물이고, TV SF시리즈 〈Battlestar Galactica〉에도 등장한다.1) 최근에는 Starbuck이라는 이름이 전국 곳곳에 퍼진 커피전문점의 이름으로 쓰이면서 큰 명성을 얻게 되었다.

스타벅스 커피 컵 크기는 일반적으로 사용되는 '작은 컵, 중간 컵, 큰 컵'과 다르게 '톨(작은 컵), 그란데(중간 컵), 그란데 수프리모(큰 컵)'를 사용한다. 도대체 무엇이 바뀌었단 말인가? 톨이나 그란데, 그란데 수프리모 컵에 담긴 커피가 맛이 더 좋은가? 아마도 아닐 것이다. 그렇다면 톨이 작은 컵보다 크다는 것인가? 의심스럽다. 이러한 용어들이 언어 마법(word magic)의 예이다.

유머 작가인 Dave Barry는 작품 속의 자신의 대역인 Mr. Language Person을 통해 "불행히도, 소비자는 우둔한 양처럼 컵에 대해 이러한 이름을 쓰기 시작하였다."고 말했다. 왜일까? 스타벅스가 화장실을 'AquaSwooshies'라 부르기로 했다면, 우리는 그걸 따라 써야 하는 걸까? 그렇다!(Barry, 2004)

우리가 오랜 시간 동안 관찰해 왔듯이 말(words)과 이름은 중요하다. 미국에서는 스포츠 팀들이 다양한 이름을 가지고 있는데, 'Tigers, Lions, Bears, Cubs, Orioles, Cardinals, Giants' 등이 그것들이다. 신생 스포츠 팀 이름을 'Rats, Hippos, Sloths, Tapirs'로 붙이지는 않을 것이다. 이유는 간단하다. 언어의 마법 때문이다.

언어의 마법적인 힘은 전 세계 어느 언어에서나 볼 수 있다. 말이 사물이나 사건, 사람에게 영향을 준다는 믿음은 마법의 주문이나 기도에서 신의 이름을 부를 때, 미신이나 토속 신앙의 종교 의식 등에서도 드러난다 (Crystal, 1991 : 8).

예를 들어, 재채기를 했을 때, 무의식적으로 'Bless you'나 'Gesundheit' ("건강")라고 말하는 것은 적당한 말을 사용해 질병을 막으려는 관습에 따

---

1) http : //www.who2.com/starbuck.html.

른 것이다. 성직자가 세례를 할 때 쓰는 말(I baptize….)이나 성혼선언(I now pronounce you husband and wife)에서는 이러한 말들이 세례 '행위(the act)'와 결혼 '행위'가 된다. 스포츠 게임에서 치어리더들이 관중들의 응원을 유도하며 외치는 말인 *DEE-fense, DEE-fense* 에도 자기 팀에게 마법적인 사기를 불어 넣어 시합에서 더 잘 하라는 희망이 담겨 있다.

언어의 신비한 힘은 대상의 명칭을 선택하는 데 영향을 준다. 1868년, 일본의 도시 에도(*Edo*)는 일본 역사에서 새 시대가 도래했음을 상징적으로 드러내기 위해 도쿄(*Tokyo*, 동부지방의 거주지)로 명칭이 바뀌었다. 러시아에서는 역사적 사건으로 인해 *St. Petersburg* 가 *Petrograd* 로 바뀌고 그 후에 다시 *Lemomgrad* 로 바뀌었다(Crystal, 1991 : 9).

정치에서도 이름은 중요한 문제이다. 누가 공화당의 *American Dream Restoration Act*[2]를 거절할 수 있겠는가? 이와 유사하게 민주당의 *Middle Class bill of Rights* 를 반대하는 성명을 낼 수 있겠는가? 유권자들은 때때로 정치가들이 제안한 입법안의 세목을 파악하는 데 어려움을 겪기 때문에 제안된 법안의 이름이 그 안건의 실제 일부가 되기도 한다.[3]

여러분은 정치가들이 다음과 같은 말을 되풀이하는 것을 듣게 될 것이다. *flag, prosperity, common sense, family values, corruption, liberal, left-wing, right-wing, decay* 등이 그 단어들이다. 왜냐하면 이러한 단어들이 사람들에게 마법과 같은 효과를 발휘하기 때문이다. 이러한 말을 사용함으로서 즉각적이고 때로는 전혀 분별없어 보이는 긍정적이고 부정적인 반응들을 유도할 수 있다.

자동차 이름도 깊은 뜻이 있기는 마찬가지이다. 제조업자들은 *Blazer, Explorer, Saturn, Lexus* 와 같은 이름을 사용하지만 *Tank*나 *Tug* 같은 이름을 쓰지는 않는다. 그리고 여러분은 아마도 평생 *Titanic* 이라는 이름의 배

---

2) 역주 : 1994년 선거에서 공화당 의원들이 내세웠던 공약
3) "What's in a Name? Success", *Lincoln (NE) Journal Star*, Jun 18, 1996, sec. A.

를 다시는 보지 못할 것이다. 왜? 바로 언어의 마법이기 때문이다.

상품의 이름을 짓는 데 성공하거나 실패한 예를 몇 가지 덧붙이려 한다. 이름의 변화가 구매자들에게 어느 정도로 영향을 미치겠는가?

- Orange Roughy : 달콤하고 향이 부드러운 이 생선의 이름은 한 때 slimehead였다.
- Canola oil : 콜레스테롤이 과다 함유된 식용유를 대체하고 있는 이것은 예전에 rapeseed oil이라고 불리었다.
- Fair Lady : 일본에서 성공적인 판매량을 기록한 니산 스포츠카의 이름인데 미국에 수출될 때는 좀 더 남성다운 Z-series(240Z, 300Z)라는 이름으로 소개되었다.
- Pschitt : 프랑스의 유명한 음료수인데 미국에 소개되었을 때 비참할 정도로 실패하였다.
- Slime eel : 뉴잉글랜드 지역의 낚시터에서 발견된 이 어류는 hagfish로 이름이 바뀌었다.
- Gruntfish : 캘리포니아 사람들에게 종종 hogfish라고 불리던 어류인데 pigfish로 이름이 바뀌었다.[4]

최근의 전쟁에서도 수많은 말과 용어가 생겨났다. 각각의 단어에는 용어들은 현실과는 동떨어진 의미를 표현해내기 위한 노력이 담겨 있다. 예를 들어, *Hot contact point* 같은 경우 군인들이 총을 쏴서 맞힌 곳을 가리킨다. *Collateral damage*의 경우 전투요원이 아닌 사람을 사고로 죽게 만든 경우를 지칭한다. *Mouseholing*은 토요일 아침에 방영하는 만화방송에서 이루어지는 것이 아니다. 이 단어는 현관문 사용을 막기 위해 집의 측면에 구멍을 내는 것을 말하는데, 보통 여기에는 일종의 위장 폭탄(booby-trap)이 설치된다.

이라크에 있는 적을 부를 만한 적당한 용어를 찾는 것도 무척 어려운 일

---

4) Ibid.

이다. 그들은 누구고 무엇이란 말인가? *thugs, assassins, rebels, guerillas, insurgents, resistance, fedayeen* 중 어느 것인가? *Resistance*는 영화 〈*Casablanca*〉에 나오는 2차 세계대전의 영웅을 떠올리게 한다. *Rebel*은 〈*The Empire Strikes Bach*〉나 〈*Lawrence of Arabia*〉에 나오는 착한 남자 주인공을 떠오르게 한다(Nurberg, 2004 : 92).

생각해 보기 | 특정 독자를 대상으로 하는 잡지들을 보고 거기에 실린 수많은 사진이나 광고물을 모아 보자. 그 광고에서 의도된 독자들에게 메시지를 전달하기 위해 언어를 어떻게 사용하고 있는가? 효과를 발휘하고 있는 "언어의 마법"을 찾아 볼 수 있는가?

대개 '무엇을 말하는가'보다는 '어떻게 말하는가'의 문제가 중요하게 부각되곤 한다. 예를 들어, 'welfare'라는 단어를 들었을 때 여러분들은 어떠한 생각이 드는가? 어떤 사람들은 복지 수표(welfare check)를 가지고 비싼 자동차를 구입하는 교활한 빈곤층들의 모습을 떠올릴 것이다. *'Welfare'*는 가난한 아동들에게 보금자리와 음식, 건강을 돌봐주는 목적으로 만들어진 일종의 프로그램을 의미할 수도 있다. 또한 이 말은 복지와는 거리가 먼 곳에서 일하는 사람들을 위해 낮시간 동안 보육시설에 투자하는 비용을 의미하기도 한다.

사람들이 복지에 대해 어떻게 생각하는가를 명확하게 하기 위해 New York Times는 설문조사를 실시하였다. 이것은 의미론적으로 많은 흥미를 끄는데, 각 질문에 사용된 언어와 그에 대한 대답들을 주목해 보자.[5]

---

[5] "How You Say It Matters", Lincoln (NE) Journal Star, March 9, 1995.

여러분은 '빈곤 아동 대상 프로그램에 대한 정부 지출(GSPPC)'이 증가해야 한다고 생각하십니까? 감소해야 한다고 생각하십니까? 현행 수준을 유지해야 한다고 생각하십니까?

증가	47%
감소	9%
현행 유지	39%
모르겠다	6%

여러분은 '복지에 대한 정부 지출(GSW)'이 증가해야 한다고 생각하십니까? 감소해야 한다고 생각하십니까?
현행 수준을 유지해야 한다고 생각하십니까?

증가	13%
감소	48%
현행 유지	36%
모르겠다	3%

같은 주제에 대해 조심스럽게 말을 바꾸어 물어 본 두 질문에 New York Times 기자는 정반대의 답을 얻었다. 이 예에서 응답자가 질문에 쓴 말은 그에 덧붙은 말과 의미를 통해 마술과 같은 효력을 발휘하였다.

그런데 여러분은 이후 "과학적인 여론 조사"에 대해서 읽거나 들을 기회가 있을 때에도 이 자료들이 생각날 것이다. 말솜씨가 좋은 여론 조사원은 자신이 원하는 결과가 나오도록 질문을 유도할 수 있다.

많은 사람에게 말과 상징(symbol), 그리고 그 말과 상징에 들어있는 의미는 아주 중요한 역할을 한다. 예배 장소에는 그 종파에서 중요하게 여기는 상징들로 가득 차 있다. 스테인드글라스 창문과 그림, 조각과 성상(聖像)은 양과 비둘기, 별, 배, (노아의) 방주, 천사, 초, 십자가, 무지개 등을 나타낸다. 집 안에는 녹색 식물, 여행에서 사 온 기념품, 가족의 종교를 드러내는 물품, 가족사진 등이 장식되어 있다.

다음은 미국의 성조기에 나타나 있는 특정한 문양에 대해 깊은 관심을 드러낸 편집자에게 한 독자가 편지를 쓴 것이다.

> 두 주 전에 어머니와 딸과 제가 모임이 있어 네브레스카 주의 링컨(주도)에 있었어요. 운이 좋아서 여러 가지 Star City 휴일 축제 행사에도 참여할 수 있었는데 12월 5일 퍼레이드(행진)도 있었죠. 퍼레이드가 진행되는 동안 우리 삼대는 아주 즐거웠는데, 한 가지 거슬리는 것이 있었어요. 부대 행렬에서 기를 든 위병이 모서리를 돌 때 단지 몇몇 사람만이 지나가는 기를 향해 기립했어요. 이미 서 있던 사람들 중에도 국기에 대해 경의를 표하는 사람이 드물었죠. 저의 어머니와 제가 일어나서 두 살 난 저의 딸을 어머니의 품으로 넘겨드릴 때 행렬이 옆을 지났어요. 궁금해지더군요. '국기에 대한 경례를 하기 위해 일어설 사람은 정말 없는 건가?' 그 자리에 모인 부모들과 아이들이 똑같이 보인 놀란 표정은 정말 가관이더군요. 저는 깃발을 들고 지나가는 참전용사에게 미안함 마음이 들었어요. 저는 링컨시 출신이 아니기 때문에 의문이 들었죠. 도대체 이 지역의 초등학생들은 국기에 대해 경의를 표하는 방법조차 배우지 않는다는 말인가? 부모들이 그 자리에 있다면 그 과정을 함께하기는 할 것인가? 국기에 대한 경례를 하기 위해 기립하는 것은 정말 간단한 일이고 그 속에는 위대한 유산이 담겨 있습니다. 우리 사회가 가장 단순하게 시민성을 드러낼 수 있는 이러한 행위들조차 묵살되는 것을 보면 사회적 불안 상태가 정말 심하다는 것을 확신하게 됩니다.6)

나는 정말 단순한 이유로 이 편지를 편집자에게 건네었다. 한 개인의 상징적인 행동 하나에 얼마나 감화될 수 있는지 보여주기 위해서였다. 여러분

---

6) Letter to the editor, *Lincoln (NE) Journal Star*, December 18, 1992.

이나 내가 이 편지를 쓴 사람에게 동의를 할지, 그렇지 않을지는 별개의 문제다. 어쨌든 서로 다른 사람들이 여러 상징에 대해 서로 다른 의미가 있다고 생각하는 것만은 확실하다.

이 편지를 쓴 사람은 국기에 대한 경외심을 표현하는 데 있어 혼자가 아니었다. 최근에 인근 시의회 의원 한 사람이 이러한 사안을 시의회가 지지해야 하고 주 입법부에서 주 차원의 입법화를 추진해야 한다고 주장했다. 이 법안은 모든 공립학교 학생들이 국기에 대한 경례를 하고 애국가를 부르면서 수업을 시작할 것을 명시하고 있다.7) 그 시의회 의원은 이러한 상징적인 행위들이 범죄와 폭력 집단의 활동들을 줄여줄 것이라고 말했다.

내가 근무하는 대학에서 최근 노스캐롤라이나 출신의 앵글로 유럽계열 학부생 하나가 기숙사 방안의 창문에 남부 연합 국기를 걸었다고 소동이 벌어진 적이 있다. 신문에서 설명한 바로는 그의 친구들과 룸메이트들은 그 청년을 수줍어하고 성격이 좋으며, 절대 민족우월주의자가 아니라고 말했다고 한다. 그에게 국기의 별과 줄무늬들은 집과 남부의 유산을 상징했다. 또 다른 흑인 남학생 한 명은 창문에 국기에 다른 의미를 부여하였다. 이 학생에게 국기는 억압과 노예를 상징하기 때문에 학생 사무소에 찾아가 정식으로 호소했다.8) 그 문제는 더 이상 공식화되지는 않았지만, 사람들이 똑같은 상징에 대해서 얼마나 다양한 관점을 지니는지 보여주기 위해 이 자리에 끼워 넣는다.

잘 알려진 예를 하나 더 들면, 64살의 베트남 전쟁 참전용사가 이라크 전쟁에 대한 항의 표시로 정원의 국기대에 게양되어 있던 국기를 거꾸로 뒤집어 날려 보내버렸다. 그는 다음과 같이 말했다. "이것은 현재 참전 중인 사람에게 반대한다는 것은 아닙니다. 그들은 자신의 직무를 수행하고 있는 것

---

7) "Make Students Salute Flag, Councilman Urges", *Omaha (NE) World—Herald*, November 17, 1996, sec. B.
8) "Confederate Flag Causes Flap", *Lincoln (NE) Journal Star*, September 14, 2004, sec. A.

이죠. 나는 그저 내 땅 위에서 내 자신의 생각을 표현하고 싶었습니다."9)
상징이 작용하면서 성조기는 강력한 힘을 가지게 된다.

음식 또한 상징적 중요성을 표현할 수 있다. 구이용 팬에서 갈색 빛을 반짝거리는 칠면조 고기는 추수감사절의 상징이다. 수박은 여름의 흐리고 나른한 날이나, 흑인들을 비방하는 낡고 진부한 상징이 되기도 한다.

Stollichnaya 사장에 의하면 보드카는 미국 내 최고의 판매고를 기록한 1976년까지 진토닉이나 스카치, 버번위스키를 대체하는 자리에 이르렀고 이와 같은 보드카의 지위는 거의 30년간 유지되었다. 그러나 1982년 소련이 007호기를 추락시키면서 스톨리치야나 보드카와 같은 러시아 제품들의 판매는 급격히 감소하였다. 이는 스웨덴산 보드카인 Absoulut에게 시장을 내주는 계기가 되었다(Kummer, 2004 : 189). 스톨리치야나 보드카에 대한 구매 거부 운동은 미국 내 보드카 애주가들의 상징적인 행동이었다.

제1차 세계대전 동안 국내 전선에서 독일과 싸우려는 노력의 일환으로 미국 내의 많은 사람들이 나중에 *liberty cabbage* 로 이름이 바뀐 독일산 양배추(sauerkraut)를 먹지 않았다. Dachsunds는 Liberty dogs로 알려졌다. 프랑스가 이라크에 대한 적대감을 양산하려고 노력하던 조지 부시 대통령의 연합 전선에 참여하기를 거부함에 따라 많은 식당들이 *French fries* 를 *Freedom fries* 로 바꿔 올리는 진풍경이 벌어졌다(Nurberg, 2004 : 92). 개의 사육은 변하지 않았고, 음식 또한 마찬가지였다. 하지만 그 음식과 개 사육을 지칭하는 이름, 상징은 변했다.

특정한 일을 하는 개인은 겉으로 드러나는 전문성과 명성을 더 많이 얻기 위해 자신들의 이름을 바꾼다. 이는 어떻게 *undertakers* 가 *morticians*[10]가 되었는지, *janitors* 가 *sanitary engineers*[11]가 되었는지를 보여준다. 동일 집

---

9) Flag Desecration Charges Against Vietnam Veteran Are Dismissed, *Lincoln (NE) Journal Star*, November 12, 2004, sec. B.
10) 역주 : 'undertakers'와 'morticians'는 둘 다 장의사를 뜻하는 단어이다.
11) 역주 : 'janitors'와 'sanitary engineers'는 둘 다 건물관리인, 혹은 수위를 뜻하는 단어이다.

단의 모든 구성원들은 의미론적인 변화를 달가워하지 않는다.

> 언어를 경외하는 몇몇 사람처럼 나도 사람들이 자신의 이름을 바꾸면서 좀 더 존경심을 얻으려는 듯한 태도를 보일 때면 기분이 언짢아진다. 언어적 진보는 항상 분명한 것에서 추상적인 것으로 이루어진다. 우리는 janitor(수위)가 무엇을 하는지는 잘 알고 있지만 custodians나 sanitary engineers가 무슨 일을 하는지는 잘 모른다. 내 직업도 library와 librarian으로부터 생겨났는데 지금은 그 의미를 많이 잃어버렸다. 우리는 도서관과 사서들이 무엇을 하는지 잘 알지만 학습자료센터와 정보전문가들이 어떠한 역할을 하는지에 대해서는 잘 알지 못하기 때문이다.12)

이 글을 쓴 사람은 이전에 사서로 정보전문가와 같은 교육직의 직업명이 바뀐 것에 슬퍼하고 있다. 분명히 그녀는 이러한 변화가 상징하는 것을 거부한다.

앞에서 제시한 모든 예들은 사람들이 상징에 시간을 투자하고 그 상징이 중요한 의미를 나타낸다는 것을 잘 보여준다. 예배 찬가나 성가, 설교 등은 우리의 문화권에서는 일상적인 일이다. 시민 단체들은 국기에 대한 맹세(Pledge of Allegiance)를 하거나 국가를 부르고 혹은 기도나 이 세 가지를 모두 하고, 회의를 시작하기도 한다. 예배에서는 모인 사람들이 함께 다양한 집도문, 성서, 기도문, 응답 낭독을 제창한다. 이 모든 예가 말의 마법이다.

우리 가족과 같은 대가족 내에서는 말의 마법은 식사 전 기도를 드릴 때 이용된다. 기도를 드리기 전에 탁자 밑으로 음식을 숨기는 사람은 바로 뚱보가 된다! 아주 무서운 경고를 받으면서 우리는 예절을 지키는 것을 배웠다.

---

12) Marylaine Block, "Change a Word, Change a World", *My Word's Worth*, March 27, 2000, http : //www.marylaine/ com/, myword/wordmean.html.

9.2. 그건 "단지 의미론적인 문제"일 뿐이야.

언어 연구에서 사용되는 몇몇 용어들이 자주 잘못 사용되는 경우가 있다. 예를 들어 'grammar'와 'usage'의 차이점은 어떤 사람이 "그 사람의 문법 (grammar)을 모르겠어."라고 말할 때 모호해진다. 자주 이렇게 말하는 사람들은 특정한 문체(style)나 어법(usage)에 대한 개인적인 선호를 드러내고 있는 것이다. lie/lay, fewer/lesser, between/among 등을 구별하거나 문미에 전치사를 사용하는 것을 피한다거나 신경을 써서 분리부정사를 사용하지 않도록 노력하는 것 등이 예이다. 이는 어법의 변이형을 나타내는 것이지 문법적인 오류로 볼 수 없다. 어법은 사람들이 선택 가능한 광범위한 대안들 중에서 실제로 구어와 문어를 사용하는 방법을 나타낸다. 반면에 문법은 언어의 형태론이나 의미론 측면에서 구어나 문어 문장에서 단어나 구들이 서로 어떻게 관련성을 가지게 되는지에 대한 설명이다.

이와 유사하게, '**수사법**'과 '**의미론**'도 부적절한 언어 어법이나 습관에 대한 부정적인 표시인 것처럼 안 좋은 의미로 종종 잘못 쓰인다. 예를 들어, 몇몇 사람들은 "만약 당신이 스미스 씨가 선거운동을 할 때 사용하는 수사법을 바꿀 수 있다면 아마 그는 훌륭한 시장 후보가 될 수 있을 것입니다."라고 말할 것이다.

이와 같이, 여러분은 열띤 논쟁을 하던 사람들이 "그것은 단지 의미론적인 문제일 뿐이야!"라고 책임을 떠넘기면서 대화를 끝내는 장면을 자주 볼 것이다. 이런 말들 때문에 많은 대화들이 중단된다.

마지막 것과 같은 말은 의견이나 믿음, 지각 상의 차이점들을 단지 대화 참여자들이 만들어낸 의미차로 인한 성가심 정도로 폄하하고 있다. 의미가 격하되는 방식은 전혀 감동적이지 않다.

보통 다른 생각들이 오직 의미론적인 문제에서 연유하고 근거가 없다고 주장을 하는 사람들은 대화 상대자의 믿음을 드러내기 위해 사용되는 용어나 말들이 서로 다른 의미를 생겨나게 한다고 협소한 해석을 한다.

우리가 마음속에 가지고 있는 의미와 믿음은 아주 중요한 대상들이다. 정반대로 이들은 개인의 감정과 우주에 대한 이해를 종합적으로 드러내기도 한다.

의미론이라는 용어는 그리스어인 *semantikis* 에서, *significant* 는 *semainein* 에서 유래하였는데, 모두 "~을 나타내다", "~을 의미하다"의 뜻이다(Korzybski, 1958 : 19). 일반 의미론에서 다뤄진 대로 의미론은 의미에 대한 연구이며, 기호와 이름, 의미간의 관계에 대한 연구이기도 하다.

1장에서 이미 살펴본 대로 대부분의 사람들이 가장 관심 있어 하는 언어의 측면이 바로 의미이다. 이 장에서는 사람들이 흥미가 있어서뿐만 아니라 가장 중요하기 때문에 의미를 찾는다는 사실을 더함으로써 좀 더 구체적으로 의미에 대해 살펴보려 한다.

9.3. 의미론과 언어학

미국의 일반 의미론은 Korzybski의 『*Science and Sanity : An Introduction to Non-Aristotelian Systems and General Semantics*』에 의해 처음으로 소개되었다. 이 책 출간 이후로 꽤 많은 움직임들이 있었고 1940~50년대의 미국에서는 일반 의미론 연구가 꽃피게 되었다(Paulson, 1983 : 87~88).

Hasselriis(1991 : 28)가 지적한 것처럼, 이러한 일반의미론에 대한 쏟아지는 관심의 중심에는 Hayakawa(1941)의 *Language in Action* 의 출간이 자리 잡고 있다. 여전히 히틀러나 무솔리니처럼 정치적으로 거짓말을 크게 이용하거나 의도적으로 말을 조작해서 성공한 사람들이 있었기에 대부분의 독자들은 의미가 어떻게 지각되고 생산되며 수용되고 여과되는지 알기 위해 준비해야 했다. 이것에는 언어 내적으로 의도적인 왜곡을 탐지하는 방법도 포함되어 있었다. Stuart Chase, Wendell Johnson, Irving Lee의 수업과 저서들뿐만 아니라 Hayakaqawa의 책은 독자들로 하여금 언어사용을 새로운 시각에서 바라보게끔 해 주었다. 이러한 일반 의미론에 대한 흥미는 아주 강렬했다. 사실, 1941년에 『Language in Action』은 이 달의 추천도서로 선정되었으며, 언어 연구에 있어서 진정으로 훌륭한 성과물이었다.

그러나 얼마 지나지 않아서 언어학에는 근본적인 패러다임의 변화가 일어난다. 1957년 Chomsky의 『통사구조』(Syntactic Structures)가 출간되면서 변형 생성 문법이 강조되고, 의미론은 점점 약화되었다(Paulson, 1983 : 87). 1957년부터 Chomsky의 생각은 특히 미국의 언어학자들 사이에서 지배적이고 주류를 이룰 정도로 강력한 힘을 발휘하였고, 이는 어느 정도까지는 전 세계의 언어학자들에서도 마찬가지였다. 곧 대부분의 언어적 논의들에서 언어학자들은 Chomsky에 반대하느냐 찬성하느냐로 그들의 생각을 기술하기에 이른다.

1950년대 후반 이후, 미국의 언어학 분야는 유례가 없는 혼란을 겪게 되는데, 의미에 쏟아졌던 관심과 일반적인 수업에서 의미론의 지위에 변화가 일어났다. 지난 20~25년 사이에 언어 연구 과정이나 프로그램에 입학한 대학생들은 지난 1960년대와 70년대를 휩쓸었던 의미론에 대한 편견을 거의 이해하지 못하고 있었다(Laboy, 1980 : vii).

9.4. Alfred Korzybski와 일반 의미론

일반 의미론의 아버지라 불리는 Korzybski는 철학자, 수학자, 언어학자이자 기계공학과 교수였다. 그의 책인 『Science & Sanity : An Introduction to non-Aristotelian Systems and General Semantics』는 1933년 출간되었고, 이후 일반 의미론의 학문적 체계를 세웠다. 일반 의미론의 기본 원리와

Korzybski의 관점들 중 몇 가지를 살펴보자.

의미는 말 속에 있는 것이 아니라 사람들에게 있다.

의미는 상징이나 말, 또는 종이로부터 주어지고 추출되고 잡히고 얻어질 수 있는 것이 아니라 사람들이 상징이나 말이나 상징에 부여하고 덧붙이는 것이다. 다시 말해서 우리는 상징이나 말에 의미를 얻는 것이 아니라 그것들에 의미를 주는 것이다(Korsybsko, 1958 : 21-22).

예를 들어, 사람들은 자신의 경험을 넘어서서 말과 의미를 결합하거나 연관 짓지 않는다. 스페인어인 taza나 통가어인 ili는 그 언어를 모르는 우리에게 종이 위의 한 점에 불과한 것이다. 이러한 말들은 여러분들에게 아무 것도 말해주지 않는다. 모국어를 빼고 우리가 알지 못하는 다른 언어들의 모든 단어도 마찬가지일 것이다.

의미가 사물에 있는 것이 아니라 사람에게 있다는 것은 언어적 상징에서뿐만 아니라 비언어적 상징, 시각적(graphic) 상징에서도 마찬가지이다. 예를 들어, 전방에 학교가 있다는 표시를 위해 교통 시설자들이 도로나 길가에 설치해 둔 신호를 보고 운전자들은 학교가 가까이 있다는 것을 알고서 주의를 기울여 운전을 한다. 이 신호는 처음에 "전방에 학교가 있으니까 아이들이 길거리에 있을지 모른다."는 상징적이고 비언어적인 경고를 나타내는 불빛이었다. 하지만, 사람들이 불빛의 의미는 정확히 이해하지 못하자 학교 건물을 나타내는 간단한 모형을 그려 의미를 전달하였고 이후 초기의 신호는 교체되었다. 의미는 사람의 배경 지식이나 경험 내에 존재하므로, 언어는 항상 다양하게 해석될 수 있다. 스페인어 수업에 참여하는 한 고등학교 신입생이 최근에 "언어는 각기 다른 사람들에게 서로 다른 의미로 다가가잖아요. 저는 그게 바로 우리가 변호사를 고용하는 이유라고 생각해요."라고 말했다. 때때로 지혜는 이렇게 아이의 입에서 나올 수도 있는 법이다.

말은 그것이 일컫는 무언가가 아니다.

Korzybski(1958 : 34)는 어떤 대상이나 감정은 말로 표현할 수 없다(unspeakable)고 하였다. 예를 들어, 치통이나 의자는 단어로 명명되고 서술될지는 모르나 명명하고 서술하는 것 자체가 그 상태와 동일한 것은 아니다. 상태 그 자체는 근본적으로 말로 표현될 수 없는 것이며, 단순히 존재할 뿐이다. 단어는 정의를 내리기 위한 명칭이거나 상징일 수 있다. 그러나 그 단어가 상징이든 명칭이든 간에, 그것은 항상 말로 표현될 수 없을뿐더러 절대적 구체성이 제거된 추상적 관념(abstraction)이다(Korsybsko, 1958 : 92).

이러한 Korzybski 학파의 이해(단어는 그것이 지칭하는 무엇인가가 아니다)에 대해 잘 알려진 것은 "단어는 사물(지칭 사물 혹은 단어가 의미하는 대상)이 아니다."라는 것이다. 예를 들어, Piaget의 논의를 통해 우리는 아이들이 이름과 사물을 동일시한다는 것을 안다. 아마도 여러분은 아이들이 미심쩍어 하는 다음과 같은 말에 익숙할 것이다. "돼지는 그 동물에게 적절한 이름이야. 왜냐하면 돼지는 더러우니까!" 물론 이와 같은 진술은 언어의 상징성과 자의성을 무시한 것이다. 우선, 그들이 '돼지'라고 말할 때, 우리는 단어만을 말한 것이지, 실제 상태나 대상을 말한 것이 아니다. '돼지'라는 단어를 조음할 때 그 정의에 대한 명명을 한 것뿐이다. 둘째, 만약 '돼지'가 그 동물을 위한 완벽한 명명이라면, 지구상의 모든 언어가 그 동물을 가리킬 때 '돼지'라 해야 한다. 하지만 어떤 사람들은 우리가 논의하고 있는 이 동물을 cerdo(스페인어)로, 또는 Schwein(독일어), cochon(프랑스어)로 다르게 부른다는 것을 잘 알고 있기에 이는 분명히 적합하지 않다.

Korzybski는 언어의 자의적 특성뿐만 아니라, 같은 언어를 사용하는 공동체라 하더라도 단어가 지시하고자 하는 지시물(referent)이 다를 수 있음을 보여주었다. 단어는 오직 지시물을 지칭하는 상징이지만, 사람들의 감정을 표현하는 상징으로 사용될 수도 있다.

예를 들어, 단어와 그 단어가 언어로 드러내지 못하는 지시물을 혼동하기 때문에, 아이들에게 '상스러운' 말을 쓰지 않도록 하는 것이다. 입에 담은 말이 입에 (그 단어의 실제) 지시물이나 대상을 담는 것과 같다고 암시적으로 가정하곤 한다. 더러운 말을 한 사람에게 벌로 비누로 입을 씻게 한 전통적인 벌도 이와 같은 이유에서 시행된 것이었다.

이와 같은 이유로 사람들은 완곡어법(euphemisms)을 사용한다. 사람들은 완곡어법을 통해 입에 담기 힘들거나 해서는 안 되는 말, 상스러운 말이 갖는 의미론적인 딜레마를 피하고자 한다. 이것이 화장실에서 목욕을 하지도, 휴식을 취하지도, 분을 덧바르지도 않으면서 그곳을 bathroom, restroom, powder room 등으로 부르는 이유이다.

나는 한 때 의도적으로 이러한 언어적 혼동을 이용한 적이 있음을 고백하려 한다. 내가 고등학교 1학년들을 가르칠 때에 학교 주차장에서 방과 후에 가르치는 학생들과 우연히 마주쳤다. 그 아이들이 사용하는 언어는 정말 여러모로 희망이 없어 보였다. 사실상 그들의 언어는 내가 이제껏 들어 본 말들 중에 정말 우울한, 아니 가장 우울한 상태였다. 아무런 준비도 없이 의도하지도 않게 나와 마주친 아이들은 무척 놀란 기색이었다. 그 애들은 내가 심하게 꾸중하기를 기다리고 있었다. 그 아이들에게 "너네들, 부모님들이 아시면 뭐라고 생각하시겠니? 부끄러워할 줄 알아라." 식의 말을 하지 않았다. "그런 식의 말을 하는 것은 말이나 상상력이 정말 부족한 애들이나 하는 짓이야."라고 더 이론적이고 강의식인 말도 하지 않았다. 대신에 내가 한 말은 다음과 같다. "너 그런 입으로 밥 먹니?"

아이들은 아연실색한 표정으로 조용히 뒷쪽만 바라보았다. 내가 던진 간단한 질문이 의미하는 바를 충분히 이해하지는 못했지만 조금은 직감하는 듯 했다. 그 아이들이 개념을 관련짓는 말이 부족한 것 사실이지만, 그들은 내가 언어적 마술을 부리고 있음을 분명히 느꼈다. 나는 금기시되는 사태를 실제로 바꾸어 표현했을 뿐이고 실제 금기적인 사태가 그들의 입에 의해 실현되고 있었던 것이다.

모든 사회에는 금기어가 있다. 그러나 금기어는 대상과 상태에 대한 자의적이고 상징적인 지시물일 뿐이다. 지도는 표상으로서의 지도일 뿐, 그것이 실재적이고, 객관적이며 궁극적으로 말로 표현할 수 없는 영토는 아님을 기억하자. 나는 이러한 사실을 내 학생들에게 설명하지는 않았지만 그 아이들은 자신들이 이해해야 할 일반적인 개념 때문에 야단법석을 떨었을 것이라고 생각한다.

언어가 작용하여 추상성의 층위를 다양화시킨다.

이것은 Korzybski 학파가 내세우는 또 다른 개념이다. 예를 들어, 어떤 말은 추상성이나 구체성이 좀 더 높거나 낮은 층위에서 작용한다. 이는 그 말이 말로는 형용할 수 없으나 입증할 수는 있는 다른 지시 대상과 얼마나 가까운지에 달려 있다(Korsybsko, 1958 : 398). 다음 문장들은 추상적이고 일반적인 것에서 점점 구체적이고 특수한 것으로 바뀌어 간다.

> 나는 옷을 사기 위해 쇼핑 중이다.
> 나는 새 셔츠를 찾는 중이다.
> 나는 새 테니스 셔츠를 필요로 한다.
> 나는 흰색 골지 니트를 원한다.
> 나는 왼쪽 가슴에 악어 무늬가 있는 흰색 골지 니트를 원한다.

사람들이 추상적이거나 구체적인 언어를 읽거나 듣고 있는지 아닌지를 구별하는 것은 분명 도움이 된다. 상품 광고나 관직 선출을 위한 후보 유세, 학생들이 던지는 모호한 질문에서 아주 추상적인 주장을 감지할 수 있을 때 우리는 좀 더 잘 이해할 수 있다. 앞선 두 예에서 우리는 상품을 구입할지 그 후보에게 투표권을 행사할지를 결정할 수 있을 것이다. 예를 들어, '가치'라는 단어는 광고나 정치에서 널리 쓰이는 말 중의 하나이다. 과연 얼마나 많은 상품이 여러분의 지출에 대한 최고의 가치를 보장해 줄 수 있을까? 모든 정치

입후보자는 '가족의 가치'를 지지한다고 약속하면서 선거 운동을 한다.

학생들이 하는 질문의 경우 우리는 그 학생에게 질문을 반복해 달라고 요청해야 할지 말아야 할지를 잘 안다. "좀 더 구체적으로 질문해 줄래?"라고 말이다. 우리가 이런 식으로 "좀 더 구체적인 다시 말하기"를 요구한다는 것은 결국 우리는 질문자에게 덜 추상적인, 그러니까 좀 더 구체적이고 명확한 용어를 사용해 달라고 요구하는 것이라고 생각한다.

의미에는 '방향성'이 있다.

만약 여러분이 외연이나 내포 같은 용어에 익숙하다면 이미 Korzybski의 관찰한 사실들을 이미 많은 부분 이해하고 있다는 것이다. Korzybski는 '내포적(intensional)'(내포 connotation)과 '외연적(extensional)'(외연 denotation)이라는 용어를 사용하여 의미가 가지는 두 방향성을 기술하였다.

외연적 의미와 내포적 의미 사이의 가장 명확한 구분은 Korzybski의 제자이자 그의 의견을 가장 잘 대변했던 Hayakawa에 의해서 제시되었다. Hayakawa & Hayakawa(1990 : 36)는 발화의 외연적 의미가 외연적이고, 물리적이고, 입증할 수 있지만 말로 형용할 수 없는 상태를 가리킨다고 설명한다. 외연적 의미는 근원적으로, 또 기본적으로 실재하는(그리고 말해질 수 없는) 영역이기 때문에 말로 표현될 수 없다. 우리는 마음 속에 가지고 있는 외연적인 의미를 손으로 입을 막고 그 외연적 의미를 가지는 대상을 지칭하면서 언급하고 보여줄 수 있다. 그것이 나무이든 개든, 연필, 라디오, 혹은 어떤 다른 사물이든지는 상관이 없다.

그러나 분명히 우리가 말을 할 때 항상 외연적 의미를 갖는 대상이나 감정 상태를 가리키면서 의사소통할 수는 없다. 현실에서 실제적으로 언어를 사용할 때 우리는 말로 형용할 수 없는 현상을 이야기하기 위해 입을 막는 일은 거의 없다. 바로 이 때문에 좀 더 친숙한 용어인 외연을 이해하고 사용하는 것이 도움이 된다.

우리는 이야기되고 있는 대상을 지칭할 때 외연의 개념을 사용한다. 내가 4장에서 Maltese 개를 언급했을 때 나는 여러분들에게 그 개를 지칭하면서 내가 의도하고자 하는 바를 설명할 수는 없었다. 그래서 여러분과 '나의 개'라는 외연적인 의미로 의사소통할 수 없었던 것이다. 여러분과 내가 읽는 언어에서는 개라는 말이 세상에 존재하는 개과를 외연적으로 나타내는데도 불구하고 여러분들은 그 말이 내가 언급하고자 했던 내 애완동물을 포함한다는 것을 쉽게 이해했다(Hawakaya & Hawakaya, 1990 : 36-37).

반면 표현, 문장, 구, 단어의 내포적 의미는 우리의 머릿속에서 제시되는 의미이다. 어떤 말들은 긍정적이거나 부정적인 느낌을 드러내기도 하고, 좋거나 나쁜 함축적 의미를 나타내기도 한다(Hawakaya & Hawakaya, 1990 : 37).

우리가 매일 대하고 말하고 쓰고 듣고 읽는 언어는 보통 외연적인 의미와 내포적인 의미를 동시에 가지고 있을 것이다. 그리고 어떤 경우에는 둘 중에 한 의미가 다른 의미보다 좀 더 강하게 작용하고 있을 수도 있다. 예를 들어, 여러분이 읽고 있는 보고서가 /Σ/ 표시를 담고 있다면 여러분은 그 기호의 외연적인 의미를 이해할 수 있다. 이 경우에 내포적인 의미나 함축적인 의미는 전혀 없을 것이다. 반면에 모든 사람들을 끌어들이려는 광고 문구인 "Come see the softer side of Sears"나 Panasonic의 광고에 나오는 'just slightly ahead of our time" 같은 경우는 외연적 의미가 전혀 없는 경우에 속한다. 반대로 이 말들은 무수히 많은 함축적인 의미와 내포들로 가득 차 있다.

동일시

Korzybski(1958 : 452)는 '동일시'(identification)에 대해서, 의미를 구성하는 데 있어 오류를 만드는 '의미적 혼란(semantic disturbance)'이라고 설명하였다. 내가 Korzybski의 설명을 드는 이유는 사람들이 추론적 사실과 사실적 보고서를, 한 십대 청소년과 다른 청소년을, 민주당원이나 공화당원한 사람과 다른 민주당원이나 공화당원들을 구별할 수 없거나 구별하지 않기 때문이다. Korzybski 학파의 관점에 따르면 동일시는 동일하게 보기(identicalification) 이상을 의미하는데, 의미적 혼란을 겪는 사람들이 비슷한 상태나 사건, 사람, 사물들을 동일한 것으로 똑같은 것으로 동일시하기 때문이다.

실제로 동일시는 여러분이 누군가가 "저 미친 아줌마 운전자를 봐! 왜 여자들은 운전을 할 줄 모르냐!"라고 말하는 것을 들을 때 이러한 동일시의 효과를 느낄 수 있을 것이다. 이렇게 말한 사람은 아마도 '모든 여성 운전자'를 '하나의 동일한 운전자'로 취급하는 것이다.

그뿐만 아니라 "뉴욕 시민들은 다 뻔뻔하고 무례해", "모든 흑인이 운동을 잘하고, 랩을 잘할 거야."와 같은 경우, 유태인들은 약삭빠르고 도덕성이 부족한 협상가들이기 때문에 모두 부자일 거라는 생각, 모든 시어머니나 장모들은 수다스럽고 간섭을 많이 할 것이라는 생각 등이 모두 동일시의 예가 될 수 있다. 그 외 은행원, 학교 행정관, 정치가, 사무원, 축구 선수, 국어 교사 등 동일시하기(identifying)가 넘쳐 나는 예들은 많다.

동일시는 분명히 우리가 살고 있는 세상을 단순화시켜 주지만, 실재(reality)에 대한 잘못된 생각(faulty map)을 갖게 하는 혼란스럽고 부정확한 행동이기도 하다. 중요한 것은 흑인, 유태인들, 시어머니, 축구 선수, 혹은 그 밖의 상황에서도 동일한 두 예는 없다는 것이다.

Korzybski는 이와 같은 문제를 해결하기 위해 '표시달기(indexing)', 즉 위첨자 번호를 사용하기를 제안하였다. 예를 들어 우리가 개라는 단어를 말할 때 개$_1$(내가 키우는 애완견, Maltese 개, Christopher Robin이라고 이름 붙임), 개$_2$(Rex와 Ardis Bevins의 Maltese 애완견, 이름은 Scruffy), 개$_3$(Jim과 Caryl Bryan의 애완견, 이름은 Spencer), 개$_4$(못생기고 시끄러운 옆집의 개, Dammit Shut Up이라고 이름 붙임), 개$_z$까지 구별해서 말할 수 있다.

[그림 9.1] 동일시에 대한 Korzybski의 해결책

 전세계 모든 사람들이 표시달기를 사용해야 한다는 언뜻 보기에 오만한 어조를 감안하더라도 분명히 Korzybski의 이러한 해결책은 비현실적이었다. 내가 제안하고자 하는 바는 Korzybski의 제안을 잘 수용하자는 것인데, 생각 표시달기(thinking indexing)를 한다면 아마도 똑같은 효과를 얻을 수 있을 것이다.
 의미적 혼란이나 의미 혼란을 해결하기 위한 시도로서 표시달기는, 우리가 사람, 대상, 상태, 명제 등에 관한 언어 사건에 참여할 때 사건이나 대상의 전체로부터 하나의 경우나 사례를 고려해야 한다는 점을 상기시켜 준다. 또한 표시달기는 집이나 언어가 만들어지는 순서를 예리하게 파악할 수 있고 그러한 집을 좀 더 정확하게 지을 수 있는 지도를 구성하는 데 도움을 준다.

9.5. 완곡어법과 은어

언어 비평가들은 완곡어법과 은어를 Korzybski의 "의미적 혼란"이라고 부를 만한 것의 예로 종종 인용한다. 언어 비평가들은 완곡어법과 은어를 처음 듣는 이를 오인(mislead)하게 함으로써 진짜 의미를 숨기려는 시도로 본다. 예를 들어 출고된 지 5년이 되었고 74,000마일을 달린 자동차를 'used car(중고차)'로 표시하지 않고 'pre-owned car'나 'experienced car'라고 하는 것은 오인을 하게 하는 언어이다. '중고차'를 '경험 있는 차'라고 바꿔 부르는 것은 중고차의 가치를 향상시키려는 노력에서 연유한다. 중고차 판매원들은 "물론이죠, 이 차는 10년이 되었지만 경험이 많답니다."라고 말할 수 있을 것이다. 나 스스로 생각해 보건대, 나는 '경험있는 내과 의사'에게, 그리고 '경험있는 치과 의사'에게 치료받고 싶다. 나는 매년 내 세금을 정산해 주는 Steve Anderson이라는 사람을 알고 있는데, 그는 경험이 많은 사람이다. 내가 결론 내리기에 경험은 좋은 것이다. 그래서 그 중고차 판매원에게 "그러면 저 매장에 있는 경험이 없는 최신 차종은 더 싼가요?"라고 물을 수 있다.

Postman(1976 : 208)은 완곡어법을 garbage man(청소부)을 sanitation engineer로 사용하는 것처럼 실제적인 용어들을 대신해서 사용하여 기분을 좋게 하고 지위를 드높이는 용어라고 규정한다. 그는 완곡어법을 추한 현실에 좀 더 아름다운 이름을 붙여주기 위한 시도로 본다. 이러한 정의는 used car를 preowned car나 experienced car로 나타내는 앞의 예에 아주 적합하다.

하지만 추한 현실에 아름다운 이름을 붙이는 것이 늘 사람들을 속이는 행동이 아니라는 것을 짚고 넘어가야 한다. 때때로 우리는 우리의 의지와는 상관없이 완곡어법을 아주 민감하게 사용하기도 한다. 예를 들어 Postman (1976)은 미국이 남태평양에서 실시한 일련의 수소폭탄 실험을 "Operation

Sunshine"이라고 한 것은 가장 혐오스러운 완곡어법 중의 하나라고 말했다. 분명 그러한 완곡어법은 거짓이다. Operation Sunshine이라는 용어를 사용한 목적은 인명살상을 위해 수소폭탄을 개발하기 위함이다. 좀 더 최근에 미국이 이라크에서 '사막의 폭풍 작전'(Operation Desert Storm) 수행했을 때 죽은 무고한 이라크 시민에 대해 미국방부는 "군사적 목적과는 상관없는 민간인이 사고로 죽었다."가 아니라 "부수적인 피해"라고 성명을 발표했다.

반면에 '죽다(die)'라는 말 대신에 '돌아가시다(pass/pass away)'등으로 표현함으로써 완곡어법을 쓸 수도 있다. 이는 진실을 감추거나 속이기 위해서가 아니라 가족을 잃은 유족들의 감정적인 상태에 민감하게 반응할 필요가 있기 때문이다(Postman, 1976 : 212).

완곡어법을 사용하는 것에 근원적으로 잘못된 것은 없다. 이러한 완곡어법은 언어의 다른 측면들이나 다른 도구들처럼 도덕성의 문제로 판단될 수 있는 것이 아니다. 망치는 새 집을 짓는 공사장에서 쓰일 수도 있고 자동차의 전조등을 부수는 데도 이용될 수 있는, 도덕과는 관계없는 대상이다. 우리는 도구로서의 언어 자체에 초점을 두기보다는 사용자, 의도, 결과에 초점을 맞추어 이해해야 한다. 즉, 완곡어법을 통해 나타내고자 하는 바는 무엇인지, 감춰진 진실은 무엇인지, 완곡어법을 사용한 사람의 의도는 무엇이며, 그로 인해 얻어진 결과는 무엇인지 등에 관심을 가져야 한다.

> **생각해 보기**
>
> 다음 완곡어법 중 알고 있는 것은 몇 가지나 되는가? 이것을 왜 사용하는가?
>
> bathroom, corpse, crippled, drunk, fat, pimples, Jesus!, God!, retarded, death

의도와 그 결과를 고려해 가며 실제 생활에서 여러분이 쓰고 있는지 생각해 본다면 다음과 같은 몇몇 예들이 있을 것이다. Internal Revenue Service (세금 징수원), nervous wetmess(발한 상태), facial blemishes(여드름), convenient terms(연 세금의 20%), full-fingured, queen-size(뚱뚱하고 큰), shortfall(실수), daytime drama(멜로드라마), cleaning up the historical record (공문서를 찢거나 위조하는 행위), terminate with extreme prejudice(시험도 안 해보고 적을 살해하다) 등이 그 예들이다(Lutz, 1989 : 7).

Hugh Rank는 언어 사용에 완곡어법의 애매모호한 표현이 담겨있는지 여부를 분석하기 위한 분석 방법으로 다음을 제시하였다(Lutz, 1989 : 4). 언어, 의도, 결과가 일어나는 맥락 전체를 분석하기 위해 Rank는 다음과 같은 질문을 한다.

1. 누가 누구에게 무엇을 말한 것인가?
2. 어떤 상태에서 말했나?
3. 어떤 상황에서 말했나?
4. 어떤 의도를 갖고 말했나?
5. 어떤 결과를 초래했나?

생각해 보기 지역 방송이나 전국구 방송에서 보도된 인터뷰, 기자 회견, 대중 집회 등을 관찰해 보자. 또는 지역 신문을 펴서 이들과 관련된 기사를 읽어보자. 그리고 Hugh Rank의 분석 방법을 활용하여 질문과 답, 다른 말들을 분석해 보자. 위와 같은 모임에서 사용된 애매모호한 표현을 당신은 어떻게 생각하는가? 가치가 있는 것인가?

수업 시간에 의미론과 완곡어법, 애매모호한 표현에 대해 학습하는 것은 우리가 해야 할 일이 아니다. 왜냐하면, 우리는 학생들을 교육을 통해 온전한 비판자로 길러내고자 하기 때문이다. Korzybski의 의견을 다시 한 번 더 살펴보면 의미론을 공부해야 하는 좀 더 구체적인 이유를 알 수 있다.
 1933년에 Korzybski는 인간의 언어 사용과 통제의 힘을 다음과 같이 제시하였다.

> 인간사(人間事)는 인간이 스스로 만들어낸 규칙에 의해 이루어지고, 인간이 만든 이론에 따른다. 인간의 성취는 상징의 사용에 있다. 이러한 이유로 우리는 스스로를, 상징 체계와 우리 자신을 통치하는 상징적이고 의미적 계층이라고 여겨야 한다(Korzybski, 1958 : 76).

 최근에 Weingartner(1969 : 1214)는 의미론에 대해 "언어학의 다른 분야보다 의미론을 공부하는 것은 학생들을 보다 지각 있고, 세련된 언어 사용자가 될 수 있게 한다."라고 하였다. 그리고 언어 교육과정에 의미론이 핵심이 되어야 한다는 것을 주장하였는데, 그 중요성에 대한 의심은 거의 없었다.
 의미와 의미 형성에 대한 연구는 인간 이해의 문제이다. Elaine Caccia는 우리 학생들이 유능한 시민이 되는 것은 언어에 대한 유능성에 기초한다고 하였다. Caccia(1991 : 55)에서는 "이 때 유용성은 효과적인 용법(usage)이나 문체(style)를 의미하는 것이 아니다. 이러한 분야(어법이나 문체)의 능력은 언어의 효과적인 사용에 기여할지 모르나, 거기에 매달려 있는 것은 문제의 핵심을 밝히지 못할 것이다." 의미론을 수업 시간에 다루는 것이 문제의 핵심을 밝힐 것이다.

다시 보기

REVIEWING THE CHAPTER

1부. 이 장에서 찾을 수 있는 진술 옆에 ✓표시하시오.

___1. 어떤 단어는 자동적인 반응을 일으킨다.
___2. Noam Chosky는 일반 의미론의 "아버지"이다.
___3. 완곡어법은 분명한 의사소통을 흐린다.
___4. 단어는 그 대상이 아니다.
___5. 상징체계를 규정하는 사람들이 지배자들이다.

2부. 내가 지지한다고 생각하는 진술 옆에 ✓표시하시오. 답변에 대한 근거를 준비하시오.

___6. 문법, 통사, 어법은 일반적으로 유의어이다.
___7. 상징은 보편적으로 인식된다.
___8. 금기어는 추상적이기보다는 구체적이다.
___9. 단어는 내포적이거나 외연적이지만, 둘 다이기는 힘들다.
___10. 의미론은 사람의 감정에 크게 의존한다.

3부. 교육자로서 여러분이 알고 있는 것과 이 장의 이해를 바탕으로, 여러분이 지지하는 진술 옆에 ✓표시하시오. 그리고 답변에 대한 근거를 준비하시오.

___11. 건축가의 청사진은 건물이 아니다.
___12. 지식과 믿음은 같은 것이 아니다.

__13. 어떤 것이 오리 같이 생기고, 오리 같이 걷고, 오리같이 소리내면 그것은 오리임에 틀림없다.

__14. 어떤 사람들은 단지 이해하지 못한다.

__15. 좋은 교수는 말하기가 아니라 보여주기를 중심으로 한다.

학생 탐구 활동

탐구 활동 1　애국심을 나타내는 언어
학습 방법　언어는 강력하므로 우리가 많은 것을 할 수 있게 해 준다. 여러 전쟁 동안 잡지 광고에 쓰인 언어들을 살펴보자.

> A. In times of war, in times of peace, use Parshall's Universal Flour. (WWI)
> B. You've done your best, now do your bit. (WWII, WAR bonds)
> C. Admiral Halsey is counting on you. (WWII, WAR bonds)
> D. Keep America moving. (Iraq war, General Motors)
> E. Add your voice to the push for peace (Iraq war, antiwar rally)

1. 이와 같은 슬로건들이 주는 감정적 효과는 무엇인가?
2. 이와 같은 슬로건을 보는 독자들은 어디에 사는가? 그것을 어떻게 알았는가?
3. 이 활동이 전쟁이 일어난 곳의 언어와 배경을 이해하는 데 도움이 되었는가?

***** ***** *****

탐구 활동 2　너 정말 잘난 척하는구나.
학습 방법　인터넷 사이트 http : //www.chaos.umd.edu/misc/story.html 에서 '오이디프스 왕' 이야기를 찾아보자.

1. 표준 문어와 인터넷 상의 판형(글자)이 어떻게 다른가?
2. 전자우편에서 볼 수 있는 글자와 인터넷 상의 판형(글자)이 유사한가?
3. 전자우편이 다른 형태의 문어나 언어의 다른 유형들과 완전히 다른가?

탐구 활동 3　　프린들(Frindle)
학습 방법　　　Andrew Clement의 소설 〈Frindle〉에서 Nick은 펜을 frindle 이라 부른다. 이러한 변화가 그의 가족, 친구, 선생님에게 큰 영향을 주었다.

1. 노트, 신발, 벨트 등의 일반적인 물건에서 하나를 선택하여 새로운 이름을 붙여보자. 이 이름을 최소한 1주일 이상 사용해 보자. 그리고 왜 여러분이 그렇게 새로운 이름을 사용하는지에 대해서는 아무에게도 이야기하지 마라.
2. 그 물건에 대해 네가 붙인 새로운 이름에 사람들은 어떻게 반응하는가?
3. 사람들이 단어의 의미에 대해 어떻게 일반적인 합의를 만들어내는지 이 활동을 통해 알게 되었는가?

***** ***** *****

탐구 활동 4　　Flux의 의미
학습 방법　　　신문과 잡지에 광고된 물건 목록이 여기 있다. 이 물건들을 팔기 위한 광고를 신문이나 잡지에서 조사해 보자. 광고에서 물건과 관련된 이미지는 어떤 것이 있는가? 행복한 가족의 모습, 피곤해 보이는 노동자, 섹시한 남자나 여자 등 어떤 것인가?

a. wrist watches	b. shoes	c. automobiles	d. alcohol
e. telephones	f. cigarettes	g. clothes	h. luggage

1. 이 광고에서 **정말** 팔려고 하는 것은 무엇인가?
2. 팔려고 하는 물건과 그림이나 이미지가 정말 관련이 있는가? 너무 억

지스럽지는 않나?
3. 의미하는 바를 어디서 찾을 수 있는가? 광고 자체에 나타나 있나? 아니면 독자가 만들어 내야 하는가?

***** ***** *****

탐구 활동 5	어떤 단어가 더 나은가?
학습 방법	다음 단어 중에서 동의어는 몇 개나 있는가?

A. dumb	B. cool	C. might	D. happy
E. fat	F. bathroom	G. disabled	H. neighborhood

1. 각각의 단어를 서로 바꾸어 사용할 수 있는 때는 언제인가? 누구에게 쓸 수 있는가?
2. 다른 환경에서 완벽히 같은 것을 의미하는 단어를 왜 쓸 수 있는가?

***** ***** *****

탐구 활동 6	여러분이 살고 싶은 곳은 어디인가?
학습 방법	사람들은 천국과 같은 California에, 편안한 Texas에, 지루한 Oregon에, 친근한 Nebraska에, 이상한 Missouri에 살고 있다. 미국 지도를 펼쳐서, 특이한 이름을 가진 지명을 찾아보자. 최소 10개 이상의 도시나 마을 이름을 찾아보자.

1. 인터넷에 가서 당신이 찾은 마을이나 도시 이름이 어떻게 생겼는지 알아보자.
2. 마을이나 도시 이름을 선택하는데 "(언어의) 마법"이 작용했는가? 마을을 세운 사람들이 마을의 이름을 지을 때 그 이름으로 무엇을 말하고자 했을까?

탐구 활동 7	불쾌한 현실에 대한 유쾌한 단어
학습 방법	다음 목록에서 가장 강한 부정의 이미지가 떠오르는 단어에 ○를 해 보자. 그리고 이것을 모둠에서 함께 해 보자.

> A. big-boned, fat, overweight
> B. die, pass away, pass on
> C. elderly, aged, old
> D. stupid, dumb, half-witted
> E. restroom, bathroom, powder room
> F. operation, war, conflict
> G. poor, lower class, hard up
> H. off, murder, slay
> I. corpse, body, cadaver
> J. crazy, mad, insane

1. 가장 부정적이라고 생각했던 단어에 모둠원들이 동의했는가?
2. 각 모둠에서 각 단어가 정확하게 같은 뜻을 의미했는가?
3. 각 모둠에서 기술한 각각의 사건을 다른 단어로 바꾸어 사용할 수 있겠는가? 왜 그것이 가능한가?

***** ***** *****

탐구 활동 8	우리가 알고 있는 단어
학습 방법	여러분이 가장 즐거웠던 방학이나 여러분이 좋아하는 취미 활동, 여러분이 학교에서 가장 좋아하는 과목 등을 생각해 보자. 브레인스토밍을 통해, 방학, 취미활동, 과목에 이용된 용어 목록을 만들어보자. 그리고 그 목록을 짝꿍과 함께 읽어보자.

1. 짝꿍의 용어 목록에서 당신이 잘 모르는 용어는 몇 개나 있는가? 여러분의 용어 목록 중에서 짝꿍이 모르는 용어는 몇 개나 있는가?
2. 여러분이 잘 모르는 용어나 단어가 있다면, 이 단어는 덜 실재적인가? 실재 감각에서 이 용어나 단어는 어디에 있는가? 이 단어들이 다른 언어의 단어들보다 여러분에게 훨씬 또는 덜 낯설은가?
3. 그들이 나타내고자 하는 단어나 개념은 어디서 유래하는가? 특히 우리가 특별히 흥미가 있는 단어나 개념들은 어디서 유래하는가?

***** ***** *****

| 탐구 활동 9 | 그 의미는 여기, 어딘가에 있다. |
| 학습 방법 | 우리가 사용하는 거의 모든 단어는 뚜렷하고, 잘 만들어진 이미지를 불러일으킨다. 우리가 일상에서 자주 쓰는 짧은 단어 몇 개가 있다. 이 단어들을 조합하여 단어나 용어 목록을 만들어보자. |

| music | dog | cat | mother | car | holiday |

1. 모둠에서 다른 친구들에 의해 만들어진 목록과 여러분의 것을 비교해 보자.
2. 제시되었던 꽤 간단한 단어들의 각각에 덧붙은 이미지의 범주를 어떻게 설명하겠는가?
3. 모둠 토의 결과를 바탕으로 답해 보자. 의미에 대한 여러분의 결론은 무엇인가? 의미는 어디에서 오는가?

***** ***** *****

탐구 활동10　동의어
학습 방법　진하게 표시된 단어는 핵심어이다. 이 핵심어의 동의어를 찾아보자.

> 예 policeman, officer, buttons, cop, flatfoot
> woman :
> man :
> teacher :
> doctor :
> actor :
> politician :

1. 찾아낸 모든 동의어가 핵심 단어와 같은 의미를 드러내는가? 각각의 동의어가 나타내는 부가적인 의미는 무엇인가?
2. 핵심 단어에 대한 동의어를 찾을 때 단신이 고려했던 상황은 무엇인가?
3. 핵심 단어의 긍정적 또는 부정적 이미지를 더욱 불러일으키는 단어를 찾는 것보다 동의어를 찾는 것이 더 효과적인가?

***** ***** *****

탐구 활동 11　은어(Jargon)
학습 방법　도서관이나 학교 미디어 센터에 있는 신문 진열대에서 전문 서적을 찾아보자. 그 중 3가지 전문 서적을 선택하고, 여러분이 평소에 사용하지 않지만 알고 있는 단어 10가지를 각각에서 골라보자.

1. 선택한 단어가 속한 문장을 찾아보자. 여러분이 생각하는 각 용어에 대한 의미를 짝꿍에게 설명해 보자.

2. 다른 사람이 사용한 것을 여러분은 알겠느냐? 또는 그 용어는 여러분이 사용하는 것보다 훨씬 더 많이 사용되는가? 그 용어를 그들은 어떻게 배웠을까?
3. 이와 같이 특별히 사용된 용어를 은어라 하는가? 사람들이 이렇게 특별히 사용되는 단어를 사용함으로써 어떤 목적을 달성할까?

***** ***** *****

탐구 활동 12　경험있고, 주인이 전에 있었고, 사용되었던 신발인가?
학습 방법　　 방의 한 가운데 놓인 낡은 신발들을 설명한 후 짝꿍과 함께 그 신발에 대해 떠올릴 수 있는 단어를 가능한 많이 브레인스토밍해 보자.

1. 크기, 색깔, 재질 등과 같은 것으로 분류하는 단어 목록을 사용하자.
2. 설명적인 단어를 사용하면서, 각각의 분류 항목에서 가능한 많은 단어를 선택하여 신발에 관한 짧은 시를 써 보자.
3. 이제, 여러분이 사용한 분류 항목명과 각각의 설명적 단어가 적합한지, 그리고 여러분이 쓴 시를 설명해 보자.

***** ***** *****

탐구 활동 13　단어 무지개(word rainbows)
학습 방법　　 광고 메일, 일요신문, 카탈로그에서 색깔이 들어간 광고지를 이용하자. 각각의 그림이나 물건을 설명한 글에 사용된 다른 색깔들의 이름을 가능한 많이 찾아보자.

1. 아래 표를 이용하여, 각각의 색깔의 이름을 같은 종류의 색깔끼리 분류해 보자.

2. '살구색', '올리브색', '탕헤르 오렌지색', '사과색' 같이 음식 이름에서 유래한 특이한 색깔 이름은 몇 개나 되는가? '하늘색', '황혼색'과 같이 자연에서 유래한 색깔 이름은 몇 개나 되는가?

단어 무지개

광고 속에서 사용되어 있는 색깔들을 다음에 색깔별(color group)로 분류해 보자.

검정색 :
흰 색 :
파랑색 :
빨강색 :
노랑색 :

***** ***** *****

탐구 활동 14   전형(Nonesuches)
학습 방법   모둠에서, Lewis Carroll의 "Jabberwocky"나 Suess의 'How the Grinch Stole Christmas', 'The Lorax' 등의 비상식적인 단어들이 많이 사용된 문학 작품을 읽어보자.

1. 비상식적인 단어를 최소한 5가지 적어보자. 그리고 이 단어가 나타난 문장이 어떤 것이며, 어떻게 사용되었는지에 따라 단어의 뜻을 정의해 보자.
2. 모둠의 다른 구성원들과 함께 만들어 낸 의미를 가지고 토의해 보자.
3. 원래 비상식적 단어에 만들어 붙인 의미가 드러나도록 문장 중 몇 개를 소리내어 읽어보자. 비상식적 단어나 만들어진 정의에 재미를 위해 더하거나 뺄 부분이 있는가?

***** ***** *****

탐구 활동 15　Buffalo Breath
학습 방법
"Buffalo Breath"라고 불리는 새로운 화장품을 위한 지역 신문 광고나 텔레비전 광고를 매우 쉽게 볼 수 있다. 남자나 여자를 위한 화장품의 이름이 그것의 사용자를 위한 이미지라 보기 힘들다. "Buffalo Breath"와 같은 향을 누가 원하겠는가? "Obsession"을 선호하지 않겠는가?

교실을 3~4개의 모둠으로 나눈 후, 치약, 화장품, 데오드란트, 헤어로션, 트리트먼트, 향수, 면도 로션, 스킨로션, 크림 등과 같은 생활용품을 모둠별로 모아보자.

각 모둠에서는 신문이나 잡지 등에서 가능한 서로 다른 생활용품 광고를 수집해야만 한다. 라디오나 텔레비전 광고를 이용해도 좋다.

1. 이 물건을 부르는 다른 이름들은 무엇이 있는가?
2. 이 이름들에 공통된 특징이 있는가?
3. 이 물건들을 만드는 회사는 왜 이러한 이름을 붙였을까?
4. 물건을 만든 사람이나, 물건을 만든 회사가 의도한 이미지를 드러내기 위해 이 같은 이름을 선택했을까?
5. 판매자는 이 물건을 팔기 위해 어떤 노력을 할까? 그 물건만을 대상으로 하는가?
6. 대부분의 광고에서 물건을 사용하는 사람이 등장할 것이다. 광고에서 그들은 얼마나 등장하는가? 의도된 이미지를 드러내기 위해 어떤 모습과 행동을 하는가?
7. 관찰을 바탕으로 생각해 보자. 물건의 이름을 붙이는 것은 어떤 과정에 의해 이루어지는가?

***** ***** *****

탐구 활동 16   내 귓가의 눈물(Tears in My Ears)
학습 방법   몇 년 전, "나는 너를 원망하는 동안, 침대에 누워 눈물을 흘렸다"라는 구절이 들어있는 유명한 노래가 있었다. 많은 DJ가 방송 중에 그 노래를 소개하는 동안 이 부분을 노래의 제목으로 사용하곤 했다. 이 노래의 제목은 어디서 온 것인가? 교실을 둘로 나누고, 각 팀별로 최근부터 10년 간격으로 나눠 맡자. 잡지나 라디오, 음악 잡지의 가요 순위의 복사본을 이용하거나 좋아하는 방송국의 DJ를 인터뷰하거나 당신이 맡은 기간 동안 매달 가장 유행했던 노래 제목을 찾아보자.

1. 제목 중 심각하거나 재미있는 게 있는가?
2. 남자나 여자라는 것을 드러내는 제목이 있는가?
3. 여러분이 맡은 기간 동안 가장 유행했던 노래의 기본 주제는 무엇인가?
4. 만약 이상한 제목이 있다면, 어떤 점이 이상하게 느끼도록 만들었을까?
5. 역사에 대한 지식을 바탕으로 또는 도서관에서 찾은 정보를 바탕으로, 당신이 맡은 기간 동안 세상에는 어떤 일이 일어났으며, 그 일이 노래 제목에 반영되었는가?
6. 유행한 노래와 일어난 사건 사이에 서로 관련이 있다고 결론 내린 근거는 무엇인가? 노래에 듣는 사람에 대한 관심이나 배려가 담겨 있었는가? 노래가 사람들에 대한 관심과 배려로 만들어진 것인가?

***** ***** *****

탐구 활동 17   같지만 다른
학습 방법   동의어는 대개 같거나 유사한 의미를 갖는 단어이다. 그것은 사람들이 단어를 어떻게 사용하는지 구별하는 데 매우 유용할 것이다. 여기에 제시된 몇 가지 단어를 분류해 보

자. Set #1에서는 제시된 단어와 가장 관련 있는 설명을 선택하여 × 표시를 하고, Set #2에서도 동일한 방법으로 해 보자.

Set #1	엄숙함 (Solemn)	진지함 (Earnest)	침착함 (Sober)	심각함 (Serious)	긴장감 (Intense)
love					
affection					
adoration					
devotion					
passion					

Set #2	Solemn	Earnest	Sober	Serious	Intense
sorrow					
anguish					
grief					
sadness					
woe					

1. 모둠 구성원들과 함께 2가지 Set를 가지고 각각의 순위를 비교해 보자. 여러분이 매긴 순위와 같은지 또는 다른지를 살펴보자.
2. 여러분이 매긴 순위와 토의를 통해, 사람들이 같은 단어에 대해 서로 다른 의미를 갖는 이유를 생각해 보자.

***** ***** *****

탐구 활동 18   "The Time Has Come', the Walrus Said…"
학습 방법   이 활동의 제목을 "이상한 나라의 앨리스"를 통해 생각해 보자. 다른 사람들이 닭이나 송아지, 물고기, 돼지 등을 소중하게 생각하는 것처럼 해마는 에스키모 부족들이 가장 중요하게 생각하는 동물이다. 에스키모 인들은 해마에 대한 여러 가지 이름을 가지고 있다.

nutara	baby walrus
ipiksalik	2-year-old walrus
tugar	walrus with tusks
timartik	big male walrus
aiverk	lone walrus
naktivilik	mature walrus

1. 에스키모인들은 우리말이 가지고 있는 것보다 해마에 대한 이름을 더 많이 가지고 있다. 그 이유에 대해 생각해 보자.
2. 우리말에 한 동물에 다양한 이름을 붙이는 경우가 있는가?
3. 에스키모인들은 '말'에 대해 몇 가지 이름을 가지고 있을까?
4. 우리가 '개'나 '집'에 대해 갖고 있는 용어의 수와 에스키모인들이 가지고 있는 용어의 수를 비교해 보고, 왜 그런 차이가 있는지 생각해 보자. 그리고 에스키모인들은 해마에 대해 왜 그렇게 많은 단어를 가지고 있을까? 언어가 우리 주변의 세계를 그리는 방식이 서로 다르다는 것은 무엇을 말해주는가?

***** ***** *****

탐구 활동 19　딸랑딸랑 효과(Tintinnabulatory Effects)
학습 방법　　전 세계의 고양이나 개는 사실상 같은 소리를 낸다. 하지만 각각의 언어는 서로 다른 방식으로 그것을 표기한다. 천둥소리나 총소리, 바람 소리는 지구상의 어느 곳에서도 같은 소리임에도 불구하고 각 언어가 이들을 다르게 표현한다. 프랑스인 친구와 함께 다음 영어 단어를 연결해 보자.

영어	프랑스어	한국어
boom	achoum	우르르 꽝
splash	glouglou	첨벙첨벙
glug—glug	badaboum	꿀꺽꿀꺽
pooey (stinky)	plouf	훅
achoo	pouah	에취
bang—bang (gun)	miam miam	탕탕
knock—knock	boum	똑똑
yum—yum	pan pan	냠냠
smack	clac	철썩
tickle—tickle	youopi	간질간질
hurray, goody	oh la la la	(우레같은 박수소리)
Oh dear	hic	어머나
hiccup	guili guili	딸꾹
ouch	toc—toc	아야
bang (door)	aie, ouille	쾅

1. 같은 소리를 갖고 다른 철자를 갖는 경우, 프랑스인과 미국인이 같은 것을 발음한다고 할 수 있는가?
2. 진짜 소리를 나타내는 데 가장 근접한 소리를 가진 철자는 어떤 것인가?
3. 각 언어마다 다른 의미를 나타내고 같은 소리를 가진 다른 철자가 있는가?

***** ***** *****

탐구 활동 20   동물의 이미지
학습 방법   동물의 이미지가 떠오르는 "It's raining cats and dogs."와 같은 문장을 들어본 적이 있을 것이다. 스페인어나, 독일어 등 다른 언어를 사용하는 사람은 네가 떠올린 이미지와 같은 이미지를 떠올리기 힘들지 않을까? 여기에 일반적인 동물에 대한 이미지를 나타내는 영어와 프랑스어의 대조표가 있다.

영어	프랑스어	한국어
to play leapfrog	jouer a saute-mouton (to play leap sheep)	토끼뜀하기
a scardey-cat	une poule mouillee (a wet hen)	격노한
to have goose pimples	avoir la chair de poule (to have hen flesh)	소름
clever as a fox	malin comme un singe (clever as a monkey)	여우처럼 교활한
You can't teach an old dog new tricks	On n'apprend pas a an singe comment la grimace (you can't teach a monkey how to make faces)	나이가 들면 새로운 것을 받아들이기 쉽지 않다.
to open a can of worms	un vrai panier de craves (a real basket of crabs)	긁어 부스럼 만들기.
to be hungry as a hourse	avoir une faim de loup (to be hungry as a wolf)	몹시 시장하여
to have bats in the belfry	avoir une araignee au plafond(to have a spider on the ceiling)	미치다. 실성하다.

1. 각각의 언어가 그들의 대표적인 표현에서 발견되는 동물을 사용하는 이유가 무엇인지 생각해 보자.
2. 언어마다 다른 동물로 사용된 표현을 원래 동물이 가진 의미로 바꿀 수 있는가?
3. "언어는 옳은 것도 그른 것도 아니다. 다만 다를 뿐이다."라는 진술에 왜 동의 또는 반대하는지 설명해 보자.

***** ***** *****

탐구 활동 21　Brids of a Feather…
학습 방법

속담은 세계 보편적이다. 세상 모든 사람들이 그들의 언어에 속담을 가지고 있다. 여기 여러분이 전에 들어봄직한 속담들을 프랑스어와 비교하여 제시해 보았다.

영어	프랑스어	한국어
When in Rome, do as the Romans (do).	Il faut hurler avec les loups. (You must howl with wolves.)	그 곳의 풍습을 따르라.
Actions speak louder than words.	Faire et dire sont deux. (To say and to do are two.)	말하기는 쉽고 행동하기는 어렵다.
Live and let live.	Il faut pue tout le monde vive. (All the world must live.)	공존공영
I'm at my wit's end.	Je suis au bout de mon latin. (I'm at the end of my Latin.)	정말 모르겠다.
Out of sight, out of mind.	Loin des yeux, loin de coeur. (Far from the eyes, far from the heart.)	눈에서 멀어지면, 마음에서도 멀어진다.
The more, the merrier.	Plus on est de fous, plus on rit. (The more fools there are, the more they laugh.)	많으면 많을수록 좋다.
Birds of a feather flock together.	Qui se ressembles, s'assemble. (Those who resemble, assemble.)	유유상종
Put your money where your mouth is.	Selon ta bourse gouverne ta bouche. (According to your purse, govern your mouth.)	내기하자.
Calling a spade a spade.	J'appelle un chat un chat. (I am calling a cat a cat.)	말은 바로 하자.

Where there's a will there's a way.	Vouloir, c'est pouvoir. (To want is to be able.)	뜻이 있는 곳에 길이 있다.
Nothing ventured, nothing gained	Qui ne risque rien, n'a rien.(He who risks nothing, has nothing.)	위험을 무릅쓰지 않고서는 아무 것도 얻을 수 없다.

1. 이들 속담 중 거의 비슷한 것이 있는가? 어떤 것이 다른가?
2. 속담의 목적은 무엇인가? 사람들은 왜 속담을 사용하는가? 속담을 사용하는 사람들이 무언가를 드러내기 위해 속담을 사용할까?
3. 속담 속에 담긴 생각들에 대해 살펴보자. 그리고 속담의 언어 형태에 대해 살펴보자. "닭이 먼저냐, 달걀이 먼저냐"와 같이 속담에 드러난 생각과 언어 형태 중 어떤 것이 먼저 일까?

***** ***** *****

탐구 활동 22 Be a Good Sport

학습 방법 지역 신문에서 스포츠 부분을 복사하자. 그리고 스포츠 잡지의 인터뷰를 읽어보자. 또는 텔레비전 스포츠 프로그램을 시청해 보자. 이들 속에서 완곡어법 3가지를 찾아보자. "게임에 집중력을 잃은 상태(mental error)"나 "심판의 판정(judgment call)"과 같은 단어가 실수한 선수나 잘못된 판정에 붙여진 예를 볼 수 있다. 음주나 약물 복용과 같은 불법 행동을 한 선수를 "having off-the-field difficulties"라고 한다.

1. 우리가 확인한 관용어구는 누가 사용한 것인가? 스포츠 기자가? 인터뷰어가? 선수가?
2. 여러분의 판단에, 관용어구를 사용하는 사람은 무엇을 말하려고 또는 말하기 싫어서 그것을 사용했는가?

3. 관용어구는 왜 사용되는가? 의사소통을 효과적이게 하는가?

***** ***** *****

탐구 활동 23 Are You Sick, or What?
학습 방법 4~5개의 모둠에서 건강과 관련되어 사회적으로 사용되는 용어나 구를 브레인스토밍하자. 네 모둠에서 작성한 관용어구 목록을 활용하여, 다음 질문에 답해 보자.

1. 이와 같은 관용어구는 어디서 만들어진 것인가? 관용어구가 누군가에게 피해를 줄 수 있을까?
2. 여러분의 목록에 있는 용어들을 비교해 보자. 어떤 물리적 상황이나 상태를 나타내는 데 관용어구를 사용하는 것이 사회적으로 더 적절한 것이 있는가?

***** ***** *****

탐구 활동 24 이해하기 힘든 표현(Gobbledygook)
학습 방법 "Gobbledygook"은 부풀려지고 과장된 언어이다. 이것은 단어를 더 크고 낯게 표현하여 독자나 청자를 압도하기 위해서이다. 신문이나 잡지의 중요한 기사 중 하나를 선택하여 네가 할 수 있는 한 가장 큰 gobbledygook을 이용하여 다시 써보자. 이 활동은 너의 어휘력에 도움이 될 것이다.

1. gobbledygook이나 부풀려지고 과장된 단어를 보통 누가 사용하는가?
2. 여러분이 쓸 수 있는 가장 과장된 단어의 어원을 찾아보자. 어떤 언어에서 유래한 것인가? 영어의 역사에 대해 이 단어는 무엇을 드러내는가?

***** ***** *****

탐구 활동 25　Pearl Jam on Toast
학습 방법　여러분이 좋아하는 음악 밴드의 이름을 5가지 적어보자. 그리고 사전에서 각각의 이름이 들어있는지 찾아보자. 다른 친구들의 것과 비교해 보자.

1. 이름의 어딘가에서 음악과 관련된 활동을 한다는 것이 드러나는가?
2. 밴드의 이름 속 단어가 관련되는가?
3. 밴드를 위해 선택된 이름이 어떤 목적을 갖고 있는가?

***** ***** *****

탐구 활동 26　Is It Scarlet or Red O'Hara?
학습 방법　립스틱, 아이세도, 브러쉬 등의 잡지 광고를 4개 정도 찾아보자. 광고에 쓰인 색깔 이름은 실제 색깔의 이름이다. 다른 친구들과 네 목록을 비교해 보자. 실제 색깔과 다르게 광고에서만 사용된 이름이 있다면, 그 색깔을 어떻게 추측할 수 있을까?

1. 화장품의 이름에 어떤 패턴이 있는가?
2. 광고주가 만든 이름이 물건에 대한 너의 생각에 영향을 주는가?
3. 화장품을 위해 선택된 이름의 1차적 목적은 무엇일까?

***** ***** *****

탐구 활동 27　보는 이(beholder)의 눈에 아름다움이 있다.
학습 방법　모둠 활동을 통해, 우리 학교의 특정한 동아리에 사용된 이름의 목록을 만들고 생각해 보자. "운동부"는 때때로 "jocks"를, "방송부"는 "nerds"를, "컴퓨터부"는 "hackers"를 이름으로 삼는다.

1. 부모님들, 선생님들, 또는 어른들에게 이 목록을 보여드려 보자. 이름이 드러내고자 하는 바를 그들이 알아챌 수 있는가? 나이에 따라 차이가 있을까?
2. 어떤 용어는 보다 긍정적이거나 보다 부정적인가?
3. 이와 같은 용어는 다른 특정 집단을 가리키는 용어에 비해 독특할까? 이러한 이름이 왜 사용되는 것일까?

***** ***** *****

탐구 활동 28	사든지 말든지
학습 방법	잡지에서는 팔려고 하는 물건에 대한 묘사를 위해 단어와 사진을 이용하여 광고를 한다. (a) 신차 광고, (b) 담배 광고, (c) 청량 음료 광고, (d) 헤어 제품 광고 등을 수집해 보자. 네가 수집한 광고들을 다음과 같은 질문을 통해 살펴보자.

1. 각각의 광고에 사용된 핵심 단어는 무엇인가?
2. 광고에 어떠한 편견이 담겨져 있는가? 왜 그런가? 왜 그렇지 않은가?
3. 이 단어가 여러분에게 말하고자 하는 의미는 무엇인가? 덧붙이고자 하는 의미나 직접적, 구체적, 사실적 의미를 가진 단어가 있는가? 어떻게 알았는가?

***** ***** *****

탐구 활동 29	애도의 마음을 담아(With Deepest Sympathy)
학습 방법	가족 중 누군가가 돌아가신 경험이 있는 친구에게 애도의 마음을 담아 위문 카드를 보낸다. 3~4명으로 모둠을 구성하여, 죽음과 관련된 관용어구를 가능한 많이 브레인스토밍해 보자.

1. 죽음에 대해 말하거나 쓸 때, 사람들은 왜 관용어구를 사용할까?
2. 여러분이 조사한 목록 중에서 다른 사람의 감정을 상하게 할 만한 관용어구가 있는가?
3. 어떤 사람들은 왜 관용어구를 사용할까? 네 생각에 관용어구는 적절한가? 부적절한가?

제10장

편협하고 차별적인 언어

> 막대기와 돌은 나의 뼈를 부러뜨릴 수 있지만, 말은 결코 나를 다치게 하지 못할 것이다.
> —미국 속담

이 장을 읽기 전에

어른이 되어가고 있는 학생들의 영어 교사로서 여러분의 역할을 생각해 보라. 학생들이 편협하거나 판에 박히고 인종 차별적이거나 인종주의자적, 성차별적인, 혹은 다른 방식으로 남에게 상처 주는 말을 하는 것을 들었을 때, 당신은 어떻게 할 것인가?

- 학생들이 그런 말을 언젠가는 쓰지 않을 것이라 보고 그런 상황을 무시하는가?
- 학교 및 교육청 정책에 따라 잘못한 아이에게 벌을 주는가?
- 그런 종류의 말은 교실에서 허용되지 않음을, 조용하고 분명하게 그러나 강력하게 학생들에게 설명하는가?
- 아니면 다른 방법을 취하는가?

10.1. 들어가기

Em Griffin은 *A First Look at Communication Theory* 에서 일반 의미론의 창시자인 Aflred Korzybski가 인간이 가져야 하는 필수적 요소를 의사소통

할 수 있는 능력이라 믿었음을 지적하였다. 식물은 태양 에너지를 유기적 영양분으로 바꾼다. 동물은 심어진 것이 아니기 때문에, 그들은 삶 속에서 움직임을 통해 그들의 공간(lot)을 개선해 나간다. 인간만이 과거의 축적된 경험을 공유하고, 좀 더 나은 미래로 이끌어 줄 질문을 만들어내고, 식물이 어떻게 자라는지, 어떤 뱀이 독을 가지고 있는지, 직장을 어떻게 구하는지 등 우리 아이들에게 말해주어야 할 실용적인 정보 공유를 위해 의사소통을 위한 상징(communicative symbols)을 사용하는 능력을 가지고 있다.[1]

의사소통은 고유하고 특이한 특질이지만, 우리는 항상 성공적으로 의사소통을 하지는 않는다. 왜냐하면 "The shooting of the hunters was awful"[2]나 "The chicken was too hot to eat"[3]와 같은 중의적 문장을 접할 수 있기 때문이다.

몇몇 신문 기사에서 이와 비슷한 중의성을 찾아볼 수 있다. "Volunteer Needed to Help Torture survivors."와 같은 지역 신문의 몇몇 헤드라인을 살펴보자.[4] 플로리다 신문에서 우리는 "Homeless Man Improves After Car Runs Into Him."[5]을 읽을 수 있다. 또 다른 플로리다 신문의 헤드라인은 "Midwest Storm Blamed for Wisconsin."[6]이라 보도하였다. 뉴욕 신문의 부

---

1) http : //www.afirstlook.com/archive/gensem.cfm?source=archther.
2) 역주 : 다음과 같이 중의적으로 해석될 수 있다. 사냥꾼이 사살된 것이 아주 나빴다 / 사냥꾼이 사살한 무엇인가는 아주 나빴다 / 사냥꾼의 사격 솜씨가 아주 나빴다
3) 역주 : 다음과 같이 중의적으로 해석될 수 있다. 닭이 너무 뜨거워서 먹지 못했다 / 요리한 닭이 너무 매워서 먹지 못했다
4) 역주 : 다음과 같이 중의적으로 해석될 수 있다. 생존자를 고문하는 데 필요한 자원봉사자 / 고문 생존자를 돕는 데 필요한 자원봉사자
5) 역주 : 다음과 같이 중의적으로 해석될 수 있다. 노숙자의 건강이 이상하게도 차사고 후에 향상되었다. / 노숙자의 건강이 차사고 이후에 시간이 좀 더 경과하고 나서 더 좋아졌다. / 노숙자의 벌이가 차사고 이후에 사람들이 더 동정해서 더 좋아졌다.
6) 역주 : 다음과 같이 중의적으로 해석될 수 있다. 중서부 지방 폭풍의 피해가 위스콘신에 미쳤을 때 그 피해가 더했다. / 중서부 지방 폭풍이 위스콘신을 비난했다. / 어떤 문제에 대한 정치적 논쟁 때문에 위스콘신 선거에서 졌을 때 중서부 지방 정치적 논쟁이 위스콘신을 비난했다.

고란에는 "To Everyone and Anyone who was in any way involved in my husband's passing, a Heart felt Thank You"('내 남편이 죽는 데 어떤 식으로 관여했던 모든 이들, 어느 누구든, 그들에게 진정으로 감사드린다'는 문장으로 납득하기 힘든 문장이다.)라고 실려 있었다(Barry, D. : 2004).

유머러스한 통사적 중의성 때문에 의사소통이 실패하면, 우리는 웃어 버린다. 그러나 결코 웃어넘길 수 없는 의사소통 상황도 있다. 예를 들어, 캘리포니아의 고등학교 야구팀들이 경기를 할 때, 주로 백인으로 구성된 Castro Valley의 팬들이 상대편인 Ashland에서 온 아프리카계 미국인 선수들에게 인종차별적 비방으로 비웃고 야유했다. 경기가 끝나고 양 팀 선수들이 악수를 나누며 서로를 지나쳐 갈 때, 떠밀고 때리기 시작했다. 선수 한 명이 상대 팀원에게 야구 방망이를 휘둘렀다. 방망이를 휘두른 선수가 때리려 했던 사람은 고개를 숙여 피하였으나 상대편 감독이 뒷머리를 맞았다. 그는 상처로 인하여 후에 사망했다.[7]

프로 선수들은 심판에게 박치기를 하고 침을 뱉었으며, 코치의 얼굴에 수건을 던지고, 상대편 선수들과 스탠드의 관중들에게 물리적이고 언어적으로 공격을 가했다. 그리고 공공연히 사용되는 독설(trash talk, 경기 중에 상대방을 위협하는 말)을 퍼부었다. 야구 경기 심판은 어린 선수들이 그런 행동이 용인될 수 있다고 믿고 있다고 말했다. 심판은 "모든 것이 말 때문에 일어났다"라고 말했다.[8]

사실 말 자체가 **직접적**으로 상처가 되지는 않지만, 이 경우에서 말은 상처와 심지어 죽음을 유발하는 환경 즉, **맥락**(context)을 만드는 데 일조한 것이다.

그러나 상처 주는 말(hurtful word)이 항상 명시적인 방법으로 사용되는 것은 아니다. 현명하거나 유머러스한 사람이라고 생각되는 특정 화자가 무

---

7) "Youth baseball Brawl Deadly", *Lincoln(NE) Journal star*, May 20, 1993.
8) Ibid.

의식적으로 대화 중에 상처 주는 말들을 슬쩍 집어넣거나 형태를 바꿔 사용하기도 한다. 예를 들어, 몇 년 전 나는 가을 학기가 시작되기 전 일주일 동안 12학년 교사를 위한 전일제 워크숍을 실시하였다. 한 달 뒤, 그들의 성공 사례를 살피고, 전일제 워크숍에서 한 달의 초반부에 쓰도록 제시한 학습 전략에 대한 질문을 받기 위해 교사들과 그 학교를 방문했다.

사후 점검을 위한 방문의 마지막 날, 한 교사가 나에게 다가와 병원에서 첫 아이를 낳느라 전일제 워크숍에 참석하지 못한 것에 대해 미안해했다. 나는 그 교사에게 "좋으시겠어요. 뭐 낳으셨어요?"라고 물었다. 옆에 있던 교사가 끼어들어서 "백인이요."라고 말하고선 웃었다. 나는 웃을 수 없었다. 그 "농담"은 재미없었다.

'뭐'라고 물은 나의 질문이 부적절했을지도 모른다. 그러나 필자가 무엇을 묻고자 했는지 그 교사가 이해할 수 있는 상황이 주어졌다고 생각한다. 나는 그녀의 갓 태어난 아이가 아들인지, 딸인지 묻고 있다는 것을 그녀가 이해했다고 확신한다. 하지만 옆에 있던 교사가 끼어들어 한 '농담'이 놀라울 따름이다.

미국의 주요 회사들이 아프리카계 미국인들이 직장에서 차별받고, 조롱당하면서 받아온 피해에 대해 엄청난 대가를 지불하기도 하고, 교통 경찰들이 흑인 운전자들을 명백한 이유도 없이 차를 멈추게 하고 인종적으로 차별하기도 하는 이 때에, 어떻게 특히 교사가 그렇게 뻔뻔스러운 인종차별적 발언을 '농담'으로 가장해서 할 수 있단 말인가? 만약 내가 흑인이었다면, 더 치명적이었을 그런 유머를 하였을지 의문이다.

10.2. 명백한 편협함

사람은 언어 때문에 상처받지 않는 경우가 많다. 때로는 과정에 상처받기도 한다. 사람들은 워싱턴 DC에 있는 국회를 미국 국민에 있어 아주 중요한 이슈를 해결하는 곳이며, 정치적 담화는 높은 애국심과 정치적 능력을 바탕으로 한 엄숙한 의무를 포함하고 있으리라 생각할지도 모른다. 그렇게 들었을지 모르나, 항상 그런 것만은 아니다.

최근 미국 부통령과 상원 의원들 사이에서 이라크와 단독 공급 체결을 맺은 국제 에너지 공급 회사와 부통령의 긴밀한 관계에 대해 민감한 말들이 오고갔다. 이러한 계약은 회사에 수백 만 달러의 이익을 가져다주었다. 부통령은 차마 입에 담기 어려운 "Go fuck yourself(엿 먹어라)"와 같은 말로 언쟁을 끝냈다(Dewar, H. & Milbank, D. : 2004). 이것이 진정 진지한 정치적 담화에 엄숙한 의무가 작용한 것이란 말인가!

금기시되는 4개 철자 단어들만이 우리의 사고를 안개 속에 빠뜨리는 주범이 아니다. 프랑스가 이라크 침공을 위한 미국의 협조 요청을 거절했을 때, 언론은 "*Gallic*"이라는 단어로 하루 종일 도배를 했었다. "*Gallic*"은 많은 사람들에게 익숙지 않은 단어인데, 저널리스트들이 민족적 편견을 불러일으키기 위해 흔히 쓰는 단어로, 아일랜드 인들을 *Hibernian*(하이버니안), 스코틀랜드 사람들을 *Caledonian*(캘리도니언), 독일 사람들을 *Teutonic*(투턴)이라고 부르는 것과 같이 자주 쓰이는 형용사이다. 미국과 프랑스의 최근 관계에 의해 *Gallic*이라는 단어는 "어리석은 프랑스인들이 또 시작했구나!"라는 뜻으로 굳어졌다(Nunberg, G., 2004 : 84-85).

10.3. 막대기, 돌, 그리고 말

이 장의 머리말에 인용된 속담을 들어본 적이 있을 것이다. 그것은 미국에서 한 세기 넘게 사용되어 온 속담이다. 부모들이나 아이를 돌보는 성인들은 아이들이 악의를 담고 하는 말과 품위를 떨어뜨리거나 상처를 주는 말로 다른 사람에게 상처받았을 때 이러한 격언을 가르쳤다.

전형적으로 이와 같은 속담은 보통 아이들 간의 갈등이나 싸움을 해결하고자 제시되었다. "서두르면 일을 그르친다."와 "먼저 오는 대로, 먼저 대접받는다."는 전통적인 예이다(Neil Postman, 1986 : 19).

언어의 역사에 흥미를 갖고 있는 사람들에게 있어 "막대기와 돌" 속담은 19세기 초로 거슬러 올라가야 한다. Missouri River Vally의 최초 탐험가인 Hugh Henry Brackenridge는 1981년 *Gazette*에 "심한 말과 언어는 파멸을 자초하지 않는다."라고 썼다. 미국 독립 혁명 중에 필라델피안으로 활동한 Gouverner Morris는 1814년 *Dairy and Letters*에서 "그것은 단지 말일 뿐이다. 그 말을 들어서 기분은 나쁠지언정 몸이 다치지는 않는다."라고 Brackenridge와 매우 비슷한 말을 했다(Bartlett, W. J., 1977 : 496).

이와 같이 익숙한 속담 중 첫 번째 것은 두 가지 이유 때문에 이 글에 가져왔다. 첫째, 언어의 역사는 늘 흥미롭다. 둘째, Brackenridge와 Morris의 시대에서부터 여러분이 그 속담을 처음 들었을 때까지 그리고 어제를 포함하여 나는 확신한다. 지금까지, 어디서든 누구나 우는 아이에게 "막대기와 돌(의 소중한 속담)을 기억하렴."이라 말한다. 사실 이러한 속담을 이용한 치료가 싸움이나 갈등을 해결해 주거나 상처를 낫게 하는 것은 아니다.

그 속담은 장기적이든 단기적이든 사람들에게 위로를 줄 수 없을 것이다. 분명히 그 속담을 사용함으로써 부모나 유모는 아이에 대한 사랑을 표현할 수 있을 것이다. 이는 곧 자주 사용되곤 하는 언어 표현이다. 이런 점에서 그 속담이 중요하게 여겨지기는 하겠지만 그 단어들이 끼치는 아픔은 여전히 남아있을 것이다. (여러분은 별명을 불렸을 때를 기억 못하는가?) 속담에서 말하는 것처럼 막대기와 돌은 상처를 준다. 하지만 속담 얘기와 달리 말도 상처를 주는 경우가 많다. 그리고 그 상처는 속담을 말하는 사람이 생각하고 가정하는 것보다 훨씬 더 치명적이고 오래간다.

10.4. 왜 어떤 이들은 별명이 많은가?

Peggy Sullivan의 소설 〈*Many Names for Eileen*〉은 부모님과 함께 분주한 토요일을 보내는 어린 소녀 Eileen의 이야기이다. Eileen은 토요일 하루 동안 다양한 사람들을 만난다. 그들은 각자 "Missy", "Curlytop", "Princess", "Little Ella", "Tiger", "Sport"와 같이 다양한 별명으로 그녀를 부른다. 분주했던 하루가 끝나갈 무렵, Eileen은 엄마에게 자신이 만났던 사람들이 왜 자신의 진짜 이름 대신에 다른 별명들로 자신을 부르는지 물었다. 그녀의 엄마는 사람들이 별명을 부르는 이유는 여러 가지가 있겠지만, 그 중 가장 특별한 이유는 사랑받는 아이는 많은 별명을 가지고 있기 때문이다(Sullivan, P., 1969).

다른 한편으로, 부적절한 환경에서 자란 아이들에게 별명은 완전히 다른 문제이다. 이러한 아이들에게 별명은 편견에 의해 붙여진 것이며, *Jewboy, Fag Girl, Crip, Boy, Bitch, Nigger, Dago, Queer, Spic*과 같이 인간으로서의 가치에 대한 고정관념과 가정을 담고 있는 말이다. (대개 몇 년 동안에 걸쳐) 이러한 별명으로 불리는 아이들은 분명히 그들이 사랑받기 때문에 다양한 별명으로 불린다고 생각지 않을 것이다.

그러나 대부분의 미국인 화자들은 편견에 의해 붙여진 별명들을 **공공연히 사용하는 것은** 상류 사회에서는 문화적인 금기이고, 공적으로 사용해서는 안 된다는 것을 지난 15~20년 간 배워왔다. 그들의 공공연한 사용은 모든 사람들에게 공평하고 억압받지 않는 기회를 제공하고, 누리도록 하는 민주주의와 다문화 사회와 관련된 로터리 클럽의 덕목을 훼손하는 것이다.

특정 인종·성·종교 따위에 대한 편파적 발언을 덜 사용하고자 하는 과정에서 여전히 자주 사용되는 **일부** 예를 살펴보자. "Eeny, meeny, meinie mo, catch a _____ by the toe"와 같은 문장을 주고, 21살 이하의 사람들에게 빈 칸을 채워달라고 요구하면, 그들은 아마도 *'tiger'*나 *'spider'*를 넣을 것이다.

나의 세대와 문화에서는 다른 단어를 사용했다.

그러나 이러한 변화에도 불구하고, 품위를 떨어뜨리는 언어와 비언어적 행동들이 요즘 사회에 여전히 남아 있다. 예를 들어, 피지 섬 사람이 초대한 친목 모임에 대한 최근 보고서를 보면 흑인 참석자들이 치킨을 먹고, 수박 펀치를 마시는 Harlem Room이 특징이라는 대목이 실려 있다. 다른 대학에서는 2명의 백인이 흑인 연구 휴게실에 Sambo[9]처럼 보일 정도로 마모된 베토벤 그림을 붙였다.[10]

Columbia 대학에서, 한 아프리카계 미국 칼럼니스트는 "야물커[11]를 똑바로 써라, 그러면 너희들 모자 위에 수백 만의 아프리카인의 피가 누르고 있는 것을 깨닫게 될 것이다."라고 말한 The Million Man March가 유태인을 비판한 *The Columbia Daily Spectator*에서 다음과 같이 말했다. O. J. Simpson 첫 번째 재판 이후, Southern California 대학 캠퍼스에는 "나는 모든 백인에게 깜둥이들이 무장하고 스스로를 방어할 거라는 것을 경고해야만 한다."는 전단이 나돌았다. 애틀란타의 Emory 대학에서 2명의 흑인 학생들이 "너희 깜둥이들은 결코 잠들지 못할 것이다."라고 쓰인 노트를 그들의 문 밑에서 발견하였다.[12]

---

9) 역주 : 속어, 인디오와 흑인과의 혼혈아
10) "Hate Speech on the College Campus," *Lex Colligi* (NAshville, TN : College Legal Information, Inc., vol. 14, no. 3, 1991), 1.
11) 역주 : yamulke-유대인들이 종교의식을 치를 때 쓰는 창 없는 모자.

10.5. 거시적 사회 문제

이러한 보고서가 생각 없는 어릿광대들이 모여 말하고 행동하는 대학생 집단을 크고 다양한 인류의 집합체라고 믿는 단지 몇몇 사람들의 요구만을 반영한 것일까? 글쎄, 아마도. 이러한 인종차별적인 언어는 기초 집단이나 대학 캠퍼스에만 국한된 문제가 아니다. 그것은 전체 사회가 공유해야 할 문제이다.

이러한 진술이 타당한지를 여러분의 경험을 통해 살펴볼 수 있다. 예를 들어, 공립학교, 대·중·소 기업들, 정부와 공공 서비스 기관은 그들 기관 내외 학생과 교사, 근로자들 사이에서 민족적, 다문화적 차원의 관용성과 민감성, 그리고 이해심을 향상시킬 전문가를 고용하거나 고용하려고 노력한다는 것을 알 것이다.

멀리 중국 진안의 경우, 고용주는 그들의 언어적 에티켓을 어떻게 개선할지에 대한 가이드를 받았다. 도시의 은행은 고객과 보다 친근해지려는 노력으로, 은행원이 90개의 미개한 문장과 구, 즉, "그것은 제 담당이 아닙니다.", "뭐가 그리 급하세요?", "저기서 기다리세요.", "원하신다면 가서 항의하세요.", "바쁜 거 안 보이세요?" 등을 사용하지 않도록 교육하였다[13].

뉴저지 라리탄 지방 의회는 공적인 악담(public cursing)을 금지하는 법안을 만장일치로 통과시켰다. "공식석상의 악담은 금지되어야만 한다."고 말한 한 의원은 "하지만 사람들이 고의로 그것을 사용하는 것처럼 보이지 않는다. 그것은 입법자들에게 국한된 문제이다."[14]

한 대도시의 신문은 최근 천박하고 나쁜 의미의 언어 사용에 대한 정책을

---

12) "Many Campuses Seethe With Racism," *Lincoln (NE) Journal Star*, October 25, 1995, sec. C.
13) "Chinese Bank Bans Tellers From Using 90 Rude Phrases," *Lincoln (NE) Journal Star*, April 25, 1995.
14) "N.J. Town Votes Cursing Ban," *Lincoln (NE) Journal Star*, October 13, 1994.

세웠다. 그 신문사의 편집자는 신디케이트 칼럼들, 통신사 이야기들, 지방에서 만들어진 보고서들은 편집되어 왔는데, 예를 들어 "butt(궐련)", "wee wee(쉬)"와 같이 삭제된 단어들이 포함되어 있었다고 설명했다. 게다가 "ballknoker"라는 단어를 사용한 신디케이트 칼럼은 심지어 출판되지 않았다. "Urans"와 "your anus" 사이의 운율을 이용한 연재만화와 "big hooters"를 참고한 다른 만화는 둘 다 출판되지 못했다.15)

여기 보도된 다양한 예들에 대해 여러분이 동의하든 그렇지 않든, 우리 사회에는 모두 참을 수 없고 속된 언어와 행동이 매우 많으며, 이로 인해 학교, 기관, 회사들이 그것에 대해 어떤 조치를 취하려는 시도가 생겨났다.

나는 최근 벌거벗은 여자가 그려진 야한 스위치 덮개를 사무실에 사용한 주 정부의 관리자에 대한 기사를 지역 신문에서 읽었다. 매일 아침 그가 스위치를 켜고 불이 들어오면, 스위치 덮개에 그려진 여자 몸의 특정 부위가 바뀌었다. Walter Gottlieb는 영화에 집단적으로 금기하는 것(bigotry)이나 반감을 갖는 것(hatred)을 반영해야 할 뿐 아니라 그것들을 강화해야 한다고 주장했다. 그는 유대인들에 대한 편견을 담고 있는 지난 몇 년간 개봉된 헐리우드 영화 시리즈들을 살펴본 후 그와 같은 말을 했다(Gottlieb, J. W., 1991 : 25).

나는 참을 수 없고 편파적이며 속된 언어의 직접적이거나 간접적인 사용에 대한 모든 이유를 이해했다고 말하고 싶지 않다. 나는 영어 교사가 언어적 어리석음 속에 빠진 세상 속에서 혼자서 바른 말만을 고수하는 요새가 되어 달라고 요구하고 싶지도 않다. 물론 그런 입장을 가진 것도 아니다. 반면에 사고와 언어 간 관계들이 다른 사람의 권위를 떨어뜨리고 상처주는 언어를 우리가 수행하게 한다고 나는 확신한다.

우리는 이러한 언어를 무시할 수 없고, 분별력 있게 교실로 가져와 학생

---

15) "Readers Praise Our Anti-Crudities Stand," *Omaha (NE) World-Herald*, October 16, 1994, sec. A.

들에게 인종차별적, 성차별적 언어와 행동에 대해 점검하고 탐구해 볼 기회를 주어야 한다고 생각한다. 이 때 언어의 다른 측면을 학습하기 위해 이 책에서 추천한 접근법을 따르는 것이 좋다.

이와 같은 아이디어를 분명한 상황 속에서 위치시키고, 우리는 핵심 내용으로서 "(이렇게) 말해라.", "(그렇게) 말해서는 안 된다."라는 규범적 훈계를 사용해서는 좀처럼 성공하기 힘들 것이다.

학생들에게 간단히 "이 교실에서 그런 말(homo, coon 등)을 쓰면 안 돼."라고 이야기하고 요구해라. 이것은 "dive"의 과거 시제는 "dove"가 아니라 "dived야. 이 교실에서 dove는 쓰면 안 돼."라고 오랜 기간에 걸쳐 그들이 성공할 때까지 말하는 것과 같은 방식이다.

단순히 어떤 단어나 구를 금지하거나 금하는 것은 때론(적어도) 다른 사람에게 독단적 형태의 하나로 이용된다. 앞서 말한 것처럼 우리의 임무는 교육이지 훈련이 아니다. 이전 장에서 논의한 바와 같이, 규범적 접근은 유의미하고 지속적인 방법으로 학생들의 언어적 행동을 점검하도록 동기화하지 못한다. 우리가 표면적인 학생들의 언어 사용을 일시적으로 제한할 수 있을지 몰라도, 심층 구조로서 자아를 구성하는 요소인 학생들의 태도, 가치, 사고 구조는 바꿀 수 없으며, 오히려 더욱 공고히 될 것이다.

이와 비슷하게도, 몇몇 학생들은 문장 앞에 위치한 부사나 행위자가 생략된 경우, 수동태 문장 또는 언어에 국한된 다른 양상들이 다른 사람들을 어떻게든 불쾌하게 만든다는 것을 알지 못한다. 또한 이와 같은 학생들 중 몇몇은 'girl, cameraman, crip, fag, fox' 등의 단어들이 다른 사람들을 왜 불쾌하게 만드는지, 그러한 단어가 왜 모욕적인지 인지하지 못하거나 대충만 인지한다. 온전히 인지되지 않으면, 그들은 자신의 언어를 수정할 필요를 거의 느끼지 못한다. 그렇다. 그들은 수정하지 않을 것이다.

나는 몇몇 고등학교 학생들에게서 임의로 수집한 생생한 자료(crude data)를 약간 가지고 있다. 이 자료에서는 천박하고 경박한 단어들이 때때로 그 단어들이 실제 어떤 의미를 지니는지 고려되지 않은 채 사용되지만, 의식적인 모욕으로 거의 일반적이고, 모호하게, 마구잡이식으로 사용됨을 보여준다. 예를 들어, 학생들은 'fag'16)를 "당신이 싫어하는 사람이면 누구에게든 사용할 수 있는 단어"라고 정의했다.

결론적으로, 이 장에서는 천박한 언어를 점검하는 접근법을 제안하고자 한다. 이러한 접근법은 언어의 다른 측면을 살피기 위해 앞서 제시된 접근법과 일치한다. 만약 학습자가 자신의 언어를 이해하고 보다 통제할 수 있기를 바란다면, 학생들은 언어의 실제 사회적 상황과 실제 사용, 의도된 결과뿐만 아니라 의도되지 않은 결과 측면에서 언어를 탐구해 보아야 한다. 그 후, 우리 학생들이 좀 더 의식적이고, 더욱 세련된 선택을 하는 것은 시간에 맞기면 된다. 학생들은 언어 견습생이라는 것을 잊지 마라!

이 장에서는 인종차별적, 성차별적, 그리고 그 외에 참을 수 없고 차별적인 언어의 예들을 살피고자 한다. 그러나 언어와 상황의 불가분성에 보다 초점을 두는 것이 중요하다. 이 때 상황은 참여자와 참여자의 관계, 참여자의 의사소통적 의도17)를 포함한다. 어떤 상황에서 girl이 성차별적 언어로 쓰임을 인정하더라도, 다른 상황에서는 그렇지 않다는 것을 기억하라.

예를 들어, 한 번은 한 대학생이 나에게 찾아와 한 교수님이 수업 시간에 "men and girls"이라고 매번 말한다고 불평했다. 그 학생에 따르면 그 교수님은 이러한 표현을 습관적 표현으로서 수업 내 똑같은 표현을 일상적이고 관습적으로 사용하였다. 그 학생은 화가 나 있었다.

반면에 아프리카계 미국인 여성들은 나이를 불문하고 거의 **응집성과 친밀감**을 나타내는 단어로서 'girl'을 쓴다. 그것은 자매 관계를 표현하는 것이다. 그들은 서로 대화할 때, "Say, girl"이라는 단어를 일상적으로 사용할 것이고, 그것에 화내지 않을 것이다. 나는 앵글로 유럽인 여성 몇몇이 girl이라

---

16) 역주 : 속어, 남자 동성연애자를 일컫는 말.
17) 제6장에서 논의한 참여자, 언어장, 언어 양식에 대한 사항 참고.

는 단어를 쓰려고 노력하는 것을 들은 적이 있다. 나의 판단으로 그들은 girl을 음악이 아니라 단어로 이해하고 있었다.

girl의 사용에 관한 전문가들의 보고에는 점검되지 않았고, 아마도 의도적이지 않았지만 성차별적인 언어의 예가 실려 있다. 나의 경험상 후자는 아닐 것이다. 어느 한 상황에서 천박하지만("You worthless son-of-a-bitch") 다른 경우 그렇지 않은("Hey, you old son-of-bitch! Gosh, it's good to see you!) 언어 사용의 또 다른 예가 있다.

사람들이 상처 주는 말을 쓰는 한 가지 이유는 그들이 이러한 언어와 성장이나 성숙에 의해 언어의 또 다른 측면을 획득하는 것으로 나타내어지는 의미적 가계(意味的 家系, semantic houses) 지도, 의미장을 가지고 있기 때문이다. 그것은 그들의 문화로부터 간접적이고 암시적으로 습득된다. 발음법이나 문법 패턴과 같이, 이러한 어휘는 그들이 숨 쉬는 언어적 대기의 일부인 것이다.

이러한 진술이 타당한지 살피기 위해 여러분은 몇몇 간접 조사를 실시할 수 있다.

> **생각해 보기**
>
> 텔레비전을 몇 시간 동안 또는 한 시간씩 몇 번에 나누어서 보라. 아니면 몇몇 일반인을 대상으로 한번 훑어보자. 간단한 기입 용지를 만들라. 그런 다음 여성의 몸에 대한 고정적 연상, 또는 남성의 결단성과 우월성, 때때로 여성의 우유부단함이나 순종성과 관련된 연상을 통해 광고된 상품 개수를 세어 보라. 이 조사를 통해 어떤 결과를 얻었는가?

변기를 청소하거나 부엌에서 더러운 냄비와 프라이팬을 설거지하고, 아침 식사를 위한 쇼핑을 할 때조차 여자는 항상 섹시하고 유혹적으로 비춰져야만 하는가? 이러한 이미지는 내가 언급한 것들만이 아니며, 그것은 대중

매체에 스며들어 있다.

남자들은 항상 강인하고, 이성적이고 신속한 결정을 내려 주목받는 John Wayne의 My way 같이 '길을 비켜라' 유형이어야만 하는가? 많은 종류의 광고 캠페인이 그와 같이 제안하는 것처럼 보인다.

이러한 편견은 어디에서 오는가? 광고들, 특히 텔레비전에서 더욱 쉽게 볼 수 있는 것은 흔히 공유하고 있는 문화적 편견을 반영하는 것인가? 아니면 그들이 만들어 내는 것인가? Postman은 이러한 질문은 미국에서 통용되는 지적 사고에 관한 상식(배경지식)에서 제외되고 있다고 하였다. 그 이유로 "텔레비전이 점차 우리 문화가 되어가고 있다."라고 할 수 있을 만큼 텔레비전과 그것의 메시지가 우리 사회에 스며들고 있음을 제시하였다.[18] Quentin J. Schultze 등은 이러한 관점에 일반적으로 동의하고, *Dancing in the Dark : Youth, Popular Culture and the Electronic Media*를 발간했다. 이 책에서 대중문화는 사회적 태도와 가치를 담는 그릇일 뿐만 아니라 창조자이므로 매우 중요하다고 언급하였다(Quentin J. Schultze, Roy M. Anker, James D. Bratt, William D. Romanowski, John W. Worst, and Lambert Zuidervaart : 1991).[19]

따라서 그 질문에 대한 간단한 답변은 어떤 광고이든지 문화적 편견을 반영하거나 만들고 있다는 것이다. 두 경우 모두 옳다. 내가 알기로는 광고는 편견을 반영하고 만들어낸다. 광고는 문화적 가치를 지나치게 앞질러 나가지 못하고, 사회에서 진실이거나 중요하게 고려되는 것에 결코 지나치게 뒤쳐져 있지 못하다. 결과적으로 우리는 광고 제작자들이 남자, 여자, 인종적 집단에 대해 갖고 있는 이미지가 집단적 유행에 대해 반영하기, 유지하기,

---

18) Postman, *Amusing Ourselves*, 79.
19) 또한 이와 관련된 논의는 John P. Ferre, ed., *Channels of Belief : Religion and American Television* (Ames : Iowa State University Press, 1991) ; and Gregor T. Goethals, *The Electronic Golden Calf : Images, Religion and the Making of Meaning* (Cambridge, MA : Cowley, 1991)을 참조.

강화하기, 창조하기, 또 반영하기, 유지하기, 강화하기 등 사회의 집단적 관점을 순환시킨다는 것을 알 수 있다. 만약 그 이미지가 대중의 기대에 어긋나면, 그것은 쉽게 사라질 것이다. 그래서 그들은 대중의 기대에서 벗어나지 않는다.

이러한 관점에서, 남자, 여자, 인종적 편견을 드러내는 텔레비전(또는 잡지나 신문)의 몇몇 광고나 상업 방송을 살펴보았다. 그들 중 어느 누구도 아첨을 하지 않았다. 하지만 이와 같은 시도는 그것이 인쇄되자마자 곧 구식이 되어버린다. 광고는 그만큼 재빨리 변하는 것이다. 그러나 편견은 여러분이 이미 완료한 이론적 조사처럼 설명되지 않는다.

텔레비전 광고는 편견의 단독 범죄자처럼 드러나지 않는다. 텔레비전 광고뿐만 아니라 유명 잡지, 타블로이드판 신문, 몇몇 신문들에 등장하는 광고도 살펴보자. 여러분은 또 다시 제기되는 인종적이고 성차별적인 주제를 발견하게 될 것이다.

메시지는 분명하다. 그것은 어느 한 쪽의 세계이다. 여러분은 아름답거나 추하거나, 섹시하거나 촌스럽거나, 남자답거나 무기력하거나 해야 한다. 그 선택은 분명히 소비자의 손에 달려있다. 이 머리 손질용 제품을 사고, 이 음료수를 마시고, X라는 생산물을 구매하고, 매력을 드러내는 것은 여러분의 것이다. Love Potion No. 9는 매체에 제공할 광고 요금이 우선임을 알게 될 것이다.

10.6. 고백

나에게 한때 알코올 중독이었던 친구가 한 명 있다. 그는 "(뭔가를) 시작하기" 위해서는 항상 술을 필요로 했다. 파티에 가기 전, 그는 파티를 위한 준비로 항상 집에서 서너잔의 술을 마셨다. 그래서 파티가 끝날 무렵이면 그는 매우 취해 있었다. 그가 집에 도착하고 나면, 그는 긴장을 풀고, 마음을 편안하게 하기 위해 나와 이야기를 하고, 몇 잔의 술을 더 마셨다. 약 15년 전 끊임없는 숙취와 친구들과의 불편한 관계로 지쳐갈 무렵, 그는 전문가의 도움을 받았고 더 이상 술을 마시지 않았다. 나는 그의 성공을 자랑스럽게 생각하지만, 그는 그렇지 않았다. "Larry, 나는 여전히 술주정뱅이야. 나는 다만 정신을 차린 알코올 중독자이지. 나는 지금 술을 마시지 않아."라고 그는 필자에게 몇 번 이야기했다.

친구의 말을 통해 느낀 것과 비슷한 감정으로, 나는 인종차별주의적, 성차별주의적 언어 사용을 극복하고 있는 중이라고 고백한다. 이 장을 쓴다는 사실이 나를 그러한 올가미로부터 벗어나게 해 주지는 않는다.

우리가 언어적 숙달의 유토피아적 상태에 도달하리라 믿는 것은 늘 위험하다. 어떤 사람은 그것을 달성하기 위해 고군분투해야 할 것이다. 한 사례를 보자. 여름 학기 수업 동안, 나는 중요한 사회언어학적 사실을 설명했다. 나는 학생들에게 "내가 대학 다닐 때, 대학 진학을 위해 미국으로 온 나이지리아인이 있었어. 재학 중에 그는 미시시피 출신의 한 여성을 만났고 둘은 사랑하고 결혼을 했어. 나이지리아의 가족들이 미국에 올 때마다 그들은 그의 행동에 충격을 받았지. 나이지리아에서는 성 역할이 엄격히 관습화되어 있어서, 여자가 해야 할 일과 남자가 해야 할 일이 매우 분명하게 구분되어 있었거든. 그의 친척들은 그가 스스로를 낮춰 그녀의 집안일을 돕는 것을 이해할 수 없었어."라고 말했다.

내가 사회언어학의 중요한 핵심을 강의했다고 엄청난 자부심을 느꼈다. 또 한번 스스로 뛰어난 교수라 느꼈다.

이런 기분으로 수업에 대해 만족하고 있을 때, 학생들 중 Valorie Foy가 여러분이 곧 알아챌 이유를 들어 수업 후에 질문을 했다. "Larry, 왜 그 일이 그녀의 집안일인가요? 그 집안일이라 말해야 했지 않나요?"

나의 열정적인 시선은 당황으로 바뀌었다. Val의 지적으로 나는 내가 어리석은 행동을 했으며, **정말** 어리석었고, 조음기관인 입술, 후두, 이, 혀를 가지고 늘 어리석은 행동을 해 왔음을 깨달았다. 우연히도, 내가 회복 중인 성차별주의자임을 이야기해 버린 것이다.

10.7. 성차별적 언어

미국에서 행동주의자들의 노력 덕분에, 최근 수년 동안 주로 남성과 여성의 평등에 대한 관심의 결과로 언어와 성 사이의 관계에 주목하게 되었다. 그러한 비판 중 많은 부분이 언어가 어떻게 세상의 남성 중심적 관점을 구성하는지에 관한 것이었다. 이 관점은 사회에서 여성의 역할을 훼손시킨다고 논의되었다(Crystal, D., 1991 : 46).

많은 관심을 불러일으킨 이슈가 성 중립적 문법의 부족이었다. 'If anyone wants a copy, he can have one' 에서처럼 영어에서 3인칭 단수 명사, 특히 비한정 명사를 받을 때에 그러하다. "anyone"을 "*she*"로 받으면 안 될까?(Crystal, D., 1991 : 46).

어휘의 경우에, 다른 예들이 있다. 예를 들어, *The man in the street* (보통 사람, 아마추어), *one man one vote* (1인1표주의), *Stone Age Man* (석기시대 사람)과 같이 성과 거의 관련이 없는 상황에서 '남성'이라는 항목이 사용됨을 볼 수 있다. 일반적 대중에는 여성이 있고, 투표하는 여성이 있으며, 선사 시대에도 여성은 있었다. 점검되지 않은 언어 사용이 이러한 사실을 얼버무리는 것이다.

영어에서, 남성이나 여성 중 어느 한 성만 사용하는 문법적 형식, 어휘 항목, 발음 패턴 등은 거의 없다. 하지만 사용 빈도 면에서는 차이가 있다. 예를 들어, 여성은 남성보다 문장 끝에 부가 의문문(예. I really liked that movie, *didn't you*?)을 훨씬 더 많이 사용한다. 이와 비슷하게, 여자는 감정을 나타내는 부사(예. *super, lovely*), *Godness me, Oh dear*와 같은 감탄사, *so, such*와 같은 강의어(强意語, intensifier) (예. It was such a busy week!)를 더 많이, 자주 사용한다(David Crystal, 1991 : 46).

여성과 남성은 혼성 대화에 참여할 때 종종 서로 다른 대화 전략을 사용한다. 여성은 일반적으로 질문을 더 많이 하고, *Hmmmmm, Yes, Uh- huh, Oh, I see*와 같이 대화에 참여하고 있음을 드러내어 주는 맞장구를 더 많이 사용한다. 반면 남성은 상대방의 말에 논박하기 위해 상대의 말을 막거나 (보고에 따르면, 이것은 3배나 많다.) 여성의 말을 무시하고, 더 새로운 주제를 소개하려 하며, 사실이나 의견을 더 말하려 한다((David Crystal, 1991 : 21).

한 작가는 혼성 대화 중 남성과 여성의 서로 다른 목적에 드러나는 분명한 차이를 밝히고자 했다. 여성은 **친교적 대화**를 하고, 남성은 **전달적 대화**를 한다. 이러한 차이에 따르면, 남성에게 대화는 정보를 전달하는 것이다(Deborah Tannen, 1990 : 77-79). 전달적 언어인 것이다. 여성에게 대화는 관계, 관심, 흥미를 드러내는 상호작용적 언어이다.

한 교과서 분석에서, 남성 대명사는 여성 대명사보다 4배 더 사용되었다고 보고되었다. 다른 연구에서, 영어에 성적으로 문란한 여성을 나타내는 표현이 220개나 쓰였으나, 성적으로 문란한 남성을 나타내는 표현은 단 22개만이 쓰였다(Crystal, *The Cambridge Encyclopedia*, 46.). 여성에 대한 언어적 편견이 확인된 것이다.

이 점을 강조하기 위해, 나는 교실에서 칭찬 릴레이 활동을 했다. 우리 모두가 잘 알고 있는 한 학생을 선택하도록 학생들에게 요구한다. 학생들의 동의를 얻어, 두 남녀 학생을 원의 한 가운데에 앉힌다. 그리고 나머지 학생들은 우리 모두 칭찬할 만한 학생의 특징을 찾아낸다. 약 2분 후 활동을 멈추게 한다. 나는 가운데 앉아 있던 학생에게 "기분이 어땠니?"라고 물었다. "쑥스러웠어요.", "쑥스럽지만 좋았어요."라고 대개 답한다. 그러고 나서, 전체 학생들에게 "만일 사람들이 너에 대해 **부정적인** 것들을 말한다면 기분이 어떨까? 2분 아니 2달, 2년, 아니면 너의 전체 삶 동안…"이라고 물으며 활동을 끝마쳤다. 핵심이 드러났다.

지면 관계상 남성과 여성의 발화 상 차이를 더 이상 철저히 분석하지는 않겠다. 그리고 아마도 모든 여성과 남성이 앞서 말한 전략들을 사용하는 것은 아니다. 만약 여러분이 이 주제에 대해 더 많은 것을 알고 싶다면, Deb Cameron, Jennifer Coates, Deborah Tannen과 같은 유명하고 학술적인 사회언어학자들의 저작물들을 추천한다. 그들의 저작물은 명쾌하며, 성과 관련된 발화 전략에 대한 여러 가지 신화를 깨뜨리는 데 도움을 줄 것이다. 언어 사용의 세계는 복잡하다. 그리고 "글쎄, 그건 여자들이나 쓰는 건데."와 같은 태평한 말로는 좀처럼 설명할 수 없다.

10.8. 양자 택일

Korzybski, A.(1958 : 14)에서는 이처럼 단순한 세상의 **양자 택일**(either-or)의 관점을 언어의 다층성이라는 설명으로 다루었다. 그는 단어가 적용되는 상황에 의해 좌우되는 애매한 의미를 갖는다고 믿었다. 그는 사람들이 언어로 사고하는 경향이 있다는 것 즉, **양자 택일**이나 **다중 선택**에 의해 제한받고, 억압받는다고 염려했다.

Korzybski는 사람들이 양극단 사이의 점진적 위치와 아이디어들에 대해 반대편에서 생각하거나 약간의 여지를 남겨두거나 아예 여지를 남기지 않는 경향이 있다고 주장했다. 이러한 아이디어의 예들은 꽤 쉽게 찾아볼 수 있다. 예를 들어, 몇몇 사람들이 그들의 차 범퍼에 매우 복잡한 철학적, 정치적, 종교적 아이디어를 담은 스티커를 붙이고 다니는 것을 놀라울 만큼 쉽게 볼 수 있다. "미국 : 사랑하거나 떠나라(America : Love it or Leave it)"는 백인들이 많이 붙이고 다니는 것이다. 최근에 자주 본 것은 "난 그것을 찾아냈다.(I've found it)"이다. 그리고 한 쪽에는 자유의 여신상 이미지가 그려져 있고, 또 다른 쪽에는 "영어로 말하거나 아니면 꺼져버려(Speak English or Get the Fuck Out)."와 같이 두 가치 중 하나를 선택하라는 말이 쓰여진 차 범퍼용 스티커였다. "단일 국가, 단일 국기, 단일 언어(One nation, one flag, one language)"는 내가 지난주에 보았던 이와 유사한 것이다.

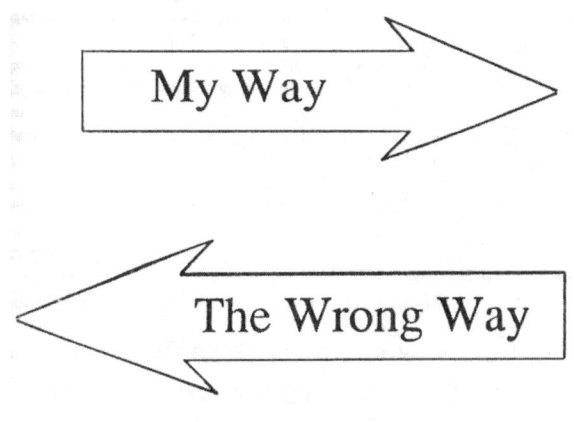

[그림 10.1] 양가치 지향의 예

2가적 사고방식(2値的 思考方式) 드러내는 속담이 많다. 예를 들어, 여러분은 다음과 같은 것을 아마도 꽤 자주 들었을 것이다.

1. 모든 문제에는 양면이 있다.
2. 너는 문제의 일부든 해결의 일부든 둘 중 하나다.
3. 너는 민주주의자와 공화주의자 둘 중 하나다.
4. 네가 옳든지, 틀리든지 둘 중 하나다.
5. 너는 대통령을 지지하거나 반대하거나 둘 중 하나다.
6. 소신대로 살든지 잘못된 길로 가든지 해라.
7. 너는 사람이냐 쥐(동물)냐?

8. 훌륭한 카톨릭 신자(예. Baptists, Lutherans, Jews 등)는 그렇게 하지 않는다.
9. 너는 내 편이냐 적이냐?
10. 그 거 꼭 여자 같지 않아?

이처럼 사태(circumstance) 속에서 중간 지대나 중간 입장을 무시하는 것은 Korzybski가 제시한 2가적 사고방식의 실례이다. 즉, 사람들, 사건들, 사태들을 위한 지향은 단지 두 개의 가능한 선택들만을 이끌어낸다.

반면 여러분이 2가적 사고방식에 대해 생각해 본다면, 그들이 부적절한 때가 있을 수 있고, 용인될 수 있고 적절한 때가 있다는 결론에 도달하게 될 것이다. 예를 들어, 여러분은 다음을 살펴보고, 2가적 사고방식이 적절한지 그렇지 않은지 스스로에게 물어 보아라.

1. 게이와 레즈비언 성직자들의 서품식을 여러분의 교회에서 해도 되겠는가? 다른 교회에서는?
2. 공공 세금을 소수 민족 학생들의 장학금으로 지원해도 되겠는가?
3. 길을 건널 때, 두 살짜리 아기에게 여러분의 손을 억지로 잡게 해도 된다고 생각하는가?
4. 16살짜리에게 밤 11시 외출 금지를 지킬 필요가 있고 이것이 옳다고 생각하는가?
5. 여러분은 학교에서 복장 규정, 특히 불량스러운 옷 색깔을 금지하는 규정을 만드는 데 지지하는가?
6. 여러분의 지역, 주, 연방 정부가 사적 모임의 회원 기준과 인원수에 대한 권한을 가져야 한다고 생각하는가?
7. 모든 피고용인이 United Way(미국 자선 단체)나 Community Chest(미국, 캐나다 사회사업을 위한 공공 모금) 서약 운동에 참여하도록 요구해야 하는가?
8. 없음
9. 미국 의회는 영어를 미국의 공용어로 하기 위해 헌법을 개정해야

하는가?
10. 공립학교 교실에서 기도를 하게 하거나 명령해야 하는가?
11. 마약 때문에 유죄가 선고된 가임 연령의 여성들에게 법원이 수술을 통해 피임약을 주입하도록 강제로 명령해야 하는가? 그들을 불임하게 해야 하는가?
12. 수업료, 기숙사비, 식비, 교재비 등 모든 장학금을 지원받는 대학 운동 선수들에게 수업 과정을 통과하도록 돕기 위한 개인 교수까지 무료로 제공해야 하는가?
13. 새로 태어난 아기의 아빠들이 출산 휴가를 받아야 하는가 아니면 가족들을 두고 일터로 가야 하는가?
14. 고속도로에서 새벽 2시에 제한 속도를 지켜야 하는가?
15. 당신이 슈퍼마켓에 갔는데, 단지 빵 한 봉지를 살 정도의 시간 동안만 머무를 예정이라면 장애인 전용 주차 공간에 주차해도 되는가?
16. 동성애자의 결혼은 허용해야 하는가?

앞서 제시된 예 모두가 똑같은 사회적, 개인적, 도덕적 중요성을 갖는 것은 아니다. 그럼에도 불구하고, 여러분이 어떤 생각을 하게 되었으리라 믿는다. 비록 위와 같은 경우에 우리가 각기 마침내 어떤 결론에 도달한다 할지라도, 그 결론은 단순히 '예-아니요'의 진술은 아닐 것이다. 3-4명이서 그 진술에 대해 토론해 본다면 이 사실은 더욱 분명해질 것이다.

우리는 여러분이 앞서 언급된 진술들에 대해 생각해 봄으로써 끝낸 분석들을 실시해 볼 수 있다. 그리고 인종차별적이고, 성차별적이며, 선입견을 담고 있고, 편협함에 의해 두드러진 언어의 일부를 그것으로 바꾸어 말할 수 있다. 만약 이들과 또 다른 이슈들이 다층적이라면, 우리는 사람들의 다층성 역시 수용할 수 밖에 없지 않은가?

10.9. 선입견의 언어

　Allport, G.(1986 : 261-270)에서는 지각, 사고, 언어 사이의 상호의존적이고 밀접한 연결 고리 속에서, 언어가 선입견의 발달과 지속에 있어 핵심적 역할을 담당한다고 하였다. 그는 우리가 사람들에게 적용하는 꼬리표들 중 어떤 것은 다른 것들보다 정서적 함축이 더 강하다고 지적하였다. 그는 더욱 강력한 이것을 1차 영향력 꼬리표(labels of primary potency)라 하였다.
　예를 들어, 우리가 한 여성을 전문 연설가, 모범적인 학생, 성실한 고용인이라 말했다고 하자. 우리가 그녀가 시각 장애인이라는 점을 덧붙이고 나면, 시각 장애라는 특징이 다른 모든 특징들보다 중요하게 될 것이다. Gordon Allport가 말하기를, 누군가를 묘사하는 데 사용되는 꼬리표 중 시각 장애가 가장 강력한 것이 된다. 다양한 신체적, 인종적 꼬리표가 1차 영향력 꼬리표의 예가 된다.
　물론, 여기서 다루고자 하는 것은 1차 영향력 꼬리표가 개인이 가지고 있는 또 다른 특징이나 성격 등의 대부분을 보지 못하게 만든다는 사실이다. 1차 영향력 꼬리표는 사고를 멈추게 한다. 그것은 우리가 사고하는 언어를 가지고 있다는 예가 된다. 1차 영향력 꼬리표는 대안적이거나 부가적인 지각과 설명을 막는다. 그들은 인간이 가지고 있는 어느 한 면만을 가리키며, 다른 면은 말하지 못한다.
　예를 들어, 왼손잡이들은 노동자나 검소한 소비를 하는 사람들로 또한 여겨진다. 검은 머리의 사람들은 좋은 엄마, 뛰어난 테니스 선수, 속독가일 것이라 생각한다. 이와 같은 설명은 정서적 함축의 측면에서 상대적으로 공평하게 여겨지며, 하나의 특징이 다른 특징을 가리거나 손상시키지 않는다. 이러한 특징들은 게이나 레즈비언이라는 단어가 더해지면, 덜 강력한 특질들은 모두 사라져 버린다.
　Allport에 따르면, 1차 영향력 꼬리표는 사람들의 마음속에서 훨씬 강하지만 대부분 부정적이고 악의를 드러내는 함축과 결합하고 다른 자질들을 덮어버린다. 결과적으로, 이러한 경우 흑인은 다른 특질이 확인되지도, 의미를 갖지도 않은 단지 흑인인 것이다. 유대인은 유대인일 뿐이며 다른 요소들을 갖고 있지 않다. 라틴계 미국인은 라틴계 미국인일 뿐이며, 다른 것은 중요하지 않다. 여성은 여성일 뿐이다. 깡패는 깡패이다. 외국인은 외국인이다. 게이는 여러분이 알다시피 게이이다.

이러한 꼬리표의 사용은 사람을 '편견', '사고의 끝', '토론의 끝'과 같은 하나의 차원으로 축소시켜 버린다. 작가가 편집자에게 설명하려 노력하는 다음의 편지에서처럼, 이러한 꼬리표는 사람을 보다 온전한 모습으로 바라보지 못하게 한다.

> 우리의(게이와 레즈비언) 아이들은 그들의 5, 10, 15년의 기념일에 축하해주는 동료가 있다. 그들은 자신의 집과 증서를 소유하고 있으며, 자동차 할부금, 정원, 잔디, 이웃들, 강아지와 고양이, 직업이 있다. 그들은 세금도 낸다. 그들은 형제자매, 조부모님, 친척과 친구들도 또한 있다.[20]

만약 여러분이 1차 영향력 꼬리표에 의해 (온전히) 이야기되지 못하고, 될 수 없는 사람이라면, 사회에서 그들의 사용을 막는 것은 쉽지 않을 것이다. 반면에, 분명히 여러분이나 여러분을 사랑하는 어떤 사람이 "timber nigger(아프리카 원주민들에게 교묘히 위협하기 위한 조잡한 언어)"나 "porch monkey"라고 불린다면, 또는 여러분이나 친구가 내가 최근에 본 "Save a fish, spear an Indian"이라는 범퍼용 스티커를 붙이고 다닌다면, 여러분은 그것이 갖는 의미와 천박함을 이해하게 될 것이다.

이러한 범퍼용 스티커가 어떻게 생겨났는지 궁금하지 않은가?

나는 교사들이나 그들의 학생들을 페미니스트나 다른 종류의 주의자들로

---

20) Letter to the editor, Lincoln (NE) Journal Star, September 7, 1991.

바꾸고자 하는 것은 아니다. 그러나 나는 인종차별적이거나 성차별적이고, 천박한 언어를 이해하고 피해야 한다고 제안한다. 그리고 근본적인 이유로 "좋은 영어" (6장 참고)에 대해 미리 정의하고자 한다.

> 좋은 영어는 언어 선택에서 성공함으로써 드러난다. 그러므로 그러한 선택을 한 소수의 사람들은 혼란을 겪게 될 것이다(Pooley, C. R., 1974 : 5).

누군가가 Boy, Fox, Coon이나, 초보적이고 부정적 영향력의 꼬리표를 사용해서 혼란과 상처를 줄 수 있다는 것을 안다면, 그것을 사용하지 않을 이유로 충분하다. 학생들이 보다 자연스럽고, 정확하며 정교한 언어를 쓸 수 있도록 돕기 위해, 우리는 우리 자신의 언어적 house를 갖기 위해 노력해야 한다. "좋은 영어"는 보다 전통적인 교육 목표이고, 우리는 언어의 사회적 사용이 분명히 중요하다는 관점에서 "좋은 영어"를 정의해야 한다.

우편 배달부를 대신해서 쓰는 우편 집배원이나 우편 배달부, 남성과 여성을 포함한 일반적이고 무성적 명사로서 man의 사용에 대해 개인적으로 어떻게 느끼든지 간에, 6장의 몇 가지 아이디어를 재고해 보아야 한다. "좋은 영어"에 대한 우리의 정의의 일부에서는 언어가 화자와 청자 모두가 편안하게 사용할 수 있어야 한다고 했었다. 이와 같은 방법으로 생각해 보자. 만약 이번 주말 여러분이 사람들을 저녁 식사에 초대하고, 분위기를 위해 향을 피울 예정이었다고 하자. 손님 중 한 사람이 그 향에 알레르기가 있다는 것을 여러분이 알게 된 후에도 그 향을 피울 것인가? 이와 유사하게, 사람들이 그들이 쓰는 단어나 표현 때문에 불쾌해 한다는 것을 알았을 때, 그 단어나 표현을 계속 쓰겠는가?

"좋은 영어"를 결정할 때, 대화의 초점의 핵심을 다시 세워야 한다. 우리는 "나"에서 "우리"로, "나를"에서 "우리를"로 대화를 재초점화해야 한다. 우리 중 많은 사람들이 이와 같이 세상을 보는 완전히 다른 방식을 필요로 한다.

나는 "정치적 엄정함"이 어떤 사람들에게는 순수 이해관계와 관련된 화제를 피할 수 있게 하는 힘이 된다는 사실을 이해하고 정확히 인식하였다. 모든 게이가 여성처럼 말하려고 혀짧은 소리를 하는가? 아프리카계 미국인들은 두툼한 입술을 가지고 있기 때문에 키스를 더 잘하는가? 질문에 대해 답변을 한다면 답변자는 동성애자나 인종차별자로 꼬리표를 붙이게 되기 때문에, 이 두 질문에 대해 대답하기 힘들 것이다. 적절한 답변이 나올 수 없다는 것을 안다는 것은 편협한 상태를 유지하는 것이다. Pillip Milano는 몇 년 전 www.yforum.com을 개설했다. 이 사이트에서는, 실제로 또는 지각되는 사람들의 차이에 대한 편견을 없애는 데 도움이 되는 질문들을 사람들에게 제시하고 있다(Leonard Pitts, Jr. : 2004).

대화, 신작 소설, 사설, 텔레비전 프로그램, 교수 학습 자료, 정치적 캠페인, 광고 캠페인 등에서는 어떤 사람들을 한 측면에서만 바라보도록 하기 위해 1차 영향력의 꼬리표를 이용하고 활용한다. 이것은 인간에 대한 것이라기보다 특정 집단을 만들어 내기 위한 또 다른 방법인 것이다. 그것은 특정 집단을 인간 이하로 만들어 버린다. "어떤 사람들은 인간 이하라고 믿는 사람들은 그들을 인간 이하로 대하기 위해 그것(그들이 인간 이하라는 것)을 쉽게 찾아낼 것이다. 그 결과 창고에 아기 신발이 산처럼 쌓이고, 인간 피부로 만든 전등갓과 인간 지방질로 만든 비누가 등장할 것이다."(Engel, M., 1984 : 106).

언어 경찰로서 영어 교사에 대해 앞에서 제시하였다. 천박한 언어를 사용하는 것이 용서되지는 않겠지만, 독단적으로 그러한 언어를 금지하거나 금하는 것으로 많은 것을 얻을 수는 없다는 것이 나의 관점이다. 규범 제정을 통해 언어를 조절하거나 통제하려는 시도는 반드시 실패한다.

이 장의 끝부분에 제시된 탐구 활동은 학생들이 편협하고 참을 수 없는 언어와 이미지에 대해 더욱 잘 알고, 민감해질 수 있도록 하는 교실 활동의 예이다. 이와 같은 개별적 탐구는 교사나 성인 중심의 훈계보다 훨씬 효과적일 것이다.

　천박한 언어에 관한 주제는 교실에서 섬세하고 민감하게 접근되어야 한다. 우리는 앵글로 유럽인 학생이나 어린 남학생들이 사회의 인종차별적이고 성차별적인 언어에 대해 죄책감을 갖도록 그것을 학습하는 것은 아니다. 공격당해 온 소수 유색인이나 어린 여학생들이 우리 교실에서 작은 승리감이나 안도감을 얻게 하려고 그런 탐구를 하는 것은 아니다.

　Engel, M.(1984 : 106)이 우리에게 상기시킨 것처럼, 우리는 언어 사용의 방법으로 우리 자신과 세상의 품위를 떨어뜨리거나 높일 수 있는 힘과 미덕을 가지고 있다.

　나는 어떤 사람들은 이러한 생각에 대해 이상적이라고 믿는다는 사실을 이해하고, 완벽히 인식했다. 하지만 나는 여러분에게 다음과 같은 질문과 도전 과제를 제시하고자 한다. 만약 전문적인 언어 교사인 여러분이 학생들이 세상의 품위를 높이고, 아름답게 할 수 있는 방법으로 언어를 사용하지 못하게 한다면, 누가 그 일을 하겠는가?

다시 보기

REVIEWING THE CHAPTER

1부. 10장에서 저자가 말한 것을 나타낸 진술에 ✓표시를 하시오. 본문을 참고하여 대답에 대한 근거를 준비하시오.

___1. 많은 어린이들이 사랑받기 때문에 많은 별명을 가지고 있다고 믿지 않는다.
___2. 편협한 편견들은 대학 캠퍼스에 주로 한정되어 있다.
___3. 편협한 언어 사용을 막는 것은 성공하지 못할 것이다.
___4. 언어는 어떤 상황에서는 편협하지만, 다른 상황에서는 그렇지 않다.
___5. 규정을 통해 언어를 통제하려는 시도는 반드시 실패한다.

2부. 10장에서 저자가 의미한 것을 나타낸 진술에 ✓표시를 하시오. 본문을 참고하여 대답에 대한 근거를 준비하시오.

___6. 2가적 사고방식은 세계에 대한 우리의 지각을 높인다.
___7. 2가적 사고방식은 대개 틀리다.
___8. 사람들은 아마 의식하지 못한 채, 천박한 언어를 사용할 것이다.
___9. 교사들은 아마 학생들의 언어 사용의 표면 구조에 영향을 미칠 것이다.
___10. 사람들은 언어의 다른 측면을 배운 것처럼, 상처주는 말을 배운다.

3부. 10장에서 읽은 것과 다른 책에서 읽은 것, 교사로서의 경험을 바탕으로, 이 장과 관련 있고 옹호할 수 있는 진술에 ✓표시를 하시오.

__11. 같은 깃의 새들은 함께 모인다. (유유상종)

__12. 잡초는 제자리가 아닌 곳에서 자라는 식물이다.

__13. 아름다움은 보는 사람의 눈 속에 있다. (제 눈에 안경이다.)

__14. 총이 죽이는 것이 아니다 ; 사람이 죽이는 것이다.

__15. 1온스의 예방은 1파운드 치료만큼의 가치를 지닌다. (예방이 치료보다 낫다.)

학생 탐구 활동

탐구 활동 1　무엇이 재미있나?
학습 방법　　어린 시절로 돌아가, 텔레비전 만화를 몇 개 보자.

1. 다른 만화의 등장인물들이 사용하는 언어와 다른가? 또는 그들은 모두 같은 언어를 사용하는가?
2. 그 만화의 등장인물 중 누군가가 편견이 담긴 역할을 하는가? 언어가 편견을 어떻게 강화시키는가?
3. 부모님과 인터뷰해 보자. 부모님들은 어린 시절 어떤 만화를 즐겨 보았는가? 언어가 만화 속에 담긴 유머의 중요한 부분이었는가?
4. 여러분이 본 만화에 사회적 신념, 편견과 같은 것들이 반영되어 있다고 볼 수 있는가?

***** ***** *****

탐구 활동 2　그것은 남성들의 세계이다.
학습 방법　　대중문화에 나온 다음 문장들이 한 가지 성만을 지칭하지 않도록 하기 위해 어떻게 다시 써야 하는가?

> a. 내 저녁은 어디 있어요, 부인?
> b. 백인은 점프를 할 수 없다.
> c. 야구에서 우는 건 없다.
> d. 신부에게 키스해도 좋다.
> e. 화성에서 온 남자, 금성에서 온 여자
> f. 그녀는 내 트랙터가 섹시하다고 생각한다.

1. 편견으로 붙여진 꼬리표는 대중 문화의 언어 속에 얼마나 자주 스며드는가?
2. 사람들은 이러한 꼬리표들을 의도적으로 사용하는가? 의도하지 못하고 사용하는가?
3. 여러분은 이러한 언어가 사회의 가치를 반영한다고 생각하는가?

***** ***** *****

탐구 활동 3	지시에서 성차별 없애기
학습 방법	교사, 사서, 변호사와 같이 성 중립적 명칭의 직업도 있다. 다음의 예들을 각각 성 중립적 명칭으로 바꿀 수 있겠는가?

a. fireman b. stewardess c. salesman
d. garbage man e. craftsman f. chairman
g. fisherman h. lineman l. paperboy

1. 어떤 명칭이 다른 것에 비해 성 중립적으로 만들기 더욱 쉬웠는가? 왜?
2. 특정한 성을 드러내는 직업 명칭이 여전히 사용되는 이유는 무엇이라고 생각하는가?
3. 일반 사회는 성 중립적 직업 명칭과 특정한 성을 드러내는 직업 명칭 중 어느 것을 선호한다고 생각하는가?

***** ***** *****

탐구 활동 4	광고지
학습 방법	어떤 신문의 일요일판과 함께 오는 광고지를 살펴보자. 컴퓨터와 테크놀로지 제품, 생활 잡화, 운동복과 장비, 가구, 가전제품 등의 범주로 광고지에 실려 있는 상품들을 분류해 보자.

1. 이러한 광고들을 살펴볼 때, 어떤 것이 남성의 흥미를 *끄*는가? 여성의 흥미를 *끄*는가?
2. 광고지에 광고한 어떤 상점이 여성의 상점인가, 남성의 상점인가? 어떻게 알았는가?
3. 광고에서 성에 의한 구분을 피할 수 있었는가?

***** ***** *****

탐구 활동 5
학습 방법

Brer Rabbit이 "Mawnin!"이라고 말한다.

편견은 어떤 사람들이 다른 사람이나 세상을 볼 때 사용하는 정형화되고, 무비판적이며, 생각 없는 이미지와 선입견이다. 편견은 문학 작품, 광고, 텔레비전 프로그램, 정치적 광고, 음악, 식사 중의 대화 등에서 발견된다. 유머러스한 문학작품에서 편견은 사람과 그의 행동을 놀리기 위해 종종 사용된다. 예를 들어, Joel Chandler Harris의 소설 *Uncle Remus*는 편견이 담긴 언어를 많이 쓰고 있다. Harris의 소설은 남부 백인 앵글로 색슨인이 1800년대 미국에서 아프리카계 미국인을 어떻게 인식했는지를 그리고 있다. 〈*Brer Fox*〉와 〈*Brer Rabbit*〉의 등장인물들을 살펴보자. 그 소설에서 언어와 사건들은 흑인 영어 토착어에 편견을 드러내고 있다. 〈*The Wonderful Tar—Baby Story*〉의 처음부터 20쪽을 읽고 다음 질문에 답해 보자.

1. 책에서 독자의 의견이나 등장인물에 대한 해석이 가능하게 한 단어들의 목록을 만들어 보자.
2. 이러한 단어들이 어떻게 편견을 만드는지, 그리고 그것이 우리의 해석을 도와주는지, 방해하는지 설명해 보자.

3. 독자들이 이러한 단어나 문장은 1800년대 남부에서 살던 사람들의 삶을 지각하는 방법에 어떻게 영향을 주는가?
4. 이 단락에 대한 여러분의 이해와 여러분이 살펴보았던 단어들 그리고 여러분의 일반적 지식을 바탕으로 볼 때, 작가들은 오늘날에도 이러한 편견이 담긴 표현을 계속해서 사용하는가?

***** ***** *****

탐구 활동 6 Latka와 운전하기
학습 방법

"나는 내 등 뒤에 달린 두 눈으로 이 택시를 운전할 수 있다." 이 문장은 신디케이트 채널 텔레비전 프로그램 〈Taxi〉에 등장하는 외국인 화자가 사용한 언어 표현이 담긴 예 중 하나이다. Latka Gravas는 많은 외국인 화자들의 영어가 그러하듯이, 결코 바른 영어를 구사하지 못하는 것으로 묘사된다.

〈Taxi〉한 편을 보자. 특히 Latka의 발화에서 프로그램 작가가 사용한 일반적인 표현에 주목하자. 그러고 나서, 다음을 토론하기 위해 준비하자.

1. Latka의 성격을 묘사하기 위해 사용된 언어 표현의 목록을 만들어 보자.
2. Latka가 영어를 이해하지 못하고 있음을 보여주는 단어와 문장은 무엇인가?
3. Latka의 영어 사용이 유머러스하거나 정신없이 느껴지는가?
4. Latka의 영어가 외국인 화자의 영어 사용법을 정확히 재현한다고 생각하는가?
5. 〈Taxi〉한 편이나 여러분이 보았던 텔레비전 프로그램에 대한 토론을 바탕으로 생각해 보자. 텔레비전의 언어 표현 사용에 대해 여러분이

결정할 수 있는 것은 무엇인가? 그것은 항상 재미있나? 그들이 해로울 수 있는가?

***** ***** *****

탐구 활동 7 운전하는 것이 당신인가?
학습 방법   부모님이 운전하셔야 할 것만 같은 차종에 대한 편견이 담긴 아이디어들이 거짓으로 판명되었을 때, 누군가가 "저런 채[큰 채를 타기 위해 대출[부모님]은 무엇을 해야 하는가?"라고 말하는 문장을 들어 보았을 것이다. 왜 그렇게 많은 사람들이 한 사람이 소유한 차종과 그 사람의 인격이나 사회적 지위를 관련짓는 것일까? 또는 왜 몇몇 사람들은 특정 종류의 차를 소유하는 것이 그들의 새로운 인격이나 사회에서 다른 지위를 무의식적으로 부여한다고 믿는 것일까? 신문과 잡지에서 수집한 자동차 광고를 이용하여, 잠재적 고객을 유혹하기 위해 광고주들이 편견을 담고 있는 언어를 사용하는 다양한 방법을 나타내는 콜라주를 만들어 보자.

1. 여러분의 콜라주에 나타나는 다양한 차의 이름을 목록화해 보자. 이 이름을 범주로 묶어보자. (예를 들어, '고양잇과' 아래에는 Cougar, Lynx, Bobcat 등을 포함할 수 있다.)
2. 이 이름과/이름이나 범주와 어떤 종류의 편견들이 결합하는가? 그들은 어떤 성격적 편견을 제안하는가?
3. 이 편견이 담긴 언어의 예들이 어떻게 광고인의 장점으로 사용되는가? 자동차 회사에? 잠재적 구매자에게?
4. 자동차 광고에 사용된 편견이 담긴 언어에 대한 분석을 근거로 생각해 보자. 사회가 이러한 언어에 의해 하나 또는 그 이상의 영향을 받는다

고 생각하는가?

***** ***** *****

탐구 활동 8 그 집의 모든 불이 켜져 있다.
학습 방법   때때로 유명한 컨트리 음악의 제목이 남자와 여자, 그리고 그들의 관계에 대한 전형적인(stereofyped) 아이디어를 드러내기도 한다. 지역 라디오를 듣고, 유명한 음악의 제목과 가사를 통해 전개된 해당 주제를 살펴보자. 편견이 담긴 주제, 인물, 또 여러분이 확인할 수 있는 다른 패턴들이 있는가?

1. 최근 유명한 컨트리 노래의 제목은 무엇인가? 그 노래들은 남성, 여성, 주제들을 드러내기 위해 전형적인 언어를 사용했는가?
2. 여러분 생각에 이러한 언어의 사용은 의도적인가 의도적이지 않은가?
3. 이러한 분석을 바탕으로 생각해 보자. 컨트리 음악을 들은 사람에게 제목이 제안하고자 한 것은 무엇인가? 제목에 그들의 전형적인 관점이 반영되어 있는가? 이러한 관점에 동의하는가, 동의하지 않는가?

***** ***** *****

탐구 활동 9 천사와 멋진 남자가 여기에 왔다.
학습 방법   애정을 표현하는 말은 반대 성별을 가진 사람들 사이의 구어 대화에서 흔히 사용된다. 이러한 단어 중 몇몇은 긍정적이지만, 몇몇은 부정적인 함축을 담고 있다. 여러분의 수업 시간에 다른 사람들과 브레인스토밍을 해보자. 지난 주 동안 사람들이 사용하는 것을 들은 기억이 있는 애정을 표현하는 단어를 가능한 많이 적어 보자.

1. 남자를 위해 사용한 말인지, 여자를 위해 사용한 말인지 구분해 보자. 그것들 자체 범주(신체적 특징, 특별한 재능, 민족 등)로 묶어 볼 수 있는가?
2. 이러한 말들과 범주는 남성과 여성에 대해 가능한 편견적 관점에 대해 무엇을 제안하는가? 우리는 이러한 말들을 언제부터 배웠을까?
3. 이러한 토론을 바탕으로 생각해 보자. 애정을 표현하는 말은 사람들이 자신을 보는 관점을 반영한다고 생각하는가?

***** ***** *****

탐구 활동 10　〈Cheers〉

학습 방법　신디케이트 텔레비전 프로그램 〈Cheers〉의 출연자 중 어떤 사람이 "그래요. 여러분은 여러분의 입 속에 있는 고리를 어떻게 하고 싶나요?" 라고 질문했을 것 같은가? 그 프로그램의 출연자들은 시청자를 그들이 사용하는 언어를 통해 주로 규정짓는다.

〈Cheers〉를 한, 두 편 시청해 보자.

1. Frazier의 성격, 교육과 훈련 수준을 드러내고자, 또는 Carla와 그녀가 노동자 계층이라는 사회적 지위를 드러내기 위해, Woody와 그가 중서부 출신이라는 점과 가치관을 드러내기 위해, 〈Cheers〉의 작가에 의해 언어가 어떻게 편견이 담긴 방법으로 사용되는지 설명해 보자.
2. Cheers 바에서 일어난 대화의 어조를 어떻게 설명하겠는가? 이런 대화 어조는 질문 1에서 확인된 언어 편견들에 대한 배경을 어떻게 제시하는가?
3. 〈Cheers〉에 출연한 인물들이 사용한 편견이 담긴 언어가 일반적으로 사회를 반영한다고 생각하는가?

탐구 활동 11 소비자의 위험 부담
학습 방법 중고차 광고는 몇 가지 관습적이지 않은 방법으로 언어를 사용한다. 때때로 "중고" 차를 "프로그램 차", "경험이 있는 차", "소유된 적이 있는 차"라고 부른다. 구매자가 차를 구입하도록 유혹하기 위해 판매자는 "할부", "즉시 대출" 등을 설명할 것이다. 누구를 위한 할부인가? 정말 즉시란 말인가? 텔레비전이나 신문에서 중고차 광고들을 찾아보자. 그리고 차를 판매하기 위해, 여러분이 기존의 광고들에서 찾아낸 편견이 담긴 언어들을 사용하여 중고차 광고의 패러디를 준비해 보자. 선택된 어떤 차는 여러분 생각에 정말 별로일지도 모른다.

1. 중고차를 설명하기 위해 광고에서 자주 사용한 말은 무엇인가? 이 말은 여러분이 판단하기에 정확한가? 아니면 오해를 불러일으키는가?
2. 이러한 말들이 예상된 구매자에게 어떤 불이익을 주는가?
3. 왜곡하는 언어의 일반적 효과는 무엇인가? 구매자와 판매자 입장에서 생각해 보자.

***** ***** *****

탐구 활동 12 사랑은 정말 눈부신 것이다.
학습 방법 "Zack은 언젠가 Kimberly가 그렇게 바라던 열렬한 사랑으로 돌아갈까? Kimberly는 그녀가 Zack을 얼마나 그리워하는지 그에게 이야기하기 위해, 그녀의 마음 속 어휘들 중에서 감춰진 귀중한 단어를 찾아낼 수 있을까?" 이 문장은 식료품점에서 판매하는 로맨스 소설 중 하나에서 나옴직하다. 상냥한 여자가 필연적으로 사회적 계층이 다른, 멋진 남자와 절망적인 사랑에 빠지는 이야기이기 때문에, 이러한 소설에서 사용된 언어는 드라마틱하고, 공식적이고, 편견이 담겨있다. 이것은 로미오와 줄리엣의 기본 이야기가 세인트루이스에서 마이애미, 남부 캘리포니아, 미국 어디로든 온 나라를 돌면서 계속해서 또다시 만들어지는 것이다. 식료품점 로맨스 소설 코너에 가보자. 그리고 책의 처음, 중간, 끝에서 각각 100개의 단어가 쓰인 부분까지 선택해서 읽어보자.

1. 등장인물을 묘사하기 위해 각 부분에서 사용된 판에 박힌 구나 언어는 무엇인가? 이러한 언어는 등장인물에 대한 여러분의 관점에 어떻게 영향을 주는가?
2. 이러한 소설은 왜 편견이 담긴 언어에 집착하는 것일까? 이러한 언어 사용이 누군가에게 해를 끼치는 것은 아닐까?

***** ***** *****

탐구 활동 13　섹시한 화장실 변기용 세제
학습 방법

몇몇 텔레비전 광고의 함축적 메시지는 이상적인 여성이 수용할 수 있는 이미지가 있고, 어떤 여성이든 만약 … 그녀가 이 샴푸나 화장실 변기용 세제를 사용하거나, 특정 세제로 그녀의 식구들 옷을 세탁한다면, 그런 이상형에 다가갈 수 있다는 것을 제안하는 듯하다. 여러 유명 잡지에서 색깔이 들어간 전시 광고물들 몇 가지를 수업 시간에 가져오라.

1. 여러분이 찾은 광고에 사용된 남성이나 여성에 대한 편견이 무엇인가?
2. 광고되는 제품과 관련 없이, 광고에서 여러 번 사용된 단어나 구가 있는가?

3. 그들이 광고에서 묘사될 때, 남성과 여성에 대한 편견이 담긴 관점의 결과는 무엇인가?

***** ***** *****

탐구 활동 14   넌 @&*$%야.

학습 방법   다음 단어 목록을 살펴보자. 이것은 악의적인 말들로 자주 사용되는 것이다. 어떤 특징이 이것을 그렇게 부정적으로 만드는가?

---

a. 뱀   b. 개   c. 암소   d. 돼지   e. 쥐   f. 벌레

---

1. 왜 어떤 사람들은 다른 사람에게 이러한 별명을 사용할까? 의도된 결과는 무엇인가?

***** ***** *****

탐구 활동 15   그래, 먼 길을 왔구나, 아이야?

학습 방법   여기 요즘 흔히 쓰이는 구들이 있다. 여러분은 이것을 어떻게 바꾸겠는가?

---

a. 사무실에서 그 여자들은(girls)…
b. 그건 내 일이야(It's a man's job…)…
c. 나는 이제 두 분이 남편과 아내(man and wife)가 되었음을 선언합니다…
d. 천은 사람이 직접 만든(man-made)….
e. 여자는(women) 수학을 잘 못한다….
f. 모든 사람(All men)은 평등하게 태어났다…
g. 여자가 있어야 할 곳은 집이다(A woman's place is in the home)…
h. 인간(Man)의 가장 친한 친구는 개(his dog)다…
I. 진정한 남자(Real men)는 울지 않는다…

탐구 활동 16　그녀는 항상 여자이다…
학습 방법　　1950, 60, 70, 80, 90년대 유행한 노래들의 가사를 녹음하거나 출력해서 구해 보자. 녹음된 것을 듣거나 출력물을 읽어 보자.

1. 이들 노래에서 남성과 여성이 어떻게 묘사되었는가?
2. 이 노래에서처럼 남성과 여성 사이의 관계를 묘사한다면, 여러분은 어떻게 하겠는가?
3. 수년에 걸쳐, 대중 음악에 묘사된 남성과 여성의 관계를 살펴본다면, 그 관계는 어떤 점에서 비슷할까? 어떻게 다를까?
4. 언어가 다른 사람을 보는 우리의 관점에 영향을 준다고 생각하는가? 왜 그런가? 또는 왜 그렇지 않은가?

제 11 장

누군가 영어를 하지 못할 때

"자, 그렇다면, 프랑스 사람이 우리와 다른 말을 하는 것이 왜 자연스럽지 않고 옳지 않은 걸까? 나에게 그 해답을 주세요."
― Mark Twain, 『허클베리 핀의 모험』(Adventrues of Huckleberry Finn)

이 장을 읽기 전에

다음 통화 내용에 대하여 생각해 보자.
"앤드류 박사님, 저는 미드웨이 고등학교에서 상담 교사를 맡고 있는 제인 도우입니다. 이틀 전, 저희 학교에 3명의 학생이 공부를 하기 위해 새로 들어왔어요. 그들은 영어를 거의 할 줄을 모릅니다. 선생님들은 수업 시간에 그 학생들을 어떻게 도와야 할지 난처해 하고 있어요. 빠른 조언 부탁드려요."
나는 이런 전화를 자주 받는다. 이 예에서, 나는 다만 상담자와 학교의 명칭만을 바꾸었다.
여러분에게 이런 상담가와 교사가 전화해 온다면 어떤 조언을 하겠는가?

11.1. 들어가기

학교마다 영어가 모국어가 아닌 아이들의 수가 증가하고 있다. 이 아이들은 이민 가족이나 난민 가족의 자녀들이다. 이들 중 몇몇은 미국에서 태어났지만 부모님이 영어를 전혀 할 줄 모르는 경우도 있다.

미숙한 영어 사용자들의 영어습득과 언어력 향상, 학습력 증진을 위한 교육위원회 미국지부(U.S. Office of Education's Office of English Language Acquisition, Language Enhancement, Academic Achievement for Limited English Proficient Student)에 따르면, 1991~1992년부터 2001~2002학년도까지 전국적으로, 유치원에서 12학년에 등록된 학생들 중 영어를 유창하게 사용하지 못하는 학생들의 비율이 2,430,712명에서 4,747,763명으로 95% 증가했다. 같은 기간 동안 전체 학령 인구는 12% 증가했다(Davidson, J., 2003 : 286).

소수언어 민족의 학생(영어가 아닌 다른 언어를 제1언어로 하는 학생들)의 등장은 18세기 미국에 처음 학교가 개설된 이후 미국 학교가 고려해야 할 중요한 요소였다. 그리고 이러한 학생들을 가르치기 위한 가장 최선의 방법을 찾고 논의하여 합의점에 도달하는 것은 학교와 정책입안자, 지역 공동체가 지속으로 노력하여 풀어야 할 중요한 과제였다(Davidson, J., 2003 : 286).

이러던 중에 1991년, 텍사스 주의 엘 세니조(El Cenizo)에서 해결책 하나가 나왔다. 엘 세니조는 라레도(Laredo)에서 남쪽으로 15마일 떨어진 곳에 있는 정말 변두리 마을이었다. 엘 세니조의 인구는 7,800명이고 인구의 98.9%가 히스패닉계이고 많은 사람들이 영어를 할 줄 몰랐다. 그곳 시민들이 이해할 수 있는 도시 행정 업무를 실시하기 위한 시도로, 시 의회는 스페인어를 엘 세니조의 "공용어"로 선포했다(Gorow, L., 1999). 그 소식이 북쪽으로 전해지자, 엄청난 파장이 일어났다. 많은 단체들이 영어가 지배적인 언어여야 하고 미국의 공용어는 영어라는 생각 하에 '영어 우선'이라는 명제를 내걸어 반대했다. 그리고 엘 세니조를 "미국의 퀘백주"에 비유하면서 온 나라에 걸쳐 마치 도미노 효과처럼 연쇄적 영향을 줄 것에 대해 우려했다(Gorow, L., 1999).

실없는 말로 들릴지는 모르겠지만, 나는 엘 세니조의 예가 새로운 언어로 영어를 가르치는 과제에 대한 "해법"이 될 수 있다고 생각한다. 이 도시 의회는 단지 지역 현안에 스페인어를 사용하는 시민들이 참여할 수 있도록 노력한 것이다. 분명히 그들의 결정을 국가적 관심사로 부각시키려는 의도는 없다. 하지만 언어 문제는 흑인 영어 논쟁이나 총체적 언어 논쟁, 엘 세니조 논쟁이 보여주듯이 쉽게 감정적 문제로 커질 수 있다.

미국의 거대함 때문에, 많은 사람들이 단일어인 영어를 사용하는 환경 속에 빠져 일생을 보낸다(Brown, M. D., 1996 : 13). 예를 들어, 차를 타고 5시간 동안 **어떠한** 방향으로든 운전해 가서 내렸을 때, 나는 집에서 늘 말하고 들었던 것과 같은 언어로 된 지역 신문을 읽고, 그 지역의 주요 거리와 라디오, 텔레비전에서 이야기하는 것을 듣게 될 것이다. 내가 특이한 것이 아니다. 미국에 사는 많은 사람이, 아마도 여러분 역시 같은 말을 할 것이다.

한두 가지 예외는 있지만, 세계에서 미국을 제외한 나라의 사람들 중 이렇게 일반화를 하는 사람은 거의 없을 것이다. 그러한 관점에서 보면 미국에 사는 우리들 중 몇 사람만이 유일하다.

세계의 다른 지역 사람들이 어떠한 방향으로 5시간(때론 훨씬 더 적게) 동안 운전해서, **몇몇** 언어 집단을 만났다고 가정해보자. 이 예가 보여주는 것은 미국의 많은 사람들이 언어적으로 닫힌 내륙국에 살고 있다는 것이다. 주요 도시 한복판에 위치한 소수민족 거주지 근처에 살고 있는 사람이나 국경지대에 살고 있는 사람들을 제외하고, 미국인 대부분은 -모두는 아니더라도- 영어라는 언어적 동질성에 의해 둘러싸여 있다.

나는 영어가 지배적으로 사용되는 현상을 부정적 요소라고 말하려는 것은 아니다. 또한 다른 언어와 문화에 대한 부족한 경험 때문에 미국인들이 본래부터 어리석고, 게으른 민족이라고 말하려는 것도 아니다. 하지만 다른 언어 집단에 대한 이러한 경험 부족은 미국인들로 하여금 다른 언어와 다른 문화의 가치와 중요성을 작은 것으로, 혹은 전혀 없는 것으로 보게 한다. 그리고 영어가 유창하지 않은 사람을 피하거나 무시하는 결과를 가져온다.

이것은 불행한 것이다(Brown, M. D., 1996 : 14).

Betancourt(1992 : 38)에 의하면, 다른 언어를 쓰는 사람에 대해 공공연히 적대적 태도를 지니는 사람도 있다고 한다. 그녀는 특히 영어를 "공용어"로 제정한 주의 경우 이러한 논의는 영어를 쓰지 않는 사람들에 대한 적대적 감정이 드러나는 것이라고 말했다.

전국적인 백인 우월주의 단체가 내가 살고 있는 주의 일부 도시에 유인물을 배포한 적이 있었다. 그곳에는 쇠고기 가공 공장에서 일하는 수 많은 히스패닉인이 있다. 유인물의 첫 부분에는 "이민이 아니라 침략이다!"라고 쓰여 있었고, 미국어와 미국 문화를 공격하는 것에 대한 경고가 담겨 있었다. 같은 단체가 최근에 우리 집에서 멀지 않은 이웃들에게 유인물을 배포했는데, 그 유인물에는 흑인의 백인에 대한 범죄 위험을 알리는 경고 내용이 담겨 있었다(Mabin, B. 2004).

마틴 루터 킹 목사의 날, 내가 살고 있는 주의 가장 큰 도시(Omaha)에서도 같은 단체가 몇몇 사람에게 유인물을 배포했는데, 그 유인물에는 인종 간 결혼, 미국에 유색인종이 이민 오는 것, 다문화주의를 헐뜯는 내용이었다.[1]

이와 같이 적대감을 드러내는 일들은 단지 일회성의 사건에 불과하지만 그것들은 Betancourt의 지적을 잘 보여주고 있다.

11.2. 영어 학습자 수의 증가

여러분은 이 단원의 앞부분에서 영어 학습자(ELL) 수가 현저히 증가하고 있음을 보여주는 자료를 보았다. 몇몇 사람들은 미국 내 도시 학교에 재학

---

[1] Lincoln (NE) Journal Star, 2005년 1월 18일자 기사

중인 학생의 1/3이 영어를 제2 언어로 사용할 만큼 많다고 추정하였다.[2]

내가 살고 있는 네브라스카 주는 비교적 인구가 적지만, 크고 작은 학교구에서 모두 영어가 제1언어가 아닌 아동들의 수가 증가함에 따라 다양한 학습의 필요성을 충족시켜야 하는 공통된 과제에 직면해 있다

나는 인구가 5,000-6,000명 선인 도시에 위치한 작은 규모의 학교구 두 곳을 알고 있다. 만약 10년 전 누군가가 이 학교구에 있는 학교 인사위원회에 21세기 초반에 겪게 될 가장 큰 과제 중의 하나가 영어 학습자(ELL)의 요구를 충족하기 위한 노력이 될 것이라고 제안했다면, 그 학교 임원들은 그 제안을 비웃었을 것이다. 그러나 이 단원의 전반부에 글머리로 제시되던 전화 대화에서처럼, 오늘날 누구도 그러한 사실을 비웃지 않는다.

나는 앞서 말했던 모든 것이 아주 분명하다고 믿는다. 미국 정부가 이미 수립한 이민 인원 할당수가 극적으로 감소되지 않는 한 또는 감소할 때까지, 조만간(곧이 되겠지만) 여러분이 영어가 제2 언어(또는 제3, 제4)이고, 그 뿐만 아니라 영어가 모국어인 학생들과 영어 유창도 면에서 차이를 보이는 1명 또는 그 이상의 학생들을 만나게 될 것이다. 학생들 중 일부가 영어를 말하지 못할 때, 여러분은 무엇을 하겠는가?

이 한 단원을 통해, ELL 교사로서 여러분을 보증해 줄 수 있는 완벽한 K-12 교사 교육 프로그램을 제공할 수는 없다. 만약 여러분이 그런 프로그램에 관심이 있다면, 여러분 주의 단과대학이나 대학교에서 그것을 제공받을 수 있을 것이다. 이 한 권의 책, 한 단원에서 제2 언어 습득과 교육에 대해 여러분이 알고자 하는 모든 것을 이야기할 수 없기 때문에, 이 단원에 대해 '교사를 위한 실제적이고 기본적인 안내서'라는 부제를 붙이고자 한다.

---

2) U. S. News & World Report, 1995

11.3. 이러한 학생들은 누구인가?

Theodore Sizer는 2002년 특수학교 연합회 가을 포럼에서 다음과 같은 말로 개회사를 대신했다.

> 우리는 우리 학생들 중 어떤 학생 둘을 꼽더라도 서로 똑같지 않고, 시간이 흐를수록 각자 변화한다는 사실을 알고 있다. 이처럼 끓어 넘치는 다양성 모두를 충족시키기는 어렵다. 13살 아이들 각각이 표준화된 존재라면, 다른 13살 아이보다 더 많은 호르몬을 주입할 필요가 없고, 공식적 영어 이외에 다른 언어를 말할 필요가 없어 편리할 것이다. 만약 변화를 예측할 수 있다면, 교사로서의 삶은 보다 쉬워질 것이다(Davidson, 2002).

시저(Sizer)가 그의 연설에서 강조하고 있는 것은 우리의 영어 학습자(ELL)가 아주 다양하고, 공식적인 영어를 할 수 있는 학생이 거의 없으며, 영어를 전혀 할 줄 모르는 학생도 있다는 것이다. 가르치는 것은 분명 불편할 것이다.

학교에서 배울 수 있도록 여러분이 돌봐야 할 이러한 아동들과 청년들은 누구인가? 그들은 보스니아, 러시아, 우크라이나, 수단, 크로아티아, 멕시코, 베트남, 하이티 등 그 외의 국가에서 온 이주민과 난민의 자녀들이다. 그들은 수년 전에 이민 온 친척들의 도움으로 미국에 왔을지 모르며, 그들은 지역 사회 봉사 기관이나 교회의 도움으로 왔을지도 모른다. 또는 그들은 전적으로 그들 자신의 힘만으로 미국에 이민 온 것인지도 모른다.

게다가 각각의 가정은 **사연**을 가지고 있다는 것을 기억하라. 어떤 사연은 끈질긴 결심과 성취의 서사물과도 같다. 어떤 사연은 정말 끔찍하기도 하다. 지역 고등학교 교장이자, 나에게 많은 것을 가르쳐 주었던 내 대학원 지도 학생인 John Skretta는 몇 년 전 ELL 인턴십 잡지에 "인간이라는 존재가 참을 수 있다는 것이나 ELL 학생들이 직면할 수 있는 신체적, 정서적, 정신적 고통을 참고 극복해야 한다는 것은 인간 정신의 놀라운 적응유연성(resiliency)에 대한 증거이다."라고 썼다.

마지막으로 —마지막이라고 해서 결론을 말하려는 것은 아님을 밝혀둔다.— 이전에는 학교에 다녀보지 못한 학습자들이 우리 공동체와 학교 주변에 있다. 그들은 학교에 있고 싶어 하고, 학교에 있는 것이 행복하기 때문이다. 그들은 미국에 왔고, 그 결과 인종적 또는 정치적 "정화(cleansing)"라는 생사의 위협을 피할 수 있었다. 그리고 그들의 가족과 상봉하게 되었고, 교육과 취업의 기회를 새롭게 발견하게 된 것이다.

반면, 어떤 이는 그들의 의지와 상관없이 이곳에 있다. 부모가 미국으로의 이민을 결정한 터라 자녀들이 의사를 표시할 기회는 없는 것이다. 이들의 의사결정권은 전혀 영향력이 없다. 그들은 처리된 것이다. 그들이 미국에 왔을 때, 그들은 친한 친구들과 자신의 문화, 관습, 언어를 두고 온 것이다. 유명한 과학 소설 작가인 Robert Heinlein의 말을 빌리자면, 그들은 이상한 나라의 이방인이다. 그리고 그들은 이 이상한 나라를 좋아하지 않을지도 모른다.

11.4. ELL 학습자를 가르치는 것에 대한 몇 가지 개념들

'교사를 위한 실제적이고 기본적인 안내서'를 시작하면서, 여러분 교실의 ELL 학생에 대해 기억해야 할 중요한 개념 몇 가지를 제시하고자 한다.

우선, ELL 학습자들은 인격체이다. 즉, 그들은 사람이다(*Rigg, P. & Allen, G. V., 1989*). 이것은 너무나 자명한 사실이지만, 때때로 그러한 것을 잊어버리거나 무시한다. 예를 들어, 15살 이민자 학생이 5학년 교실에 배정된 것을 본 적이 있다. 그 남학생의 영어 유창성은 같은 나이의 모국어 화자에 비해 낮았다. 분명히, 그 학생은 그 교실에서 가장 나이가 많았고, 또한 가장 몸집이 큰 학습자였다. 그래서 그는 뚜껑이 열리는 책상(filp-top desk)에 그의 몸을 밀어 넣기 위해 노력해야 할 만큼 컸다. 게다가 그는 10살이 아니라 15살짜리의 관심사를 가지고 있었다. 그는 이 교실에서 친구가 한 명도 없었다. 그는 정말 당황스럽고 불안했다. 그에게 학교는 "안전한 곳"이 아니었다.

보스니아에서 온 12살 학생이 "부진아" 반에 배정된 것을 본 적이 있다. 그 여자 아이의 제한된 영어 유창도 때문에, 학교는 그녀를 "부진한" 학습자로 분류하였다. 이 어린 여학생은 자신에게 일어나고 있는 것에 대해 알고 있었고, 그렇게 대접받는 것에 화가 나 있었다.

그러나 이 두 학생은 비슷한 또래의 미국 학생들과 같이 **사람**이다. 그들이 가지고 있는 유일한 "문제"는 그들이 유창하게 영어를 말하지 못한다는 것이다. 그 학교는 이 학생들이 인격체로서 영어가 모국어인 또래 아이들이 가지고 있는 요구와 흥미를 가지고 있다는 것을 잊고 있었다.

이와 같이 인간관계에 대한 침해뿐만 아니라 중요한 언어적 결함이 생긴다. 제시된 2명의 어린 학습자들은 제1 언어 학생들과 같은 반에 배정되어야 한다. 그 학생들은 모국어 화자인 동료들에게서 영어를 더 많이 배울 것이다.

ELL 학습자들은 그들이 필요로 하는 것을 달성하기를 바라고, 영어를 말하는 사람들과 함께 달성하기를 원하기 때문에 영어를 학습한다(*Rigg, P. & Allen, G. V., 1989*). ELL 학습자들은 미래의 언젠가가 아니라 지금 그들을 도울 수 있는 영어를 배우기를 원한다.

나의 학생 중 야간 수업도 함께 듣는 학생이 있었다. 외국어 수업에서 그가 배운 첫 번째 단어는 (번역하면) "나는 녹색 필통을 가지고 있다."였다.

20년이 지난 후 그가 말하기를, 그 문장을 사용할 기회를 여전히 기다리고 있다고 했다. 내 생각엔, 그는 아마 몇 년을 더 기다려야 할 것이다.

ELL 학습자들은 영어로 도움을 요청하는 방법, 길을 묻는 방법, 수업 시간에 질문하는 방법, 점심을 먹으러 가는 방법, 메뉴를 주문하는 방법, 버스 환승구를 묻는 방법, 교실에서 질문에 답하는 방법 등 당면해 있는 것을 하고 싶어 한다.

영어 유창성에서 볼 때 ELL 학습자들의 성장은 총체적으로 발달하는 것이지, 선조적인 것이 아니다(Rigg, P. & Allen, G. V., 1989). ELL 학습자들은 먼저 명사를 배우고, 두 번째로 동사를, 세 번째로 부사를, 그리고 대명사 등을 배우는 것처럼 단선적 연속체로 영어를 습득하는 것이 아니다. 그들은 의미 있는 상황에서 언어의 "청크들(chunks)"을 학습한다. 제발 언어의 고립된 파편들에 초점을 맞춘 선택적 반복 학습(assigning drill)과 학습지에 그들의 시간을 낭비하지 마라. 차라리 그들을 그들의 영어 학습자 동료들과 어울려 말하고 쓰는 활동에 참여시키라. 이 활동은 그들의 나이에 맞고, 의미 있는 교실 학습 과제에 만족할 수 있도록 영어만 사용하도록 되어 있다.

이러한 활동이 ELL 학습자와 그들의 영어 학습자 동료들에게 다양한 도전 과제를 제시할까? 물론 그렇다. 다음 질문은?

때가 되면, ELL 학습자들은 여러분이 생각하는 것보다 훨씬 더 빨리 영어와 내용 모두를 학습하게 될 것이다. 덧붙여, 동료들은 여러분이나 내가 하는 것보다 효과적인 (그리고 상대적으로 좀 더 인내심이 있는) 멘토(mentor)가 된다.

언어는 다양한 맥락에서 발달한다(Rigg, P. & Allen, G. V., 1989). 여러분이 언어를 습득할 때, 여러분은 여러분의 가족과 꽤 다양한 종류의 게임을 했을 것이다. 즉, 소리내어 읽어 준 시와 이야기를 듣고, 들은 것에 대해 대화하고, 다양한 책에서 그림을 보고, 쇼핑몰에 가고 거기서 본 것을 이야기하기도 하고, 식료품점에도 가고, 차나 버스를 타기도 하고 여러분이 보고 있는 것에 대해 이야기를 하였다.

나는 ELL 학습자에게 과학을 가르치는 친구가 한 명 있다. 교육과정은 "열대우림(The Rain Forest)"이라는 제목의 단원을 제시하고 있다. 이라크와 요르단에서 온 학생들이 비(*rain*)와 숲(*forest*)을 각각의 단어로 인지하지만, "열대우림"이라는 보다 크고 합성된 개념을 이해하지 못하였다. 그녀는 학생들과 열대우림 지역을 재현한 근처 동물원에 갔다. 학생들은 소풍을 즐겼고, 의미 있는 경험을 가졌다. 그리고 그 단원은 그들에게 어떤 의미를 주었다.

여러분이 준비할 수 있는 (또는 여러분 학교의 다른 교사들이 배낭을 멘) 현장 체험은 모두 유용할 것이다. 하지만 현장 체험이 "선호"될 필요는 없다. 블록 주변을 산책하거나 지역 식료품 가게, 소방서, 병원, 약국, 여러분의 집으로의 소풍은 ELL 학습자에게 풍부한 언어 경험을 제공할 것이다.

그리고 단어 게임을 제시하는 것도 유용하다. 학교에 있는 오래된 잡지를 꺼내자. 교실에 지역 신문과 전화번호 책을 가져오자. 이것은 여러분이 추측한 것 이상으로 ELL 학습자들에게 친근한 언어에 대한 다양한 사용을 보여준다.

분절된 기능(*skill*)이 아니라 일반적 문식성에 주의를 집중하라. 다시 한 번, 여러분 자신의 경험을 생각해 보라. 또는 만약 여러분이 부모라면, 여러분의 아이라면… 이라고 생각해 보자. 언어 학습자들이 언어를 습득할 때, 그들의 가족 구성원들이 월요일에는 책을 읽어주고, 화요일에는 이야기하고, 수요일에는 글쓰기를 하는 것처럼 전념하지는 않는다.

어린 언어 학습자를 둔 영어가 모국어인 가정에서는, 문식적 사건이 통합적 방법으로 일어난다. 부모님은 친척에게서 온 편지를 읽어 주고, 학습자와 함께 그 편지와 친척에 대해 대화한다. 그리고 아이는 실제로 또는 가상으로 편지를 쓴다. 이 때 몇몇 관습적인 철자들을 사용하고, 몇 개는 틀리기도 하고, 아이가 만들어낸 철자와 어른들이 "낙서"라고 부르는 것도 있을 것이다.

영어가 모국어인 가정에서는 어른들은 아이에게 읽어주고, 쇼핑 목록을 작성하고, 점심에 무엇을 먹을지 대화한다. 아이들은 어른들과 편지, 목록, 메뉴에 대해 이야기한다. 그들은 구어나 문어 형태로 종종 자신만의 이야기, 목록, 메뉴를 만들기도 한다.

여러분이 이런 설명들을 여러분의 교실에서 재현하라고 제안하는 것은 아니다. 만약 그들이 해야 한다고 생각한다면, 시도해 보라. 그러나 읽기-쓰기-듣기-말하기 사건은 보통은 그리고 자연스럽게 **서로 엮어져 있다**는 것을 이야기하고 싶다. 학생들에게 소리 내어 읽고, 여러분이 읽은 것을 말해보라고 하자. 글이 없는 그림책을 이용해서, 아이들이 이야기와 대화를 만들어 보게 하자. 학생들에게 자신만의 이야기나 시를 그리거나 쓰게 하자. 그 이야기에 대해 토론시키자. 학생들은 언어와 대화 관습, 이야기 구조, 설명문과 서사적 글의 차이, 결론의 중요성을 배우게 될 것이다.

ELL 학습자들을 모든 교실 활동에 참여시키라. 대다수의 교사들은 다른 사람들이 학습하는 것을 돕기 위해 돌봐줄 줄 아는 정도로 친절하고, 인정이 많다. 교사들은 교실이 학생들이 실패에 대한 두려움 없이 추측하기, 사색하기, 탐구하기 등을 할 수 있는 안전한 곳이어야 한다는 것을 알고 있다.

게다가, 교사들은 학습자가 당혹감을 겪게 해서는 안 된다는 것을 알고 있다. 즉, 학습은 -다른 것들 중에서- 정서적이다. 사람들이 위협받으면, 거의 학습하지 못한다. 그들이 안전하다고 느낄 때, 더 많은 것을 학습할 수 있다.

더 나아가 교사들은 학생들이 학습하는 과정에서 정서적인 혼란과 충돌이 없어야 한다고 여긴다. 학생들은 교실이 불편하다고 여길 때에는 학습을 거의 하지 않지만, 교실이 매우 편안하고 믿을 만한 곳이라고 여길 때에 학습 능력이 향상된다.

결과적으로, 선의의 교사들은 ELL 학습자를 교실 토론에 참여시키기 위해 지명하지 않을 것이다. ELL 학습자는 답을 알지 못하거나 그 언어를 잘못 발음할까 봐 두려워하기 때문에, 선의의 교사들은 ELL 학습자를 종종 지명하지 않는다. **당혹감을 피하라는 것은 통제권의 이양**처럼 보인다. 한편으로 이것은 이해할 만한 것이다.

그러나 장기적으로 보면, 교사들에게 아무리 이타심이 있다 하더라도 이러한 전략들은 ELL 학습자를 **돕지 못한다**. 그것은 학습자를 사회적이고 교육적인 교실의 주변으로 밀어내는 것이다. 사실, 이러한 "인간적" 시도는 ELL 학습자를 의미 있는 내용과 관련된 토론과 교실의 문화로부터 내모는 것이다. 여러분은 여러분 교실에서 일어나는 모든 활동에 ELL 학습자를 포함시켜야만 한다. 그렇게 하지 않으면 잘못된 친절함과 선의를 가지고 교실에서 학습자들을 사회적 주류에서 벗어난 시민으로 만들어 그들을 해치게 될지도 모른다.

11.5. 영어의 주인은 누구인가?

이 단원의 다음 부분에서 ELL 학습자를 위한 의미 있는 학습 활동들의 구조를 살피기 전에, 나는 여러분 역시 거울을 봐야 한다고 생각한다. 그리고 누가 영어를 '소유하는가', ELL 학습자에게 적당한 기대는 무엇인가, 학생들의 실수에 여러분은 어떻게 반응할 것인가와 같은 영어에 대한 일반적인 태도와 관련된 몇 가지 어려운 질문을 스스로 해야 한다고 생각한다.

오늘날 영어 학자의 대다수가 McArther가 *Oxford Companion to the English Language*의 서문에서 제시한 입장에 동의할 것이다. 그는 "영어는 그것이 어떤 방식으로 사용되든 모든 개인과 모든 공동체의 소유물이다. 다른 개인이나 공동체가 그것에 대해 무엇을 생각하는지는 고려할 필요가 없다."라고 하였다(Yajun, J., 2002 : 62).

그러나 모든 사람들이 McArther에 동의하는 것은 아니다. McArther의 입장에 대해 정반대에 있는 것이 영국의 정치가인 Enoch Powell의 입장이다. 그는 "다른 나라 사람이 영어로 (많이 또는 덜) 말하고 쓰더라도, 그것은 우리의 언어이지 그들의 언어가 아니다. 영어는 영국에서 영국인에 의해 만들어진 것이고, 우리의 고유한 특성으로 남아있다. 하지만 그것은 많은 지역에서 사용되고 학습된다."라고 말했다(Yajun, J., 2002 : 62). 그 뿐만 아니라 앵글족, 색슨족, 주트족, 노르웨이인, 노르만 프랑스인과 같이 영어를 쓰지 않는 사람들은 영어의 기원에 대해 무시하거나 알 필요가 없다는 것이다. 영어에 대한 Powell의 개인적 태도는 호의적인 것이 아니라, 영어를 배워야 한다는 강제적인 제안이다. 여러분은 영어를 배울 수 있다. 하지만, 여러분에게 적절한 장소를 기억하라.

『옥스퍼드 영어사전』(Oxford English Dictionary)의 편집자인 Robert Burchfield는 나와 같은 관점에서 다음과 같이 간략히 이야기하고 있다.

> 영어는 아무리 문식 교육을 받은 사람이라도 만약 그가 영어를 알지 못하면 다양한 실제 의미에서 이탈된다는 점에서 프랑코어(동 지중해에서 쓰는 이탈리아어 · 프랑스어 · 그리스어 · 스페인어의 혼합어)가 되어 가고 있다. 가난, 기근, 질병은 박탈에 대한 가장 잔인하고, 가장 용서할 수 없는 형태로서 곧 인지되었다. 언어적 이탈은 주목된 상황에서 덜 쉽지만, 그럼에도 불구하고 가장 중요한 것 중 하나이다.(Yajun, J., 2002 : 60)

언어에 대한 교사의 관점은 교사가 영어 사용을 인식하는 방법을 제한할 뿐만 아니라 한정한다는 것이다. 영어의 "오염"이 있다면, 오염시키는 사람은 "적"이고 교사는 "수호자"가 된다. 이러한 은유적 관점을 가지고 보면, 교사가 "우리" 언어를 타락시키기 위해 노력하는 나쁜 사람에 대항하여 전쟁에 참여한 고귀하고, 용감한 사람이라고 스스로를 보는 것은 저급한 관점이다 (Yajun, J., 2002 : 57). 나는 여러분이 이러한 관점을 피해야 한다고 믿는다.

11.6. ELL 교실 전략 설계하기

무엇보다 칠판을 깨끗하게 하라. 완전한 자격을 갖춘 ELL 교사들 중에는 이민/난민 아이들이 영어를 학습하도록 도울 수 있는 **마술적** 전략의 신비한 레퍼토리를 가지고 있다고 믿는 교사들도 있다. 그러나 그러한 방법은 없다.

자격을 갖춘 ELL 교사들은 비밀의 마법을 하는 것이 아니다. 그들은 이론적 연금술을 쓰는 것도 아니다. 그들은 학생들의 필요에 부합하기 위해서 성공적이고 증명된 수업 활동을 수정한다. 좋은 교사들은 모두 이와 같은 것을 한다.

그 이행으로서, 인디아나 존스의 초기 영화 〈잃어버린 성궤를 찾아서〉 (*Raiders of the Lost Ark*)를 다시 한 번 보자. 첫 장면에서 우리는 인디와 안내자가 귀빈석에 놓인 보석이 든 가방을 가져오려고 노력하는 모습을 볼 수 있다. 인디는 가방을 갖고, 비열한 악당을 만났고, 가이드와 함께 굴러오는 큰 돌덩어리를 피해 동굴에서 벗어나기 위해 달렸다. 인디는 영웅스럽게 도망치고, 근처 호수에 미리 준비한 비행기를 향해 가능한 빨리 달렸다. 그리고 그는 탈출한다. 아~후.

다음 장면에서 인디아나 존스 박사는 아이비리그의 고고학 교수이다. 그는 격식이 없고, 지저분하고 팔꿈치 부분을 가죽으로 덧댄 옷을 입고, 학생들에게 강의를 하고 있다. 인디의 강의는 최고조에 이르렀고, 수업을 방해하는 시끄러운 종소리가 울리며 수업의 끝을 알렸다. 학생들은 그들의 노트를 챙기고, 가방에 넣어 교실 밖으로 빠져나갔다. 학생들이 나갈 때, 인디는 "다음 시간에 6장 읽어오는 걸 잊지 마라!"라고 말했다.

이것이 존스 교수가 그의 학생들에게 과제를 제시하는 방법이다. 그것은 효과적인 수업 활동 과제에 대한 **반례**(*counterexample*)이다. 여기서 묘사된 것은 피해야 할 모델이다. 일반적으로 모든 학생과 특히 ELL 학생이 있다면, 어떤 교실에서 읽기 과제의 제시 단계는 중요한 것이다. 더욱 효과적인 과제는 다음을 포함해야 한다.

과제는 주제에 대한 학습자의 배경지식을 바탕으로 구성되어야 한다.

교사는 다음 과제가 어제, 지난 주, 지난 단원에 다뤄졌던 주제와 어떻게 관련되는지 아주 직접적인 언어로 설명해야 한다. 또는 교사가 학생들에게 다음 과제와 관련된 주제에 대해 브레인스토밍을 시키고, 그들이 말한 것을 칠판에 목록화한다. 그리고 그들이 말한 것을 관련된 것끼리 덩어리로 묶어 조직화한다. 만약 학생들이 충분한 배경 지식이 부족하다면, 그러한 지식을 얻을 수 있는 직접적인 경험을 제공한다. (앞서 제시한 동물원의 열대우림에 대한 소풍은 훌륭한 예이다.)

과제는 중요한 새 어휘를 소개하여야 한다.

단어들이 텍스트 속에 나타나는 실제적 맥락 속에서 제시된다면, 새로운 단어들은 소개될 것이다. 아마도 학생들은 문장 속에서 단어가 어떻게 사용되는지 보는 것으로써 단어의 의미를 발견할 수 있다. 만약 그렇지 않다면, 교사가 의미를 제시해 줄 수 있다. 여러분은 학생들이 알지 못하는 모든 어휘를 학생에게 가르칠 수는 없다. 결과적으로 과제는 핵심 개념에 명명된 어휘나 조만간 주제 학습으로 또다시 접하게 될 어휘를 소개해야 한다.

과제는 방향, 목적, 의미가 분명히 제시되어야 한다.

교사는 그래픽 조직자, 벤다이어그램, 구조화된 개요 등을 사용하여 독자의 주의 집중에 도움을 주어야 한다. 예를 들어, 어떤 읽기 자료는 두 명의 인물, 두 나라, 정부의 두 가지 형태를 비교하거나 대조한다. 어떤 책은 역사적 사건의 원인과 결과를 기술하고, 영양소의 유익성과 유해성을 기술하기도 한다. 또 어떤 책은 우주에 있는 행성들의 순서, 먼저 성공한 식민지 개척자의 이름에 대한 목록이나 연속체를 제시하기도 한다. 독자들이 자기가 읽고 있는 것을 미리 알고, 또 그들이 읽는 것과 관련된 것들 중 하나를 선택하기 위해 과제를 미리 알고 있을 때, 그들의 독서는 더 큰 목적과 의미를 갖게 될 것이다. 즉, 성공적인 이해를 위한 토대가 된다.

과제는 학습자가 통합적 언어활동을 할 수 있는 기회를 제공해야 한다.

텍스트를 읽고 난 뒤, 학생들에게 완성된 서술문을 쓰도록 요구한다. 예를 들어, Jim과 Huck Finn의 성격이 어떻게 비슷하고, 다른지(비교-대조), 또는 Bull Run 전투가 왜 일어났는지, 그것이 왜 중요한지(원인-결과) 등에 대해 쓰도록 한다. 이 중 몇 개의 글은 나중에 교실 토론에서 발표하도록 할 수도 있다.[3]

생각해 보기 | "ELL 학습자를 가르치는 것에 대한 몇 가지 개념들"과 효과적인 과제의 특성을 제시한 부분을 다시 살펴보자. 얼마나 많은 측면에서 그 개념과 특성은 서로 관련되는가?

---

3) 효과적인 과제와 사후 점검(follow-up) 활동에 대한 더 완벽한 논의를 위해서 다음을 참고하시오. Suzanne F. Peregoy and Owen F. Boyle, *Reading, Writing and Learning in ELL : A Resource Book for K-12 Teachers*, 2nd ed.(White Plains, NY : Longman, 1997), pp. 281-84.

11.7. 문법과 정확성에 관한 것

L2 학습자들은 영어가 모국어인 동료들만큼 능숙하게 영어를 구어로 그리고 문어로 사용하지는 못한다. 그들은 아마도 그 기준을 달성하지 못할 것이다. 그렇다면, L2 학생이 언어 사용에 있어 오류를 범할 경우, 어떻게 해야 하는가?

한 교사가 그것에 대해 설명하였다. "최근에 L2 학습자들을 가르치면서 그들의 표면적 오류에 대한 선입견에서 벗어날 수 있었다. 이것을 알았을 때 놀랍고 우스웠다."(Carroll S. P. & Blake, F. & Camalo, A, R., 1996 : 28).

사용에 있어 표면적 오류는 L2 학습자의 실수로 볼 것이 아니라 언어 학습 과정의 일부로 자연스럽게 보아야 한다. 사실, L2 학습자는 읽기나 쓰기를 이해하는 과정에 드러나지 않은 오류는 종종 지나쳐 버린다(Carroll S. P. & Blake, F. & Camalo, A, R., 1996 : 28).

많은 L2 학습자들이 문법적 정확성에 도달하고 싶어한다. L2 학습자는 교사가 그들의 비관습적 사용, 철자, 발음법 등 모두를 교정해 주기를 바란다. 그러나 이것은 학습자의 기를 죽이는 것이다. 결과적으로 Leki는 2가지 유용한 제안을 하였다. 첫째, 오류에 대한 교정은 사회적으로 용인될 수 없는 치명적인 것에만 초점을 두라. 둘째, L2 학습자가 수업 시간에 만들어내는 오류의 패턴을 살펴보라. 만약 패턴이 분명히 여러분에 의해 시작된 것이라면, 여러분은 L2 학습자를 그 문제를 다루는 약 15-20분간의 미니레슨을 통해 도울 수 있을 것이다(Carroll S. P. & Blake, F. & Camalo, A, R., 1996 : 28).

11.8. 그럼 이제, 결론으로…

이 단원은 제1 언어가 영어가 아닌 이민 아동들이 학교에서 성취할 수 있도록 도와야 할 책임을 가지고 있는 교사에게 몇 가지 기본적인 제안을 하기 위한 것이었다. 도움이 필요하다면, 여러분은 학교나 지역에 있는 ELL 교사와 대화하는 것이 좋을 것이다. 그들은 L2 학습자를 가르치기 위한 조직적 지원과 제안을 제공할 것이다. 또한 외국어 교사를 잊지 마라. 그들은 제2 언어 습득 상황에서 가르치기 위한 접근법에 익숙하다. 그들은 여러분을 돕는 것을 즐거워할 것이다.

비록 처음에는 여러분이 접해 보지 못한 도전 과제가 제시된 것처럼 L2 학습자를 생각할지 모르겠지만, 시간이 지나고, 인내와 수업 활동 속에서 여러분과 L2 학습자 모두 배우게 될 것이다. 그들은 새로운 문화와 영어, 여러분의 수업 내용에 관해서 많은 것을 배울 것이다. L2 학습자와 여러분의 관계가 아름다울지는 전적으로 당신에게 달려있다.

다시 보기
REVIEWING THE CHAPTER

01. 미국에 살지만 집에서 영어보다 다른 언어를 쓰는 사람은 대략 몇 명이나 될까?

02. ELL 학습자를 가르치는 것은 비교적 소수의 교사만이 가지게 될 경험일까?

03. ELL 학습자들이 특수학급에 배치되어야 한다고 생각하는가?

04. ELL 학습자들이 학교에서 그들의 모국어를 사용하는 것을 용인해야 할까?

05. 물 밖의 물고기가 수영을 더 잘 배울까?

06. ELL 학습자가 먼저 배워야 할 것은 무엇인가? 정확한 발음이나 정확한 철자인가?

07. ELL 학습자가 사회적 목적이나 수업 목적을 위해 영어를 학습할 때보다 중요한 것은 무엇인가?

08. 여러분이 ELL 학습자들을 위해 한 가지 중요한 목적을 고를 수 있다면, 말하기 능력을 향상시키겠는가? 쓰기 능력을 향상시키겠는가?

09. ELL 학습자들이 모르는 단어를 접했을 때, 매번 사전을 찾아봐야 하는가?

10. 연습이 늘 완벽함을 만드는가?

***** ***** *****

    만약 여러분 학급에 7살에서 11살, 12살의 어린 ELL 학습자가 있다면, ELL 동료 교사 중 한 명인 Rita Smith가 제시한 제안 중 몇 가지를 쓸 수 있다. 이러한 아이디어들 중 몇 개가 학생들의 나이에 적합하지 않다고 생각한다면, 그것을 활용하여 더욱 적합한 것으로 만들 수도 있다. Rita는 지구상에서 가장 훌륭한 교사 중 한 명이며, 경쟁해 볼 가치가 있는 사람이다.

여러분 학급에 있는 ELL 학습자를 위해 준비하기

by Rita Smith Lyon, ELL Teacher
Meadowlane School
Lincoln, Nebraska

학생이 도착하기 전에 :

1. 학생들의 이름과 버스 번호가 표시된 목록을 방문 앞에 걸어두기 위해 준비한다. 한 해 동안 보강된 이 목록은 가지고 있어야 한다.
2. 학습 센터를 선택하는 것과 같은 그 날 일정과 다른 날 활동이 포함된 그림 단서를 제시하자.
3. 학부모들을 위해 학교에 대한 중요한 정보가 담긴 노트를 번역해 두자. 이를 위한 한 가지 방법이 학교 양식들, 그 양식을 어떻게 채울 것인지에 대해 번역된 설명이 담겨져 있는 카세트 테이프 등이 담긴 주머니를 준비하는 것이다. 카세트 플레이어도 물론 포함되어야 한다.
4. 만약 여러분에게 새로운 ELL 학습자의 관습, 식습관, 인사법 등이 낯설다면, 적절한 문화 도표(Culturegram)을 읽으라. 문화 도표는 학교 미디어 센터에서 이용할 수 있으며, 또는 ELL 교사들이 가지고 있을 것이다.
5. 여러분이 소속된 구에 있는 ELL 교사나 먼저 입학한 학생 또는 통역가에게 새로운 학생의 모국어로 "안녕"을 어떻게 말하는지 물어보라.
6. 변화를 환영하라! 여러분의 학급 아이들에게 여러분이 선택한 문학 작품과 여러분이 걸어둔 그림, 여러분이 계획한 활동을 통해 다양성을 보여주라.
7. 교실에 있는 사물과 영역에 라벨과 그림을 붙여 두자.

학생을 맞이하는 첫 날

1. 버스가 도착하면, 버스 창문에 각각 학생들을 위한 이름표를 부착한다. 이름표에는 학생들의 이름과 버스 정류장 주소가 담겨 있어야 한다.
2. 학생의 이름, 교사의 이름, 반 이름이 담긴 버튼식 이름표를 각각의 학생에게 나눠주라.
3. 만일 학생이 학교에서 점심을 먹는다면, 학교 메뉴판을 고를 수 있도록 그림으로 준비한 점심 차트를 준비하라.
4. 학생들과 함께 학급 규칙이 그려져 있고, 쓰여 있는 예절 차트를 준비하라. 학생들과 함께 규칙에 대하여 역할 놀이를 해 보자.
5. 주간 학습 자료집, 과자 파티, 식당 예절, 줄서기, 차례지키기 등 다른 학급이나 전교에서 행해지는 활동을 역할 놀이로 해 보자.
6. 새로운 ELL 학습자들 각자에게 짝꿍을 지어 준다. 짝꿍은 새로운 학생이 학급의 일상에 적응할 수 있게 도와줄 것이다.
7. 학급의 시간표를 만들라. 학생들은 "말하기, 관찰하기, 활동하기"를 통해 배울 것이다.

그 밖의 아이디어 :

1. 패턴 북을 사용하라! 학생들이 반복해서 읽을 수 있는 책을 통해 즐기고 배울 것이다. 〈*Brown Bear, brown Bear, What Do You See?*〉는 패턴 북의 좋은 예이다. 이와 같은 책을 가지고 아이들이 책을 다시 쓰게 하는 것도 재미있는 활동이 될 것이다.
2. 책과 교실 게시물에 학생들 모두의 사진을 이용하자. 〈*Alphabet Name Book*〉은 재미있고, 학생들은 그것을 읽고 또 읽을 것이다.
3. ELL 학습자의 요구에 적합한 것으로 활동을 수정하거나 직접 해보는 활동들을 많이 제시하라. 예를 들어, 음식 단원에서는 학생들이 (a) 가까운 식료품 가게에 걸어서 다녀오게 하고, (b) 다른 음식을 굽거나 먹어보게 하고, (c) 메뉴에 없는 음식을 주문하는 것을 연습시키기 위해

"교실 카페(Classroom Cafe)"를 만들어 볼 수 있다. (d) 색깔, 크기, 종류 등 다양한 방법으로 음식을 배열해 보게 할 수 있다.
4. 〈We Are All Alike, We Are All Different〉와 같은 책을 읽게 한다. 수업 시간에 다른 피부색과 다른 옷을 입은 학생들을 보여주는 종이인형을 만들어 보자.
5. 모든 활동에 모델을 제공하다. 여러분의 활동에 대해 그림과 글로 된 안내도를 보여주는 '읽고, 행동하기' 차트를 사용하자.
6. 여러분이 사용하는 책에 나오는 새로운 어휘나 각각의 단원을 위해 그림/단어 차트를 준비하자.
7. 학생들이 보게 될 인쇄 자료는 깨끗해야 하고, 각 철자가 필기체로 연결되어 있는 것이 아니라 또박또박 쓰여 있어야 한다.
8. 새로운 어휘나 개념을 소개할 때 몸짓 언어를 사용하자. 학생들은 몸짓이나 시각적 단서가 유용한 상기물이라는 점으로 학습하는 것을 즐기게 될 것이다.
9. 학습 시간에 가능한 음악을 집어넣으라. 학생들은 노래하는 것을 좋아한다. 그러한 활동과 단어의 반복은 ELL 학습자에게 유용하다.

학생 탐구 활동

탐구 활동 1 **잠자기**

학습 방법 잠자기는 미국에서 사람들이 '잠'을 표현하는 하나의 방법이다. 미국에서 '잠'을 다른 방식으로 표현하는 것을 들어본 적이 있는가? 만약 누군가의 도움이 필요하다면, 교사나 영어가 모국어인 친구들에게 물어보자. '잠'과 관련된 용어 목록을 만들어 보자.

1. 목록에서 여러분이 넣은 용어는 몇 개인가?
2. 여러분의 모국어는 잠을 어떻게 표현하는가?
3. 왜 우리는 같은 활동을 명명하는 데 다른 방식을 사용하는 것일까?

***** ***** *****

탐구 활동 2 **마음속에 있는 것 말하기**

학습 방법 여기 미국에서 일상적으로 쓰이는 표현들의 목록이 있다. 이 말의 진짜 의미가 무엇이라 생각하는가?

> a. He is acting funny. (웃기고 있네.)
> b. It beats me. (골 때리는군.)
> c. It costs an arm and a leg. (아예 나를 팔아먹으라.)
> d. Don't count your chickens before they hatch.
>   (떡 줄 사람은 생각도 않는데 김칫국부터 마시고 있네.)
> e. Go with the flow. (박수 칠 때 떠나라.)
> f. Time to hit the sack. (맨 땅에 헤딩하기.)
> g. Don't pull my leg. (애걸복걸하지 마.)
> h. Try not to jump the gun. (믿는 도끼에 발 등 찍힌다더니.)

1. 이러한 표현은 영어를 이해하기 쉽게 만드는가? 어렵게 만드는가?
2. 사람들이 말하고자 하는 바를 직접적으로 말하지 않는 이유는 무엇인가?
3. 이러한 표현들이 꽤 널리 사용되는 이유는 무엇이라 생각하는가?

***** ***** *****

탐구 활동 3 **귀기울이기**
학습 방법 교사는 최근 유행하는 드라마 한 편을 녹화한 비디오 테이프를 수업 시간에 준비해야 한다. 소리 없이 드라마의 몇 장면을 보여 주자. 그리고 등장 인물들의 분위기나 태도를 그들의 비언어적 행동, 얼굴 표정 등에 근거하여 해석할 수 있는지 학생들에게 물어보자. 이러한 활동이 끝난 후, 소리를 켜고 비디오를 다시 보자.

1. 등장 인물의 신체 언어가 사용된 구어를 어떻게 지원해 주는가?
2. 몸짓 언어, 어조, 의사소통 사이에 어떤 관계가 있는가?

***** ***** *****

탐구 활동 4 **잠깐 멈추라, 그리고 다섯을 세자.**
학습 방법 학급에서 사용된 책의 한 문단을 고르자. 모르는 단어나 발음법을 찾아 해결하면서, 학생들과 함께 그 문단을 소리 내어 읽자. 학생들이 그 문단에 익숙해지면, 소리 내어 읽는 데 사용되는 구두점은 넣지 말고 자연스러운 끊어 읽기로 문장을 나누어 보자. 그리고 이것을 OHP 필름에 복사해 두자.

> 만일 너의 소리 내어 읽기가 전형적이라면
> 너는 아마 발견하게 될 것이다.
> 그 문장은 추측될 것이라는 것을
> 수직적 형태
> 이와 같은 어떤 것으로

1. 묵독을 할 때, 텍스트의 구절에서 어떤 단어가 강조되는가? 왜 그런가?
2. 구절을 소리 내어 읽을 때, 같은 단어가 강조되는가?
3. 소리 내어 읽을 때와 묵독할 때 어떤 차이가 생기는가? 이러한 차이는 우리가 읽는 것을 이해하는 데 영향을 주는가?

참고문헌

Aitchison, Jean(1985). *Language Change : Progress or Decay?* New York : Universe Books.
Aitchison, Jean(1987). *Words in the Mind.* Oxford : Basil Blackwell.
Aitchison, Jean(1989). *The Articulate Mammal,* London : Unwin Hyman.
Akmajian, Adrian, et al.(1990). *Linguistics : An Introduction to Language and Communication, 3rd ed,* Cambridge, MA : MIT Press.
Allington, Richard(2002). What I've Learned About Effective Reading Instruction, *Phi Delta Kappan.*
Allport, Gordon(1986). "The Language of Prejudice." In Edited by Paul Escholz, Alfred Rosa and Virginia Clack. *Language Awareness,* New York : St. Martin's Press.
Andrews, Larry(1998). *Language Exploration and Awareness : A Resource Book for Teachers*, 2nd ed., Mahwah, NJ : Lawrence Erlbaum Associates.
Andrews, Larry(2001). *Linguistics for L2 Teachers*, Mahwah, NJ : Lawrence Erlbaum Associates.
Annie's Mailbox(2004). *Lincoln (NE) Journal Star.*
Anthony, Edward(1996). The Rhetoric of Behavior, *TESOL Matter.*
Applebee, Arthur N(1974). *Tradition and Reform in the Teaching of English : A History,* Urbana, IL : National Council of Teachers of English.
Applebee, Arthur N(1984). *Contexts for Learning to Write : Studies in Secondary School Instruction,* Norwood, NJ : Ablex Publishing Corporation.
Applebee, Arthur N(1989). *The Teaching of Literature in Programs With Reputations for Excellence in English,* Albany : University of New York—Albany Center for the Learning and Teaching of Literature,

Report 1.1.

Associated Press(1991). Wrong Turn on Foul Word Spells Loss, *The Lincoln (NE) Star*.

Associated Press(1994). Have a Nice Day Raises Hackles, *Omaha(NE) World—Herald*.

Associated Press(2004). Watch What Is Written in E—Mails, Instant Message, *Lincoln (NE) Journal Star*.

Associated Press(2005). Longhorn Salute Is Devilish in Norway, *Lincoln (NE) Journal Star*.

Astor, Gerald(1988). *The Baseball Hall of Fame 50th Anniversary Book*, New York : Prentice Hall.

Atwood, Margaret(1985). *The Handmaid's Tale*, New York : Ballentine Books.

Auel, Jean(1982). *The Valley of Horses*, New York : Bantam Books.

Aulbach, Carol(1994). The Committee of Ten : Ghosts Who Still Haunt Us, *English Journal*.

Baron, Dennis(1994). *Guide to Home English Repir*, Champaign—Urbana, IL : National Council of Teachers of English.

Barry, Dave(2004). Mister Language Person Returns in a Grande Way, *Lincoln (NE) Journal Star*.

Bartlett, Jere Whiting(1977). *Early American Proverbs and Proverbial Phases*, Cambridge, MA : Harvard University Press.

Bauer, Laurie., and Peter Trudgill, eds(1998). *Language Myths*, New York and London : Penguin Books.

Baugh, Albert C., and Thomas Cable(1978). *A History of the English Language*, 3rd ed, Englewood Cliffs, NJ : Prentice—Hall.

Berlitz, Charles(1982). *Native Tongues,* New York : Grosset & Dunlap.

Betancourt, Ingrid(1992). *Wilson Library Bulletin*.

Block, Marylaine(2000). Change a Word, Change a World, *My Word's*

Worth. http : //www.marylaine.com/myword/wordmean.html.

Bolton, Whitney(1991). CmC and E-mail : Casting a Wider Net, *English Today,* October, p.35.

Boyer, Ernest L(1996). Literacy and Learning, In Edited by Michael F. Graves, Paul Van Den Broek and Barbara, M. Taylor. *The First R : Every Child's Right to Read,* New York : Teachers College Press and Newark, DE : The International Reading Association.

Braddock, Richard C., Richard Lloyd-Jones and Lowell Schoer(1963). *Research in Written Composition,* Champaign-Urbana, IL : National Council of Teachers of English.

Brown, B. Bradford and Wendy Theobald(1998). Learning Contexts Beyond the Classroom : Extracurricular Activities, Community Organizations and Peer Groups, *In the Adolescent Years : Social Influences and Educational Challenges,* Ninety-Seventh Yearbook of the National Society for the Study of Education, Edited by Kathryn Borman and Barvara Schneider, Chicago : University of Chicago Press.

Brown, Donna(1996). One Person's Opinion, *English Journal.* December 13, p.14.

Bruner, Jerome S.(1981). *Child's Talk.* New York : W. W. Norton.

Bryson, Bill(1991). *Mother Tongue.* London ; Penguin Books.

Burchfield, Robert(1986). The Oxford English Dictionary, *In Lexicography : An Emerging International Profession.* Edited by Robert Ilson, Manchester, England : Manchester University Press.

Caccia, Paul(1991). Getting Grounded : Putting Semantics to Work in the Classroom, *English Journal.* 80-2, p.55.

Cameron, Deborah(1995). *Verbal Hygiene,* London and New York : Routledge.

Carlson, Robert G.(1987). *The Americanization Syndrome : A Quest for Conformity,* New York : St. Martin's Press.

Carroll, Pamela Sissy, Frances Blake and Rose Ann Camalo(1996), When Acceptance Isn't Enough : Helping ELL Students Become Successful Writers, *English Journal*.

Carver, Craig M.(1987). *American Regional Dialects*, Ann Arbor : University of Michigan Press.

Cassidy, Frederick G.(1985). *Dictionary of American Regional English*, Cambridge, MA : Belknap Press of the Harvard University Press.

Chapman, Raymond(1991). A Versatile Suffix, *English Today*, 7-4, pp.39~41.

Chinese Bank Bans Tellers From Using 90 Rude Phrases(1995), *Lincoln (NE) Journal Star*. April 25.

Chomsky, Noam(1957). *Syntactic Structures*, The Hague : Mouton.

Clarke, Mark A.(1994). The Dysfuctions of the Theory/Practice Discourse, *TESOL Quarterly*. Spring 15.

Confederate Flag Causes Flap(2004). *Lincoln (NE) Journal Star*. September 14.

Colklin, Nancy Faires, and Margaret A. Lourie(1983). *A Host of Tougues : Langugage Communities in the United States*. New York : The Free Press(Macmillan).

Connors, Robert J., and Andera A. Lunsford(1988). "Frequency of Formal Error Patterns." *College composition and communication* 39, pp.395~409.

Crabtree, Monica, and Joyce Powers(1991). *Language Files*, 5th ed. Columbus : Ohio State University Press.

Cruz, Isagani R. "A Nation Searching for a Language Finds a Language Searching for a Name." *English Today* 7-1. p.17.

Crystal, David, ed.(1997). *The Cambridge Encyclopedia of Language*. 2nd ed. Cambridge : Cambridge University Press.

Crystal, David, ed.(1984). *Who Cares About English Usage?* London : Penguin Books.

Culotta, Elizabeth, and Brooks Hanson(2004). "First Words." *Science*, February, p.1315.
Cumming, John D.(1995). "The Internet and the English Language." *English Today*, January, p.7.
Davidson, Jill(2003). "English Language Learners in Essential Schools." *Horace*, Winter. Available at http : //www.essentialschools.org/cs/resources/view/ces_res.286.
Dear Abby(1992). *The Lincoln(NE) Journal Star*, August 4.
Dear Abby(1992). *The Lincoln(NE) Journal Star*, August 12.
Dear Abby(1993). *The Lincoln(NE) Journal Star*, August 4.
Demo, Douglas A. Dialects in Education. http : //www.cal.org/resources/RGOs/dialects.html.
Dewar, Helen, and Dana Milbank(2004). "Cheney Dismisses Critic with Obscentity." *Washington Post*, June 25.
Edwards, David, and Norman Mercer(1987). *Knowledge : The Development of Understanding in the Classroom*. London : Heinemann.
Elbow, Peter(1990). *What is English?* New York : The Modern Language Association, and Champaign—Urbana, IL : The National Council of Teachers of English.
Engel, Morris(1984). *The Language Trap*. Engelwood Cliffs, NJ : Prentice—Hall.
Erman, Brit(1987). *Pragmatic Expressions in English : A Study of "You Know," "You See," and "I Mean" in Face—to Face Conversation*. Stockholm : University of Stockholm, Stockholm Studies in English.
Fairman, Tony(2002). "Mainstream English." *English Today*, January, p.58.
Ferre, John P., ed.(1991). *Channels of Belief : Religion and American Television*. Ames : Iowa State University Press.
Fillmore, Lily Wong, and Catherine Snow(2000). *What Teachers Need to Know About Language*. http : //www.cal.org.ericcll/teachers.pdf.

Finders, Margaret, and Susan Hynds(2003). *Literacy Lessons*. Columbus, OH : Merrill Prentice Hall.

Finegan, Edward, and Niko Besnier(1989). *Language : Its Structure and Use*. New York : Harcourt Brace Jovanovich Publishers.

Fitzgerald. F. Scott(1980). *The Great Gatsby*. New York : Collier Books.

"Flag Desecration Charges Against Vietnam Veteran Are Dismissed." *Lincoln (NE) Journal Star*, November, 2004, p.12.

Flaherty, Frances(1993). "Lexicography Odds and Ends." *The Atlantic Monthly* 271−1. p.40.

Flexner, Stuart Berg(1986). "'preface' to the *Dictionary of American Slang*." In *Language Awareness*. 4th ed. Edited by Paul Escholz, Alfred Rosa, and Virginia Clark. New York : St. Martin's Press.

Forestal, Peter(1990). "Talking : Toward Classroom Action. Perspectives on Small Group Learning." In *Perspectives on Small Group Learning : Theory and Practice*. Edited by Mark Brubadier, Ryder Payne, and Kemp Rickett. Oakville : Ontario : Rubicon.

Freire, Paulo(1970). "The Adult Literacy Process as Cultural Action for Freedom." *Harvard Educational Review* 40, pp.205~221.

Gee, James Paul(1989). "Literacy, Discourse, and Linguistics." *Boston University Journal of Education* 171−1, pp.5~25.

Giles, Howard, and Peter Robinson(1990). *Handbook of Language and Social Psychology*. New York : John Wiley & Sons.

Gladwell, Malcom(1992). "Oueue & A : the Long and Short of Standing in Line." *Washington Post National Weekly*, December, pp.21~27.

Goethals, Gregor T.(1991). The Electronic Golden Calf : *Images, Religion and the Making of Meaning*. Cambridge, MA : Cowley.

Goodlad, John(1984). *A Place Called School*. New York : Mcgraw−Hill.

Gorow, Linda(1999). "Texas Town Makes Spanish Official, Stirs War of Words." *Boston Globe*, August 28.

Gottlieb, Walter J.(1991). "Next Comes a Thick Yiddish Accent." *Washington Post National Weekly*, September 9—15.

Greenbaum, Sidney(1969). *Studies in English Adverbial Usage*. Coral Gables, FL : University of Miami Press.

Greenspan, Stanley I., and Stuart G. Shanker(2004). *The First Idea : How Symbols, Language, and Intelligence Evolved From Our Primate Ancestors to Modern Humans*. New York : De Capo Press.

Gregory, M.(1967). "Aspect of Varieties Differenfiation." in *Joural of Linguistics* 3, pp.177~197.

Grice, Paul(1989). *Studies in the Way of Words*. Cambridge, MA : Harvard University Press.

Halliday, M. A. K.(1975). *Learning How to Mean : Explorations in the Development of Language*. London : Edward Arnold.

Halliday, M. A. K.(1982). "Linguistics in Teacher Education." In *Linguistics and the Teacher*. Edited by Ronald Carter. London : Routledge & Kegan Paul.

Halliday, M. A. K., Augus McIntosh, and Peter Strevens(1964). *The Linguistic Sciences and Language Teaching*. Bloomington : Indian University Press.

Harder, Kelsie B.(1976). *Illustrated Dictionary of Placenames, United States and Canada*. New York : Van Nostrand Reinhold Company.

Hargraves, Orin(2004). "Cucurbits." *English Today,* October, p.52.

Harris, Raymond(1981). *The Language Myth*. London : Duckworth & Company, Ltd.

Hartwell, Patrick(1985). "Grammar, Grammar, and the Teaching of Grammar." *College English* 47, pp.105~127.

Hasselriis, Peter(1991). "Form Pearl Harbor to Watergate to Kuwait : Language in Thought and Action." *English Journal* 80—2, p.28.

"Hate Speech on the College Campus." *Lex Colligi* 14—3(1991), p.1.

Hayakawa, S. I.(1941). *Language in Action*. New York : Harcount, Brace and Company.

Hayakawa, S. I. and Alan R Hayakawa(1990). *Language in Thought and Action*. 5th ed. New York : Harcount Brace Jovanovich.

Hazen, Kirk(2001). *Teaching About Dialects*. http : //www.cal.org/resources/digest/o 1o4dialects.html.

Hendrickson, Robert(1986). *American Talk : The Words and Ways of American Dialects*. New York : Penguin Books.

Hillocks, George(1986). *Research on Written Composition*. Urbana, IL : National Council of Teacher of English.

Hockett, Charles F.(1977). "Logical Considerations in the Study of Animal Communication." In Charles F. Hockett. Edited by *The View From Language*. Athens : University of Georgia Press.

Hogan, William(1980). *The Quartzsite Trip*. New York, Avon Books.

Holden, Constance(2004). "The Origin of Speech." *Science*, February, p.1316.

The Holy Qua'an, S.xxx.22.

"How You Say It Matters." *Lincoln (NE) Journal Star,* March 9, 1995.

Howarth, David(1978). *1066 : The Year of the Conquest*. New York : Dorset Press by arrangement with Viking—Penguin.

Hudson, Richard C.(1995). "Naming Practices." Language & Culture LISTSERV. July 11. language—culture@uchicago.edu.

Ivins, Molly(1991). *Molly Ivins Can't Say That,* Can She? New York : Random House.

Kaplan, Jeffrey(1989). *English Grammar : Principles and Facts*. Englewood Cliffs, NJ : Prentice—Hall.

Korzybski, Alfred(1958). *Science and Sanity : An International to Non—Aristotelian Systems and General Semantics*. 4th ed. Lakeville, CT : International Non—Aristotelian Publishing Company.

Kummer, Corby(2004). "Flavorless No More." *The Atlantic Monthly,* December, p.189.

Kurath, Hans(1972). *Studies in Area Linguistics.* Bloomington : Indiana University Press.

Kurath, Hans(1949). *A Word Geography of the Eastern United States.* Ann Arbor : University of Michigan Press.

Kurath, Hans, and Raven McDavid(1961). *The Pronunciation of English in the Atlantic States.* Ann Arbor : University of Michigan Press.

Kurath, Hans, and Raven McDavid(1980). 'Preface' to *On Semantics.* Edited by Uriel Weinrich. Philadelphia : University of Pennsylvania Press.

Labov, Williams(1972). *Language in the Inner City.* Philadelphia : University of Pennsylvania Press.

Labov, Williams(1966). *The Social Stratification of English in New York City.* Washington, DC : The Center for Applied Linguistics.

Lakoff, George, and Mark Johnson(1980). *Metaphors We Live By.* Chicago : University of Chicago Press.

Lan, Li(2000). "E-mail : A Challenge to Standard English?" *English Today,* October 23.

Lee, Laurie(1960). *The Edge of Day : A Boyhood in the West of England.* New York : William Morrow and Company.

Letter to the editor(1991). *Lincoln (NE) Journal Star,* September 7.

Letter to the editor(1992). *Lincoln (NE) Journal Star,* December 18.

Lewin, Beverly A., and Yonatan Donner(2002). "Communication in Internet Message Boards," *English Today,* July, p.34.

Lewis, Bernard(2003). "I'm Right, You're Wrong, Go to Hell." *The Atlantic Monthly,* May, p.39.

Lipton, James(1991). *An Exaltation of Larks.* New York : Viking Penguin.

Liu, Dilin, and Bryan Farha(1996). "Three Strikes and You're Out." *English Today* 12-1, pp.36~40.

Liwei, Gao(2001). "Digital Age, Digital English." *English Today,* July, p.18.
Long, C. C.(1889). *New Language Exercises for Elementary Schools.* Cincinnati and New York : Van Antwerp Bragg and Company.
Lutz, William(1989). Notes Toward a Definition of Doublespeak," In *Beyond 1984 : Doublespeak in a Post-Orwelian Age.* Edited by William Lutz. Champaign-Urbana, IL : National Council of Teachers of English.
Mabin, Butch(2004). "South Lincoln Target of Fliers." *Lincoln (NE) Journal Star,* December 22.
"Make Students Salute Flag, Councilman Urges." *Omaha (NE) World-Herald,* November 17, 1996.
Mandelbaum, David(1949). *The Selected Writings of Edward Sapir.* Berkeley : University of California Press.
"Many Campuses Seethe With Racism." *Lincoln (NE) Journal Star,* October 25, 1995.
Marchakj, David(2003). "No Child Left Behind : A Foolish Race Into the Past." *Phi Delta Kappan,* pp.229~231.
McArthur, Tom(1992), ed. *The Oxford Companion to the English Language.* Oxford : Oxford University Press.
McCrum, Robert, William Cran, and Robert MacNeil(1986). *The Story of English,* New York : Elisabeth Softon Books-Viking.
McManus, E. Leo(1993). "Presidential Rhetoric : Clinton Replaces Bush." *English Today,* October, p.14.
Metcalf, Allan(2004). *Presidential Voices.* Boston : Houghton Mifflin.
Milroy, James, and Leslie Milroy(1985). *Authority in Language.* London : Routledge & Kegan Paul.
Murray, Denise(1990). "CmC." *English Today,* July, p.42.
"N.J. Town Votes Cursing Ban(1994)." *Lincoln (NE) Journal Star,* October, p.5.

Nebraska Reading/Writing Standards, Grades K−12. February 6, 1998. Lincoln : Nebraska State Board of Education.

No Child Left Behind. http : //www.nochildleftbehind.gov.

Noguchi, Rei R.(1991). *Grammar and the Teaching of Writing : Limits and Possibilities,* Champaign−Urbana, IL : National Council of Teachers of English.

Nunberg, Geoffrey(2004). *Going Nucular : Language, Politics, and Culture in Confrontational Times.* New York : Public Affairs Perseus Books Gruop.

"One Nation, One Language." *U.S. News & World Report,* September 25, 1995, pp.38~40.

Ornstein, Allen, and Daniel U. Levine(1993). *Foundations of Education.* Boston : Houghton Miffllin.

Paulson, Ross Evans(1983). *Language, Science and Action : Korzybski's General Semantics : A Study in Comparative Intellectual History.* Westport, CT : Greenwood Press.

Peck, Robert Newton(1972). *A Day No Pigs World Die.* New York : Dell Publishing Company.

Peregoy, Suzanne F., and Owen F. Boyle(1997). *Reading, Writing and Learning in ELL : A Resource Book for K−12 Teachers.* 2nd ed. White Plains, NY : Longman.

Perera, Katherine(1982). "The Language Demands of Schooling." In *Linguistics and the Teacher.* Edited by Ronald Carter. London : Routledge & Kegan Paul.

Piaget, Jean(1965). *The Language and Thought of the Child.* London : Routlege and Kegan.

Pinker, Steven(1990). *The Language Instinct.* New York : Penguin.

Pinker, Steven(1991). *Learnability and Cognition : Acquisition of Argument Structure.* Cambridge, MA : MIT Press.

Pinker, Steven(2000). *Words and Rules : The Ingredients of Language*. New York : HarperCollins Publishers.

Pitts, Leonard, Jr.(2004). "Go Ahead—You Can Ask the Unaskable." *Lincoln (NE) Journal Star,* September 13.

Pooley, Robert C.(1974). *The Teaching of English Usage*. Champaign—Urbana, IL : National Council of Teachers of English.

Postman, Neal(1985). *Amusing Ourselves to Death*. New York : Viking Penguin.

Postman, Neal(1976). *Crazy Talk, Stupid Talk*. New York : Delacorte Press.

"Q&A." *The Atlantic Monthly,* October 1992, p.14.

Readance, John E., R. Scott Baldwin, and Thomas W. Bean(2004). *Teaching Council Literacy : An Integrated Approach*. 8th ed. Dubuque, IA : Kendall/Hunt Publishing Company.

"Readers Praise Our Anti—Crudities Stand." *Omaha (NE) World—Herald,* October 16, 1994.

Richards, Jack C.(1997). *The Language Teaching Matrix*. Cambridge : Cambridge University Press.

Richard, Jack, John Platt, and Heide Weber(1989). *Longman Dictionary of Applied Linguistics*. London : Longman Group UK Limited.

Rigg, Pat, and Virginia G. Allen(1989). Introduction to *When They Don't All Speak English*. Champaign—Urbana, IL : National Council of Teachers of English.

Roller, Cathy M.(1996). *Variability, Not Disability.* Newark, DE : International Reading Association.

Romaine, Suzanne(1984). *The Language of Children and Adolescents*. Oxford, Basil Blackwell.

Rosenthal, Jack(2002). "9/11." September 1. http : //nytimes.com/2002/01/magazine/01ONLANGUAGE.html.

Rymes, Betsy(2003). "Eliciting Narratives : Drawing Attention to the Margins of Classroom Talk." *Research in the Teaching of English,* February, p.381.

Sampson, Geoffrey(1987). *Schools of Linguistics.* London : Century Hutchinson.

Schultze, Quentin J., et al.(1991). *Dancing in the Dark : Youth, Popular Culture and the Electronic Media.* Grand Rapids, MI : Eerdmans.

Shafer, Gregory(2004). "Reforming Writing and Rethinking Correctness." *English Journal,* September, p.66.

Sheidlower, Jesse(1996). "Elegant Variation and All That." *The Atlantic Monthly,* December, p.112.

Sherwin, Stephen(1966). *Four Problems in Teaching English : A Critique of Research.* Scranton, PA : International Textbook Company for the National Council of Teachers of English.

Shetier, Emily(2004). "Dictionary Man." *VIP.* http : //www.journalism.nyu/pubzone/vip.

Shuy, Roger(1967). *Discovering American Dialects.* Champaign—Urbana, IL : National Council of Teachers of English.

Smagorinsky, Peter(2002). "Growth through English' Revisited." *English Journal,* July, p.27.

Smith, Lana J., and Dennie L. Smith(1994). "The Discussion Process : A Simulation." *Journal of Reading,* April, p.583.

Snodgrass, Mary Ellen(1987). *The Great American English Handbook.* Jacksonville, IL : Perma—Bound.

Squire, James R., and Roger K. Applebee(1968). *High School English Instruction Today,* New York : Appleton—Century—Crofts.

Stewart, George R.(1970) *American Place Names.* New York : Oxford University Press.

Stewart, George R.(1983) *Discourse Analysis.* Oxford : Basil Blackwell.

Stewart, George R.(1986). *Educational Linguistics.* Oxford : Basil Blackwell.

Stubbs, Michael(1983), "The Sociolinguistics of Writing : Or, Why Children

Aren't Adults." In *Readings on Language, Schools, and Classrooms*. Edited by Michael Stubbs and Hillary Hiller. London and New York : Methuen & Company.

Sullivan, Peggy(1969). *Many Names for Eileen*. Chicago and New York : Follett Publishing Company.

"Supremacists Leave Leaflets in Omaha." *Lincoln (NE) Journal Star,* January 18, 2005, p.3.

Tajun, Jiang(2002). "Metaphors the English Language Lives By." *English Today,* July, p.59.

Tannen, Deborah(1990). *You Just Don't Understand : Women and Men in Conversation*. New York : Ballantine Books.

Trudgill, Peter. "Standard English : What it Isn't." In *Standard English : The Widening Debate*. Edited by Tony Bex and Richard J Watts. London : Routledge, 1999.

Truly, Pat. "Self-Censorship Growing Tedious." *Lincoln (NE) Star,* October 27, 1994.

The United States Dictionary of Places. New York : Somerset Publishers, 1988.

VanDeWeghe, Richard(1982). "Spelling and Grammar Logs." In *Non-Native and Nonstandard Dialect Students*. Edited by Candy Carter Champaign-Urbana, IL : National Council of Teachers of English.

Vygotsky, Lev(1962). *Thought and Language*. Cambridge, MA : MIT Press.

Wade-Lewis, Margaret(1993). "The Status of Semantic Items From African Languages in American English." *The Black Scholar,* Summer, p.26.

Wallraf, Barbara, ed.(2004). "World Fugitives." *The Atlantic Monthly,* December, p.196.

Weingartner, Charles(1969). "Semantics : What and Why." *English Journal* 58-8, p.1214

Wells, Gordon(1986). *The Meaning Makers : Children Learning Language*

and *Using Language to Learn.* London : Heinemann.
West, Fred(1975). *The Way of Language.* New York : Harcourt Brace Javonvich.
Westall, Robert(1989). *Blitzcat.* New York : Scholastic Inc..
"What's in a Name? Success." *Lincoln (NE) Journal Star,* June 18, 1996.
Whorf, Benjamin(1956). "A Linguistic Consideration of Thinking in Primitive Communities." In *Language, Thought, and Reality.* Edited by John Carroll. Cambridge, MA : MIT Press.
Wiley, Terrence C.(1997). *Myths About Language Diversity and Literacy in the United States.* ERIC : ED407881.
Will, George(2004). "ESPN Pervades the Cultural World." *Lincoln (NE) Journal-Star,* November 7.
Wilson, Kenneth G(1987). *Van Winkle's Return : Change in American English 1966-1986.* Hanover, NH : University Press of New England.
Winchester, Simon(2003). *The Meaning of Everything.* Oxford University Press.
Winchester, Simon(1998). *The Professor and the Madman.* New York : HarperCollins Publishers.
Wolfram, Walt. *Sociolinguistics.* Linguistic Society of America. http : //www.lsadc.org/web2/socilling.html.
Wolk, Allan(1977). *The Naming of America.* Nashville, TN : Nelson Publishing.
Word Court(1996). *The Atlantic Monthly.* July, p.112.
Yajun, Jiang(2002). "Metaphors the English Language Lives By." *English Today,* July, p.57, 59, 60, 62.
"Youth Baseball Brawl Deadly." *Lincoln (NE) Journal Star,* May 20. 1993.
Yule, George(1985). *The Study of Language.* Cambridge University Press.
Ziggy(1997). *The Lincoln (NE) Jornal Star,* November 15.
Michael Stubbs, *Discourse Analysis* (Oxford : Basil Blackwell, 1983), 64.

역자 소개

이관규(李寬珪)

충남 부여 출생
고려대학교 사범대학 국어교육과 졸업(학사)
고려대학교 대학원 국어국문학과 졸업(석사·박사)
부산여자대학교(현 신라대학교) 사범대학 국어교육과 조교수 역임
홍익대학교 사범대학 국어교육과 부교수 역임
현, 고려대학교 사범대학 국어교육과 교수

저서:『국어 대등구성 연구』(1992)
『학교 문법론』(1999, 2002)
『문법을 어떻게 가르칠 것인가?』(공역, 2004)
『국어 교육을 위한 국어 문법론』(2005)
『학교 문법 교육론』(2008) 외 다수

신호철(申昊澈)

경기 부천 출생
연세대학교 국어국문학과 학사 졸업
홍익대학교 국어국문학과 석사 졸업
홍익대학교 국어국문학과 박사 수료
고려대학교 국어교육학과 박사 과정
고려대, 경희대, 서울교대, 숙명여대, 홍익대 강사 역임
현, 고려대학교 민족문화연구원, 경희대 강사

논저:「현대국어 주제어에 대한 연구」
「한국어 유음(流音)의 발음 교육에 대한 연구」
「국어교육의 상보적 통합」
『국어국문학 연구의 문화론적 전망』(공저, 2007) 외

오현진(吳炫珍)

부산 출생
조선대학교 국어교육과 학사 졸업
고려대학교 국어교육학과 석사 졸업
고려대학교 국어교육학과 박사 졸업
현, 고려대, 세종대 강사

논문:「중학생을 위한 토론 교수-학습 방안 연구」
　　　「말하기, 듣기 교육을 위한 적절성에 관한 연구」 외

백혜선(白惠善)

부산 출생
고려대학교 국어교육과 졸업
고려대학교 국어교육학과 석사 졸업
고려대학교 국어교육학과 박사 과정
현, 고려대 강사

논문:「어휘지식과 독해력의 상관관계 연구」 외

장봉기(張峰綺)

경북 칠곡 출생
고려대학교 국어교육과 졸업
고려대학교 국어교육학과 석사 수료